기술창업의 정석

백종일

박영사

머리말

인공지능의 보편적 활용 시대인 AGI(Artificial General Intelligence)로 접어들면서 첨단 디지털 기술을 활용한 창업과 새로운 제품 및 서비스 개발은 대한민국 경제의 중요한 성장 동력이자 청년 세대가 꿈을 실현하는 도전의 무대가 되고 있다.

기술창업을 통한 기술사업화(Technology Commercialization)는 혁신적인 아이디어를 현실로 만들어 새로운 가치를 창출하는 복합적 과정이다. 창업가 개인의 열정과 창의성을 바탕으로 첨단 기술과 비즈니스 모델을 결합하여 사회 문제를 해결하고 새로운 시장을 개척하는 중요한 역할을 담당한다.

그러나 혁신적인 아이디어와 뛰어난 기술만으로는 성공을 보장할 수 없는 것이 현실이다. 치열한 경쟁 속에서 살아남아 지속적인 성장을 이루기 위해서는 체계적인 사업화 전략 수립 능력, 시장 검증을 통한 비즈니스 모델 설계 역량, 그리고 단계별 실행 전략도 갖추어야 한다.

이 책은 예비 창업자와 초기 창업자, 그리고 새로운 아이템을 발굴하여 사업화를 추진하려는 중소기업을 위한 종합적인 실무 가이드북으로 기획되었다. 동시에 기술창업과 기술사업화 분야에서 활동하는 컨설턴트는 물론, 대학에서 벤처창업 관련 전공을 배우는 학생들이 교재로 활용할 수 있도록 체계적으로 집필하였다.

특히 복잡하고 추상적인 이론보다는 실제 창업 현장에서 바로 적용 가능한 실용적 지식과 구체적인 실행 방법론에 보다 중점을 두어 집필하고자 노력하였다. 많은 창업 관련 서적이 해외 사례나 이론적 설명에 치우쳐 있는 반면, 이 책은 국내 창업 생태계의 특성을 반영하고 한국의 정부 지원 정책과 투자 환경을 고려한 실무적 접근법을 제시한다.

이 책은 다음과 같은 독자들에게 구체적인 도움을 제공한다.

- 기술창업을 준비하는 대학생 및 대학원생
- 혁신적 아이디어를 사업화하려는 예비 창업자
- 창업 초기 단계에서 비즈니스 모델을 구체화하려는 초기 창업자

• 새로운 기술을 활용한 신사업 개발을 검토하는 중소기업 임직원
• 창업 관련 학문을 전공하는 공부하는 대학(원)생들
• 기술창업을 전문적으로 컨설팅하고자 하는 컨설턴트 등 전문가

이 책의 가장 큰 특징은 기술창업과 기술사업화 과정 전반에 걸쳐 반드시 다루어야 할 핵심 프로세스와 내용을 전체적으로 빠짐없이 담아내는 데 중점을 두었다는 것이다. 창업과 사업화 과정에서는 특정 분야의 세세하고 깊이 있는 전문 지식보다는 전체적인 흐름과 단계별 프로세스를 체계적으로 이해하는 것이 더욱 중요하기 때문이다.

예를 들어 뛰어난 개발자가 훌륭한 제품을 만들었다고 해도 시장 검증 과정을 생략하거나 적절한 비즈니스 모델 설계 없이는 시장에서 성공하기 어렵다. 실제로 기술적 완성도가 다소 부족하더라도 시장의 니즈를 정확히 파악하고 적절한 비즈니스 모델을 구축한 스타트업이 더 큰 성공을 거두는 사례도 많다.

이 책은 총 10개 장으로 구성되며, 기술창업과 기술사업화의 주요 주제를 체계적이고 순차적으로 다루고 있다.

1장에서는 기술창업에 대한 기본적인 이해를 다룬다. 정부가 창업기업을 지원하는 이유부터 시작하여 창업과 벤처기업의 개념, 그리고 자신의 창업 아이템이 기술창업에 해당하는지 판단하는 방법을 제시한다.

2장에서는 창업자가 갖춰야 할 기본적인 마음가짐을 다룬다. 기업가정신(Entrepreneurship)의 핵심 요소와 기술창업자들이 흔히 범하는 오류들, 그리고 기업 설립과 엑시트(Exit)의 의미를 설명한다.

3장부터 6장까지는 기술사업화의 핵심 과정을 다룬다. 사업화 대상 기술의 발굴과 확보 방법, 비즈니스 모델 구축과 검증, 그리고 지속적인 고도화 과정을 단계별로 설명한다. 특히 BMC(Business Model Canvas)와 린 캔버스(Lean Canvas) 활용법을 구체적으로 제시한다.

7장과 8장에서는 시장진입을 위한 마케팅 전략 수립과 사업 타당성 분석 방법을 다룬다. STP(Segmentation, Targeting, Positioning)전략 수립, 그리고 시장, 기술, 재무적 관점에서의 종합적 타당성 분석 방법을 제시한다.

마지막으로 9장과 10장에서는 사업계획서 작성과 자금 조달 및 투자 유치 과정을 다

룬다. 투자자들이 주목하는 사업계획서 작성법과 다양한 자금 조달 방식, 그리고 투자 유치 프로세스와 계약 시 유의사항을 실무적 관점에서 설명한다.

각 장은 창업자와 기술사업화를 추진하는 독자가 쉽게 이해할 수 있도록 국내외 스타트업의 실제 사례와 실용적 팁을 포함하여 즉시 활용 가능한 도움을 제공하고자 노력하였다.

이 책의 또 다른 특징은 실무 현장에서 검증된 내용을 바탕으로 구성되었다는 점이다. 저자가 실제 창업 지원 기관에서 수년간 다양한 스타트업을 컨설팅하며 축적한 경험과, 대학에서 창업 관련 교과목 수업을 진행하면서 학생들이 가장 궁금해하고 어려워하는 질문들에 대한 구체적 답변을 담았다. 또한 십여 년간 공공부문의 창업 교육기관 강의 현장에서 검증된 교육 콘텐츠를 바탕으로 집필하였다. 저자가 집필한 한국기업·기술가치평가협회의『비즈니스모델 컨설턴트』와『기술창업지도사』자격증 교재를 참고하여 다양한 국내외 사례를 추가하였고, 독자들의 이해도를 높이기 위해 생성형 AI를 활용하여 표현의 난이도를 조정하고 정교히 가다듬어 완성도를 높였다.

이 책이 기술창업을 꿈꾸는 예비 창업자뿐만 아니라, 기술사업화와 관련된 모든 독자들에게 창업의 전체적인 흐름을 이해하고, 각 단계에서 효율적인 의사결정과 전략을 수립하는 데 도움이 되는 실용적인 길잡이가 되기를 바란다.

2025년 11월

저자 경영컨설팅학 박사(Ph.D.) **백종일**

차례

08 사업 타당성 분석, 성공 가능성 시뮬레이션

09 사업 계획서 작성, 성공의 청사진

10 자금 조달 및 투자 유치, 성공의 날개

CHAPTER

01

기술 창업 이해하기

1 정부는 왜 창업기업을 지원하는가?

2 창업이란 무엇인가?

3 벤처기업이란 무엇인가?

4 나의 창업은 기술창업으로 볼 수 있는 것인가?

1 정부는 왜 창업기업을 지원하는가?

창업은 국가 경제의 다양한 측면에서 긍정적인 영향을 미치며, 이를 통해 경제 성장을 촉진하고, 고용을 창출하며, 산업 구조를 혁신한다.

창업기업은 혁신성장 동력 확보, 산업 구조 다각화, 양질의 청년 일자리 창출, 그리고 높은 R&D 투자 효율성 차원에서 국가 경제 전체에 역동적인 변화를 가져오기 때문이다. 정부의 창업기업에 대한 지원이 중요한 이유를 중소기업에 대한 정책적 지원과 투자 효율성 측면에서 비교하면, 창업의 긍정적인 파급효과를 보다 명확히 이해할 수 있다.

가 국가 경제의 혁신성장 동력 확보: 경제의 새로운 엔진

기존 중소기업 대부분은 사업 생명 주기상 성숙단계에 접어든 상태다. 이미 확보한 시장에서 안정적 매출 유지가 최우선 과제이므로, 급격한 혁신보다는 점진적 개선을 추구할 수밖에 없다. 성숙단계에 들어선 중소기업은 그동안의 업력과 구축된 고객관계로 인하여 사업자체는 안정적일 수 있지만, 리스크를 감수하는 혁신적 성장 동력은 다소 제한적이다.

반면 창업기업은 혁신 그 자체가 생존 조건이다. 기존 시장의 기득권 기업들과 경쟁하려면 완전히 새로운 방식의 접근이나 혁신적 기술이 반드시 필요하다. 이러한 절박함이 창업기업의 강력한 혁신 동력이 된다. 이런 특성으로 인해 창업기업은 다음 세 가지 혁신 역량을 발휘해야 생존할 수 있다.

- 기술 혁신: 새로운 기술 개발과 기존 기술의 창의적 결합
- 시장 혁신: 기존에 없던 새로운 시장 개척
- 비즈니스 모델 혁신: 전혀 다른 방식의 수익 창출 구조 개발

기술 혁신은 새로운 기술 개발이나 기존 기술의 창의적 조합을 통한 문제 해결을 의미한다. 시장 혁신은 기존에 존재하지 않던 새로운 시장을 개척하거나 잠재 고객의 미충족 니즈를 발굴하는 것이다. 비즈니스 모델 혁신은 기존과 완전히 다른 방식의 수익 창출 구조를 개발하는 것이다.

국내에서 이 같은 창업기업의 성공사례로는 특히 플랫폼 경제의 선구자들을 볼 수 있다.

카카오는 1999년 김범수 창업자가 설립한 한게임에서 시작되어, 2010년 카카오톡 출시로 모바일 메신저 시장을 완전히 바꿔놓았다. 기존의 SMS 문자 서비스 시장에 무료 메신저라는 혁신적 개념을 도입하여 통신업계 전체의 비즈니스 모델을 변화시켰다.

네이버는 1999년 이해진 창업자가 설립한 이후, 한국어 검색 기술 개발에 집중하여 구글과 차별화된 검색 서비스를 제공했다. 특히 지식iN 서비스를 통해 사용자 참여형 콘텐츠 플랫폼의 새로운 모델을 제시했다. 이들 기업은 창업 당시 작은 스타트업에 불과했지만, 현재는 시가총액 수십조 원의 대기업으로 성장하여 한국 경제의 핵심 축을 담당하고 있다.

나 산업 구조 다각화를 통한 국가 경제 탄력성 확보

한국 경제는 오랫동안 제조업 중심의 대기업 의존 구조를 유지해왔다.

특히 반도체, 자동차, 철강, 화학 등 몇 개 주력 산업에 경제가 집중되어 있어, 글로벌 경기 변동이나 특정 산업의 위기가 전체 경제에 큰 타격을 준다. 2008년 글로벌 금융위기나 2020년 코로나19 팬데믹 상황에서 이러한 취약성이 드러났다.

기존 중소기업의 경우 특정 산업에 집중된 인프라와 전문화된 생산 시설로 인해 다른 업종으로의 전환이 쉽지 않다. 30년간 자동차 부품을 생산해온 업체가 갑자기 바이오 의료기기를 제조하기는 현실적으로 어렵다. 설비 교체, 인력 재교육, 인증 획득 등에 막대한 비용과 시간이 소요되기 때문이다.

창업기업은 이와 완전히 다른 특성을 가진다. 최신 기술 트렌드와 사회적 니즈 변화를 빠르게 감지하여 새로운 산업 분야를 개척한다. 특히 디지털 기술을 기반으로 한 창업기업들은 업종 간 경계를 허물며 융합 산업을 창출한다.

최근 5년간 국내에서 새롭게 부상한 주요 산업 분야를 살펴보면 다음과 같다.

- 핀테크(Fintech, 금융과 기술의 결합): 토스, 카카오페이
- 프롭테크(PropTech, 부동산과 기술의 결합): 직방, 다방
- 에듀테크(EduTech, 교육과 기술의 결합): 클래스101, 엘리스

또한 기존 산업의 디지털 전환 가속화를 이끈 기업들도 있다.

- 전통적인 소매업을 전자상거래로 전환: 쿠팡, 마켓컬리
- 오프라인 서비스의 온라인화: 배달의민족, 야놀자

이러한 다양한 창업기업들의 성장은 국가 산업 구조의 다각화를 이끈다. 그리고 결과적으로 이러한 산업구조의 다각화는 특정 산업의 위기가 국가 경제 전체에 미치는 영향을 완충 역할을 하게 된다.

다 양질의 청년 일자리 창출 효과

2020년 이후 통계청 발표에 따르면 청년 실업률은 전체 실업률보다 평균 2-3배 가까이 높다. 특히 고학력 청년층의 취업 문제가 심각한 사회적 이슈가 되고 있다. 그런데 현실적으로 중소기업 취업에 대한 청년들의 선호도는 높지 않다. 중소기업은 대기업에 비해 상대적으로 낮은 임금 수준, 제한적인 성장 기회, 보수적인 조직 문화, 단순 반복적인 업무 구조 등으로 인하여 청년들이 매력적이지 않은 일자리로 인식하는 경우가 많은 것이다.

반면 스타트업과 같은 창업기업은 청년들에게 매력적인 일자리를 제공할 수 있다. 창업기업에서 초기 멤버로 합류하면 회사 성장과 함께 개인도 빠르게 성장할 수 있다. 카카오, 네이버의 초기 직원들이 현재 업계 핵심 인재로 성장한 것이 대표적 사례다.

창업기업의 조직 문화는 젊은 세대의 가치관과 조화로울 수 있는 장점도 있다. 수직적 명령 체계보다는 수평적 협업, 정해진 매뉴얼보다는 창의적 문제 해결, 안정성보다는 도전과 성장 기회를 중시하는 문화가 자리잡고 있기 때문이다.

개개인에게 주어지는 기술 역량 개발 측면에서도 창업기업은 큰 장점을 가진다. 인공지능, 빅데이터, 클라우드, 블록체인 등 최신 기술을 직접 다루며 미래 핵심 역량을 키울 수 있다. 네이버의 인공지능 연구소 NAVER LABS에서는 자율주행, 로보틱스, 음성인식 등 세계 최고 수준의 AI 연구를 수행하고 있으며, 여기서 근무하는 연구원들은 글로벌 AI 컨퍼런스에서 논문을 발표하는 등 세계적 전문가로 성장하고 있다.

라 기술혁신 R&D 투자의 높은 효율성

중소기업의 R&D(Research & Development, 연구개발) 투자는 창업기업에 비하여 상대적으로 소극적일 수밖에 없는 구조적 한계를 가지고 있다. 당장의 매출 확보와 생존이 최우선 과제이므로 불확실한 R&D 투자는 후순위로 밀리기 쉽다. 또한 R&D 전문 인력 확보의 어려움, 투자 자금 부족, 성과에 대한 불확실성 등의 제약 요인이 있다. R&D투자에 소극적인 상당수 중소기업은 "당장 매출이 급한데 R&D에 투자할 여유가 없다"는 입장이다.

반면 기술 기반 창업기업에게 R&D는 선택이 아닌 생존의 필수 조건이다. 차별화된 기술이나 서비스 없이는 기존의 대기업이나 경쟁사와 경쟁할 수 없기 때문이다. 이런 절박함이 높은 R&D 투자로 이어진다.

조직 구조의 차이도 R&D 효율성에 큰 영향을 미친다. 대기업의 경우 새로운 기술 도입이나 프로젝트 승인까지 여러 단계의 검토와 승인을 거쳐야 한다. 평균적으로 3-6개월의 의사결정 시간이 필요하다.

창업기업은 CEO의 빠른 의사결정으로 신기술 개발에 즉시 착수할 수 있다. 아이디어 제안부터 프로젝트 승인까지 빠른 결정을 할 수 있고 이런 신속성이 기술 혁신의 속도를 크게 높인다.

셀트리온의 사례는 창업기업 R&D 투자의 높은 효율성을 잘 보여준다. 서정진 회장이 2002년 직원 23명으로 설립한 셀트리온은 바이오 벤처기업으로 시작하여 지속적인 R&D 투자를 통해 현재 글로벌 바이오의약품 기업으로 성장했다.

셀트리온은 사업보고서를 통해 연간 매출액 대비 20% 내외의 연구개발비를 투자하고 있다고 밝혀왔다. 이러한 기술혁신 R&D에 대한 꾸준한 투자는 2020년 국내 최초로 개발된 코로나19 항체치료제 '렉키로나주' 개발에 성공할 수 있는 원동력이 되었다.

그 밖에 정부가 창업기업을 지원하는 것은 경제적 승수효과와 시장 실패 보완의 기능을 하기 때문이기도 하다. 정부가 창업기업에 투입한 성공적인 지원 정책은 경제 전체에 수배의 효과를 기대할 수 있다. (승수효과, Multiplier Effect)

- 직접 효과: 창업기업의 매출 증가
- 간접 효과: 협력업체, 공급업체의 매출 증가
- 유발 효과: 고용 증가로 인한 소비 증가

창업 초기기업들의 경우에는 기술의 경제적 가치 창출(Valuation)가 불확실하여 민간 투자가 부족한 '시장 실패(Market Failure)' 상황이 발생한다. 벤처캐피탈도 투자 회수 위험 때문에 초기 단계 투자를 꺼리는 경우가 많다. 이때 정부의 창업기업에 대한 정책적 지원은 이러한 시장 실패를 보완함으로써 혁신적 기술이 시장에서 검증받을 기회를 제공하는 기능을 수행하게 되는 것이다.

결론적으로 정부의 창업기업 지원은 단순한 일자리 창출을 넘어서는 전략적 선택이다. 창업기업은 혁신성장의 동력을 제공하고, 산업 구조를 다각화하며, 양질의 청년 일자리를 창출하고, 기술혁신을 가속화한다. 특히 디지털 전환의 시대에는 인공지능, 사물인터넷, 빅데이터 등 신기술 분야에서 창업기업이 기존 대기업보다 더 빠르고 혁신적으로 대응할 수 있다. 구글, 아마존, 페이스북(메타) 등 글로벌 기술 기업들이 모두 창업기업에서 시작되었다는 점을 상기할 필요가 있다.

한국도 삼성, LG 등 기존 대기업의 성장 동력이 한계에 도달하는 상황에서, 미래 성장 동력을 확보하기 위해서는 활발한 창업 생태계 구축이 필수적이라고 볼 수 있다. 정부의 창업기업 지원은 바로 이러한 미래를 위한 투자인 것이다.

2 창업이란 무엇인가?

창업은 단순히 사업을 시작하는 행위를 넘어서, 기업설립의 법적 요건을 충족하고 혁신을 통해 경제적 가치를 창출하는 체계적인 과정이다. 특히 기술창업은 혁신 기술을 바탕으로 새로운 시장을 창조하는 고위험-고수익(High Risk-High Return) 모델이라고 할 수 있다.

일반적으로, 창업은 중소기업을 새로 설립하는 것으로 간주되며, 이는 사업자등록증을 발급받고 사업을 영위하는 행위를 의미하는 것으로 이러한 창업의 범위는 대통령령으로 정해진다.

창업은 경제 활동의 중요한 한 부분으로, 혁신과 성장을 촉진하며, 새로운 일자리를 창출하고, 경제를 활성화시키는 데 중추적인 역할을 한다. 창업의 정의는 법적, 경제적, 사회적 관점에서 다양하게 정의될 수 있다.

가 창업의 정의와 본질

창업은 새로운 중소기업을 설립하여 사업을 개시하는 행위로, 단순히 아이디어만 있다고 창업이 되는 것은 아니다. 법적으로는 사업자등록증을 발급받고 정식으로 사업을 영위하는 과정을 의미한다.

예를 들어, 대학생 김모씨가 배달음식 앱 아이디어를 가지고 있다면, 이것만으로는 창업이라고 할 수 없다. 실제로 법인을 설립하고 사업자등록을 완료하는 등 법률적 요건을 충족한 후 서비스를 출시해야 비로소 창업이 완성되는 것이다.

중소기업창업 지원법에 따르면 창업자는 다음과 같이 분류된다.

- 창업자: 사업을 개시한 날부터 7년이 지나지 않은 자
- 초기창업자: 사업을 개시한 날부터 3년이 지나지 않은 자
- 재창업자: 기존 중소기업을 폐업한 후 새로운 중소기업을 설립한 자

이러한 구분은 정부의 창업지원 정책 시행의 대상과 지원범위를 결정하는 데 매우 중요하다. 예를 들어, 초기창업자는 3년이 경과한 창업자보다 더 많은 지원혜택을 받을 수 있으며, 재창업자의 경우 특별한 지원 프로그램이 마련되어 있다.

나 창업의 분류와 유형

창업을 분류하는 절대적인 기준은 존재하지 않는다. 다만 창업생태계의 다양성과 복잡성을 이해하기 위해 여러 관점에서 창업을 체계적으로 구분하고 있다. 이러한 분류 체계는 정부의 창업지원정책 수립과 예비창업자의 창업 방향 설정에 실질적인 도움을 제공한다.

1) 창업 분류의 필요성과 의미

창업을 분류하는 주된 목적은 정책적 지원의 효율성을 높이기 위함이다. 우리나라에서는 중소벤처기업부가 중심이되어 각 창업 유형별 특성에 맞는 차별화된 지원정책을 시행하고 있다. 창업 분류는 단순한 학술적 구분을 넘어 실제 창업현장에서 창업자가 자신의 창업 방향을 명확히 하고, 적합한 지원제도를 찾는 데 중요한 역할을 한다.

예를 들어, 최근 AI에이전트 기능을 활용한 창업의 경우에는 IT기술을 바탕으로 한 기회형 창업으로 분류할 수 있고 동네 치킨집을 운영하는 소상공인의 경우 서비스업 기반의 생계형 창업으로 구분할 수 있다. 이처럼 창업 유형에 따라 필요한 자금 규모, 기술 수준, 시장 접근 방식이 완전히 다르다.

2) 업종에 따른 창업 분류

업종별 창업 분류는 가장 전통적이면서도 실용적인 구분 방법이다. 한국표준산업분류(KSIC)를 기준으로 창업을 분류할 때, 주요 업종은 다음과 같이 구분된다.

제조업 창업

원재료를 가공하여 제품을 생산하는 업종으로, 상대적으로 높은 초기투자비용과 기술력이 요구된다. 삼성전자의 전신인 삼성전자공업주식회사(1969년 설립) 부터 최근의 LG에너지솔루션에 이르기까지, 한국 제조업 창업의 역사는 곧 경제 성장의 역사라 할 수 있다.

서비스업 창업

무형의 서비스를 제공하는 업종으로, 상대적으로 낮은 진입장벽과 빠른 시장 진입이 가능하다. 음식점, 미용실, 학원 등이 대표적이며, 전체 창업의 80% 이상을 차지하는 주요 영역이다. 최근에는 배달 플랫폼, 온라인 교육, 펜션 운영 등 디지털 기술과 결합된 새로운 서비스업 창업이 급증하고 있다.

도소매 유통업 창업

상품의 판매와 유통을 담당하는 업종이다. 전통적인 오프라인 매장에서 최근에는 온라인 쇼핑몰, 소셜커머스, 라이브커머스까지 그 영역이 확대되고 있다.

3) 창업 동기에 따른 분류

창업 동기는 창업자의 근본적인 창업 이유와 목표를 반영하는 중요한 분류 기준이다. 세계 최대 규모의 창업 연구인 글로벌 창업 모니터(GEM,Global Entrepreneurship Monitor) 역시 창업 동기를 '기회형'과 '생계형'으로 분류하는 방식을 사용하여, 이를 전 세계 국가들의 기업가정신 수준을 비교 분석하는 공통 기준으로 채택하고 있다.

생계형 창업(Necessity-driven Entrepreneurship)

다른 일자리를 구하지 못하거나 기존 수입이 충분하지 않아 생계 유지를 위해 선택하는 창업이다. 한국의 경우 중장년층 퇴직 이후 치킨집, 편의점, 카페 등을 운영하는 경우가 대표적이다. 이러한 창업은 단기간 내 현금 흐름 창출이 중요하며, 상대적으로 안정적이지만 성장성은 제한적이다.

기회형 창업(Opportunity-driven Entrepreneurship)

시장에서 발견한 기회를 사업화하여 성장과 수익을 추구하는 창업이다. 기회형 창업은 높은 성장 잠재력을 가지고 있지만, 시장 불확실성과 실패 위험도 상대적으로 크다.

중소벤처기업부가 발표한 자료(중소벤처기업부, 2023년)에 따르면, 한국의 창업 생태계는 기회형 창업이 약 67%를 차지하며 생계형 창업(약 33%)을 크게 앞지르고 있는 것으로 나타나고 있다.

4) 창업 배경에 따른 분류

창업자의 배경과 보유 역량에 따른 분류는 창업 성공률과 밀접한 관련이 있어 실무적으로 중요한 의미를 갖는다.

기술형 창업

특정 기술이나 기술적 역량을 바탕으로 하는 창업이다. 대학 연구실에서 개발된 기술의 사업화, 대기업 연구원의 기술창업, 소프트웨어 개발자의 IT창업 등이 해당된다. 기술형 창업은 높은 진입장벽으로 인한 경쟁우위 확보가 가능하지만, 기술개발에 따른 시간과 비용이 많이 소요된다는 특징이 있다.

경력형 창업

기존 직장에서 쌓은 업무 경험과 전문성을 바탕으로 하는 창업이다. 대기업 마케팅팀 출신이 광고대행사를 창업하거나, 은행원이 부동산 중개업을 시작하는 경우가 이에 해당한다. 경력형 창업자는 해당 업계의 네트워크와 노하우를 보유하고 있어 시장 진입이 상대적으로 수월하다. 다만 기존 사고방식의 한계로 인해 혁신적 아이디어 발굴에는 제약이 있을 수 있다.

취미형 창업

개인의 관심사나 취미를 사업으로 발전시킨 경우다. 요리에 관심이 많은 주부가 홈베이킹 사업을 시작하거나, 반려동물을 좋아하는 사람이 펜션이나 용품 판매업을 창업하는 사례가 이에 해당한다. 최근 1인 미디어와 소셜네트워크서비스(SNS)의 발달로 취미형 창업이 급속히 증가하고 있다. 유튜브나 인스타그램을 통해 자신의 취미를 콘텐츠화하고 이를 수익화하는 새로운 형태의 취미형 창업이 대표적이다.

5) 추진 방법에 따른 창업 분류

창업을 추진하는 구체적인 방법과 접근 방식에 따라서도 분류할 수 있다. 이는 창업자가 어떤 전략을 선택할지 결정하는 데 중요한 기준이 된다.

스타트업(Startup) 창업

혁신적 아이디어와 기술을 바탕으로 빠른 성장을 목표로 하는 창업 방식이다. 일반적으로 벤처투자를 통해 자금을 조달하며, 글로벌 시장 진출을 목표로 한다.

프랜차이즈 창업

기존에 성공한 사업 모델을 도입하여 창업하는 방식이다. 초기 위험을 줄이고 검증된 사업 모델을 활용할 수 있지만, 가맹비와 로열티 부담, 본사 정책에 따른 운영상 제약이 있다.

소셜벤처 창업

사회적 문제 해결을 목적으로 하면서도 지속가능한 수익 모델을 추구하는 창업이다. 환경 문제, 사회적 약자 지원, 교육 격차 해소 등의 사회적 가치 창출과 경제적 수익을 동시에 추구한다.

창업 유형별 특성을 정확히 이해하는 것은 예비창업자가 자신에게 적합한 창업 방향을 설정하고, 필요한 준비 과정을 체계적으로 계획하는 데 중요한 의미를 갖는다. 각 유형은 고유한 장점과 한계를 가지고 있으며, 창업자의 역량과 목표에 따라 최적의 선택이 달라진다.

다 창업의 범위

창업을 준비하는 예비 창업자라면, 창업의 범위와 관련된 법령의 기준을 이해하는 것이 매우 중요하다. 따라서 창업의 요건을 확인하는 검토가 제일 먼저 선행되어야 한다. 특히 정책적 지원을 받아 창업을 추진하고자 할 경우에는 창업으로 인정되지 않는 경우가 있다는 것에 유의해야 한다. 창업으로 인정되지 않은 경우는 주로 기존 사업의 승계나 형태 변경과 관련이 있다. 예를 들어, 상속이나 증여로 사업체를 취득하여 동종 사업을 계속하는 경우, 폐업한 타인의 공장을 인수하여 동일한 사업을 계속하는 경우 등이 해당된다. 또한, 개인 사업자가 법인으로 전환하거나 기존 사업장의 사업을 계속하는 경우도 창업으로 인정되지 못한다.

관련 법령상, 창업은 다음의 요건을 모두 충족하는 기업을 말한다.

- 「중소기업기본법」상의 중소기업
- 「중소기업창업 지원법」시행령 제4조(창업에서 제외되는 업종)를 영위하지 않는 중소기업

1. 일반유흥주점업(56211)
2. 무도유흥주점업(56212)
3. 기타 사행시설 관리 및 운영업(91249)
4. 제1호부터 제3호까지의 규정에 준하는 업종으로서 중소벤처기업부령으로 정하는 업종 *( )의 업종 분류 코드는 한국표준산업분류를 기준으로 한다.

- 「중소기업창업 지원법」 시행령 제2조(창업의 범위)에 해당하지 않는 중소기업

① 법 제2조제1호에 따른 창업은 중소기업을 새로 설립하여 사업을 개시하는 것으로서 다음 각 호의 어느 하나에 해당하지 않는 것을 말한다.

1. 타인으로부터 사업을 상속 또는 증여 받아 해당 사업과 같은 종류의 사업을 계속하는 것. 다만, 법인인 중소기업을 새로 설립하여 해당 사업과 같은 종류의 사업을 계속하는 경우는 제외한다.
2. 개인인 중소기업자가 기존 사업을 계속 영위하면서 중소기업(법인인 중소기업은 제외한다)을 새로 설립하여 사업을 개시하는 것
3. 개인인 중소기업자가 기존 사업을 폐업한 후 중소기업을 새로 설립하여 기존 사업과 같은 종류의 사업을 개시하는 것. 다만, 사업을 폐업한 날부터 3년(부도 또는 파산으로 폐업한 경우에는 2년을 말한다) 이상이 지난 후에 기존 사업과 같은 종류의 사업을 개시하는 경우는 제외한다.
4. 개인인 중소기업자가 기존 사업을 계속 영위하면서 단독으로 또는 「중소기업기본법 시행령」 제2조제5호에 따른 친족과 합하여 의결권 있는 발행주식(출자지분을 포함한다. 이하 같다) 총수의 100분의 30 이상을 소유하거나 의결권 있는 발행주식 총수를 기준으로 가장 많은 주식의 지분을 소유하는 법인인 중소기업을 설립하여 기존 사업과 같은 종류의 사업을 개시하는 것

5. 법인인 중소기업자가 의결권 있는 발행주식 총수의 100분의 30 이상(해당 법인과 그 임원이 소유하고 있는 주식을 합산한다)을 소유하는 경우로서 의결권 있는 발행주식 총수를 기준으로 가장 많은 주식의 지분을 소유하는 다른 법인인 중소기업을 새로 설립하여 사업을 개시하는 것
6. 법인인 중소기업자가 조직변경 등 기업형태를 변경하여 변경 전의 사업과 같은 종류의사업을 계속하는 것

② 제1항 각 호에 따른 같은 종류의 사업의 범위는 「통계법」 제22조제1항에 따라 통계청장이 작성 · 고시하는 한국표준산업분류(이하 "한국표준산업분류"라 한다)상의 세세분류를 기준으로 한다. 이 경우 기존 업종에 다른 업종을 추가하여 사업을 하는 경우에는 추가된 업종의 매출액이 총 매출액의 100분의 50 미만인 경우에만 같은 종류의 사업을 계속하는 것으로 본다.

③ 제2항 후단에 따른 추가된 업종의 매출액 또는 총 매출액은 추가된 날이 속하는 분기의 다음 2분기 동안의 매출액 또는 총 매출액을 말한다.

위 법령에서 언급하고 있는 통계청이 제공하는 한국표준산업분류표는 매년 개정되므로 홈페이지를 통하여 확인해야 한다.

한국표준산업분류 분류는 코드화 되어 있는데, 대분류 - 중분류 - 소분류 - 세분류 - 세세분류순으로 총 다섯 개로 구성되어 있다.

예시 그 외 기타 달리 분류되지 않은 제품 제조업(C33999)

① 대분류(C) ② 중분류(C33) ③ 소분류(C339)
④ 세분류(C3399) ⑤ 세세분류(C33999)

주업종 코드의 확인을 위해서는 국세청 "주업종 코드 조회하기"를 활용하면 편리하다.

예시 [홈택스] - [홈택스에 등록된 공인인증서 로그인] - [My NTS] - [사업자 등록사항 및 담당자 안내] - [상세보기]

창업 여부에 대한 법령을 확인하는 것은 향후, 다양한 창업지원 정책을 활용할 수 있는가에 중요한 근거가 되므로 정확히 창업여부를 확인하는 것이 필요하다.

참고로 중소벤처기업부는 창업기업확인시스템을 통하여 창업기업에 대한 자가진단을 통해 온라인 확인서를 발급해주고 있다.

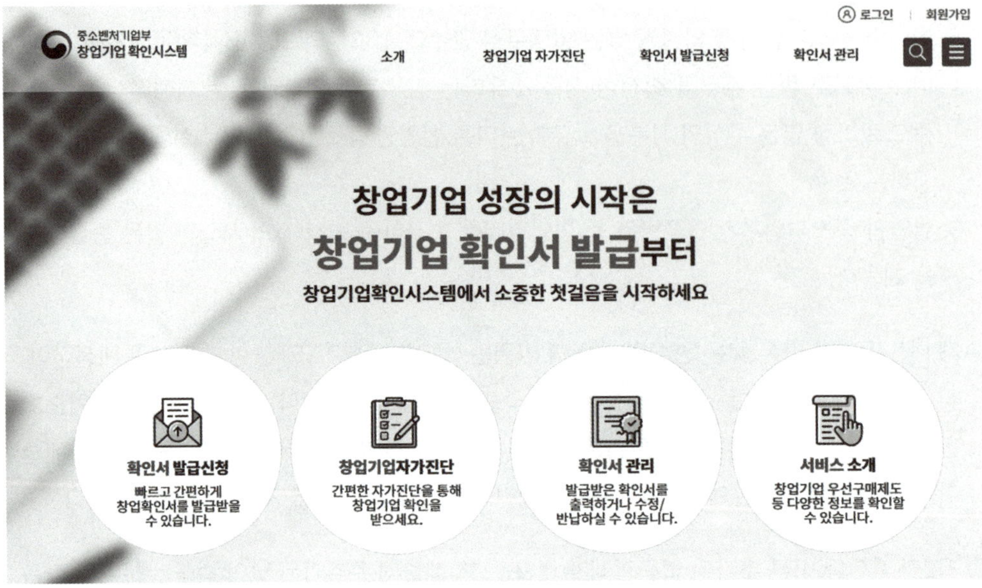

창업기업확인시스템: https://cert.k-startup.go.kr

한편 정부가 창업지원 정책에서 기준으로 활용되는 창업 여부에 대한 기준표는 다음과 같다(매년 확인 필요).

기업 구분	상세 구분			창업여부 판단 기준
개인 기업	창업(사업을 개시한 날부터) 7년 이내			창업 기본요건
	타인으로부터 상속/증여	기존 사업과 동종의 사업 개시		창업아님
		이종		창 업
	기존 개인사업자 유지	-		창업아님
	기존 개인사업자 폐업	이종창업	-	창 업
		동종창업	폐업 3년 초과	창 업
			폐업 3년까지	창업아님
			부도/파산 - 2년 초과	창 업
			부도/파산 - 2년까지	창업아님
	기존 법인사업자 유지 또는 폐업	-		창 업

<table>
<tr><th>기업 구분</th><th colspan="3">상세 구분</th><th>창업여부 판단 기준</th></tr>
<tr><td rowspan="8">법인 기업</td><td colspan="3">창업(사업을 개시한 날부터) 7년 이내</td><td>창업 기본요건</td></tr>
<tr><td rowspan="7">기존 개인사업자 폐업</td><td>이종창업</td><td>-</td><td>창 업</td></tr>
<tr><td rowspan="4">동종창업</td><td>폐업 3년 초과</td><td>창 업</td></tr>
<tr><td>폐업 3년까지</td><td>창업아님</td></tr>
<tr><td>부도/파산 - 2년 초과</td><td>창 업</td></tr>
<tr><td>부도/파산 - 2년까지</td><td>창업아님</td></tr>
<tr><td>동종전환</td><td>포괄양수도 계약에 의한 법인전환</td><td>개인사업자의 창업자 지위승계</td></tr>
<tr><td colspan="3"></td><td></td></tr>
<tr><td rowspan="8"></td><td rowspan="3">기존 개인사업자 유지</td><td>이종창업</td><td>-</td><td>창 업</td></tr>
<tr><td rowspan="2">동종창업</td><td>단독 또는 친족과 합하여 의결권 있는 발행주식 총수의 50% 초과 또는 최대 주주</td><td>창업아님</td></tr>
<tr><td>단독 또는 친족과 합하여 의결권 있는 발행주식 총수의 50% 이하이면서 최대주주 아님</td><td>창 업</td></tr>
<tr><td>자회사 여부</td><td colspan="2">법인주주(임원 포함)가 의결권 있는 발행주식 총수의 50% 초과 소유</td><td>창업아님</td></tr>
<tr><td>과점주주 여부</td><td colspan="2">다른 법인의 과점주주가 발행주식 총수 또는 출자총액의 50% 초과 소유</td><td>창업아님</td></tr>
<tr><td rowspan="2">회사형태 변경</td><td colspan="2">동종유지</td><td>창업아님</td></tr>
<tr><td colspan="2">이종</td><td>창 업</td></tr>
</table>

※ **포괄양수도 계약에 의한 법인전환**: 양도기업(기존 개인사업자) 개시일로부터 7년 이내인 창업기업(창업여부 기준표에 따라 창업여부 판단)이고, 양도-양수기업 간 대표자 동일, 동종 업종, 양도기업(기존 개인사업자) 폐업 완료, 양도기업의 권리 · 의무의 전부를 포괄적으로 양도하여야 함

※ **동종의 범위**: '한국표준산업분류(제10차)'를 기준으로 세세분류(코드번호 5자리)가 모두 일치하면 "동종"

※ **과점주주**: 국세기본법 제39조제2호에 따른 해당 법인의 발행주식 총수 또는 출자총액의 100분의 50을 초과하면서 그 법인의 경영에 대하여 지배적인 영향력을 행사하는 자들

※ **창업지원법 시행령 부칙 제2조(창업 범위의 변경에 따른 종전 창업자에 관한 경과조치)**

① 2020.10.8. 이전에 종전의 규정에 따라 창업하여 사업을 개시한 창업자로서 시행령 제31108호 제2조제1항 및 제2항의 개정규정에 따른 창업에 해당하지 않게 되는 자는 같은 개정규정에도 불구하고 종전의 규정에 따라 창업하여 사업을 개시한 날부터 7년이 지나지 않을 때까지는 창업자로 인정

- "개인사업자 설립일이 '20.10.8. 이전이면서, 다른 장소에서 이업종의 개인사업자를 설립"한 경우 "창업"으로 판단

② 영 시행(2022.6.29.) 이전에 종전의 규정에 따라 창업하여 사업을 개시한 창업자로서 영 제2조 개정규정에 따른 창업에 해당하지 않게 되는 자는 같은 개정규정에도 불구하고 종전의 규정에 따라 창업하여 사업을 개시한 날부터 7년이 지나지 않을 때까지는 창업자로 인정

라 기술창업의 정의

기술 창업에 대한 법률적 정의는 「중소기업창업 지원법」 제2조 제9호(시행 2025. 7. 22)에 「"기술창업"이란 창의적인 아이디어, 신기술, 과학기술 및 정보통신기술에 기반하여 문화 등 다양한 부문과의 융합을 촉진함으로써 새로운 사업영역을 개척하거나 도전하는 창업을 말한다」라고 정의되어 있다. 법률에 따르면, 기술창업은 '창의적인 아이디어, 신기술, 과학기술 및 정보통신기술'을 핵심 동력으로 삼고 있다. 이는 제조업, 서비스업 등 특정 업종에 국한되지 않고, 혁신적인 기술을 사업 모델에 접목하는 모든 시도를 포괄하고 있다고 볼 수 있다. 또한 법률에서 말하는 '융합 및 도전'이란 문화 등 다양한 부문과의 융합을 촉진하고 새로운 사업영역을 개척하거나 도전하는 행위를 강조하고 있는 것으로 이는 단순한 기술 개발을 넘어, 기술이 다른 분야와 결합하여 새로운 가치를 창출하는 융복합적 창업을 장려하려는 의도로 해석된다. 예를 들어, 인공지능(AI) 기술을 활용한 문화 콘텐츠 제작 스타트업이나, 블록체인 기술을 금융 서비스에 접목한 핀테크 기업 등이 이에 해당할 수 있다. 기술창업의 개념은 「중소기업창업 지원법」 외에도 벤처기업 육성 특별법, 기술의 이전 및 사업화 촉진에 관한 법률 등을 통하여 기술창업에 대한 지원정책으로 보다 구체화 되고 있다.

일반적으로 기술창업이란 기술을 기반으로 한 창업을 의미한다고 볼 수 있고 벤처기업 또는 기술 혁신 기반의 창업기업과 유사한 개념으로, 예비 창업자가 체득한 기술, 경험, 전문적 노하우 등을 바탕으로 사업을 시작하는 행위를 포함한다. 따라서 기술창업은 혁신 기술 또는 새로운 아이디어를 바탕으로 새로운 시장을 창조하고 제품이나 용역을 생산·판매하는 형태의 창업을 의미한다고 볼 수 있으며, High Risk-High Return을 추구하는 특성이 있다.

기술창업이 일반 창업과 구별되는 핵심 특징은 다음과 같다.

기술창업의 특징

- 고위험-고수익(High Risk-High Return) 구조
- 혁신 기술을 핵심 경쟁력으로 활용
- 빠른 확장 가능성(Scalability)
- 높은 진입장벽을 통한 경쟁우위 확보

일반창업과의 차이점

- 일반창업: 도소매업, 일반 서비스업, 생계형 소상공인 창업
- 기술창업: 기술 혁신을 통한 새로운 가치 창출

한편 우리나라의 대표적인 창업지원 기관으로는 기술 기반 창업을 중점적으로 지원하는 중소벤처기업진흥공단, 생계형 소상공인 창업을 지원하는 소상공인시장진흥공단, 기술 창업의 체계적인 교육과 성장을 지원하며 민간투자와의 연계를 담당하는 기관으로는 창업진흥원 등이 있다.

성공적인 창업을 위해서는 법적 요건을 정확히 이해하고, 체계적인 준비 과정을 거쳐야 한다. 창업에 대한 기본 지식을 습득하고, 다양한 지원 프로그램을 활용하여 실무 경험을 쌓는다면, 성공적인 기술창업가로 성장할 수 있을 것이다. 창업은 위험이 따르는 도전이지만, 충분한 준비와 올바른 접근 방법을 통해 그 위험을 최소화하고 성공 가능성을 높일 수 있다. 무엇보다 중요한 것은 창업에 대한 명확한 이해와 체계적인 준비이다.

3 벤처기업이란 무엇인가?

기술창업을 꿈꾸는 대학생이라면 반드시 알아야 할 개념이 바로 '벤처기업'이다. 벤처기업은 단순히 작은 회사를 의미하는 것이 아니라, 기술과 혁신을 바탕으로 고위험·고수익을 추구하는 특별한 형태의 중소기업이다. 창업자의 아이디어와 열정을 통해 새로운 시장을 창출하고, 궁극적으로는 국가 경제 발전에 큰 기여를 할 수 있는 기업 형태라고 할 수 있다.

가 벤처기업의 정의와 특징

벤처기업(Venture Company)은 첨단의 신기술과 혁신적인 아이디어를 개발하여 사업화에 도전하는 기술집약형 중소기업을 의미한다. 우리나라에서는 「벤처기업육성에 관한 특별조치법」 제2조의2에 의해 법적으로 정의되어 있으며, 중소기업이면서 동시에 벤처투자유형, 연구개발유형, 혁신성장유형 중 하나 이상의 요건을 충족하여 공식적으로 확인받은 기업을 의미한다.

우리나라의 벤처기업 제도는 1998년 관련법이 시행된 이후 지속적으로 발전해왔다. 특히 2021년 2월 12일에는 혁신성 및 성장성 중심의 '민간주도 벤처기업 확인제도'로 전면 개편되어 현재까지 운영되고 있다. 벤처기업의 확인은 벤처기업협회에서 담당하며, 확인 유효기간은 3년이다. 이후 재확인 절차를 통해 갱신이 가능하다.

벤처기업은 일반적인 중소기업과 구별되는 다음과 같은 4가지 핵심 특징을 가지고 있다.

1) 혁신성(Innovation)

벤처기업은 기존에 없던 혁신적인 기술이나 아이디어를 바탕으로 새로운 제품이나 서비스를 개발한다. 예를 들어, 배달의민족을 운영하는 우아한형제들은 온라인 음식 배달 플랫폼이라는 혁신적인 서비스 모델로 시작해 국내 최대 배달 플랫폼으로 성장했다.

2) 고위험·고수익(High Risk, High Return)

벤처기업은 초기 단계에서 실패의 위험이 매우 크지만, 성공할 경우 폭발적인 수익을 얻을 수 있다. 실제로 벤처기업의 성공률은 일반적으로 10% 내외로 알려져 있지만, 성공한 기업들은 짧은 시간 내에 수십 배, 수백 배의 가치 상승을 경험하기도 한다.

3) 빠른 성장(Rapid Growth)

벤처기업은 전통적인 기업보다 훨씬 빠른 속도로 성장할 잠재력을 가지고 있다. 카카오의 경우 1995년 설립 이후 불과 20여 년 만에 국내 최대 IT 기업 중 하나로 성장했다.

4) 외부 자본 조달(External Funding)

벤처기업은 주로 벤처캐피탈(Venture Capital), 엔젤 투자자(Angel Investor), 액셀러레이터(Accelerator) 등의 외부 투자를 통해 자본을 조달한다. 이는 일반적인 중소기업이 은행 대출이나 자기자본에 의존하는 것과는 다른 특징이다.

나 벤처기업의 유형

「벤처기업육성에 관한 특별조치법」은 벤처기업 확인을 위해 다음 3가지 유형으로 분류하고 있다. 기업은 이 중 하나 이상의 요건을 충족해야 벤처기업으로 인정받을 수 있다.

1) 벤처투자 유형

벤처투자 유형은 전문 투자기관으로부터 일정 규모 이상의 투자를 받은 기업이 해당된다. 구체적으로는 적격 투자기관으로부터 5천만 원 이상의 투자금을 유치하고, 자본금 중 투자금액 비율이 일정 수준 이상이어야 한다.

적격 투자기관에는 중소기업창업투자회사, 벤처투자조합, 기술보증기금, 중소벤처기업진흥공단 등이 포함된다. 벤처투자 유형에 대한 확인 업무는 한국벤처캐피탈협회(KVCA)에서 담당하고 있다.

예를 들어, 대학생이 창업한 AI 스타트업이 벤처캐피탈로부터 1억 원의 투자를 유치했다면, 이는 벤처투자 유형으로 벤처기업 확인을 받을 수 있는 조건을 충족한다.

2) 연구개발 유형

연구개발(R&D) 분야에서 벤처기업으로 인정받기 위해서는 다음과 같은 요건을 충족해야 한다.

- 기업부설연구소 또는 연구개발전담부서 보유
- 연구개발비가 매출액의 일정 비율 이상 (단, 창업 3년 미만 기업의 경우 연구개발비 비율 요건 미적용)

• 연구개발 인력의 일정 비율 이상 확보

연구개발 유형에 대한 확인은 중소벤처기업진흥공단과 신용보증기금이 전문평가기관으로 지정되어 있다.

대학에서 개발한 기술을 바탕으로 창업한 기업들이 주로 이 유형에 해당한다. 예를 들어, 대학 연구실에서 개발한 바이오 기술을 상용화하기 위해 창업한 기업이 기업부설연구소를 설립하고 지속적으로 R&D 투자를 한다면 연구개발 유형으로 벤처기업 확인을 받을 수 있다.

3) 혁신성장 유형

기술의 혁신성과 사업의 성장성이 우수한 것으로 평가받은 기업이 이에 해당한다. 이는 가장 포괄적인 유형으로, 위의 두 유형에 해당하지 않더라도 혁신적인 기술이나 사업모델을 보유한 기업들이 벤처기업으로 인정받을 수 있는 경로다.

혁신성장 유형의 확인은 기술보증기금, 한국농업기술진흥원, 연구개발특구진흥재단, 한국과학기술정보연구원, 한국발명진흥회, 한국생명공학연구원, 한국생산기술연구원 등 7개 전문평가기관에서 담당하고 있다.

다 벤처기업의 제외업종

모든 업종이 벤처기업으로 인정받을 수 있는 것은 아니다. 한국표준산업분류표에 따라 다음과 같은 업종은 벤처기업 제외업종으로 지정되어 있다.

업종분류	업종
숙박 및 음식점업, 음료업	여관업, 기타 숙박업, 일반유흥 주점업, 무도유흥 주점업, 비알콜 음료점업
부동산업 및 임대업	주거용/비주거용 임대업 및 건물 개발 및 공급업
예술, 스포츠 및 여가 관련 서비스업	골프장, 노래연습장, 무도장 운영업/갬블링 및 베팅업
협회 및 단체, 수리 및 기타 개인 서비스업	미용 관련 서비스업

이러한 제외업종은 주로 전통적인 서비스업이나 자산 기반 사업으로, 기술 혁신을 통

한 고성장보다는 안정적인 수익 모델을 추구하는 업종들이다. 따라서 기술창업을 고려하는 대학생들은 자신의 사업 아이디어가 이러한 제외업종에 해당하지 않는지 미리 확인해야 한다.

라 다양한 벤처기업 지원 정책

정부는 벤처기업의 성장을 지원하기 위해 다양한 지원 제도를 운영하고 있다. 이러한 지원 제도는 벤처기업이 초기 단계의 높은 위험을 극복하고 성공적으로 성장할 수 있도록 돕는 중요한 역할을 한다.

1) 세제 지원

벤처기업 확인을 받은 기업은 다음과 같은 세제 혜택을 받을 수 있다(2025년 기준, 매년 적용 기준이 달라 질 수 있음).

- 법인세 및 소득세: 최초 벤처기업 확인일로부터 최대 5년간 50% 감면
- 취득세: 자산에 대한 취득세 75% 감면(벤처기업으로 확인 받은 날부터 날로부터 4년 이내)
- 재산세: 최초 벤처기업 확인일로부터 3년간 면제, 이후 2년간 50% 감면

예를 들어, 연간 법인세가 1억 원인 벤처기업이라면 매년 5천만 원의 세금을 절약할 수 있어, 5년간 총 2억 5천만 원의 세제 혜택을 받게 된다. 이는 초기 자금이 부족한 스타트업에게 매우 중요한 지원이다.

2) 금융 지원

벤처기업은 다음과 같은 금융 지원을 받을 수 있다.

- 기술보증기금, 신용보증기금 등의 보증 지원
- 정책금융기관의 우대 금리 융자
- 벤처투자 촉진을 위한 정책 펀드 지원
- 코스닥 상장 시 우대 조건 적용

3) 입지 및 인프라 지원

- 벤처기업 집적시설 입주 우선권
- 창업보육센터 및 테크노파크 입주 지원
- 연구개발 시설 및 장비 공동 활용 지원

4) 인력 지원

- 벤처기업 인력 채용 지원금
- 우수 인재 연결 서비스
- 주식매수선택권(스톡옵션) 세제 우대

5) 기타 지원

- 정부 조달 시장 우선 참여 기회
- 해외 진출 지원 프로그램
- 기술 마케팅 및 홍보 지원

이러한 지원 제도는 매년 정책 변화에 따라 적용 범위와 기준이 달라질 수 있음에 유의하여야 한다. 따라서 기술창업을 통해 벤처기업 확인을 받은 기업은 벤처기업협회 홈페이지(www.kova.or.kr)를 통해 최신 지원 내용을 정기적으로 확인하는 것이 필요하다.

특히 기술기반 창업자의 경우, 이러한 지원 제도를 적극적으로 활용하면 초기 자금 부족 문제를 상당 부분 해결할 수 있다. 실제로 성공한 많은 벤처기업들이 정부의 다양한 지원 제도를 활용해 초기 위험을 극복하고 성장 기반을 마련했다는 점을 기억해야 한다.

벤처기업 제도를 이해하는 것은 단순히 법적 요건을 아는 것을 넘어서, 기술창업의 생태계를 이해하고 성공적인 창업을 위한 전략을 수립하는 데 필수적이다. 따라서 기술창업을 꿈꾸는 예비 창업자들은 자신의 사업 아이디어가 어떤 유형의 벤처기업으로 발전할 수 있는지, 그리고 어떤 지원 제도를 활용할 수 있는지 미리 계획하는 것이 중요하다.

4 나의 창업은 기술창업으로 볼 수 있는가?

기술창업은 일반 창업과 달리 '기술'이라는 핵심 요소가 창업 과정과 사업 성공에 결정적인 영향을 미치는 특별한 창업 형태다. 국내에서도 카카오, 네이버, 쿠팡과 같은 기술 기반 기업들이 글로벌 시장에서 성공을 거두면서 기술창업에 대한 관심이 높아지고 있다. 하지만 단순히 기술을 활용한다고 해서 모든 창업이 기술창업이라고 할 수는 없다. 그렇다면 어떤 조건을 만족해야 진정한 기술창업이라고 할 수 있을까?

본 장에서는 기술창업의 핵심 요소들을 체계적으로 분석하고, 예비 창업자들이 자신의 창업 아이디어가 기술창업으로 분류될 수 있는지 스스로 진단할 수 있는 구체적인 기준을 제시한다. 또한 기술창업에서 반드시 고려해야 할 특별한 요소들과 성공을 위한 핵심 전략들을 상세히 다룬다.

가 창업의 3요소

모든 창업에는 반드시 필요한 세 가지 기본 요소가 있다. 이 세 요소는 창업을 구성하는 기본 토대 역할을 한다.

1) 창업자(Entrepreneur)

창업자는 창업을 추진하는 핵심 주체로서, 단순히 사업 아이디어를 가진 사람이 아니라 이를 실현시킬 수 있는 특별한 자질과 역량을 갖춘 사람을 의미한다. 이러한 자질과 역량을 통칭하여 기업가정신(Entrepreneurial Spirit)이라고 한다.

기업가정신의 핵심 요소들을 살펴보면 다음과 같다. 첫째, 혁신적 사고는 기존의 관습이나 방식에 얽매이지 않고 새로운 관점에서 문제를 바라보고 해결책을 찾는 능력이다. 둘째, 도전 정신은 불확실한 상황에서도 위험을 감수하고 새로운 기회를 포착하려는 적극적인 자세를 의미한다. 셋째, 리더십은 팀원들을 이끌고 조직을 효과적으로 운영할 수 있는 능력이다.

실제로 우리나라의 대표적인 기술 기업가들을 보면 이러한 기업가정신이 명확히 드러난다. 예를 들어 김범수 카카오 창업자는 기존 통신 시장의 한계를 뛰어넘는 혁신적인 모바일 메신저 서비스를 구상했고, 이를 실현하기 위해 지속적인 도전과 리더십을 발휘했다. 이처럼 창업자는 단순한 아이디어 소유자가 아니라 이를 현실로 만들어낼 수 있는 실행력과 추진력을 갖춘 사람이어야 한다.

2) 창업아이템(Business Items)

창업아이템은 창업자가 사업화하고자 하는 제품이나 서비스의 구체적인 내용을 의미한다. 여기서 중요한 것은 창업아이템이 단순한 아이디어가 아니라 시장에서 실제 수요가 있는 가치 있는 솔루션이어야 한다는 점이다.

성공적인 창업아이템의 조건을 분석해보면 다음과 같다. 첫째, 시장 수요의 존재다. 아무리 훌륭한 아이디어라고 해도 시장에서 원하지 않는다면 사업적 가치가 없다. 둘째, 차별화된 가치 제안이다. 기존 제품이나 서비스와 비교해 명확한 차별점과 우위를 제공해야 한다. 셋째, 실현 가능성이다. 현재의 기술 수준과 자원으로 실제 구현이 가능해야 한다.

국내 스타트업 중에서 성공적인 창업아이템의 사례를 살펴보면, 배달의민족의 경우 기존 전화 주문 방식의 불편함을 해결하는 모바일 음식 배달 서비스라는 명확한 가치를 제시했다. 또한 토스는 복잡한 금융 거래를 간단하게 만드는 혁신적인 핀테크 서비스로 시장의 강력한 수요를 충족시켰다.

3) 창업자금(Capital)

창업자금은 사업을 시작하고 운영하는 데 필요한 초기 자본을 의미한다. 창업자금의 규모는 사업 분야, 사업 모델, 시장 진입 전략에 따라 크게 달라진다.

창업자금의 구성 요소를 보면 다음과 같다. 첫째, 개발비용으로 제품이나 서비스를 개발하는 데 드는 인건비, 연구개발비, 시설비 등이다. 둘째, 운영비용으로 사무실 임차료, 직원 급여, 마케팅 비용 등 사업 운영에 필요한 제반 비용이다. 셋째, 예비 자금으로 예상치 못한 상황에 대비하기 위한 여유 자금이다.

창업자금 조달 방법은 매우 다양하다. 자기자본으로는 창업자의 개인 저축, 가족이나 지인으로부터의 투자가 있고, 외부자본으로는 정부 지원금, 엔젤투자, 벤처캐피탈 투자, 크라우드펀딩 등이 있다. 특히 기술창업의 경우 상대적으로 많은 초기 자본이 필요하므로 다양한 자금 조달 방법을 전략적으로 활용하는 것이 중요하다.

나 기술창업을 충족하는 추가적 2가지 요소(창업 5요소)

기술창업은 일반 창업의 3요소에 더해 두 가지 특별한 요소가 추가로 필요하다. 이 다섯 가지 요소가 모두 갖춰져야 진정한 기술창업이 가능하다.

1) 기술(Technology): 기술창업의 핵심 동력

기술은 기술창업에서 가장 핵심적인 요소로, 단순히 도구나 수단이 아니라 창업의 근본적인 경쟁력의 원천이다. 기술창업에서 기술이 갖춰야 할 조건들을 자세히 살펴보자.

독창성과 혁신성

기술창업에서 성공하려면 보유한 기술이 독창적이고 혁신적이어야 한다. 독창성(Originality)은 기존에 없던 새로운 기술이나 기존 기술의 창의적 결합을 의미한다. 혁신성(Innovation)은 기존의 방식을 근본적으로 개선하거나 완전히 새로운 방식을 제시하는 것을 의미한다.

국내 기술창업 성공 사례를 보면, 셀트리온의 경우 바이오시밀러(Biosimilar) 기술을 독창적으로 개발하여 글로벌 제약 시장에서 경쟁력을 확보했다. 또한 엔씨소프트는 독창적인 게임 엔진 기술을 바탕으로 '리니지' 시리즈를 성공시켜 국내 게임 산업의 선두주자로 자리잡았다.

경쟁우위 확보

기술의 경쟁력은 시장에서의 생존과 성장을 결정하는 핵심 요소다. 경쟁력 있는 기술의 특징을 살펴보면 다음과 같다.

성능 우위는 기존 기술 대비 월등한 성능을 보이는 것이다. 예를 들어, 더 빠른 처리 속도, 더 높은 정확도, 더 낮은 에너지 소비 등이 여기에 해당한다. 비용 효율성은 같은 기능을 더 저렴한 비용으로 제공하거나, 더 높은 가치를 같은 비용으로 제공하는 것이다. 사용자 편의성은 기존 기술보다 사용하기 쉽고 편리한 것을 의미한다.

기술의 권리화

기술의 권리화는 기술창업에서 매우 중요한 요소다. 아무리 뛰어난 기술이라도 법적 보호를 받지 못한다면 쉽게 모방당할 수 있기 때문이다. 이러한 지식재산권의 주요 유형을 살펴보면 다음과 같다. 특허권은 발명에 대한 독점적 실시권을 보장하는 권리로, 일반적으로 20년간 보호된다. 상표권은 상품이나 서비스를 식별하는 표시에 대한 권리다. 디자인권은 물품의 형상, 모양, 색채 등에 대한 권리다. 저작권은 창작물에 대한 권리로, 소프트웨어의 경우 특히 중요하다.

권리화의 실제 효과를 보면, 국내 바이오 기업인 유한양행의 경우 자체 개발한 신약 기술에 대해 국내외 특허를 확보하여 글로벌 제약회사들과 기술 라이선스 계약을 체결하고 있다. 이를 통해 기술 개발 투자비를 회수하고 추가 연구개발 자금을 확보하는 선순환 구조를 만들어냈다.

2) 타이밍(Timing): 시장진입의 최적 시기

기술창업에서 타이밍은 기술의 우수성만큼이나 중요한 요소다. 아무리 뛰어난 기술이라도 시장이 준비되지 않았거나 너무 늦게 진입한다면 성공하기 어렵다.

시장 준비도 판단

시장 준비도는 해당 기술을 받아들일 수 있는 시장의 상태를 의미한다. 시장 준비도를 판단하는 주요 요소들을 살펴보자.

소비자 인식 수준은 소비자들이 해당 기술의 필요성과 가치를 이해하고 있는지를 나타낸다. 예를 들어, 스마트폰이 등장했을 때 소비자들은 이미 휴대폰의 편리함을 경험했기 때문에 더 진화된 형태의 스마트폰을 쉽게 받아들일 수 있었다.

인프라 구축 정도는 해당 기술이 제대로 작동하기 위한 기반 시설이나 환경이 마련되어 있는지를 의미한다. 예를 들어, 온라인 쇼핑몰이 성공하기 위해서는 인터넷 보급률, 전자결제 시스템, 택배 인프라 등이 충분히 구축되어 있어야 한다.

법적 제도적 환경은 해당 기술의 상용화를 뒷받침하는 법률이나 제도가 마련되어 있는지를 나타낸다. 핀테크 기업들이 성장할 수 있었던 것은 금융 규제 샌드박스 같은 혁신적인 제도 개선이 뒷받침되었기 때문이다.

경쟁 환경 분석

시장 진입 시점에서의 경쟁 환경은 기술창업의 성공 가능성을 크게 좌우한다.

경쟁 강도를 분석할 때는 현재 시장에 얼마나 많은 경쟁자가 있는지, 그들의 기술 수준과 시장 점유율은 어느 정도인지를 파악해야 한다. 너무 치열한 경쟁 상황에서는 후발주자가 성공하기 어렵지만, 경쟁이 전혀 없는 시장은 시장 자체가 존재하지 않을 가능성도 있다.

대체재의 존재도 중요한 고려사항이다. 기존 제품이나 서비스가 소비자들의 요구를 어느 정도 만족시키고 있다면, 새로운 기술이 확실한 차별화 요소를 제공하지 못하는 한 시장 진입이 어려울 수 있다.

국내 사례를 보면, 카카오톡이 성공할 수 있었던 이유 중 하나는 당시 SMS 문자 서비스가 유료였던 반면, 카카오톡은 무료 메신저 서비스를 제공했기 때문이다. 또한 스마트폰 보급률이 급격히 높아지는 시점에서 이를 활용한 혁신적인 서비스를 제공했던 것도 성공 요인이었다.

기술 발전 주기와의 조화

기술 발전에는 일정한 주기가 있으며, 이 주기를 이해하고 활용하는 것이 중요하다.

기술 수명 주기(Technology Life Cycle)를 보면, 기술은 도입기, 성장기, 성숙기, 쇠퇴기를 거친다. 각 단계마다 시장 진입 전략이 달라져야 한다. 도입기에는 시장 교육과 초기 채택자 확보가 중요하고, 성장기에는 빠른 시장 점유율 확대가 핵심이다.

하이프 사이클(Hype Cycle)은 새로운 기술이 시장에 도입될 때 겪는 과도한 기대와 실망의 과정을 설명한다. 기술창업자는 이 사이클을 이해하고 적절한 시점에 시장에 진입해야 한다.

최근 국내에서 주목받고 있는 인공지능 기술의 경우, 초기 과도한 기대 이후 현재는 실제 응용 가능한 분야를 찾아 안정적으로 성장하고 있다. 이 시점에서 실용적인 AI 기술을 가진 창업자들이 시장에 진입하여 성공을 거두고 있다.

다 기술창업의 점검 요건

기술창업은 일반적인 창업과는 다른 고유한 특성을 가지고 있다. 기술 자체가 창업의 핵심 자산이자 경쟁력의 원천이라는 점에서 기술창업에서 기술의 중요성은 아무리 강조해도 지나치지 않다. 기술창업을 준비하는 과정에서 창업자와 창업 팀이 갖춰야 할 기술적 역량에 대한 체계적인 점검이 필수적이다.

성공적인 기술창업을 위해서는 창업자가 스스로에게 핵심적인 질문들을 던지고, 이에 대한 명확한 답변을 통해 자신의 준비 상태를 평가해야 한다. 이러한 자기 진단은 단순한 점검을 넘어 향후 창업 전략 수립의 기초가 된다. 다음의 세 가지 핵심 질문을 통해 기술창업의 준비 상태를 체계적으로 점검해보자.

Q1 창업자가 기술을 직접 보유하고 있는가?

기술창업을 시작하는 단계에서 중요한 요소는 창업자가 직접 기술을 보유하고 있느냐의 여부이다. 이는 창업자가 기술 개발 및 응용에 대한 실질적인 지식과 능력을 갖추고 있음을 의미한다. 기술창업에서 기술은 단순한 도구나 부차적인 요소가 아니라 사업의 근간을 이루는 핵심 자원이다.

창업자가 기술에 대한 깊은 이해와 실질적인 적용 능력을 보유하고 있는지는 기술창업의 성공 가능성을 판단하는 중요한 기준이 된다. 특히 기술창업의 초기 단계에서는 창업자가 직접 기술을 보유하고 있는 것이 가장 이상적이다.

창업자가 직접 기술을 보유하고 있을 경우 다음과 같은 장점들이 있다.

- 신속한 문제 해결 능력: 기술 개발 과정에서 발생하는 문제를 외부 도움 없이 신속하게 해결할 수 있다. 예를 들어, 인공지능(AI) 기반 소프트웨어를 개발하는 스타트업의 경우, 창업자가 AI 알고리즘에 대한 깊은 이해와 프로그래밍 능력을 갖추고 있다면 기술적 난관에 부딪힐 때마다 즉각적인 해결책을 찾을 수 있다.
- 전략적 의사결정 능력: 기술의 잠재력을 극대화할 수 있는 방향으로 사업 전략을 수립할 수 있다. 시장 변화에 대응하여 기술적 관점에서 빠르게 전략을 조정하고 경쟁 우위를 지속적으로 유지할 수 있다.

모든 창업자가 기술을 직접 보유할 수 있는 것은 아니다. 이 경우 팀 구성의 중요성이 부각된다. 창업자가 기술 부문을 담당하지 않더라도, 기술을 담당하는 팀원이 충분한 기술적 역량을 갖추고 있다면 기술창업으로서의 가능성을 가질 수 있다.

다만, 이 경우에도 창업자가 기술에 대한 기본적인 이해와 응용 능력을 갖춰야 한다. 그 이유는 다음과 같다.

- 기술 팀원의 이탈 대비: 기술 팀원이 퇴사할 경우 창업자가 기술적 방향성을 유지할 수 있어야 한다.
- 새로운 인재 발굴: 기술을 이해하는 창업자가 적절한 신규 인재를 발굴할 수 있다.
- 지속 가능성 확보: 기술창업의 본질적 특성을 유지하고 발전시킬 수 있다.

창업자가 직접 기술을 보유하지 않더라도 오픈 이노베이션(Open Innovation)을 통해 기술 자원을 확보할 수 있다. 오픈 이노베이션은 기업이 내부 자원뿐만 아니라 외부의 아이디어, 기술, 지식을 적극적으로 활용하여 혁신을 추구하는 방식이다.

- 대학 연구소와의 협력: 초기 기술창업 기업이 자사의 기술력을 보완하거나 강화하기 위해 외부 연구소나 대학과의 협업을 통해 기술 개발을 추진할 수 있다. 예를 들어, 바이오 기술 스타트업이 특정 기술 지식이 부족한 경우, 관련 기술을 보유한 대학 연구팀과 협력하여 기술적 난관을 극복하고 연구개발 기간을 단축할 수 있다.
- 기술 생태계 활용: 오픈 이노베이션 전략은 스타트업의 자원 한계를 극복하고, 보다 넓은 기술 생태계를 활용함으로써 경쟁력을 강화하는 데 중요한 역할을 한다.

Q2 최종적으로 시장에 출시하고자 하는 제품/서비스에 창업자가 보유한 기술이 실질적이고 적정한 비중으로 기여하고 있는가?

기술창업에서 창업자가 보유한 기술이 최종적으로 거래되는 제품이나 서비스에 얼마나 기여하고 있는지도 중요한 요소이다. 기술창업의 핵심은 창업자가 보유한 기술이 제품의 경쟁력을 결정짓는 주요 요인이기 때문이다.

창업자는 보유한 기술이 단순히 기술적 요소로만 존재하는 것이 아니라, 실제로 소비자가 구매하는 최종 제품이나 서비스에 실질적이고 적정한 비중으로 기여하고 있는지를 분석해 보아야 한다.

기술창업에서 흔히 발생하는 오해 중 하나는 창업자가 보유한 기술이 곧 최종 제품의 모든 기술적 요구사항을 충족한다고 착각하는 것이다. 그런데 현실적으로 창업자가 보유한 기술은 최종 제품이나 서비스의 일부분을 구성할 뿐이다.

예를 들어, 친환경 무독성 화이트보드용 마커펜을 개발하는 창업자를 생각해보자. 이 창업자는 인체에 해가 없는 바이오 잉크를 개발하여 이를 마커펜에 적용했지만, 마커펜이 최종 제품으로서 시장에 출시되기 위해서는 디자인, 플라스틱 사출, 내부 구조 설계, 잉크의 증발을 막는 기술 등 다양한 기술적 요소가 필요하다. 이렇듯, 창업자가 보유한 기술이 전체 제품에 얼마나 기여하고 있는지를 객관적으로 인지하고 있는 것은 사업 추진 전략 수립에 중요한 요소이다.

그런데, 창업자가 보유한 기술은 무형자산(Intangible Asset)이라는 특성상 그 가치나 기여도를 평가하는 것이 쉽지 않다. 무형자산은 눈에 보이지 않고 직접적으로 손에 잡히지 않기 때문에 가치 평가가 주관적일 수 있다. 하지만 기술창업에서는 이 무형자산이 최종 제품의 경쟁력을 결정짓는 핵심 요소가 될 수 있다. 창업자가 보유한 기술이 최종 제품에 기여하는 정도를 평가하는 것은 다음과 같은 의미가 있다.

- 가치 제안 명확화: 창업자가 제공하는 가치 제안을 명확히 정의할 수 있다.
- 시장 차별화: 시장에서의 차별화 요소를 파악할 수 있다.
- 경쟁력 강화: 기술적 경쟁력을 체계적으로 강화할 수 있다.

예를 들어, 앞서 언급한 무독성 화이트보드용 마커펜의 경우, 창업자가 개발한 바이오 잉크가 마커펜의 주요 차별화 요소로 작용할 수 있다. 이 경우, 창업자가 보유한 기술은 최종 제품의 핵심 가치를 창출하는 중요한 역할을 한다. 하지만, 엄밀하게 말해 이 기술은 마커펜을 구성하는 전체 기술의 일부분일 뿐이므로 다른 요소들이 대체 가능하거나 기술적 난이도가 낮다면, 기술 창업자로서의 경쟁력은 약화될 수 있다. 따라서 창업자는 자신의 기술이 최종적으로 판매되는 제품에 얼마나 기여하고 있는지를 냉정히 평가하고, 그 기여도를 높이기 위한 전략을 수립할 필요가 있다. 기술 창업자가 자신이 보유한 기술이 최종 제품의 일부분에 불과하다는 점을 인식하고, 이를 어떻게 효과적으로 통합할 수 있을지에 대한 고민은 전략적 사고를 필요로 한다. 창업자가 보유한 기술이 최종 제품의 핵심 가치를 창출하는 데 기여하는 경우, 그 기술은 핵심기술(Key Technology)로서 중요한 위치를 차지한다. 핵심기술은 최종 제품의 성능, 품질, 차별화된 기능 등에 직접적인 영향을 미치며, 이는 소비자가 제품을 선택하는 중요한 기준이 된다.

그러나 이와 동시에, 핵심기술이 최종 제품에 제대로 통합되지 않으면 그 기술의 가치는 한정적일 수밖에 없다. 예를 들어, 바이오 잉크 기술이 마커펜의 품질을 좌우하는 중요한 요소라면, 그 기술을 최적화된 디자인, 적절한 생산 공정, 효과적인 마케팅 전략과 결합하는 것이 필요하다. 이를 통해 기술이 최종 제품에 통합되어 실질적인 가치를 창출하고, 시장에서의 경쟁력을 강화할 수 있다.

기술 창업자는 이와 같은 기술 통합 관리(Technology Integration Management)의 중요성을 인식해야 한다. 기술 통합 관리는 창업자가 보유한 개별 기술이 최종 제품의 다양한 기술적 요구 사항과 어떻게 조화롭게 결합될 수 있는지를 관리하는 과정이다. 이는 기술 개발 단계에서부터 제품 설계, 생산, 마케팅, 판매까지 모든 과정에서 기술이 적절히 통합되고 관리되는 것을 의미한다. 기술 통합 관리가 잘 이루어진다면, 창업자는 자신의 기술이 최종 제품에 실질적으로 기여하는 비중을 높일 수 있으며, 이를 통해 시장에서의 경쟁력을 강화할 수 있다. 기술창업자가 보유한 기술이 최종 제품에 얼마나 기여하는지를 평가하는 것은 단순히 내부적인 자가 진단에 그치지 않고, 시장에서의 경쟁력 확보와도 직결된다. 기술 기여도가 높을수록, 해당 기술은 제품의 차별화 요소로 작용하여 시장에서 높은 가치를 창출할 수 있다. 반대로 기술 기여도가 낮다면, 해당 기술은 다른 대체 기술로 쉽게 대체될 수 있으며, 이는 창업자의 경쟁력을 약화시키는 요인으로 작용할 수 있다.

따라서 창업자는 자신의 기술이 최종 제품에 어느 정도 기여하고 있는지를 명확히 분석하고, 이를 기반으로 시장 대응 전략을 수립해야 한다. 예를 들어, 기술 기여도가 높은 경우에는 해당 기술을 중심으로 한 강력한 브랜드 전략을 수립하고, 기술적 우위를 강조하는 마케팅 전략을 펼칠 수 있다. 반면, 기술 기여도가 낮은 경우에는 기술 자체보다는 제품의 다른 강점이나 차별화 요소를 부각시키는 전략을 고려해야 한다.

결론적으로, 기술 창업에서 창업자가 보유한 기술이 최종적으로 거래되는 제품이나 서비스에 실질적이고 적정한 비중으로 기여하고 있는지를 평가하는 것은 성공적인 창업을 위해 거쳐야 하는 중요한 과정이다. 창업자가 보유한 기술이 최종 제품의 핵심 가치를 창출하는 요소로 자리 잡을 수 있도록, 창업자는 지속적인 기술 개발과 통합적 기술 관리에 힘써야 한다. 또한, 기술 기여도를 높이기 위해 시장의 요구와 트렌드를 반영한 기술 혁신과 제품 개선을 추구해야 한다. 이를 통해 기술 창업자는 시장에서 지속 가능한 경쟁력을 확보하고, 성공적인 창업의 길을 걸을 수 있을 것이다.

Q3 기술의 권리화로 자금 조달의 연계가 가능한가?

기술창업에서 가장 큰 도전 중 하나는 초기 자금을 확보하는 문제이다. 모든 창업에는 자본이 필요하지만, 기술창업의 경우 자본 확보가 특히 어려운 이유는 다음과 같다.

- 기술 개발 단계의 불확실성: 기술이 아직 개발 중이거나 상용화되지 않은 상태임

• 제품화 이전의 투자 필요성: 제품화나 시장 출시 이전 단계에서 자금 확보 필요
• 기술 가치의 증명 어려움: 무형자산인 기술의 경제적 가치를 구체적으로 증명하기 어려움

기술창업자는 이러한 자금 확보의 어려움을 극복하기 위해 보유한 기술을 경제적 가치로 전환할 수 있는 전략적 접근이 필요하다.

기술의 산업재산권화(IP, Intellectual Property)는 창업자가 자금을 조달하는 데 가장 중요한 역할을 한다. 산업재산권, 즉 특허(Patent), 상표(Trademark), 디자인(Design) 등은 기술창업자가 보유한 기술을 경제적 가치로 전환하는 주요 수단이다.

권리화 과정을 통해 기술은 단순한 아이디어나 개념을 넘어 법적으로 보호받을 수 있는 경제적 자산으로 전환된다. 이는 두 가지 차원에서 중요한 의미를 가진다.

• 담보 자산으로서의 역할: 권리화된 기술은 창업자가 외부 자금을 확보할 때 중요한 담보 자산으로 작용할 수 있다. 은행 대출을 받거나 투자자로부터 자금을 유치할 때 특허권을 보유한 창업자는 기술의 경제적 가치를 증명할 수 있으며, 이를 통해 자금 조달 가능성을 높일 수 있다.
• 시장 경쟁력 강화: 기술의 권리화는 시장에서의 경쟁력을 강화하는 데 중요한 역할을 한다. 법적으로 보호받는 기술은 경쟁자가 쉽게 모방하거나 도용할 수 없으므로, 창업자는 기술을 기반으로 한 제품이나 서비스를 통해 지속적인 수익을 창출할 수 있다.

기술의 권리화를 위해서는 먼저 창업자가 보유한 기술이 특허를 받을 수 있는지를 평가하는 것이 중요하다. 특허는 새로운 발명에 대해 법적으로 독점권을 부여하는 제도로, 발명이 다음 조건을 충족해야 한다.

• 신규성(Novelty): 기존에 없던 새로운 기술이어야 함
• 진보성(Inventive Step): 기존 기술에 비해 현저한 진보가 있어야 함
• 산업적 이용가능성(Industrial Applicability): 산업에서 실제로 이용할 수 있어야 함

창업자는 자신의 기술이 이러한 조건을 충족하는지 여부를 평가하고, 특허 출원 절차를 진행해야 한다. 이 과정에서 기술의 핵심 요소와 차별화된 부분을 명확히 정의하고, 특허 범위를 신중하게 설정하는 것이 중요하다.

예를 들어, 혁신적인 소프트웨어 알고리즘을 개발한 창업자의 경우, 알고리즘의 작동 원리와 결과물의 차별성을 특허로 보호받을 수 있도록 세부적으로 작성해야 한다. 특허 출원 과정에서 발생할 수 있는 법적 문제나 경쟁사의 대응 전략을 고려하여 지식재산권 전문가와의 협력을 통해 철저한 권리화 전략을 수립해야 한다.

최근 들어 기술의 권리화는 국제적인 측면에서도 고려해야 할 필요가 있다. 특히 글로벌 시장을 목표로 하는 기술창업자는 해외 특허 출원과 관리에도 신경을 써야 한다. 이는 다음과 같은 효과를 가져온다.

- 국제적 기술 보호: 글로벌 시장에서의 기술 보호를 통해 잠재적 경쟁자를 방어할 수 있다.
- 글로벌 투자 유치: 글로벌 투자자에게 기술의 가치를 인정받을 수 있는 기반을 마련한다.
- 시장 확장 기회: 해외 시장 진출 시 기술적 우위를 확보할 수 있다.

기술의 권리화가 완료된 후, 창업자는 이를 자산으로 활용하여 다양한 방법으로 자금을 조달할 수 있다.

- 특허 담보 금융: 가장 일반적인 방법 중 하나는 특허를 담보로 한 금융 거래이다. 창업자는 특허를 보유하고 있는 경우 이를 담보로 하여 은행 대출을 받거나 투자자를 유치할 수 있다. 이는 창업자가 직접적인 매출이나 수익을 창출하기 전에 기술 자체의 가치를 통해 자금을 확보할 수 있는 방법이다.
- 벤처 투자 유치: 바이오 기술 스타트업이 아직 제품을 출시하지 않았지만 핵심 기술에 대한 특허를 보유하고 있다면, 이를 바탕으로 벤처캐피탈(VC)이나 엔젤 투자자로부터 초기 투자를 유치할 수 있다.
- 기술 라이선싱: 권리화된 기술을 라이선싱하는 것도 중요한 자금 조달 전략이다. 라이선싱(Licensing)은 창업자가 보유한 특허 기술을 다른 기업이나 기관에 사용 권한을 부여하고, 그 대가로 로열티(Royalty)를 받는 형태로 이루어진다.
- 재투자 전략: 권리화된 기술을 통해 유치한 자금을 바탕으로 추가적인 연구개발(R&D)을 진행하거나, 시장 진입을 위한 마케팅 활동을 강화할 수 있다. 이를 통해 창업자는 기술창업의 초기 단계에서 발생할 수 있는 자금 부족 문제를 극복하고, 지속적인 성장을 도모할 수 있다.

• 포트폴리오 확장: 초기 기술을 바탕으로 관련 기술들을 추가로 개발하고 권리화하여 기술 포트폴리오를 확장할 수 있다. 이는 단일 기술에 의존하는 위험을 줄이고, 다양한 수익원을 확보하는 데 도움이 된다.

기술 창업자는 직접 제품을 생산하고 판매하지 않더라도 기술을 통해 안정적인 수익을 창출할 수 있는 방법이 있다는 것에도 주목해야 한다. 대기업이나 글로벌 기업과의 라이선싱 계약은 초기 자금 조달뿐만 아니라 기술의 상용화 가능성을 검증받는 중요한 기회가 될 수 있다.

이처럼 기술창업에서 창업자가 보유한 기술을 권리화하는 것은 자금 조달의 중요한 수단이자, 창업의 성공 가능성을 높이는 전략적 요소이다. 창업자는 자신의 기술이 권리화될 수 있는지를 평가하고, 이를 통해 자금을 확보하는 데 적극적으로 활용해야 한다.

권리화된 기술을 통해 자금을 조달하는 것은 단순히 초기 자본을 확보하는 것에 그치지 않고, 창업의 지속가능성을 보장하고 장기적인 성장 전략을 수립하는 데 중요한 역할을 한다. 따라서 기술창업자는 권리화된 기술을 기반으로 자금을 확보하고, 이를 통해 창업 초기의 불확실성을 극복하며, 지속가능한 성장의 발판을 마련할 수 있도록 전략적으로 접근해야 한다.

CHAPTER

02

창업자의 마음가짐

1 창업자의 기업가 정신

2 기술창업자의 흔한 오류

3 기업 설립과 출구(Exit)의 의미

1 창업자의 기업가 정신

창업자가 진정한 기업가 정신을 발현하기 위해서는 취업과 창업의 본질적 차이를 명확히 인식하고, 자신만의 정신적 토대를 구축해야 한다. 기업가 정신은 단순히 사업을 운영하는 기술적 역량이 아니라, 창업자의 가치관과 행동 양식을 결정짓는 종합적인 정신적 태도다. 이는 불확실한 환경에서도 기회를 발굴하고, 혁신을 통해 새로운 가치를 창출하며, 지속 가능한 성장을 추구하는 원동력이 된다.

가 취업과 창업의 근본적 차이

1) 취업의 특성 분석

취업은 대부분의 사람들에게 안정성과 예측 가능성을 제공한다. 한국의 경우, 공공기관이나 대기업 취업에 대한 선호도가 높은 편이다.

취업의 주요 장점

- 조직적 안정성: 삼성, LG, 현대 등 대기업이나 공공기관 소속은 사회적 인정과 경력개발에 유리하다.
- 정기적 수입 보장: 매월 일정한 급여를 통해 경제적 안정을 확보할 수 있다.
- 명확한 책임 범위: 직무기술서(Job Description)를 통해 업무 범위와 책임이 명확하게 규정된다.
- 규칙적 생활 패턴: 정해진 근무 시간으로 인해 생활 리듬을 유지하기 용이하다.
- 사회보장제도: 4대 보험, 퇴직금 등 각종 사회보장혜택을 받을 수 있다.

취업의 주요 단점

- 시간적 제약: 근무 시간과 휴가 등이 조직 규정에 따라 제한된다.
- 소득 증대의 한계: 호봉제나 연봉제 체계 하에서 급격한 소득 증가는 어렵다.
- 고용 불안정성: 최근 대기업들의 구조조정으로 '평생 직장' 개념이 사라지고 있다.
- 창의성 발휘 제약: 조직의 규정과 절차로 인해 개인의 창의적 아이디어 실현이 어려울 수 있다.
- 조직 문화 우선: 개인의 가치관보다는 조직의 문화와 규율을 우선시해야 한다.

2) 창업의 특성 분석

창업은 전통적인 취업과는 완전히 다른 차원의 새로운 도전으로 보아야 한다.

창업의 주요 장점

- 의사결정의 자율성: 사업 방향, 제품 개발, 시장 선택 등 모든 결정에서 자유롭다.
- 시간 관리의 주도권: 자신만의 시간표를 설정하고 일과 생활의 균형을 조절할 수 있다.
- 지속 가능한 직업: 성공적인 사업 모델을 구축하면 평생 직업으로 발전시킬 수 있다.
- 무한한 성장 가능성: 성공 시 취업으로는 불가능한 수준의 부(富) 축적이 가능하다.
- 시스템적 수익 창출: 효율적인 사업 구조 구축 시 최소한의 노력으로도 수익을 창출할 수 있다.

창업의 주요 단점

- 투자 손실 위험: 초기 투자금 전액 손실 가능성이 항상 존재한다.
- 수입 불안정성: 특히 창업 초기 3년간 수익이 매우 불안정할 수 있다.
- 전방위적 책임: 모든 결정과 그 결과에 대한 책임을 창업자가 져야 한다.
- 복잡한 이해관계: 투자자, 파트너, 고객 등 다양한 이해관계자들과의 관계 관리가 필요하다.
- 법적 · 행정적 부담: 각종 인허가, 세무, 노무 등 복잡한 법적 요구사항을 준수해야 한다.

3) 선택의 기준

취업과 창업의 선택은 개인의 가치관과 삶의 목표에 따라 달라진다. 안정성을 중시하는 사람에게는 취업이, 도전과 자율성을 추구하는 사람에게는 창업이 더 적합하다. 중요한 것은 자신의 선택에 따른 결과를 명확히 인식하고 그에 대한 책임을 질 준비가 되어 있어야 한다는 점이다. 창업을 준비하는 예비 창업자는 이러한 차이를 이해하고, 자신이 추구하는 삶의 방향과 일치하는 선택을 해야 한다. 창업은 단순한 직업 선택이 아니라 인생을 설계하는 과정이며, 자신의 삶을 재창조하는 과정이라는 점을 인식할 때 진정한 기업가 정신이 발현될 수 있다.

나 기업가 정신에 대한 연구

기업가 정신(Entrepreneurship)은 200년 넘게 다양한 학자들이 연구해왔다. 각 학자는 시대적 배경과 경제적 환경에 따라 기업가 정신의 핵심 요소를 다르게 정의했으며, 이러한 연구는 현대 창업자들에게 중요한 시사점을 제공한다.

1) 장 바티스트 세이(Jean-Baptiste Say, 1803)

19세기 초 프랑스의 경제학자인 세이는 기업가 정신을 자원 조정을 통한 가치 창출로 정의했다. 그는 기업가를 생산 요소(자본, 노동, 토지)를 효율적으로 결합하여 새로운 부를 창출하는 핵심 인물로 보았다.

세이의 관점에서 기업가는 단순한 관리자가 아니라, 경제적 자원을 최적으로 배분하여 시장에서 새로운 기회를 창출하는 역할을 한다. 이는 현대 창업자들이 제한된 자원을 효율적으로 활용하여 최대한의 성과를 창출해야 한다는 교훈을 준다.

우라의 경우, 쿠팡의 김범석 창업자가 초기 자본 부족 상황에서 기존 물류 인프라를 활용하여 효율적인 배송 시스템을 구축한 사례를 세이의 자원 조정 이론의 사례로 설명할 수 있다.

2) 프랭크 나이트(Frank H. Knight, 1921)

나이트는 기업가 정신을 불확실성 관리 능력으로 정의했다. 그는 위험(Risk)과 불확실성(Uncertainty)을 구분하여, 기업가가 예측 불가능한 불확실성을 감수하며 의사결정을 내리는 사람이라고 보았다.

나이트의 이론에 따르면, 위험은 확률적으로 계산 가능한 반면, 불확실성은 예측이 불가능한 요소로 구성된다. 기업가는 이러한 불확실성 속에서도 과감한 결정을 내리고, 이를 통해 새로운 시장 기회를 발견한다. 네이버의 이해진 창업자는 1990년대 말 인터넷 시장이 불확실한 상황에서 검색 엔진 사업에 과감히 투자하여 성공을 거둔 사례가 나이트의 이론을 잘 보여준다.

3) 조셉 슘페터(Joseph Schumpeter, 1934)

슘페터는 기업가 정신을 혁신을 통한 창조적 파괴로 정의했다. 그는 기업가가 새로운 조합(New Combination)을 통해 기존 경제 질서를 무너뜨리고, 새로운 기술과 제품, 시장을 창출한다고 주장했다.

슘페터가 제시한 다섯 가지 혁신 유형은 다음과 같다.

- 새로운 제품 또는 서비스의 도입
- 새로운 생산 방법의 도입
- 새로운 시장의 개척
- 새로운 공급원의 개발
- 새로운 조직 구조의 창조

4) 피터 드러커(Peter Drucker, 1964)

드러커는 기업가 정신을 기회 포착과 체계적 실행으로 정의했다. 그는 기업가를 변화를 탐색하고 이에 반응하며, 이를 기회로 전환시키는 사람으로 보았다. 드러커는 기업가가 성공하려면 다음과 같은 능력이 필요하다고 강조했다.

- 체계적인 혁신 관리
- 정확한 기회 분석
- 효율적인 자원 활용
- 지속적인 학습과 개선

5) 제프리 티몬스(Jeffrey Timmons, 1989)

티몬스는 기업가 정신을 기회 추구에 대한 헌신과 자원 부족 극복으로 정의했다. 그는 기업가가 기회 지향적이어야 하며, 제한된 자원을 창의적으로 활용하여 기회를 현실화해야 한다고 강조했다.

티몬스 모델의 핵심 요소는 다음과 같다.

- 기회 인식과 평가
- 자원 조달과 관리
- 창업 팀 구성
- 위기 상황에서의 유연성

6) 칼 베스퍼(Karl Vesper, 1994)

베스퍼는 기업가 정신을 사회적 책임을 포함한 종합적 경영 활동으로 정의했다. 그는 기업가가 경제적 성공을 넘어 사회적 가치 창출과 지속 가능한 발전에 기여해야 한다고 주장했다.

베스퍼의 관점에서 기업가는 다음과 같은 역할을 해야 한다.

- 경제적 기회 창출
- 사회적 문제 해결
- 환경적 책임 수행
- 지역사회 발전 기여

7) 기업가 정신 연구의 시사점

각 학자들의 연구는 기업가 정신의 다양한 측면을 조명하며, 현대 창업자들에게 다음과 같은 시사점을 제공한다.

학자	핵심 이론 또는 관점	창업자에게 주는 시사점
세이 (J.-B. Say)	기업가는 생산요소를 결합하여 가치를 창출하는 존재	• 효율적인 자원 관리와 배분의 중요성 • 생산요소(노동, 자본, 자원 등)의 조화로운 활용이 경쟁력 원천
나이트 (F. H. Knight)	불확실성과 위험의 구분, 기업가는 불확실성을 감수하는 자	• 불확실성에 대한 용기와 결단력 • 예측 불가능한 상황에서 책임지고 의사결정하는 리더십
슘페터 (J. A. Schumpeter)	'창조적 파괴'를 통한 시장의 혁신적 재편	• 혁신을 통한 시장 변혁필요 • 기존 질서를 깨는 기술 및 비즈니스 모델 혁신 추구
드러커 (P. F. Drucker)	기업가정신은 기회를 체계적으로 탐색하고 활용하는 실천	• 체계적인 기회 분석과 실행력 중요 • 기회를 '발견'이 아닌 '창출'로 접근해야 함
티몬스 (J. A. Timmons)	기업가정신은 자원·팀·기회 간의 역동적 균형 조절	• 제한된 자원하에서의 창의적 문제 해결 • 자본보다 아이디어와 팀워크의 힘을 강조
베스퍼 (K. H. Vesper)	기업가는 사회적 시스템 내에서 책임 있는 역할 수행	• 사회적 책임과 지속 가능한 성장필요 • 단기 이익보다 장기적인 사회 가치 창출에 집중

현대 창업자들은 이러한 다양한 관점을 종합적으로 이해하고, 자신의 사업 환경과 목표에 맞게 적용해야 한다. 기업가 정신은 단일한 특성이 아니라 복합적이고 다면적인 능력의 집합체라는 점을 인식할 때, 진정한 기업가로 성장할 수 있다.

다 창업자의 역량과 자질

창업자의 기업가 정신(Entrepreneurship)은 어떻게 이끌어낼 수 있는가? 이는 창업자가 성공적으로 사업을 이끌어 나가기 위해 요구되는 자질과 역량에 대한 근본적인 이해에서 출발한다.

자질과 역량은 종종 혼용되어 사용되지만, 이 두 개념은 구분되어야 한다. 창업자의 성공은 단순히 타고난 자질에만 의존하지 않으며, 동시에 이를 뒷받침하는 체계적인 역량이 필요하다. 실제로 국내 창업 생태계에서 성공한 기업가들을 분석해보면, 뛰어난 자질과 함께 지속적인 역량 개발을 통해 성과를 창출한 사례가 다수 확인된다.

1) 자질과 역량의 개념적 차이

자질(Trait)은 개인이 태생적으로 보유한 성품, 소질, 적성을 의미한다. 이는 사람의 내면에 존재하는 고유한 특성으로, 일반적으로 변화하기 어려운 속성을 가진다. 자질은 주로 개인의 성격, 가치관, 신념 체계와 밀접한 관련이 있으며, 출생 시부터 형성되기 시작하여 성장 과정에서 굳어지는 특징을 보인다.

구체적인 자질의 예시로는 다음과 같은 것들이 있다.

- 도덕적 기준: 높은 윤리 의식과 정직성
- 책임감: 맡은 일에 대한 강한 의무감
- 리더십 성향: 타인을 이끄는 천부적 능력
- 창의적 사고: 기존 틀을 벗어나는 독창적 사고력
- 인내심: 어려운 상황에서도 포기하지 않는 끈기

역량(Competency)은 특정한 업무나 상황에서 우수한 성과를 창출할 수 있는 행동 특성이나 능력을 의미한다. 자질과 달리 역량은 후천적으로 개발 가능하며, 교육, 훈련, 경험을 통해 지속적으로 강화될 수 있다. 역량은 구체적인 목적 달성을 위한 기술(Skill), 지식(Knowledge), 문제 해결 능력 등을 포함하는 포괄적 개념이다.

창업자에게 필요한 주요 역량들은 다음과 같다.

- 경영 관리 역량: 조직 운영, 인사 관리, 전략 수립 능력
- 재무 관리 역량: 자금 조달, 예산 관리, 투자 분석 능력
- 마케팅 역량: 시장 분석, 고객 관리, 브랜딩 능력
- 기술적 역량: 제품 개발, 품질 관리, 혁신 능력
- 커뮤니케이션 역량: 협상, 프레젠테이션, 네트워킹 능력

2) 창업자에게 요구되는 자질과 역량의 중요성

창업자의 자질은 기업 문화의 기반이 되며, 장기적인 비전 제시와 팀 리더십에 직접적인 영향을 미친다. 특히 어려운 상황에서도 사업을 지속할 수 있는 내적 동기와 가치관을 형성하는 데 핵심적인 역할을 한다. 국내 성공 사례를 보면, 네이버의 이해진 창업자는 "기술로 세상을 바꾸겠다"는 강한 신념과 비전을 바탕으로 검색 포털 시장에서 구글과 경쟁하며 성공을 이뤘다. 이는 단순한 기술력을 넘어선 확고한 자질이 뒷받침되었기 때문이다.

윤리적 자질을 가진 창업자는 사업 운영 과정에서 투명성과 공정성을 중시하며, 이는 기업의 신뢰도 향상과 브랜드 가치 증진으로 이어진다. 또한 강한 리더십 자질을 보유한 창업자는 팀원들을 효과적으로 동기부여하고, 조직의 잠재력을 최대한 발휘시킬 수 있다.

창업자의 역량은 창업자가 실질적인 성과를 창출하는 도구이다. 아무리 뛰어난 자질을 보유하고 있더라도, 이를 현실화할 수 있는 구체적인 역량이 부족하다면 사업 성공에 한계가 발생한다.

예를 들어, 쿠팡의 김범석 대표는 이전 창업경험과 보스턴컨설팅그룹(BCG)에서 근무 경험을 바탕으로 한국 이커머스 시장을 분석하여 '로켓배송'이라는 차별화된 비즈니스 모델을 성공적으로 구축했다. 이는 단순한 아이디어가 아닌 체계적인 역량 개발의 결과로 볼 수 있다.

창업자에게 필요한 핵심 역량들은 다음과 같다.

- 시장 분석 역량: 고객 니즈 파악, 경쟁 환경 분석
- 제품 개발 역량: 기술적 구현, 품질 관리
- 자금 관리 역량: 투자 유치, 재무 계획 수립
- 인력 관리 역량: 인재 채용, 조직 문화 구축
- 법률 지식: 계약, 지적재산권, 규제 대응

3) 자질과 역량의 상호보완적 관계

자질은 역량 개발의 토대가 되며, 학습 효과와 성장 속도에 직접적인 영향을 미친다. 강한 학습 의지를 자질로 보유한 창업자는 새로운 기술이나 지식을 습득하는 데 더욱 적극적이며, 이를 통해 자신의 역량을 지속적으로 향상시킬 수 있다.

반대로 높은 역량을 보유한 창업자라 하더라도, 열정과 인내 같은 기본적인 자질이 없다면 그 역량을 지속적으로 활용하고 발전시키는 데 어려움을 겪을 수 있다. 역량은 자질이 현실적으로 발현될 수 있는 구체적인 도구와 방법을 제공한다.

예를 들어, 창의적 사고를 자질로 보유한 창업자가 혁신적인 아이디어를 도출했다고 하자. 하지만 이를 성공적인 제품이나 서비스로 전환하기 위해서는 다음과 같은 역량들이 필요하다.

- 제품 개발 역량: 아이디어를 실제 제품으로 구현
- 시장 분석 역량: 아이디어의 시장성 검증
- 자원 관리 역량: 개발에 필요한 인력과 자금 확보
- 마케팅 역량: 제품을 고객에게 효과적으로 전달

이러한 역량이 뒷받침되지 않는다면, 창의적인 아이디어는 단순한 구상으로만 남게 될 가능성이 높다.

4) 창업자의 성공을 위한 통합적 접근 방법

창업자는 자신의 고유한 자질을 기반으로 부족한 역량을 체계적으로 개발해야 한다. 이는 다음과 같은 단계적 접근을 통해 실현할 수 있다.

1단계: 창업자 성향(자질) 판단

- 성격 유형 검사(MBTI, DISC 등) 활용
- 360도 피드백을 통한 객관적 평가(개인의 성과와 역량을 평가하기 위해 상사, 동료, 부하 직원, 고객 등 다양한 관계자로부터 종합적인 의견을 수렴하는 다면평가 방식을 의미)
- 과거 성공/실패 경험 분석

2단계: 창업 역량 갭 분석

- 창업 분야별 필요 역량 체크리스트 작성

• 현재 보유 역량 수준 평가
• 우선순위 기반 개발 계획 수립

3단계: 창업 맞춤형 역량 개발

• 교육 프로그램 참여(창업 아카데미, MBA 등)
• 멘토링 및 코칭 프로그램 활용
• 실무 경험 축적(인턴십, 프로젝트 참여)

역량 개발 과정에서 자질이 충분히 발휘될 수 있도록 환경을 조성하는 것도 중요하다. 이는 다음과 같은 방법으로 실현할 수 있다.

1단계: 지속적인 자기계발

• 독서, 세미나 참여를 통한 시야 확장
• 동종 업계 성공 사례 벤치마킹
• 정기적인 자기 성찰과 목표 재설정

2단계 조직 문화 구축

• 자신의 가치관과 일치하는 기업 문화 조성
• 팀원들과의 가치 공유 및 소통 강화
• 윤리적 경영 원칙 수립 및 실천

한국의 대표적인 창업 성공 사례들을 분석해보면, 창업자의 자질과 역량의 조화로운 발전이 성공의 핵심 요소임을 확인할 수 있다.

사례1: 배달의민족(김봉진 창업자)

• 자질: 고객 중심적 사고, 유머와 창의성
• 역량: 마케팅 전략 수립, 플랫폼 비즈니스 모델 구축
• 결과: 독특한 브랜딩과 효과적인 시장 확장으로 업계 1위 달성

사례2: 당근마켓(김재현, 김용현 창업자)

- 자질: 지역사회에 대한 관심, 사회적 가치 추구
- 역량: 위치 기반 서비스 개발, 사용자 경험 최적화
- 결과: 동네 기반 중고거래 플랫폼으로 급속한 성장

이러한 사례들은 창업자의 고유한 자질이 역량 개발의 방향성을 제시하고, 개발된 역량이 자질을 현실화하는 도구로 활용되었음을 보여준다.

라 기업가 정신을 보유한 창업자의 공통적 특징

기업가 정신은 단순히 창업을 성공으로 이끄는 데 필요한 기술적 역량이나 경제적 자원 이상의 것을 의미한다. 이는 한 개인의 신념, 가치관, 행동 양식이 모두 종합적으로 결합된 정신적 태도로, 창업자가 어떻게 생각하고, 어떤 동기로 행동하며, 어떤 목표를 추구하는지를 결정짓는 중요한 요소이다. 성공적인 창업자들은 이러한 기업가 정신을 바탕으로 다양한 도전과 어려움을 극복하고, 지속 가능한 성장을 이끌어내며, 시장에서 차별화된 가치를 창출한다.

그렇다면, 기업가 정신이 있는 사람들의 공통적인 특성을 네 가지 주요 요소로 구분하여 자세히 살펴보자.

1) 사업에 대한 열정

사업에 대한 열정은 기업가 정신의 핵심 요소이다. 열정은 기업가가 자신의 사업이 사람들의 삶에 긍정적인 영향을 미칠 것이라는 믿음에서 나온다. 이는 단순히 금전적 이익을 추구하는 것을 넘어, 창업자가 자신의 비전과 목표에 깊이 헌신하고, 그것을 실현하기 위해 끊임없이 노력하는 태도를 의미한다.

열정을 가진 기업가는 어려움에 직면했을 때 쉽게 포기하지 않는다. 그들은 자신이 하고 있는 일이 단순한 사업적 활동이 아닌, 사회적 가치를 창출하는 과정이라고 믿으며, 이로 인해 더욱 강한 동기부여를 받는다. 이 열정은 팀원들에게도 전염되어 조직 전체의 사기를 높이고, 더 높은 목표를 향해 함께 나아가도록 만들 수 있다. 따라서, 사업에 대한 열정은 기업가 정신의 기초를 이루며, 장기적인 성공을 가능하게 하는 원동력이 된다.

2) 실패를 두려워하지 않음

실패를 두려워하지 않는 것은 기업가 정신에서 매우 중요한 특성이다. 기업가는 기본적으로 새로운 것에 도전하기 때문에, 그 과정에서 실패는 불가피하다. 그러나 성공적인 기업가는 실패를 두려워하지 않고, 오히려 이를 학습과 성장의 기회로 받아들이다.

실패를 두려워하지 않는 기업가는 끊임없이 실험하고, 시장의 반응을 관찰하며, 그 결과를 바탕으로 전략을 수정하고 개선한다. 이는 실패를 단순히 피해야 할 부정적인 경험이 아니라, 더 나은 방법을 찾기 위한 과정으로 인식하게 한다. 또한, 실패를 두려워하지 않는 태도는 기업가가 불확실성 속에서도 결단력 있게 행동할 수 있게 하며, 새로운 기회를 추구하는 데 주저하지 않게 만든다. 이 특성은 결국 기업가가 혁신적인 아이디어를 실현하고, 경쟁에서 앞서 나갈 수 있도록 돕는다.

3) 차별화된 아이템과 고객

차별화된 아이템과 고객을 발굴하고 개발하는 능력도 기업가 정신의 중요한 특성 중 하나이다. 기업이 고객을 만족시킬 수준의 좋은 상품을 가지고 있지 않다면, 차별성을 가질 수 없다. 차별화는 경쟁이 치열한 시장에서 기업이 생존하고 성장하는 데 필수적인 요소이다.

차별화된 아이템은 단순히 기존의 제품을 개선하는 것이 아니라, 고객의 숨겨진 니즈를 충족시키거나, 새로운 가치를 제공하는 제품이나 서비스를 의미한다. 이를 위해 기업가는 고객의 피드백을 적극적으로 수집하고 분석하며, 이를 바탕으로 새로운 아이디어를 개발한다. 또한, 고객과의 긴밀한 관계를 유지하며, 그들의 변화하는 요구에 빠르게 대응하는 것이 중요하다. 차별화된 고객 전략은 기업이 충성도 높은 고객을 확보하고, 지속적인 수익을 창출하는 데 중요한 역할을 한다.

4) 실행할 수 있는 지식과 스킬

실행할 수 있는 지식과 스킬은 기업가 정신의 필수적인 구성 요소이다. 아무리 훌륭한 아이디어가 있어도 이를 실행할 수 있는 능력이 없다면, 그 아이디어는 현실화되지 못한다. 실행 가능한 비즈니스로 바꾸는 능력은 성공적인 기업가의 중요한 특징이다.

기업가는 자신이 속한 산업에 대한 깊은 이해와 함께, 필요한 기술적 지식, 마케팅 전략, 재무 관리 능력 등을 갖추고 있어야 한다. 이러한 지식과 스킬은 교육과 경험을 통해 습득될 수 있으며, 지속적인 학습을 통해 발전시킬 수 있다. 또한, 기업가는 자신이 부족한 부분을 보완하기 위해 전문가를 채용하거나, 파트너십을 형성하는 등의 전략적 결정을 내릴 수 있어야 한다.

이와 함께, 실행력을 갖춘 기업가는 구체적인 목표 설정, 효율적인 자원 배분, 성과 측정을 통한 지속적인 개선 등을 통해 조직을 성공적으로 이끌어 나갈 수 있다. 실행 가능한 지식과 스킬은 결국 기업가가 시장에서 지속적으로 성과를 창출하고, 경쟁에서 우위를 점하는 데 필수적인 요소이다.

이와 같이, 기업가 정신이 있는 사람들은 사업에 대한 열정, 실패를 두려워하지 않음, 차별화된 아이템과 고객의 발굴, 실행할 수 있는 지식과 스킬이라는 네 가지 공통적인 특성을 가지고 있다. 이 특성들은 상호 보완적이며, 성공적인 기업가로 성장하는 데 필수적인 요소들이다. 이러한 특성들을 바탕으로 기업가는 불확실한 환경 속에서도 결단력 있게 행동하고, 지속적으로 새로운 기회를 탐색하며, 이를 실현해 나가는 과정을 통해 자신만의 독특한 가치를 창출할 수 있다. 따라서, 창업자는 이러한 기업가 정신을 내면화하고, 이를 바탕으로 지속 가능한 성장을 추구해야 한다. 이는 단순히 경제적 이익을 넘어, 더 큰 사회적 가치를 창출하는 과정으로 이어질 것이다.

2 기술창업자의 흔한 오류

기술창업은 혁신적인 기술력을 바탕으로 새로운 시장을 창출하거나 기존 시장을 변혁시킬 수 있는 높은 잠재력을 지니고 있다. 하지만 동시에 기술적 복잡성, 시장 불확실성, 자금 조달의 어려움 등 다층적인 위험 요소들이 복합적으로 작용한다.

국내 창업기업실태조사에 나타난 스타트업들의 실패 사례를 분석해보면 기술적 역량 부족보다는 사업화 과정에서의 전략적 판단 오류가 주요 원인으로 나타난다. 기술창업자들이 범하는 오류는 단순한 실수가 아니라 기술자 출신 창업자 특유의 사고방식과 경험에서 비롯되는 구조적 패턴이다. 이 장에서는 국내 기술창업 현장에서 반복적으로 관찰되는 기술 창업자들의 다양한 오류를 분석해보고, 각각에 대한 실무적 해결방안을 제시한다.

가 과거 경험과 네트워크에 과도한 의존

기술 창업자는 대기업이나 연구기관에서 성공적인 경력을 쌓은 후 창업하는 경우가 많다. 기술창업자 중 상당수는 대기업 연구소, 국책연구기관, 대학 등에서 10여 년 이상의 전문 경력을 쌓은 후 창업에 뛰어든다. 문제는 이들이 과거의 성공 공식을 창업 환경에 그대로 적용하려 한다는 점이다. 대기업에서는 체계적인 조직 구조 안에서 명확한 역할 분담과 충분한 자원 지원을 받으며 일했지만, 스타트업에서는 모든 것을 직접 결정하고 실행해야 한다. 또한 기존 인적 네트워크가 주로 동질적 집단(같은 업계, 유사한 배경)으로 구성되어 있어, 창업에 필요한 다양한 관점과 정보에 접근하기 어렵다.

S전자 시스템 사업부에서 15년간 모바일 프로세서 설계를 담당했던 김모씨는 2022년 AI 추론칩 스타트업 '뉴럴텍'을 설립했다. 그는 삼성 재직 시절 구축한 반도체 업계 네트워크를 활용해 초기 기술 개발과 시제품 제작을 순조롭게 진행했다.

하지만 실제 사업화 단계에서 예상치 못한 어려움에 직면했다. 기존 네트워크는 주로 대기업 중심의 B2B 채널에 한정되어 있었고, 스타트업이 필요로 하는 초기 고객군인 중소 AI 서비스 업체들과의 접점은 거의 없었다. 더욱이 투자 유치를 위한 벤처캐피탈(VC)이나 액셀러레이터와의 연결고리도 부족했다.

대기업에서의 의사결정 방식에 익숙했던 김씨는 스타트업에 필요한 빠른 실행력과 유연성을 발휘하는 데 어려움을 겪었다. 완벽한 기술 검증을 위해 6개월을 투입했지만, 시장에서는 80% 수준의 기술력으로도 충분한 제품을 원하고 있었다. 결국 제품 출시가 지연되면서 초기 확보한 투자금이 소진되어 추가 투자 유치에 나서야 했다.

이러한 오류를 극복하기 위해 창업자는 기존 경험을 자산으로 활용하되, 창업 생태계에 맞는 새로운 네트워크를 구축해야 한다. 스타트업 액셀러레이터(Accelerator, 초기 스타트업을 지원하는 프로그램) 참여, 창업 커뮤니티 활동, 업계 컨퍼런스 참석 등을 통해 투자자, 멘토, 잠재 고객과의 새로운 관계를 형성해야 한다. 또한 과거 경험을 맹신하지 말고, 린 스타트업(Lean Startup, 최소 실행 가능한 제품으로 빠르게 시장을 검증하는 방법론) 방식으로 시장 검증을 통해 가설을 지속적으로 수정해야 한다.

나 기술적 독점 가능성에 대한 과신

기술창업자들은 자신의 기술이 특허나 영업비밀로 보호받으면 시장에서 독점적 지위를 확보할 수 있다고 믿는 경향이 강하다. 특히 첨단기술 분야일수록 이런 착각에 빠지기 쉽다. 하지만 현실적으로 기술적 독점은 매우 제한적이며 일시적이다.

2019년 카이스트 출신 연구진이 설립한 바이오테크 G스타트업은 독창적인 단백질 구조 예측 알고리즘을 보유하고 있었다. 이들은 해당 기술에 대한 국내외 특허 15건을 보유하며 시장에서 독점적 지위를 확보할 수 있다고 자신했다.

초기 고객사들에게는 경쟁사 대비 10배 이상 높은 가격을 제시했고, 기술의 우수성을 내세워 가격 협상 여지를 두지 않았다. 그러나 2021년 12월 구글 딥마인드가 알파폴드2의 소스코드와 2억 개 이상의 단백질 구조 예측 데이터를 무료로 공개하면서 상황이 급변했다.

알파폴드2는 기존 실험적 방법으로 50년간 밝혀낸 17만 개보다 1000배 이상 많은 단백질 구조를 예측해냈고, 정확도 면에서도 기존 상용 솔루션들을 압도했다. 더욱이 비상업적 용도로는 완전 무료였다. G스타트업의 고객사들은 하나둘 알파폴드2로 이전했고, 결국 이 회사는 6개월 만에 서비스 요금을 80% 인하하고 사업 모델을 완전히 바꿔야 했다.

다 기술개발에만 치중하는 기술공급자 중심의 사고

기술창업자의 가장 큰 맹점 중 하나는 '좋은 기술 = 좋은 제품 = 시장 성공'이라는 단선적 사고다. 이들은 기술의 우수성이 곧 시장에서의 성공을 보장한다고 믿으며, 고객이 정말 원하는 것이 무엇인지 파악하려는 노력은 부족한 경우가 있다. 기술적으로는 완벽하지만 시장성이 없는 제품을 만드는 것이 가장 흔한 실패 패턴이라는 뜻이다.

카이스트 기계공학과에서 로봇공학 박사학위를 받은 박 모씨는 2020년 휴머노이드 로봇 개발기업인 L 스타트업을 설립했다. 그의 기술력은 세계적 수준이었다. 이족보행 로봇이 계단을 오르내리고, 넘어져도 스스로 일어설 수 있는 기술을 구현했으며, 관련 논문이 국제 로봇공학 학회지에 게재되기도 했다.

하지만 실제 시장 조사를 시작하자 예상과 다른 현실에 직면했다. 물류센터 관리자들은 "복잡한 이족보행 기능보다는 단순하고 안정적인 바퀴 구동 방식을 원한다"고 답했다. 24시간 연속 작업이 가능하면서 고장율이 낮은 것이 더 중요했다. 청소 로봇을 찾는 사무실 관리자들 역시 "사람처럼 걷는 것보다는 효율적으로 넓은 면적을 청소할 수 있는 기능"을 우선시했다.

결국 박씨는 6개월간의 추가 시장 조사를 통해 사업 방향을 전환했다. 이족보행 기술은 포기하고, 물류창고용 단순 반복작업 로봇에 집중하기로 결정했다. 기술적으로는 '다운그레이드'였지만 시장 반응은 훨씬 좋았다.

라 차별성과 경쟁우위에 대한 경쟁사 분석 부족

기술창업자들은 자신의 기술이 혁신적이면 자동으로 시장에서 차별화될 것이라고 착각한다. 하지만 고객 입장에서는 기술의 혁신성보다 실질적인 혜택이 더 중요하다. 더 빠른가? 더 저렴한가? 더 편리한가? 이런 구체적인 가치 제안이 없으면 아무리 뛰어난 기술일지라도 시장에서 외면받는다.

2021년 설립된 한 핀테크 스타트업은 블록체인 기술을 활용한 결제 시스템을 개발했다. 창업팀은 기존 카드사들의 중앙집중식 결제 시스템과 달리 탈중앙화된 P2P 결제가 가능하다는 점을 내세웠다. 기술적으로는 분명히 혁신적이었다.

하지만 실제 고객들에게는 이런 기술적 차별점이 와닿지 않았다. 일반 소비자들은 "카드로 결제하나 블록체인으로 결제하나 결과는 똑같은데 왜 새로운 시스템을 배워야 하느냐"고 반응했다.

더 큰 문제는 경쟁사 분석 부족이었다. 이미 시장에는 카카오페이, 네이버페이, 토스 등 편리한 간편결제 서비스들이 자리잡고 있었다. 블록체인페이는 이들 대비 명확한 우위를 제시하지 못했다.

결국 서비스 출시 1년 만에 월 활성사용자(MAU) 5,000명에 그치며 사업을 중단할 수밖에 없었다.

마 목표 고객 세분화 실패

기술창업자들은 우수한 기술력에 대한 자신감 때문에 "우리 제품은 모든 사람에게 유용하다"고 생각하는 경우가 많다. 하지만 모든 고객을 대상으로 하는 것은 결국 아무도 만족시키지 못하는 결과로 이어진다. 특히 B2B 시장에서는 기업 규모, 업종, 의사결정 구조에 따라 니즈가 완전히 다르기 때문에 정교한 세분화가 필수적이다.

2020년 설립된 S 스타트업은 차세대 클라우드 보안 솔루션을 개발했다. AI 기반 위협 탐지, 제로트러스트 아키텍처, 실시간 모니터링 등 기술적으로는 완벽한 제품이었다. 창업팀은 "모든 기업이 우리 솔루션을 필요로 할 것"이라고 확신했다. 하지만 실제 영업을 시작하자 예상과 다른 문제들이 속출했다.

대기업 고객사의 경우에는 구매 의사결정에 6개월 이상 소요되었고, 컴플라이언스(규제 준수) 요구사항이 매우 까다로웠으며, 기존 보안 솔루션과의 통합성 중시, 24시간 전담 지원팀 상주 등을 요구하였다.

그런데, 중소기업 고객사의 경우에는 복잡한 기능보다는 단순하고 저렴한 솔루션을 선호하였고, A/S는 간단한 온라인 지원으로 충분하였으며, 월 수십만 원 규모임에도 수익률은 높은 편이었다.

스타트업 고객사의 경우에는 무료나 극저가 솔루션만 고려하였고, 확장 가능성(Scalability)을 가장 중시하였으며, 클라우드 네이티브(Cloud Native) 환경에 최적화된 솔루션을 선호하였다.

이처럼 각 세그먼트별로 요구사항이 완전히 달랐지만, 이 스타트업은 모든 고객에게 동일한 메시지로 접근했다. 결국 막대한 마케팅 예산만 소모되고 사업으로 직접 연계된 매출 성과는 미미하였고 성장에 어려움을 겪게 되었다.

바 고객 이탈 가능성 과소평가

많은 기술창업자들이 초기 고객 확보에 성공하면 "이제 사업이 궤도에 올랐다"고 안심한다. 하지만 고객 확보보다 더 중요한 것은 고객 유지다. 특히 SaaS(Software as a Service, 구독형 소프트웨어 서비스) 모델에서는 고객 이탈률(Churn Rate)이 사업의 생사를 좌우한다.

유명한 Frederick Reichheld의 연구에서는 고객 유지율을 5%만 개선해도 수익이 25-95% 증가할 수 있다는 것을 발표한 바 있다.

2021년 설립된 D 스타트업은 중소기업을 위한 비즈니스 인텔리전스(BI) 솔루션을 제공하는 SaaS 스타트업이었다. 엑셀보다 강력하면서도 태블로(Tableau)보다 저렴한 대안으로 시장에서 좋은 반응을 얻었다.

첫 6개월 동안 100개 기업 고객을 확보하는 데 성공했다. 월 구독료는 기업당 평균

50만 원이었고, 월 매출 5천만 원을 달성했다. 창업팀은 이 추세라면 1년 내 1000개 고객, 월 매출 5억 원도 달성할 수 있을 것으로 전망했다. 하지만 6개월 후 충격적인 현실에 직면했다. 신규 고객은 계속 늘어났지만 기존 고객들이 하나둘 떠나기 시작한 것이다. 월간 고객 이탈률이 15%에 달했고, 이는 곧 연간 80% 이상의 고객이 떠날 수 있다는 의미였다.

결과적으로 신규 고객 확보 속도보다 기존 고객 이탈 속도가 더 빨라져 실제 순증가율은 마이너스였다. 월 5천만 원으로 시작한 매출은 6개월 후 3천만 원으로 감소하였고, 이후 지속적인 사업추진에 어려움을 겪게되었다.

사 제품 수명주기 관리 미흡

기술창업자들은 완벽한 제품을 만들기 위해 장기간 개발에 몰두하는 경우가 많다. 하지만 기술 진화 속도가 빠른 현대 시장에서는 출시 타이밍을 놓치면 아무리 우수한 기술이라도 무용지물이 될 수 있다. 가트너(Gartner)의 '하이프 사이클(Hype Cycle)' 이론에 따르면, 새로운 기술은 '등장 → 과도한 기대 → 환멸 → 점진적 발전 → 안정화 단계'를 거친다. 각 단계별로 시장의 관심도와 투자 유입이 크게 달라지므로, 적절한 타이밍에 시장 진입하는 것이 성공의 핵심이다.

2018년 설립한 온라인 게임 개발 P 스타트업은 고품질 3D MMORPG 모바일 게임 개발을 목표로 했다. 창업팀은 넥슨과 엔씨소프트 출신의 베테랑 개발자들로 구성되었고, 기술력에 대한 자신감이 있었다. 이들은 "PC 온라인 게임 수준의 그래픽과 게임성을 모바일로 구현하겠다"는 야심찬 목표를 세웠다. 개발 기간은 당초 18개월로 계획했지만, 높은 완성도를 위해 계속 연장했다. 최종적으로는 30개월이 소요되었다.

하지만 게임을 출시한 2021년 시장 상황은 완전히 바뀌어 있었다. 2018년까지는 고사양 MMORPG 게임들이 인기(리니지M, 검은사막 모바일 등)였으나, 2021년에는 캐주얼하고 접근성 높은 게임 선호도가 급상승(Among Us, 브롤스타즈 등)하였다. 이에 넷마블, 펄어비스 등 대형 퍼블리셔들이 유사한 장르에서 막대한 마케팅 비용을 투입하였고, 글로벌 게임사들(텐센트, 미호요 등)이 한국 시장에 본격 진출하였다. 5G 상용화로 클라우드 게임이 새로운 대안으로 부상하는 등 AR/VR 기술 발전으로 전통적인 모바일 게임의 차별성 약화된 상태였다. 결국 P스타트업은 게임은 출시 후 3개월간 다운로드 10만 건에 그쳤고, 개발비 30억 원을 회수하지 못한 채 서비스를 종료할 수밖에 없었다.

아 개발 비용 추정 오류

기술창업자들은 개발 단계별 비용을 체계적으로 분석하지 않고 대략적인 추정에 의존하는 경우가 많다. 특히 소프트웨어 개발자 출신은 하드웨어 양산 비용을, 하드웨어 엔지니어 출신은 소프트웨어 유지보수 비용을 과소평가하는 경향이 있다.

국내 IoT 센서 개발 스타트업이 시제품 개발 비용 1억 원을 투입하여 프로토타입을 완성했지만, 실제 양산을 위해서는 금형 제작비 5억 원, 초기 생산량 확보를 위한 운영자금 10억 원이 추가로 필요했다. 초기 비용 추정이 부정확하여 자금 조달에 어려움을 겪었고, 결국 제품 출시가 1년 이상 지연된 사례가 있다.

자 규제 및 인허가 요건 간과

규제가 엄격한 산업(의료, 금융, 자동차, 식품 등)에서 창업하는 기술자들이 범하기 쉬운 실수다. 기술 개발에만 집중한 나머지 제품 출시에 필요한 각종 인허가 절차를 간과하면, 완성된 제품도 시장에 내놓을 수 없게 된다.

일반적으로 국내 의료기기 허가의 경우 1등급(저위험)은 3-6개월, 3등급(고위험)은 12-18개월이 소요된다. 자동차 부품은 자동차안전연구원(KATRI)의 안전 기준 적합성 검사를 받아야 하고, 핀테크 서비스는 금융위원회의 혁신금융서비스 지정을 받아야 한다.

2019년 설립된 H 스타트업은 혈당을 실시간으로 모니터링하는 웨어러블 기기를 개발했다. 창업팀은 KAIST 바이오공학과 출신들로 구성되었고, 비침습적 혈당 측정이라는 혁신적 기술을 보유하고 있었다. 당초 기술개발진의 계획은 광학 센서 기술 개발 6개월, AI 알고리즘 최적화 4개월, 프로토타입 제작 및 테스트 2개월 등 총 소요 기간 12개월, 개발비 8억 원을 추정하고 사업화을 추진하였다.

프로토타입 테스트 결과는 매우 성공적이었다. 기존 혈당 측정기 대비 85% 정확도를 보여주었고, 사용자 편의성도 크게 향상되었다. 팀은 즉시 시장 출시를 준비했다. 하지만 식약처(MFDS) 상담을 받은 후 충격적인 사실을 알게 되었다. 임상시험, GMP 인증 등 의료기기 허가 절차에만 27개월이 걸리고, 추가적인 사업비도 약 30억 정도가 더 필요한 것으로 추정되었기 때문이다.

당초 12개월 개발 후 즉시 출시하려던 계획이 40개월로 연장되었고, 필요 자금도 8억 원에서 38억 원으로 늘어났다. 시드 투자로 확보한 10억 원으로는 턱없이 부족했다.

더 큰 문제는 2021년 애플워치가 혈당 모니터링 기능을 출시 예고하면서 시장 선점 기회를 놓칠 위험이 커진 것이었다. 결국 H스타트업은 B2C 시장 진출을 포기하고 B2B 연구용 장비 시장으로 사업 모델을 변경해야 했다.

차 현금 흐름 관리 부재

많은 기술창업자들이 제품 개발 완료를 곧 매출 발생으로 착각한다. 하지만 실제로는 제품 완성 후에도 마케팅, 영업, 계약, 납품, 대금 회수까지 상당한 시간이 소요된다. 특히 B2B 시장에서는 이 기간이 6개월-1년까지 늘어날 수 있다. 때문에 창업 현장에서는 기술력은 있지만 현금 관리 부족으로 문을 닫는 '기술적 우수 기업'을 의외로 많이 볼 수 있다.

기업용 보안 솔루션 개발 S 스타트업이 제품 개발 완료 후 대기업 고객을 대상으로 영업을 시작했지만, 계약 체결까지 6개월, 계약 후 대금 지급까지 추가로 3개월이 소요되었다. 9개월간의 현금 흐름 공백기를 예상하지 못하여 운영 자금 부족으로 직원들의 급여 지급에 어려움을 겪었다. 다행히 정부 정책자금(기술보증기금 융자)으로 3억 원을 확보하여 위기를 넘겼지만, 창업팀은 "현금 흐름 관리의 중요성을 뼈저리게 느꼈다"고 회고했다.

카 기술 적용 범위에 대한 과대평가

기술창업자들은 자신의 기술이 여러 산업과 용도에 광범위하게 적용될 수 있다고 과신하는 경향이 있다. "우리 AI 기술은 의료, 금융, 제조, 유통 등 모든 분야에서 활용 가능하다"는 식으로 접근하면서 처음부터 다양한 시장에 동시 진입을 시도한다.

하지만 이는 자원 분산과 집중력 부족으로 이어진다. 각 산업마다 고유한 비즈니스 로직, 규제 환경, 고객 니즈가 있기 때문에 범용 기술이라 해도 산업별 특화가 필요하다. 결과적으로 어느 분야에서도 깊이 있는 경쟁력을 확보하지 못하게 된다.

하버드 비즈니스 스쿨의 클레이튼 크리스텐슨(Clayton Christensen) 교수가 제시한 '혁신 딜레마' 이론에 따르면, 새로운 기술은 우선 틈새 시장(Niche Market)에서 검증된 후 점진적으로 주류 시장으로 확장하는 것이 효과적이다.

AI 기반 영상 분석 기술을 보유한 V 스타트업이 동시에 의료, 제조, 보안, 소매 등 4개 분야에 한꺼번에 진출을 시도 했다가 어려움을 겪은 것이 대표적인 사례이다. 각 분야별로 요구되는 기술적 세부 사항과 고객 니즈가 달랐지만, 이를 충분히 고려하지 못하여 결과적으로 어느 분야에서도 경쟁력을 확보하지 못했다. 결국 자원이 분산되어 핵심 기술 개발도 지연되었다.

지금까지 살펴본 기술창업자들의 흔한 오류들은 다음과 같은 공통적인 특징을 보인다.

1) 기술 중심적 사고의 한계

기술적 우수성이 곧 시장 성공을 보장한다는 착각에서 비롯된다. 하지만 고객은 기술 자체가 아니라 기술이 해결해주는 문제에 대한 대가를 지불한다는 점을 간과한다.

2) 시장에 대한 이해 부족

고객의 실제 니즈, 구매 의사결정 과정, 경쟁 환경 등에 대한 체계적 분석 없이 제품 개발에만 집중한다. 결과적으로 시장과 괴리된 제품을 만들게 된다.

3) 자원 관리의 미숙함

시간, 자금, 인력 등 제한된 자원의 배분과 관리에 대한 경험 부족으로 비효율적인 운영을 하게 된다. 특히 현금 흐름 관리와 우선순위 설정에서 문제가 발생한다.

4) 위험 관리 체계의 부재

기술 개발의 불확실성, 시장 변화의 가능성, 규제 환경의 복잡성 등을 충분히 고려하지 않아 예상치 못한 문제에 취약하다.

이러한 창업자의 오류의 사례들을 통하여 성공적인 창업 사업화를 위하여 다음과 같은 시사점을 도출할 수 있다.

1) 점진적 접근(Incremental Approach)

한 번에 완벽한 제품을 만들려 하지 말고, 단계별로 검증하며 발전시켜 나간다. 80% 완성도의 제품으로 시장 검증을 받는 것이 100% 완성도의 제품으로 시장 실패하는 것보다 낫다.

2) 집중과 선택(Focus and Selection)

제한된 자원으로 최대한의 성과를 내려면 우선순위가 명확해야 한다. 모든 것을 다 하려고 하면 아무것도 제대로 할 수 없다.

3) 지속적 학습(Continuous Learning)

시장은 끊임없이 변화하고 고객의 니즈도 진화한다. 기존 가정을 끊임없이 검증하고 새로운 정보를 바탕으로 전략을 수정해 나가야 한다.

4) 네트워크의 힘(Power of Network)

혼자서 할 수 있는 일은 한계가 있다. 다양한 분야의 전문가들과 네트워크를 구축하고 적극적으로 도움을 요청해야 한다.

한국의 기술창업 생태계는 정부의 적극적인 지원과 민간의 투자 확대로 빠르게 성장하고 있다. 하지만 양적 성장만큼 질적 성장도 중요하다. 기술창업자들이 흔히 범하는 오류들을 인식하고 체계적으로 대비한다면, 기술적 우수성을 바탕으로 한 진정한 혁신 기업으로 성장할 수 있을 것이다. 결국 성공적인 기술사업화는 뛰어난 기술력과 치밀한 사업 전략이 만나는 지점에서 탄생하기 때문이다.

3 기업 설립과 출구(Exit)의 의미

기술 창업을 준비하는 예비 창업자가 반드시 이해해야 할 핵심 개념이 바로 창업의 궁극적 목적에 관한 문제다. 많은 예비창업자들이 창업을 단순히 “좋은 제품을 만들어서 많이 팔면 되는 것”으로 생각하지만, 실제 창업은 이보다 훨씬 복잡하고 전략적인 과정이다.

CEO의 입장에서 창업의 본질을 제대로 이해하려면 두 개의 서로 다른 시장이 존재한다는 사실과, 창업의 과정에서 이 두 시장에서 동시에 성공해야 한다는 점을 알아야 한다는 것이다. 창업자에게 두개의 시장이란 무엇을 말하는 것일까?

첫 번째는 투자자로부터 자금을 조달하는 ‘자본시장’이고, 두 번째는 실제 고객에게 제품이나 서비스를 판매하는 ‘제품/서비스 시장’이다. 더 나아가 성공한 창업자는 이 두 시장에서의 성과를 바탕으로 최종적인 '출구 전략(Exit Strategy)'까지 완성해야 한다.

성공적인 기술 창업자가 되기 위해서는 사업 아이디어를 구상하는 단계부터 최종 출구 전략까지의 전체 로드맵을 그릴 수 있어야 한다. 이것이 바로 사업가로서 CEO의 관점이며, 제품개발자와 사업가를 구분하는 결정적 차이점이다.

가 자본시장: 성장을 위한 연료 조달

창업의 첫 단계는 아이디어를 실현할 자본을 조달하는 것이다. 자본이 없다면 아무리 훌륭한 아이디어나 기술도 사업으로 구체화되기 어렵다. 이러한 자본을 조달하는 시장을 자본시장(Capital Market)이라고 한다. 자본시장(Capital Market)은 창업자가 사업 아이디어를 현실로 구현하기 위해 필요한 자금을 조달하는 곳이다. 아무리 혁신적인 기술이나 뛰어난 아이디어를 가지고 있더라도, 이를 제품화하고 시장에 출시하기 위해서는 상당한 자본이 필요하다. 연구개발비, 인건비, 마케팅비, 설비투자비 등 창업 과정에서 발생하는 모든 비용을 충당할 자본 없이는 어떤 사업도 시작할 수 없다.

자본시장에는 초기 스타트업에 투자하는 엔젤 투자자(Angel Investor)부터, 본격적인 성장을 지원하는 벤처캐피탈(Venture Capital, VC) 등 다양한 참여자가 존재한다.

창업자는 이들에게 자신의 비즈니스 모델이 가진 잠재력과 성장 가능성을 설득력 있게 제시해야 한다. 이때 중요한 것은, 단순히 기술의 우수성을 설명하는 것을 넘어, 그 기술이 시장의 어떤 문제를 해결하며 투자자에게 어떻게 높은 수익으로 돌아올 수 있는지에 대한 명확한 로드맵을 보여주는 것이다. 즉, 자본시장은 자금을 조달하는 곳이자, 사업의 잠재력을 시장에서 첫번째로 검증받는 관문이다.

나 제품/서비스 시장: 가치 증명의 무대

자본시장에서 자금을 조달했다면, 이를 바탕으로 실제 제품이나 서비스를 개발하여 소비자에게 판매해야 한다. 창업자는 이 제품/서비스 시장(Product/Service Market)에서 고객의 문제가 무엇인지 정확히 파악하고, 그들의 기대를 뛰어넘는 가치를 제공해야 한다. 기술적으로 뛰어난 제품일지라도 고객이 외면하면 시장에서 살아남을 수 없다.

이 단계의 핵심 목표는 제품-시장 적합성(Product-Market Fit, PMF)을 찾는 것이다. 이는 우리의 제품이나 서비스가 시장의 강력한 수요를 만족시키고 있다는 사실을 증명하는 상태를 의미한다. 예를 들어, '배달의민족'은 단순히 음식점 정보를 나열하는 앱이 아니라, B급 감성의 재미있는 마케팅과 편리한 주문 시스템을 통해 "배달"이라는 시장의 문제를 완벽하게 해결하며 폭발적인 성장을 이뤄냈다. 이처럼 제품의 기능, 가격, 마케팅, 고객 서비스를 통해 고객에게 실질적인 가치를 제공하고 지속 가능한 수익 구조를 만드는 것이 이 단계의 목표이다.

다 출구 전략: 창업의 궁극적인 목표이자 완성

출구 전략(Exit Strategy)은 창업자와 투자자가 회사에 투입한 자본과 노력에 대한 보상을 실현하는 최종 단계다. 많은 예비 창업자들이 이 부분을 간과하거나 나중에 고려하면 된다고 생각하지만, 실제로는 창업 초기부터 명확한 출구 전략을 세워야 한다.

왜냐하면 출구 전략은 단순히 돈을 버는 방법이 아니라, 사업의 방향성과 성장 전략을 결정하는 핵심 요소이기 때문이다. 어떤 방식으로 출구할 것인지에 따라 회사의 조직 구조, 사업 모델, 성장 속도, 지배구조 등이 모두 달라진다.

창업의 최종 목표는 단순히 수익을 내는 것에 그치지 않는다. 창업자는 초기 성장을 도와준 엔젤 투자자나 VC 등 투자자들에게 기업의 가치를 성장시켜 금전적 이익으로 되돌려줄 책임을 진다. 이 과정을 출구 전략(Exit Strategy)이라고 한다. 출구 전략이란, 창업자가 성공적으로 키운 기업의 가치를 자본시장에 다시 판매하여 창업자와 투자자 모두 이익을 실현하는 것을 의미한다.

대표적인 출구 전략은 다음과 같다.

- 기업공개(IPO, Initial Public Offering): 기업의 주식을 증권거래소를 통해 대중에게 처음으로 판매하는 것이다. 이를 통해 기업은 대규모 자금을 조달할 수 있으며, 기존 투자자들은 보유 주식을 시장에서 매각해 투자금을 회수한다. 한국의 이커머스 기업 쿠팡(Coupang)이 2021년 미국 뉴욕증권거래소(NYSE)에 상장한 것이 대표적인 IPO 사례이다. 쿠팡은 IPO를 통해 약 5조 원의 자금을 확보하며 글로벌 기업으로 도약할 발판을 마련했다.
- 인수합병(M&A, Mergers & Acquisitions): 다른 기업에 회사를 매각하거나 합병하는 방식이다. 이는 더 큰 기업의 자본과 인프라를 활용해 사업을 확장하거나, 창업자와 투자자가 막대한 차익을 실현하는 방법이 될 수 있다. 2021년 '배달의민족'을 운영

하던 우아한형제들이 독일의 딜리버리히어로(Delivery Hero)에 약 4조 7,500억 원에 인수된 사례는 국내 스타트업 역사상 가장 성공적인 M&A 출구 전략으로 꼽힌다.

라 창업의 본질: 두 시장을 잇는 가치 사슬의 완성

결론적으로, 성공적인 창업을 위해서는 자본시장과 제품/서비스 시장을 분리해서 생각해서는 안 된다. 이 두 시장은 서로 긴밀하게 연결되어 상호작용하기 때문이다. 이러한 관점에서 기술 기반 창업의 본질은 다음과 같이 재정의할 수 있다.

> "창업이란, 자본시장으로부터 자금을 조달하여(Funding), 부가가치 높은 제품과 서비스를 개발해 제품/서비스 시장에 성공적으로 판매함으로써(Value Creation), 지속 가능한 비즈니스 모델의 가치를 증명하고(Validation), 그 가치를 다시 자본시장에 되팔아 이익을 실현하는(Exit) 일련의 행위이다."
>
> \- 백종일 (2020)

쿠팡과 우아한형제들의 사례가 이를 명확히 보여준다. 두 기업 모두 자본시장에서 대규모 투자를 유치해(자본시장), 로켓배송과 배달앱이라는 혁신적인 서비스를 만들어(제품/서비스 시장), 시장의 지배자가 된 후, 각각 IPO와 M&A라는 출구 전략을 통해(자본시장) 기업의 가치를 성공적으로 증명했고 창업자 역시 비즈니스 모델의 자산 가치를 현금으로 환수할 수 있었다.

이처럼 창업자는 사업 시작부터 출구까지의 전체 사이클을 이해하고 명확한 목표 아래 움직여야 한다. 이것이 바로 자신의 비즈니스를 통해 창출한 가치를 극대화하고, 투자자들과 그 과실을 공유하며 더 큰 성공을 이뤄내는 기술사업화의 핵심이다.

CHAPTER

03

기술사업화, 어떻게 추진해야 하는가?

1 기술 사업화의 개념 및 추진 단계별 프로세스

2 사업화 대상 기술이란?

3 사업화 아이템의 발굴

4 사업화 기술의 확보 방법

1 기술사업화의 개념 및 추진 단계별 프로세스

기술사업화는 혁신적인 기술이나 아이디어를 경제적 가치로 전환하여 시장에서 실질적인 성과를 창출하기 위한 일련의 과정이다. 이는 단순히 연구개발(R&D) 결과를 보유하는 데 그치지 않고, 해당 기술을 활용한 제품과 서비스를 시장에 출시하고, 이를 통해 매출과 고용 등 기업의 경영적 성과를 달성하기 위한 경제적 활동이 추진됨을 의미한다.

따라서 기술사업화의 추진 과정은 기술의 시장 적합성, 경쟁력, 수익성, 그리고 지속가능성을 검증하고 개선하는 반복적 과정으로 구성된다. 이 과정에는 기술의 이전, 시제품 제작, 양산 체계 구축, 마케팅 전략 수립, 투자 유치, 해외 시장 진출 등의 활동이 포함된다.

한편, 기술창업(Technology Startup)은 기술사업화의 한 형태로 초점을 '새로운 기업의 설립과 성장'에 둔다. 기술창업은 보유한 기술이나 아이디어를 기반으로 새로운 기업을 세우고, 이 기업이 시장에서 지속 성장하도록 만들어 가는 과정이다.

하지만 두 개념은 명확히 구분되는 것이 아니라, 초점을 어디에 두느냐의 차이로 이해해야 한다. 기술창업이 새로운 조직을 만들어 시장에 진입하는 행위라면, 기술사업화는 그 조직이 보유한 기술을 시장에서 경제적 성과로 연결하는 과정이다. 따라서 기술창업은 사업화의 출발점이며, 기술사업화는 그 이후의 확장 단계라고 볼 수 있다.

기술창업을 추진하는 창업가는 단순히 기술을 개발하는 것에 머물러서는 안 된다. 기술이 시장의 문제를 해결하고, 고객의 가치를 창출하며, 재무적 성과를 낼 수 있는 구조로 연결되어야 한다. 이러한 의미에서 기술사업화는 기술창업의 핵심 전략 중 하나이다.

결국 기술창업과 기술사업화는 연속적인 하나의 가치사슬(Value Chain)로 존재한다. 기술창업이 새로운 가능성을 열어주는 '출발선'이라면, 기술사업화는 그 가능성을 실현하는 '완성선'이다. 따라서 기술창업자는 초기 단계부터 기술사업화 관점을 가지고, 기술의 시장성, 비즈니스 모델(BM: Business Model), 자금 조달 구조, 글로벌 진출 가능성 등을 종합적으로 검토하고 분석하여야 한다.

구분	기술창업 (Technology Startup)	기술사업화 (Technology Commercialization)
목적	새로운 기업 설립과 성장	보유 기술의 시장 적용 및 수익 창출
출발점	창업 아이디어 및 기술 기반	이미 보유한 기술(특허, 연구성과 등)
핵심 활동	- 사업 아이디어 발굴 - BM(Business Model) 수립 - 법인 설립 및 투자 유치 - 초기 고객 확보	- 기술이전/라이선싱 - 시제품 제작 및 검증 - 양산체계 구축 - 시장 진입 및 확산
주체	창업자(개인·팀), 스타트업	기존 기업, 연구기관, 대학, 출연연
리스크 요인	- 시장 불확실성 - 자금 부족, 팀 역량 한계	- 기술의 상용화 실패 - 시장 진입 장벽, 대체 기술 등장
자금 조달방식	- 엔젤투자, VC(Venture Capital) - 정부 창업지원금	- 내부자금, 정부 R&D 사업화 지원 - 기술금융(기술담보대출 등)
성과 지표	- 기업 설립 및 생존율 - 매출 성장률, 투자 유치 성공 여부	- 기술 매출액, 로열티 수익 - 신제품 출시 경영 성과
시간 관점	초기 창업 단계(0-3년) 중심	연구개발 이후 확산·성장 단계

효과적으로 기술사업화의 추진하기 위한 방법들은 다양한 학자들에 의해 제시되었다.

대표적으로 졸리(Vijay K. Jolly)는 기술사업화의 세부적인 단계를 보다 체계화 하여 '5단계(subprocess) 4전이(bridge) 이론'을 제시한 바 있다. 이 이론은 초기 사업화 단계부터 제품의 시장 진입과 개선 단계에 이르는 기술사업화의 전체 과정을 다루고 있으며, 특히 세부 단계 사이를 연결(bridging)하는 전이 과정의 역할과 중요성을 강조하고 있다.

1) 1단계: 착상(imagining) 단계

기술적 성과를 매력적인 시장 기회와 접목시키는 단계로서, 대부분의 발명이 시장의 관심을 얻지 못하여 사업화가 착수되지 못하고 있다. 또한, 자원을 공급하는 이해관계자(stakeholder) 그룹이 아이디어의 상업적 가치를 주관적으로 판단하는 경향을 보이며, 어떤 시점에서는 특정 아이디어만 편파적으로 선호하기도 한다.

2) 2단계: 보육(incubating) 단계

새로운 아이디어의 사업화 가능성을 기술 측면과 시장 수요 측면에서 구체화시키는 단계로서, 주로 독립 발명가, 대학 및 연구기관, 그리고 중소기업 등이 주된 역할을 수행하고 있으나 이해관계자를 설득하는 과정에서 많은 경우 실패한다. 이해관계자가 사업화 가능성을 판단하는 데 어려움을 주는 원인으로 기술적 원리의 불완전한 규명, 신기술의 미래 발전 경로 및 속도의 불확실성, 그리고 시장 기회의 실현 시점 추정의 어려움 등이 있다.

3) 3단계: 시연(demonstrating) 단계

신기술을 시장에서 판매 가능한 제품 혹은 공정으로 구현하는 단계로서, 단순히 기술적 가능성을 입증하는 것으로 끝나지 않는다. 시연은 시장 진입 시점에 해당 제품의 개념이 시장의 수요에 부합해야 하는 것까지 내포하고 있다. 따라서 많은 경우에 이 단계에서 시간 지연이 발생한다.

4) 4단계: 촉진(promoting) 단계

신기술 제품의 시장 진입에 따른 시장 수용성(acceptance)을 높이는 단계로서, 고객에 대한 구체적인 설득 과정과 사회·경제적인 인프라의 조성을 포함한다. 잠재 고객이 새로운 제품을 수용하기 위하여 관련된 기법, 절차, 기준 등을 완전히 새로이 습득해야 한다면 설득 과정이 쉽지 않을 것이다. 또한, 신기술을 이용하기 위해 새로운 인프라를 구축해야 하는 것도 시장 수용성을 저해하는 도전 요인이 된다.

5) 5단계: 지속(sustaining) 단계

신기술을 이용한 제품 또는 공정이 시장에서 오랜 기간 동안 존속하며 거기에서 발생하는 가치의 상당 부분을 전유하는 단계이다. 그러나 제품 또는 기술의 급격한 진부화와 새로운 경쟁자의 진입이 위협 요소가 되고 있으며, 많은 신생 기업이 실패하는 단계이기도 하다. 이 단계에서는 비용 절감, 제품 개선, 그리고 경쟁 기술 출현 등에 주의해야 한다.

이제 기술을 보유한 창업자가 기술사업화를 추진하기 위하여 어떠한 검토과정이 필요한가를 기술사업화의 중심으로 7단계 프로세스를 제시한다. 그 내용은 아래와 같다.

첫째, 사업의 정의 단계이다. 사업의 정의 단계는 기술사업화의 첫 걸음으로, 개발된 기술이 어떤 문제를 해결하는지, 그리고 이로 인해 창출될 수 있는 경제적 가치는 무엇인지를 명확히 하는 과정이다. 이 단계에서는 기술의 핵심 가치를 식별하고, 해당 기술이 타겟시장에서 제공할 수 있는 구체적인 혜택을 정의해야 한다. 기술의 응용 가능성, 시장 요구와의 적합성, 그리고 궁극적으로 해결하고자 하는 문제의 규모를 평가함으로써, 사업의 기본적인 방향성을 설정할 수 있다.

둘째, 시장 분석의 단계이다. 시장분석의 단계에서는 창업자가 정의한 사업화 기술이 시장에서 어느 정도의 수요를 가지고 있는지를 파악하는 것이 중요하다. 이러한 분석에는 타겟 시장의 크기, 성장 가능성, 고객 세분화, 그리고 소비자 행동 분석이 포함된다. 이러한 분석을 통해 기술이 시장에서 얼마나 큰 영향을 미칠 수 있을지를 예측하고, 시장 진입의 타당성을 평가한다. 또한, 시장의 트렌드와 변화 가능성, 법적·규제적 요인 등도 검토해야 하며, 이를 통해 장기적인 시장 전망을 수립할 수 있다.

셋째, 경쟁환경 분석의 단계이다. 경쟁환경 분석 단계에서는 사업화 하고자하는 기술이 적용된 제품/서비스가 속한 시장에서의 경쟁 상황을 면밀히 분석해야 한다. 이는 직접적인 경쟁자뿐만 아니라, 잠재적인 대체 기술 및 신규 진입자에 대한 평가를 포함한다. 경쟁자들의 기술 수준, 시장 점유율, 가격 전략, 고객 충성도 등을 분석하여, 자신이 진입하려는 시장에서의 최종 경쟁력을 평가해야 한다. 이 단계에서는 차별화 전략을 개발하고, 자사 기술의 강점과 약점을 명확히 이해하여, 경쟁 우위를 확보할 수 있는 방법을 모색해야 한다.

넷째, 사업 비즈니스 모델 수립의 단계이다. 이 단계에서는 사업의 경제적 가치를 실현하기 위해 비즈니스 모델을 구체화해야 한다. 비즈니스 모델은 기술의 사업화 전략을 구체적으로 정의하는 것으로, 가치 제안(Value Proposition), 수익 구조, 유통 채널, 고객 관계, 주요 활동 및 자원 등이 포함된다. 비즈니스 모델을 설계할 때는, 고객에게 제공할 핵심 가치를 명확히 정의하고, 이를 통해 수익을 창출할 수 있는 방법을 모색해야 한다. 또한, 수립된 모델의 실현 가능성을 검증하기 위해 MVP(최소 기능 제품)를 개발하고, 초기 고객 반응을 통해 모델을 보완해 나가는 것이 중요하다.

다섯째, 역량 확보 방안 수립의 단계이다. 역량 확보 방안 수립 단계에서는 기술사업화를 성공적으로 추진하기 위해 필요한 내부 역량을 확보하는 전략을 세우는 과정이다. 이는 기술적 역량뿐만 아니라, 인적 자원, 재무적 자원, 그리고 조직적 역량을 포함한다. 기술사업화를 위해 필요한 인재를 확보하고, 조직 내 필요한 역량을 개발하는 것이 중요하다. 또한, 외부 파트너십이나 전략적 제휴를 통해 부족한 역량을 보완하는 방안도 고려해야 한다. 이 단계에서 중요한 것은 장기적으로 사업을 지속 가능하게 운영할 수 있는 체계를 마련하는 것이다.

여섯째, 투자수익성 분석의 단계이다. 투자수익성 분석 단계에서는 사업의 경제적 타당성을 평가한다. 이는 기술사업화에 소요되는 초기 투자 비용, 운영 비용, 예상 수익 등을 기반으로 한 종합적인 재무 분석을 포함한다. 투자 수익률(ROI), 순현재가치(NPV), 회수 기간(Payback Period) 등 다양한 재무 지표를 활용할 수 있으며, 사업이 경제적으로 얼마나 매력적인지를 평가해야 한다. 또한, 다양한 시나리오 분석을 통해 리스크를 평가하고, 수익성에 영향을 미칠 수 있는 변수들을 사전에 고려하여 대비책을 마련해야 한다.

일곱째, 구체적 실행계획의 수립과 이행의 단계이다. 기술사업화의 전 과정을 구체적으로 실행하기 위한 세부 계획을 수립하고, 이를 실제로 이행하는 단계이다. 실행계획은 사업 추진 일정, 자원 배분, 역할과 책임의 분담, 리스크 관리 방안 등을 포함한다. 이 단계에서는 각 단계별 목표를 설정하고, 그 목표를 달성하기 위한 구체적인 행동 계획을 마련해야 한다. 실행 과정에서 발생할 수 있는 문제들을 예측하고, 이에 대한 대응 전략을 수립하는 것도 필수적이다. 또한, 지속적인 모니터링과 평가를 통해 계획이 원활하게 진행되도록 관리하고, 필요시 계획을 수정하거나 보완하여 성공적인 사업화를 이루어야 한다.

보다 구체적으로 기술사업화의 세부적인 단계는 다음과 같은 내용들이 추진되어야 한다.

가 1단계 사업을 정의하라!

기술사업화의 첫 번째 단계는 사업 정의이다. 이 단계는 기술의 상용화 과정에서 가장 중요한 기초를 다지는 과정으로, 이후 모든 전략적 결정의 방향성을 제시한다. 사업 정의 단계에서 사업 영역에 대한 명확한 정의가 없다면 사업화를 추진하는 방향성을 잃게 되거나 불필요한 자원을 낭비할 수 있다. 많은 기술 기반 창업자들이 뛰어난 기술력을 보유하고 있음에도 불구하고 사업화에 실패하는 이유는 바로 이 단계를 소홀히 하기 때문이다. 기술이 아무리 혁신적이더라도 명확한 사업 정의 없이는 효과적으로 사업을 추진해 나갈 수 없다. 사업 정의 단계에서 신규 사업의 개념을 명확히 설정하고, 이를 바탕으로 구체적인 비즈니스 목표와 전략을 수립하는 것이 중요하다.

1) 사업 정의의 필요성과 중요성

기술사업화 과정에서 사업 정의가 중요한 이유는 크게 네 가지로 설명할 수 있다.

사업화 방향성의 명확화

사업 정의는 해당 기술이 상업적 성공에 집중할 수 있도록 명확한 방향성을 제시한다. 기술의 독창성이나 혁신성 자체도 중요하지만, 이러한 기술이 시장에서 어떤 가치를 제공할 수 있는지를 명확히 이해하는 것이 더욱 중요하다.

기술이 시장에서 해결할 수 있는 문제나 충족시킬 수 있는 니즈(needs, 고객의 요구사항이나 필요)가 명확히 정의되지 않는다면, 사업화 과정에서 여러 장애물을 만날 수 있다. 고객이 왜 해당 기술을 필요로 하는지, 기존 솔루션 대비 어떤 우위를 가지는지가 불분명하면 궁극적으로 시장 진입이 어렵게 된다.

타겟 시장의 구체화

사업 정의는 기술이 적용될 수 있는 시장을 구체화하고, 이를 통해 수익 창출이 가능한 사업 영역을 설정하는 데 중요한 역할을 한다. 이 과정에서는 기술의 응용 가능성을 최대화할 수 있는 산업이나 시장을 식별하고, 해당 시장에서의 경쟁 구도, 진입 장벽, 성장 가능성 등을 고려하여 사업의 타당성을 평가한다.

한국의 대표적인 핀테크 기업인 토스(Toss)의 경우, 초기에는 단순한 송금 서비스로 시작했지만, 사업 정의를 통해 '금융 플랫폼'으로 확장 가능성을 명확히 하였다. 이를 통해 투자, 대출, 보험 등 다양한 금융 서비스로 사업 영역을 확장할 수 있었다.

전략적 의사결정의 기준 제시

사업 정의는 전체 사업 전략 수립과 자원배분(resource allocation, 한정된 자원을 효율적으로 배분하는 과정)의 기준을 제시한다. 초기 단계에서 명확한 사업 정의가 이루어지지 않으면, 이후의 시장 분석, 경쟁 전략 수립, 비즈니스 모델 개발, 투자 유치 등 모든 단계에서 자원투입의 우선순위와 적절성에 대한 혼란이 발생할 수 있다.

투자자 및 이해관계자 설득력 확보

명확한 사업 정의는 투자자나 파트너사 등 이해관계자들에게 사업의 가치와 성장 가능성을 설득력 있게 전달하는 데 효과적이다. 기술의 우수성만으로는 투자를 유치하기 어렵지만, 명확한 시장 기회와 사업 모델을 제시할 수 있다면 투자 유치 성공률이 크게 높아진다.

2) 신규 사업 정의: 명확한 개념과 전략적 위상 정립

만약 스타트업이나 중소기업이 기존의 사업영역을 확장하여 새로운 신규 산업에 진출하고자 할 경우에도 마찬가지로 신규 사업 정의는 중요하다. 사업을 정의하는 것은 개발된 기술을 기반으로 새로운 비즈니스의 방향성을 설정하는 과정이다. 이 단계에서는 다음과 같은 체계적인 접근이 필요하다.

신규 사업의 단위 사업 명확화

기술이 가지는 독창성과 이를 기반으로 한 사업 아이디어가 어떻게 신규 사업으로 발전할 수 있는지를 명확히 정의해야 한다. 이는 단순히 기술의 특성만을 고려하는 것이 아니라, 기술이 속한 산업에서의 전반적인 동향, 경쟁 환경, 고객 요구사항 등을 종합적으로 고려하여 사업의 위치를 설정하는 것을 포함한다.

예를 들어, AI 기술을 개발한 기업이라면, 이 기술이 의료, 금융, 제조 등 어떤 산업에서 가장 큰 가치를 창출할 수 있을지, 그리고 해당 산업 내에서 이 기술이 차지하는 역할과 위상을 어떻게 설정할지에 대한 명확한 전략이 필요하다.

실제로 한국의 AI 에듀테크기업인 뤼이드(Riiid)는 AI 기술을 교육 분야에 특화하여 개인 맞춤형 학습 서비스를 제공하는 것으로 사업을 정의했다. 이를 통해 토익 학습 서비스 '산타토익'에서 시작하여 다양한 교육 서비스로 사업을 확장할 수 있었다.

전사적 관점에서의 사업 필요성 분석

신규 사업의 필요성은 조직의 전반적인 전략과 목표와 일치해야 한다. 이를 위해 사업의 필요성과 조직 전체에서 해당 사업이 가지는 전략적 중요성을 분석해야 한다.

예를 들어, 삼성전자가 반도체 사업에서 시스템 반도체 분야로 사업을 확장하기로 결정한 것은, 메모리 반도체 중심의 사업 구조에서 벗어나 보다 다양한 수익원을 확보하기 위한 전사적 전략의 일환이었다. 이 과정에서 신규 사업의 정의가 전사적 관점에서 어떻게 기여할 수 있을지를 명확히 분석했다.

신규 사업이 기존 사업과 어떤 시너지(synergy, 상호 협력을 통해 더 큰 효과를 창출하는 것)를 창출할 수 있을지, 아니면 완전히 새로운 시장을 개척하는 역할을 할 것인지에 대한 분석이 포함되어야 한다.

사업 전개 필요성의 논리적 근거 마련

기술사업화는 단순히 기술을 상용화하는 것 이상으로, 기업의 장기적인 성장 전략과 연결되어야 한다. 따라서 신규 사업이 왜 필요한지, 그리고 이를 통해 기업이 어떤 방향으로 성장할 수 있을지를 명확히 제시해야 한다.

이 단계에서는 기술사업화가 기업의 기존 전략에 어떻게 부합하며, 기업이 장기적으로 어떤 비전을 달성하는 데 기여할 수 있는지에 대한 논리적 근거를 마련해야 한다. 시장 규모, 성장성, 경쟁 우위 등을 종합적으로 고려한 정량적 분석이 필요하다.

사업 정의서 작성 및 검증

신규 사업 정의의 결과물로 사업 정의서를 작성해 보는 것도 권장 된다. 이러한 사업 정의서에는 다음과 같은 내용이 포함되어야 한다.

- 사업의 목적과 비전
- 타겟 시장과 고객 정의
- 핵심 가치 제안(value proposition, 고객 제공 차별적 가치)
- 경쟁 우위 요소
- 예상 수익 모델
- 필요 자원과 역량
- 위험 요소와 대응 방안

3) 서비스 구분 및 정의: 명확한 서비스 정의와 가치 창출 전략

기술사업화를 추진할 때는 다양한 수익원 창출을 고려하여야 한다.

때문에 단순히 유형적 제품뿐만 아니라 기술사업화를 통하여 제공될 수 있는 다양한 부가적인 서비스를 함께 생각하여야 한다. 이 단계에서는 기술이 제공할 수 있는 제품 또는 서비스를 명확히 구분하여 정의하고, 이를 통해 목표 시장에 어떻게 접근할 것인지를 결정하는 과정이 포함된다.

서비스의 명확한 정의와 가치 제안

서비스 정의는 기술이 어떻게 고객에게 전달될 것인지를 명확히 설정하는 과정이다. 이는 제품화될 수 있는 물리적 기술뿐만 아니라, 서비스 형태로 제공될 수 있는 솔루션, 플랫폼 등 다양한 형태를 고려해야함을 의미 한다. 예를 들어, IoT(Internet of Things, 사물인터넷) 기술을 기반으로 하는 기업이라면, 해당 기술이 센서 제품으로 제공될 것인지, 데이터 분석 서비스로 제공될 것인지, 혹은 양자를 결합한 형태로 제공될 것인지를 명확히 정의해야 한다.

한국의 IoT 스타트업인 센서웨이(Sensorway)의 경우, 초기에는 단순한 센서 제품 제공에 집중했지만, 사업이 성장하면서 센서 데이터를 활용한 예측 분석 서비스로 사업 모델을 확장했다. 이때 중요한 것은 기술이 제공할 수 있는 핵심 가치를 고객에게 어떻게 전달할 것인지에 대한 전략적 접근이다.

전체 서비스 관점에서의 전후방 서비스 고려

기술이 단순한 제품이나 서비스 제공에 그치지 않고, 고객 경험의 전체 과정을 고려하여 정의될 필요가 있다. 이는 기술을 활용한 제품이나 서비스의 초기 도입 단계부터, 이를 사용하는 중간 과정, 그리고 사후 관리까지 포함한 전체적인 서비스 모델을 고려하는 것을 의미한다.

예를 들어, SaaS(Software as a Service, 소프트웨어 서비스) 모델을 기반으로 한 기술기업의 경우, 고객이 서비스를 쉽게 도입할 수 있도록 지원하는 온보딩(onboarding, 신규 고객의 서비스 적응 지원) 과정부터, 지속적인 기술 지원과 업그레이드 제공, 고객 피드백 수집을 통한 지속적인 서비스 개선 과정까지 전반적인 서비스를 계획해야 한다.

서비스 차별화 전략 수립

이러한 서비스 정의 단계에서 고려해야 할 또 다른 중요한 요소는 타겟 시장과의 적합성이다. 기술이 제공하는 서비스가 타겟 시장의 요구와 얼마나 일치하는지, 시장에서의 수요가 어느 정도인지, 경쟁 서비스와 비교하여 차별화된 강점이 무엇인지를 명확히 분석해야 한다.

한국의 클라우드 서비스 기업인 네이버 클라우드플랫폼(Naver Cloud Platform)의 경우, 글로벌 클라우드 서비스 업체들과의 경쟁에서 국내 기업의 특성을 이해하고 한국어 지원, 국내 규제 대응 등의 차별화된 서비스를 제공하는 것으로 사업을 정의했다.

서비스 포트폴리오 구성

단일 서비스로 시작하더라도 향후 확장 가능성을 고려한 서비스 포트폴리오를 구성해야 한다. 이는 고객의 다양한 니즈를 충족시키고, 수익원을 다각화하는 데 중요하다.

예를 들어, 배달의민족을 운영하는 우아한형제들은 초기에는 단순한 배달 주문 플랫폼으로 시작했지만, 점차 배달 서비스(배민라이더스), 포스기(배민포스), 광고 서비스 등으로 서비스 포트폴리오를 확장했다.

서비스 정의 검증 및 개선

서비스 정의가 완료되면 이를 검증하고 지속적으로 개선하는 과정이 필요하다. 이는 다음과 같은 방법으로 진행할 수 있다.

- 고객 인터뷰: 타겟 고객과의 심층 인터뷰를 통해 서비스 정의의 적절성 검증
- MVP(Minimum Viable Product) 개발: 최소 기능 제품을 개발하여 시장 반응 테스트
- 파일럿 테스트: 소규모 고객 그룹을 대상으로 서비스 시범 운영
- 피드백 수집 및 반영: 고객 의견을 수집하여 서비스 정의 개선

사업 정의 단계의 핵심 성공 요인

- 고객 중심적 사고: 기술의 우수성보다는 고객이 실제로 필요로 하는 가치가 무엇인지를 우선적으로 고려해야 한다. 기술이 아무리 혁신적이더라도 고객의 문제를 해결하지 못한다면 상업적 성공은 어렵다.
- 시장 검증 가능성: 사업 정의 단계에서 설정한 가설들이 실제 시장에서 검증 가능한지를 고려해야 한다. 추상적인 개념보다는 구체적이고 측정 가능한 목표를 설정하는 것이 중요하다.
- 실행 가능성: 아무리 매력적인 사업 아이디어라도 현재 보유한 자원과 역량으로 실행 불가능하다면 의미가 없다. 현실적인 실행 계획과 함께 사업을 정의해야 한다.
- 확장 가능성: 초기 사업 정의가 향후 사업 확장과 성장에 제약이 되지 않도록 유연성을 고려해야 한다. 너무 좁은 범위로 사업을 정의하면 성장에 한계가 있을 수 있다.

사업 정의 단계는 기술사업화의 성공을 위한 첫걸음이다. 이 단계에서의 철저한 준비와 명확한 정의가 이후 모든 단계의 성공을 결정짓는다고 해도 과언이 아니다. 따라서 충분한 시간과 노력을 투자하여 체계적으로 접근해야 한다.

나 2단계 시장 현황을 분석하라!

여러번 강조한 바 있듯이 기술사업화의 성공 여부는 기술의 우수성만으로 결정되지 않는다. 아무리 혁신적인 기술이라도 시장에서 받아들여지지 않으면 사업으로서의 가치

를 창출할 수 없다. 따라서 시장 현황 분석은 기술사업화 과정에서 반드시 거쳐야 하는 중요한 단계이다. 이 단계에서 기술사업화를 추진하는 주체는 보유한 기술이나 제품이 어떤 시장에서 경쟁력을 발휘할 수 있을지 객관적으로 평가하고, 구체적인 목표 시장을 설정하여 사업 전략의 기반을 마련해야 한다.

1) 시장 분석의 필요성과 중요성

시장 분석의 정의와 목적

시장 분석(Market Analysis)은 기술이 적용된 제품이나 서비스가 실제로 판매될 수 있는 시장을 체계적으로 조사하고 평가하는 과정이다. 이는 단순히 시장의 크기를 파악하는 것을 넘어서, 시장의 성장 가능성, 고객의 니즈, 경쟁 환경, 진입 장벽 등을 종합적으로 분석하는 활동이다.

기술 우수성과 시장 성공의 괴리

기술사업화에서 자주 발생하는 실패 요인 중 하나는 기술의 우수성과 시장의 수용성 사이의 괴리이다. 예를 들어, 국내 한 대학의 연구팀이 개발한 초고성능 배터리 기술은 기존 배터리 대비 용량이 3배 이상 향상되었지만, 제조 비용이 기존 배터리의 10배에 달해 실제 시장에서는 외면받았다. 이처럼 기술적 우수성만으로는 시장에서의 성공을 보장할 수 없다.

시장 분석이 필요한 이유

시장 분석이 중요한 이유는 다음과 같다. 첫째, 제한된 자원의 효율적 활용이다. 스타트업이나 중소기업은 대기업에 비해 제한적인 자원을 보유하고 있어, 이를 가장 효과적으로 활용할 수 있는 시장을 찾는 것이 생존의 핵심이다. 둘째, 투자자들의 투자 결정 기준이다. 벤처캐피탈(VC, Venture Capital)이나 엔젤투자자들은 기술의 우수성보다는 시장의 크기와 성장 가능성을 더 중요하게 평가하는 경향이 있다. 셋째, 사업 모델 수립의 기반이다. 명확한 시장 분석 없이는 가격 정책, 유통 전략, 마케팅 전략 등을 효과적으로 수립할 수 없다.

2) 시장 세분화와 목표 시장 도출 전략

지역별 시장 세분화

기술사업화를 추진하는 창업자는 먼저 자신의 기술이 적용될 수 있는 시장을 지역적 범위에 따라 분석해야 한다. 국내 시장과 해외 시장은 각각 다른 특성을 가지고 있으며, 창업자의 자원과 역량에 따라 진입 전략이 달라진다.

국내 시장의 경우, 언어적 장벽이 없고 규제 환경을 잘 이해하고 있으며, 고객과의 소통이 원활하다는 장점이 있다. 반면 시장 규모가 상대적으로 작고, 이미 많은 기업이 진출해 있어 경쟁이 치열할 수 있다. 해외 시장의 경우, 시장 규모가 크고 새로운 기회를 창출할 가능성이 높지만, 문화적 차이, 규제 장벽, 유통망 구축의 어려움 등이 존재한다.

고객 유형별 시장 세분화

지역별 분석 이후에는 고객 유형에 따른 시장 세분화가 필요하다. 이는 B2B(Business to Business, 기업 간 거래), B2C(Business to Consumer, 기업과 소비자 간 거래), B2G(Business to Government, 기업과 정부 간 거래)로 구분할 수 있다.

- B2B 시장의 특성: B2B 시장에서는 구매 결정이 합리적이고 논리적으로 이루어지는 경향이 있다. 제품의 성능, 비용 효율성, 투자 수익률(ROI, Return on Investment) 등이 주요 구매 결정 요인이다. 구매 결정 과정이 복잡하고 시간이 오래 걸리지만, 한번 고객을 확보하면 장기적인 관계를 유지할 수 있다는 장점이 있다.
- B2C 시장의 특성: B2C 시장에서는 감정적 요소가 구매 결정에 큰 영향을 미친다. 브랜드 인지도, 디자인, 사용자 경험(UX, User Experience) 등이 중요한 구매 요인이다. 구매 결정이 빠르게 이루어지지만, 고객의 충성도가 상대적으로 낮을 수 있다.
- B2G 시장의 특성: B2G 시장은 정부 정책과 밀접한 관련이 있으며, 입찰 과정을 통해 거래가 이루어진다. 안정적인 수요를 보장받을 수 있지만, 복잡한 행정 절차와 긴 결제 주기라는 단점이 있다.

세분화 기준의 다양성

시장 세분화는 지역과 고객 유형 외에도 다양한 기준으로 수행할 수 있다. 산업별 세분화의 경우, 제조업, 서비스업, 금융업 등으로 구분하여 각 산업의 특성과 니즈를 분석한다. 기업 규모별 세분화는 대기업, 중소기업, 스타트업으로 구분하여 각 그룹의 구매력과 의사결정 방식을 분석한다. 반면 기술 성숙도별 세분화는 얼리어답터(Early Adopter), 얼리 마조리티(Early Majority), 레이트 마조리티(Late Majority)로 구분하여 기술 도입 의향을 분석한다.

3) 시장 매력도 분석의 핵심 요소

시장 규모 분석

시장 규모는 가장 기본적이면서도 중요한 시장 매력도 평가 지표이다. 시장 규모는 일반적으로 TAM(Total Addressable Market, 전체 잠재 시장), SAM(Serviceable Addressable Market, 서비스 가능 시장), SOM(Serviceable Obtainable Market, 점유 가능 시장)으로 구분하여 분석한다.

- TAM 분석: TAM은 해당 제품이나 서비스가 이론적으로 판매될 수 있는 전체 시장의 크기를 의미한다. 예를 들어, 스마트폰 액세서리를 개발하는 스타트업의 경우, 전 세계 스마트폰 사용자 수에 평균 액세서리 구매 비용을 곱한 값이 TAM이 된다.
- SAM 분석: SAM은 실제로 접근 가능한 시장의 크기를 의미한다. 지역적 제약, 유통망의 한계, 규제 등을 고려하여 TAM을 축소한 개념이다. 앞서 예시에서 국내 시장만 대상으로 한다면, 국내 스마트폰 사용자 수를 기준으로 SAM을 계산한다.
- SOM 분석: SOM은 현실적으로 점유할 수 있는 시장의 크기를 의미한다. 경쟁사의 존재, 자사의 역량, 마케팅 예산 등을 고려하여 SAM에서 실제로 획득 가능한 시장 점유율을 계산한다.

시장 성장률 분석

시장 성장률은 해당 시장이 향후 얼마나 빠르게 성장할 것인지를 나타내는 지표이다. 이는 주로 과거 3-5년간의 데이터를 바탕으로 연평균 성장률(CAGR, Compound Annual Growth Rate)을 계산하여 분석한다.

성장 시장의 경우, 신규 진입자에게 더 많은 기회를 제공하지만, 동시에 더 많은 경쟁자가 진입할 가능성도 높다. 정체 시장의 경우, 기존 경쟁자들과의 제로섬 게임(Zero-sum Game)이 될 가능성이 높아 차별화된 전략이 필요하다. 쇠퇴 시장의 경우, 비용 절감이나 효율성 개선을 통한 접근이 필요하다.

수익성 분석

수익성 분석은 해당 시장에서 얼마나 많은 수익을 창출할 수 있는지를 평가하는 과정이다. 이는 가격 정책, 원가 구조, 경쟁 정도 등을 종합적으로 고려하여 분석한다.

- 가격 프리미엄 분석: 해당 시장에서 프리미엄 가격을 책정할 수 있는지를 분석한다. 기술의 차별성이 높고 대체재가 적을수록 프리미엄 가격을 책정할 수 있다.
- 원가 구조 분석: 제품이나 서비스의 원가 구조를 분석하여 적정 마진을 확보할 수 있는지를 평가한다. 고정비가 높은 사업의 경우, 규모의 경제(Scale Economy)를 달성할 수 있는 시장 규모가 중요하다.
- 경쟁 강도 분석: 경쟁이 치열할수록 가격 경쟁으로 인해 수익성이 악화될 가능성이 높다. 마이클 포터(Michael Porter)의 5 Force 분석을 활용하여 경쟁 강도를 체계적으로 분석할 수 있다.

시장 라이프사이클 분석

시장 라이프사이클(Market Life Cycle) 분석은 해당 시장이 도입기, 성장기, 성숙기, 쇠퇴기 중 어느 단계에 있는지를 파악하는 분석이다.

- 도입기 시장: 새로운 기술이나 제품이 시장에 처음 도입되는 단계로, 시장 규모는 작지만 높은 성장 가능성을 가지고 있다. 얼리어답터들이 주요 고객층이며, 높은 가격을 책정할 수 있지만 시장 교육 비용이 많이 든다.
- 성장기 시장: 시장이 빠르게 성장하는 단계로, 많은 기업이 진입하면서 경쟁이 치열해진다. 시장 점유율 확보가 중요하며, 브랜드 인지도와 유통망 구축이 핵심 성공 요인이다.
- 성숙기 시장: 시장 성장률이 둔화되는 단계로, 경쟁이 가장 치열하다. 차별화보다는 비용 효율성이 중요하며, 시장 점유율 확대보다는 수익성 개선에 집중해야 한다.
- 쇠퇴기 시장: 시장이 축소되는 단계로, 많은 기업이 시장에서 철수한다. 틈새 시장에 집중하거나 비용 리더십을 통한 생존 전략이 필요하다.

4) 전략적 목표 시장 도출 방법론

목표 시장 선정의 기본 원칙

목표 시장을 선정할 때는 다음과 같은 기본 원칙을 따라야 한다. 첫째, 시장의 크기가 충분해야 한다. 너무 작은 시장은 성장에 한계가 있으며, 투자 대비 수익을 창출하기 어렵다. 일반적으로 TAM이 최소 1조원 이상인 시장을 고려하는 것이 바람직하다.

둘째, 시장의 성장 가능성이 있어야 한다. 정체되거나 쇠퇴하는 시장보다는 성장하는 시장을 선택하는 것이 유리하다. 연평균 성장률이 10% 이상인 시장을 우선 고려해야 한다.

셋째, 경쟁이 너무 치열하지 않아야 한다. 이미 대기업들이 장악한 시장에서는 스타트업이 성공하기 어렵다. 경쟁자가 적거나 차별화 가능성이 높은 시장을 선택해야 한다.

넷째, 자사의 역량과 일치해야 한다. 아무리 매력적인 시장이라도 자사의 기술, 인력, 자본이 부족하면 성공할 수 없다. 자사의 핵심 역량(Core Competency)과 시장의 핵심 성공 요인(Key Success Factor)이 일치하는 시장을 선택해야 한다.

정량적 시장 크기 추정 방법

목표 시장의 크기를 정량적으로 추정하는 것은 사업 계획 수립과 투자 유치에 필수적이다. 시장 크기 추정 방법은 크게 상향식(Bottom-up) 접근법과 하향식(Top-down) 접근법으로 구분할 수 있다.

- 상향식 접근법: 개별 고객의 구매 행동을 분석하여 전체 시장 크기를 추정하는 방법이다. 예를 들어, 배달 앱 시장의 경우, 1인당 월평균 배달 주문 횟수 × 1회 주문 평균 금액 × 전체 사용자 수로 계산할 수 있다.
- 하향식 접근법: 전체 시장에서 세부 시장의 점유율을 추정하여 시장 크기를 계산하는 방법이다. 예를 들어, 전체 음식업 시장에서 배달 시장이 차지하는 비중을 추정하여 계산할 수 있다.

시장 진입 전략 수립

목표 시장을 선정한 후에는 구체적인 시장 진입 전략을 수립해야 한다. 시장 진입 전략은 창업자의 자원과 역량, 시장의 특성에 따라 달라진다.

- 집중 전략(Focus Strategy): 제한된 자원을 특정 시장에 집중하는 전략이다. 틈새 시장(Niche Market)에서 강력한 경쟁 우위를 확보할 수 있지만, 시장 규모의 한계로 인해 성장에 제약이 있을 수 있다.
- 단계적 확장 전략(Phased Expansion Strategy): 초기에는 작은 시장에 진입하여 성공 사례를 만든 후, 점차 시장을 확대하는 전략이다. 리스크를 줄일 수 있지만, 경쟁자

에게 시장 진입 기회를 제공할 수 있다.

- 전면 진입 전략(Full-scale Entry Strategy): 처음부터 큰 시장에 전면적으로 진입하는 전략이다. 빠른 성장이 가능하지만, 높은 리스크를 감수해야 한다.

5) 목표 시장 도출의 실제 사례 분석

사례 1: 스마트팩토리 솔루션 A사의 시장 전환 전략

A사는 대학교 연구소 출신들이 설립한 스타트업으로, 인공지능 기반 제조 공정 최적화 솔루션을 개발했다. 초기에는 국내 대기업 제조업체를 대상으로 사업을 시작했지만, 의사결정 과정이 복잡하고 도입 기간이 길어 어려움을 겪었다.

- 시장 세분화 과정: A사는 B2B 시장을 기업 규모별로 세분화했다. 대기업은 자체 IT 인력을 보유하고 있어 외부 솔루션 도입에 보수적이었고, 중소기업은 비용 부담으로 인해 도입을 꺼렸다. 그러나 중견기업(매출 1000억-5000억 원)은 IT 투자 여력이 있으면서도 외부 솔루션에 대한 개방성이 높다는 점을 발견했다.
- 시장 매력도 분석: 국내 중견 제조업체는 약 2000여 개사로, 연간 IT 투자 규모는 평균 50억 원 수준이었다. 이 중 생산 관리 시스템에 투자하는 비율은 약 20%로, SAM은 약 2조 원 규모였다. 또한 4차 산업혁명과 디지털 전환 정책으로 인해 연평균 15% 성장이 예상되었다.
- 목표 시장 도출: A사는 국내 중견 제조업체 중에서도 자동차 부품업체를 최우선 목표 시장으로 선정했다. 자동차 부품업체는 완성차 업체의 요구로 인해 생산 효율성 개선에 대한 니즈가 높았고, 기술 도입에 상대적으로 적극적이었다. 국내 자동차 부품업체는 약 300여 개사로, 이 중 50개사 정도가 A사의 직접적인 타겟이었다.
- 성과: A사는 목표 시장 변경 후 6개월 만에 5개사와 계약을 체결했고, 첫 해 매출 30억 원을 달성했다. 이후 자동차 부품업체에서의 성공 사례를 바탕으로 다른 제조업 분야로 확장하고 있다.

사례 2: 태양광 에너지 관리 B사의 해외 진출 전략

B사는 KAIST 출신 연구진이 설립한 스타트업으로, AI 기반 태양광 발전 효율 최적화 솔루션을 개발했다. 초기에는 국내 태양광 발전 시장을 겨냥했지만, 시장 규모의 한계와 치열한 경쟁으로 인해 해외 진출을 검토했다.

- 국내 시장 분석: 국내 태양광 발전 시장은 정부 정책에 크게 의존하는 구조였다. 2020년 기준 국내 태양광 발전 설비 용량은 약 15GW로, 연간 신규 설치 용량은 약 4GW 수준이었다. 그러나 발전차액지원제도(FIT) 종료와 재생에너지 공급인증서(REC) 가격 하락으로 인해 시장 성장이 둔화되고 있었다.
- 해외 시장 분석: B사는 유럽, 동남아시아, 중동 시장을 분석했다. 유럽 시장은 그린딜 정책으로 인해 재생에너지 투자가 활발했고, 동남아시아는 급속한 경제 성장으로 에너지 수요가 증가하고 있었다. 중동은 오일 머니를 활용한 재생에너지 투자가 확대되고 있었다.
- 목표 시장 도출: B사는 베트남을 1차 목표 시장으로 선정했다. 베트남은 연간 일조량이 풍부하고(연간 일조 시간 2500시간), 정부의 재생에너지 확대 정책이 추진되고 있어 태양광 발전 시장이 빠르게 성장하고 있었다. 또한 한국과의 지리적 근접성과 한류 영향으로 한국 기업에 대한 신뢰도가 높았다.
- 시장 진입 전략: B사는 베트남 현지 태양광 발전 업체와 합작투자를 통해 시장에 진입했다. 현지 업체의 네트워크를 활용하여 고객 접근성을 높이고, 정부 정책 변화에 대한 정보를 신속하게 파악할 수 있었다.
- 성과: B사는 베트남 진출 후 2년 만에 현지 시장 점유율 15%를 달성했고, 연간 매출 100억 원을 기록했다. 현재는 베트남에서의 성공을 바탕으로 태국, 인도네시아 등 동남아시아 전역으로 사업을 확장하고 있다.

사례 3: 헬스케어 웨어러블 C사의 시장 피봇 전략

C사는 의과대학 출신 창업자가 설립한 스타트업으로, 만성질환 관리용 웨어러블 디바이스를 개발했다. 초기에는 B2C 시장을 겨냥했지만, 높은 마케팅 비용과 낮은 고객 충성도로 인해 어려움을 겪었다.

- B2C 시장의 한계: 국내 헬스케어 웨어러블 시장은 삼성, LG, 애플 등 대기업이 장악하고 있었다. 브랜드 인지도와 유통망에서 절대적으로 불리한 상황이었고, 고객 획득 비용(CAC, Customer Acquisition Cost)이 고객 생애 가치(LTV, Life Time Value)를 초과하는 상황이었다.
- 시장 재분석: C사는 B2B 시장으로 눈을 돌렸다. 특히 기업 건강관리 시장에 주목했다. 국내 직장인 건강관리 의무화 정책과 산업안전보건법 강화로 인해 기업들의 임

직원 건강관리에 대한 관심이 높아지고 있었다.

- 목표 시장 도출: C사는 임직원 1000명 이상의 대기업을 목표 시장으로 설정했다. 이들 기업은 연간 임직원 건강관리 비용으로 1인당 50만 원 이상을 지출하고 있었고, 효과적인 건강관리 솔루션에 대한 니즈가 높았다. 국내 해당 기업은 약 500개 사로, 총 시장 규모는 약 5000억 원으로 추정되었다.
- 사업 모델 변경: C사는 기존의 제품 판매 모델에서 SaaS(Software as a Service) 구독 모델로 전환했다. 기업당 월 구독료를 받고, 임직원들에게 웨어러블 디바이스를 무상으로 제공하는 방식으로 사업 모델을 변경했다.
- 성과: C사는 사업 모델 변경 후 18개월 만에 50개 기업과 계약을 체결했고, 연간 매출 80억 원을 달성했다. 특히 기업 고객의 경우, 계약 갱신률이 95% 이상으로 매우 높아 안정적인 수익 구조를 확보할 수 있었다.

이와 같은 목표 시장 도출의 사례들은 기술사업화를 추진하는 창업자가 기술의 특성뿐만 아니라 시장의 크기, 성장 가능성, 경쟁 환경 등을 종합적으로 분석하여 신중하게 목표 시장을 선정해야 한다는 점을 보여주고 있다.

시장 현황 분석은 기술사업화 과정에서 창업자가 반드시 거쳐야 하는 중요한 단계이다. 이 과정에서 창업자는 자신의 기술이 시장에서 어떻게 활용될 수 있는지, 어떤 시장이 가장 큰 기회를 제공하는지를 명확히 이해할 수 있다. 철저한 시장 분석은 이후 사업 모델 수립, 자금 조달, 실행 계획 수립 등 모든 단계에 걸쳐 창업자의 성공 가능성을 높이는 기반이 된다.

다 3단계 경쟁환경을 분석하라!

기술사업화 과정에서 경쟁 환경 분석은 창업자가 시장에서 직면하게 될 경쟁의 수준을 평가하고, 사업 전략을 수립하는 데 있어 가장 핵심적인 단계이다. 많은 기술 기반 스타트업들이 뛰어난 기술력을 보유하고 있음에도 불구하고 시장에서 실패하는 이유는 바로 경쟁 환경에 대한 정확한 이해 부족 때문이다.

경쟁 환경 분석을 통해 창업자는 자신의 기술이 시장에서 얼마나 경쟁력을 가질 수 있는지를 객관적으로 평가할 수 있으며, 이를 바탕으로 지속 가능한 경쟁 우위를 확보할 수 있는 전략을 수립할 수 있다. 특히 한국의 기술 창업 생태계에서는 대기업들의 시장 지배력이 강하고, 신기술에 대한 빠른 모방과 대규모 투자가 이루어지는 특성이 있어 경쟁 환경 분석이 더욱 중요하다.

1) 포터의 5 Forces 모델을 활용한 경쟁 환경 분석

경쟁 환경 분석의 가장 대표적이고 체계적인 방법은 마이클 포터(Michael Porter)가 1979년 개발한 '5 Forces 경쟁 구조 분석 모델(5 Forces Model)'이다. 이 모델은 하버드 경영대학원에서 개발되어 전 세계 경영 전략 수립의 기본 틀로 활용되고 있으며, 특히 기술사업화를 추진하는 창업자들이 복잡한 경쟁 환경을 체계적으로 분석하는 데 매우 유용하다.

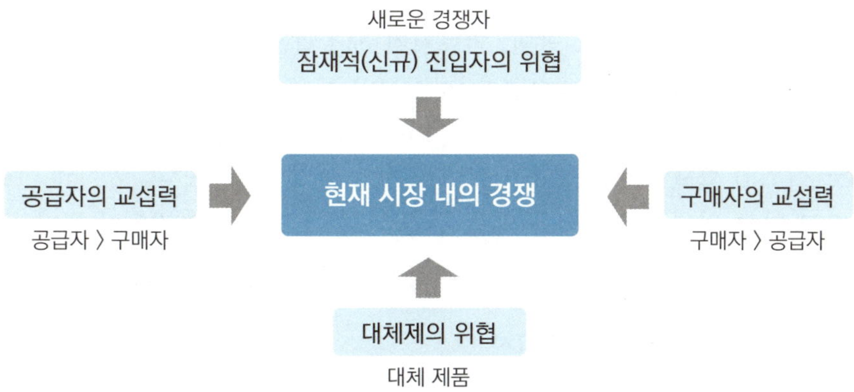

포터의 5 Forces 모델은 산업 내 경쟁 강도를 결정하는 5가지 주요 세력을 분석함으로써, 기업이 처한 경쟁 환경을 다각도로 평가할 수 있도록 돕는다. 이 모델을 통해 창업자는 기술의 전략적 위치를 파악하고, 이를 기반으로 실행 가능한 경영 전략을 수립할 수 있다.

현재 시장 내 경쟁자 간의 경쟁 강도

기존 시장 내에서 활동하고 있는 경쟁자 간의 경쟁이 얼마나 치열한지를 평가하는 핵심 요소이다. 산업의 성숙도, 시장 성장률, 고정비용의 비중, 제품 차별화 정도, 브랜드 충성도, 경쟁자 수 등이 기존 경쟁자들 간의 경쟁 강도에 직접적인 영향을 미친다.

- 사례 분석: 국내 스마트폰 액세서리 시장의 경우, 수많은 업체들이 유사한 제품을 공급하고 있어 경쟁 강도가 매우 높다. 반면, 반도체 설계 소프트웨어 시장처럼 고

도의 기술력이 요구되는 B2B 시장에서는 상대적으로 경쟁 강도가 낮다.

창업자는 경쟁자들의 제품 성능, 가격 전략, 서비스 수준, 시장 점유율, 브랜드 인지도, 유통 채널, 고객 충성도 등을 면밀히 분석해야 한다. 특히 주요 경쟁자들의 강점과 약점을 파악하여 자신의 기술이 어떤 차별화 포인트를 가질 수 있는지를 명확히 해야 한다.

잠재적 신규 진입자의 위협

새로운 경쟁자가 시장에 진입할 가능성과 그로 인한 위협 수준을 평가하는 요소이다. 진입 장벽(Entry Barrier)이 낮을수록 신규 진입자의 위협이 커지며, 이는 기존 업체들의 수익성에 부정적인 영향을 미친다.

- 사례 분석: 국내 온라인 쇼핑몰 시장은 진입 장벽이 상대적으로 낮아 수많은 신규 업체가 계속 진입하고 있다. 반면, 의료기기 제조업은 식품의약품안전처의 엄격한 인증 과정과 높은 기술력이 요구되어 진입 장벽이 높다.

창업자는 자신이 진입하려는 시장의 진입 장벽을 정확히 파악하고, 동시에 자신의 기술을 바탕으로 다른 업체들의 진입을 막을 수 있는 방어 전략을 수립해야 한다. 이는 특허 출원, 독점적 공급 계약 체결, 브랜드 강화 등을 통해 달성할 수 있다.

대체재(Substitute Product)의 위협

대체재는 시장에서 고객의 동일한 니즈를 다른 방식으로 충족시킬 수 있는 제품이나 서비스를 의미한다. 기술사업화에서 대체재의 위협은 특히 중요한데, 이는 기술 발전 속도가 빠르고 새로운 솔루션이 기존 기술을 완전히 대체할 수 있기 때문이다.

- 사례 분석: 택시 산업에서 카카오택시, 우버와 같은 차량 공유 서비스는 기존 택시 서비스의 강력한 대체재로 등장했다. 또한, 스마트폰의 등장으로 디지털 카메라, MP3 플레이어, 내비게이션 등 다양한 기기들이 대체되었다.

창업자는 자신의 기술이 제공하는 가치가 기존 대체재에 비해 명확히 우수한지, 가격 경쟁력이 있는지를 면밀히 평가해야 한다. 대체재의 가격, 성능, 사용자 경험을 벤치마킹하여 자신의 기술의 경쟁력을 객관적으로 확인할 필요가 있다.

공급자(Supplier)의 교섭력

기술사업화를 추진하는 과정에서 창업자는 다양한 공급자로부터 원자재, 부품, 기술, 정보, 인력 등을 조달하게 된다. 공급자가 얼마나 강력한 교섭력을 가지는지에 따라 사업의 안정성과 수익성이 크게 영향을 받는다.

- 사례 분석: 국내 스마트폰 제조업체들은 핵심 부품인 반도체, 디스플레이 등을 특정 공급업체에 의존하고 있어 공급자의 교섭력이 높다. 반면, 단순한 포장재나 일반적인 사무용품의 경우 공급자의 교섭력이 낮다.

창업자는 공급망 다각화를 통해 특정 공급자에 대한 의존도를 줄이고, 장기 계약을 통해 안정적인 공급을 확보하는 전략을 마련해야 한다. 또한, 수직 통합(Vertical Integration)을 통해 핵심 공급 부문을 내재화하는 방안도 고려해야 한다.

구매자(Buyer)의 교섭력

고객이 구매 결정 과정에서 얼마나 큰 영향력을 행사하는지를 평가하는 요소이다. 구매자의 교섭력이 높을수록 가격 인하 압박이나 품질 요구 수준이 커지며, 이는 기업의 수익성에 직접적인 영향을 미친다.

B2B 시장에서는 대규모 기업 고객이 주요 구매자일 경우 교섭력이 상당히 높을 수 있다. 예를 들어, 대형 제조업체에 부품을 공급하는 중소기업의 경우 구매자의 교섭력이 매우 높다. 반면, B2C 시장에서는 개별 소비자의 구매력이 제한적이어서 교섭력이 상대적으로 낮다.

- 사례 분석: 국내 대형마트(이마트, 롯데마트, 홈플러스 등)는 납품업체에 대해 강력한 교섭력을 가지고 있어 가격 인하 압박을 가하고 있다. 반면, 명품 브랜드의 경우 브랜드 파워가 강해 구매자의 교섭력이 상대적으로 낮다.

창업자는 구매자들이 가격에 얼마나 민감한지, 기술의 특성에 얼마나 의존하는지를 분석해야 한다. 또한, 고객 다변화를 통해 특정 대형 고객에 대한 의존도를 줄이고, 제품 차별화를 통해 구매자의 교섭력을 약화시키는 전략을 수립해야 한다.

2) 경쟁 환경 분석의 주요 목적과 기대 효과

경쟁 환경 분석은 기술사업화를 추진하는 창업자가 시장에서 전략적 위치를 확립하는 데 핵심적인 역할을 한다. 이 분석을 통해 달성할 수 있는 주요 목적과 기대 효과는 다음과 같다.

주요 목적

- 시장 진입 및 확대의 용이성 평가
- 자신의 기술이 경쟁력을 발휘할 수 있는 시장 세그먼트 식별
- 경쟁 우위를 확보할 수 있는 차별화 전략 수립
- 사업 리스크 요소 사전 파악 및 대응 방안 마련
- 투자자나 파트너에게 제시할 수 있는 객관적인 시장 분석 자료 확보

기대 효과

창업자는 5가지 경쟁 세력을 종합적으로 고려하여 자신의 기술이 어떤 시장에서 가장 큰 경쟁력을 발휘할 수 있을지, 그리고 어떤 전략을 통해 지속 가능한 경쟁 우위를 확보할 수 있을지를 체계적으로 평가할 수 있다.

3) 경쟁 환경 분석을 통한 실행 가능한 전략 수립

경쟁 환경 분석을 통해 창업자는 기술사업화에서 경쟁 우위를 확보할 수 있는 차별화 전략을 수립해야 한다. 예를 들어, 공급자의 교섭력이 높은 시장에서는 공급망 다변화를 통해 리스크를 줄일 수 있으며, 대체재의 위협이 큰 시장에서는 차별화된 기술 개발을 통해 경쟁력을 확보할 수 있다. 또한, 신규 진입자의 위협이 높은 시장에서는 진입 장벽을 높이는 전략을 수립하거나, 브랜드 인지도를 강화하는 방법을 고려해야 한다.

경쟁 환경을 정확히 분석하는 것은 기술사업화 성공에 필수적인 요소이다. 포터의 5 Forces 모델을 활용해 시장 내 경쟁 강도를 체계적으로 분석함으로써, 창업자는 기술의 경쟁력을 극대화할 수 있는 전략을 수립하고, 장기적인 성공 가능성을 높일 수 있다.

라 4단계 비즈니스 모델을 구축하라!

기술사업화 과정에서 비즈니스 모델을 구축하는 것은 기술이 실질적인 가치를 창출하고 시장에서 경쟁력을 확보하는 데 있어 필수적인 전략적 방향성을 점검하고 구축하

는 단계로 기술사업화의 단계 중 가장 중요한 프로세스라고 볼 수 있다. 기술이 시장에서 효과적으로 활용되고 지속적인 수익을 창출하기 위해서는 철저한 비즈니스 모델 수립이 필요하다. 비즈니스 모델을 체계적으로 구축하는 것은 기술의 사업화 성공 가능성을 위한 뼈대를 만드는 중요한 과정이라고 볼 수 있다.

1) 비즈니스 모델 구축의 중요성

기술사업화를 추진하는 창업자가 비즈니스 모델을 수립하는 것은 구체적 사업화를 추진하기 위한 선행요건이다. 비즈니스 모델은 단순히 기술을 보유하는 것을 넘어 이를 통해 어떻게 가치를 창출하고 수익을 실현할 것인지에 대한 전체적인 구상을 사업화를 점검하기 위한 주요 요소로 체계화해 보는 것이다. 기술사업화 과정에서 비즈니스 모델 구축이 중요한 이유는 다음과 같다.

기술의 가치를 시장에서 실현하기 위한 필수 도구

기술이 우수하다고 해서 무조건 성공하는 것은 아니다. 많은 기술창업자들이 비즈니스 모델을 생각하지 않고, 아이템, 기술, 제품에만 집중하는 경향이 있다. 그러나 “팔리지 않는 제품을 백날 만들어봐야 돈을 벌 수는 없다”는 현실을 직시해야 한다.

비즈니스 모델은 기술이 제공하는 가치를 시장에서 실질적으로 실현하고, 이를 통해 수익을 창출하기 위한 구체적인 계획을 제시한다. 이는 기술이 어떤 방식으로 시장에 전달되고, 고객이 어떤 방식으로 기술을 소비하며, 수익이 창출되는지에 대한 구체적 경로를 명확히 하는 데 도움이 된다.

“비즈니스 모델에 관심이 없다면, 당신은 기술창업자가 아니라 자연과학자”라는 표현은 기술과 사업의 근본적인 차이를 잘 보여준다. 자본주의 사회에서 시장을 찾아서 매력적인 제품을 유통시키는 것이 기술창업자들이 간과했던 부분이며, 비즈니스 모델의 부재는 기술창업, 테크스타트업들이 실패하는 중요한 이유가 된다.

불확실성을 최소화하고 리스크를 관리

비즈니스 모델을 수립하는 과정에서 창업자는 시장 분석, 경쟁 환경 평가, 고객 세그먼트 설정 등 다양한 요소를 체계적으로 분석하게 된다. 이러한 과정은 기술사업화 과정에서 발생할 수 있는 리스크를 미리 파악하고, 이를 효과적으로 관리할 수 있는 전략적 대비책을 마련할 수 있게 한다.

예를 들어, 특정 시장에서의 경쟁이 치열한 경우, 대체 시장을 탐색하거나 고객의 특성에 맞춘 차별화된 서비스를 제공하는 방식으로 리스크를 최소화할 수 있다. 또한 "명확한 틈새 시장을 발견하고 작은 시장에서 1등이 되는 전략"을 세우는 것이 중요하다. 독점을 하고 싶으면 초기에 작은 시장을 잡아야 하며, 시장에 존재하는 약점을 빠르게 파악하고 실행해야 한다.

전략적 자원 배분 및 비용 관리

기술사업화는 자원의 효율적 관리가 중요하다. 창업자는 한정된 자원(인력, 자본, 기술 등)을 어떻게 배분할 것인지, 어디에 우선순위를 두어 투자할 것인지를 명확히 해야 한다.

비즈니스 모델 구축을 통해 자원 배분의 우선순위를 설정하고, 불필요한 비용을 줄이면서도 최대한의 가치를 창출할 수 있는 방법을 찾아야 한다. 이를 통해 수익성을 극대화하고, 비용 구조를 최적화할 수 있다.

정부의 기술사업화 지원 프로그램에서도 이러한 중요성을 인식하고 있다. 예를 들어, 업력 3년 이상의 비상장 제조업을 대상으로 하는 '스케일업 기술사업화' 프로그램은 1단계에서 비즈니스 모델(BM) 기획 및 투자 유치 지원을 먼저 진행한 후, 2단계에서 사업화 R&D를 지원하는 방식으로 구성되어 있다. 이는 비즈니스 모델 수립이 R&D 투자보다 선행되어야 함을 보여주는 사례이다.

사업 확장과 성장의 기반 제공

비즈니스 모델은 기술사업화 초기 단계에서만 중요한 것이 아니다. 성공적인 비즈니스 모델은 향후 사업의 확장과 성장에도 중요한 기반을 제공한다. 초기에는 소규모 시장이나 고객 세그먼트를 대상으로 시작하더라도, 비즈니스 모델을 기반으로 점진적인 시장 확대나 새로운 서비스 추가가 가능하다. 이를 통해 장기적인 사업 성장을 도모할 수 있다.

비즈니스 모델 개념은 기술벤처기업의 창출과 성장에 핵심 화두가 되었으며, Morris(2006)에 의하면 비즈니스 모델은 기술벤처기업 창업이론의 핵심 대전제로 다루어지고 있다. 이는 비즈니스 모델이 단순히 초기 사업 구상을 넘어 기업의 지속적인 성장과 발전을 위한 근간이 됨을 의미한다.

2) 비즈니스 모델의 유용성

비즈니스 모델의 유용성은 기술사업화 과정에서 다양한 측면에서 성공적인 사업화를 위해 활용될 수 있다. 비즈니스 모델은 단순한 계획표가 아니라 기업이 어떻게 가치를 창출하고, 전달하며, 수익을 창출할 것인지에 대한 합리적인 설계도이기 때문이다. 특히 오늘날의 기업 경쟁 환경은 단순한 제품 경쟁이나 역량 경쟁을 넘어 비즈니스 모델 경쟁이 중심이 되고 있어 그 중요성이 더욱 부각되고 있다.

시장 적합성 검증

비즈니스 모델은 기술이 시장에서 실제로 경쟁력을 가질 수 있는지를 검증하는 역할을 한다. 이를 통해 기술의 시장 적합성(Product-Market Fit, PMF)을 평가하고, 시장 진입 전략을 구체화할 수 있다. 예를 들어, 특정 고객 세그먼트에서 기술의 적용 가능성이 낮다면, 비즈니스 모델을 수정하거나 새로운 타겟 시장을 탐색하는 것이 필요할 수 있다.

스타트업이 성공하기 위해서는 제품-시장 적합성을 찾고, 비즈니스 모델의 지속 가능성과 수익성을 점검해야 하는데, 이 과정은 반드시 데이터를 기반으로 검증되어야 한다. 린 스타트업(Lean Startup) 모델의 Build-Measure-Learn 사이클을 활용하면 MVP(Minimum Viable Product, 최소 기능 제품)를 빠르게 구축하고, 사용자 데이터를 측정한 후, 그 결과를 학습하여 제품을 개선하는 과정을 지속적으로 반복함으로써 시장 적합성을 효과적으로 검증할 수 있다.

사업 방향성과 일관성 제공

비즈니스 모델은 창업자가 추구하는 사업의 방향성을 명확하게 제시하며, 기술 개발, 마케팅, 고객 관리 등의 활동이 일관된 방향으로 추진되도록 한다. 기술이 시장에서 성공하기 위해서는 각 활동이 유기적으로 연결되고, 고객에게 전달될 가치를 극대화할 수 있는 통합된 전략이 필요하다.

비즈니스 모델은 회사가 어떻게 수익을 창출할 것인지에 대한 전략적 플랜으로, 비즈니스가 어떻게 제품을 만들어 시장에 제공하고 판매를 촉진하는지를 설명한다. 이는 고객 관계, 가치 제안, 목표 고객, 수익 흐름, 비용 구조, 핵심 리소스, 배포 채널 등의 요소를 포함하여 사업의 전체적인 방향성을 제시한다.

이해관계자 설득 도구

창업자는 자금 조달을 위해 투자자나 협력 파트너를 설득해야 할 때가 많다. 이때 비즈니스 모델은 기술의 가치를 명확하게 설명하고, 사업이 수익을 창출할 수 있는 구체적인 계획을 제시하는 도구로 사용될 수 있다.

특히, 비즈니스 모델 캔버스(Business Model Canvas)와 같은 시각적인 도구는 비즈니스 모델을 구성하는 핵심 요소들을 시각적으로 정리하고 분석할 수 있도록 도와준다. 이는 복잡한 사업 구조를 쉽게 설명할 수 있게 해주며, 이해관계자들이 기술사업화의 가능성을 빠르게 이해할 수 있도록 돕는다. 비즈니스 모델 캔버스는 제품(가치 제안), 고객 접점(고객 분류, 유통 채널, 고객 관계), 인프라 관리(핵심 활동, 핵심 자원, 핵심 파트너), 재무적 측면(비용 구조, 수익 흐름) 등의 구성요소로 이루어져 있어 사업의 전체적인 구조를 한눈에 파악할 수 있게 한다.

경쟁 우위 확보 전략 수립

비즈니스 모델은 창업자가 경쟁 환경에서 자신만의 경쟁 우위를 확보할 수 있는 전략을 수립하는 데 중요한 역할을 한다. 기술사업화 과정에서 시장 경쟁은 피할 수 없는 요소이다. 비즈니스 모델을 통해 경쟁 제품과의 차별화 포인트를 분석하고, 기술의 독창성을 최대한 활용할 수 있는 방법을 고민하게 된다.

성공적인 비즈니스 모델은 경쟁력 요소(competitive factor)와 지속성 요소(sustainable factor)를 모두 갖추어야 한다. 즉, 단기적으로 경쟁자보다 뛰어난 가치를 제공할 수 있어야 하며 동시에 이 가치를 장기적으로 유지하고 확장할 수 있는 기반도 갖추어야 한다. 이러한 요소들을 종합적으로 고려할 때, 기업은 시장 변화에 유연하게 대응하면서도 자사의 가치를 지속적으로 발전시킬 수 있다.

수익성 및 지속가능성 평가

비즈니스 모델은 사업의 수익성과 지속가능성을 평가하는 기초적인 도구로 활용될 수 있다. 제품-시장 적합성을 찾은 후에는 비즈니스 모델이 지속 가능하고 수익성이 있는지를 확인해야 한다. 비즈니스 모델은 수익 모델에 대한 구체성을 높이고 미처 고려하지 못한 요소들을 조기에 발견하여 보완할 수 있도록 도와준다. 마치 건축 설계도 없이 집을 짓는 것이 위험하듯 비즈니스 모델 없이 사업을 시작한다면 실패 가능성이 그만큼 높아진다.

3) 비즈니스 모델 구축의 방법

비즈니스 모델 구축은 기술사업화에서 핵심적인 단계로, 명확한 가치 제안을 설정하고 이를 고객에게 전달하기 위한 일련의 과정을 체계적으로 정리하는 것을 의미한다. 일반적으로 비즈니스 모델을 체계적으로 시각화하기 위해 비즈니스 모델 캔버스(Business Model Canvas)를 활용하는 것이 유용하다. 비즈니스 모델 캔버스는 9가지 요소(고객 세그먼트, 가치 제안, 채널, 고객 관계, 핵심 자원, 핵심 파트너, 핵심 활동, 비용 구조, 수익원)를 한눈에 볼 수 있게 도식화하여, 비즈니스 모델의 구조와 전략을 쉽게 파악하고 조정할 수 있도록 해준다.

성공적인 비즈니스 모델 구축의 사례는 기술사업화에서 큰 영감을 줄 수 있다. 비즈니스 모델을 효과적으로 구축하여 성공한 스타트업으로 널리 알려진 사례는 우버를 들 수 있다.

우버는 교통 산업에 혁신을 불러온 글로벌 기업으로, 온디맨드(on-demand) 플랫폼을 기반으로 한 독창적인 비즈니스 모델을 구축했다. 우버는 기존 택시 산업의 비효율성을 해결하는 것을 핵심 가치 제안으로 삼아, 언제 어디서나 고객이 차량을 호출할 수 있는 편리한 플랫폼을 제공하였다. 우버의 비즈니스 모델은 다양한 수익 모델을 통해 지속적으로 확장되었다. 기본적으로는 승객이 지불한 요금의 일정 비율을 수수료로 가져가는 방식이었지만, 우버는 이를 넘어 우버이츠(Uber Eats)와 같은 음식 배달 서비스까지 확장하였다. 우버는 드라이버와 승객이라는 양면 시장(two-sided market)을 성공적으로 공략하였으며, 핵심 파트너로 다양한 차량 제공자 및 지역 운수업체와 협력하여 글로벌 확장을 가속화할 수 있었다.

마 5단계 사업화 추진을 위한 역량 확보 방안을 마련하라!

성공적으로 사업을 추진하기 위해서는 필요한 핵심 역량을 확보하는 것 또한 매우 중요하다. 창업자가 보유한 기술과 비즈니스 모델이 아무리 뛰어나더라도, 이를 실제로 실행하고 발전시키기 위해서는 기술적, 인적, 재무적 역량이 뒷받침되어야 한다. 특히, 기술사업화는 기존 사업과 달리 고도의 전문 지식과 전략적 자원을 필요로 하기 때문에, 초기 단계에서부터 사업화 추진에 필요한 핵심 역량을 명확히 정의하고, 이를 효과적으로 확보하는 방안을 마련해야 한다.

1) 역량 확보의 중요성

기술사업화 과정에서는 역량 확보(GAP 분석)를 통해 현재 조직이 보유한 자원과 역량이 사업화 추진에 충분한지 평가하고, 부족한 부분을 어떻게 보완할지를 구체적으로 계획해야 한다. 부족한 역량을 미리 확인하고 적절한 보완책을 마련하지 않으면 사업화 과정에서 기술적 난관이나 운영상 문제에 부딪힐 수 있기 때문이다.

2) 역량 확보를 위한 절차

필요한 역량 정의

사업화 추진의 역량확보를 위해서는 무엇보다 필요한 역량을 명확히 정의하는 것이 우선 되어야 한다. 이때 역량은 단순히 기술적인 능력에 국한되지 않고, 기술, 인적 자원, 재무적 역량, 마케팅 역량 등 사업화 전반에 걸친 다양한 역량을 포함한다. 예를 들어, 기술이 아무리 혁신적이라도 이를 생산하고 마케팅할 능력이 부족하다면 시장에서의 성공은 어려울 수 있다.

- 기술적 역량: 제품 개발에 필요한 핵심 기술과 이를 응용할 수 있는 개발 능력. 예를 들어, AI 기반 기술을 사업화할 때에는 데이터 분석, 알고리즘 개발 능력 등이 요구된다.
- 인적 역량: 핵심 인력 확보가 필수적이다. 개발자, 마케팅 전문가, 사업 관리 인력 등, 각 분야에 필요한 인적 자원을 적시에 확보하는 것이 중요하다.
- 재무적 역량: 기술 개발 및 사업화를 위한 충분한 자금 확보가 필요하며, 이를 위한 투자 유치, 자금 운용 능력도 필수적이다.
- 마케팅 및 전략적 역량: 시장 분석, 마케팅 전략 수립, 고객 관리 등의 역량도 중요하다. 기술 자체가 시장에서 성공하려면, 고객과의 관계 관리 및 효과적인 마케팅이 이루어져야 한다.

Best Practice 대비 역량 차이 분석(GAP 분석)

필요한 역량을 정의한 후에는, 현재 조직이 보유한 역량과 업계 최고의 사례(Best Practice)와의 역량 차이(GAP)를 분석해야 한다. 이 과정에서 경쟁사 또는 벤치마킹 대상 기업과 비교하여 우리의 역량이 어느 부분에서 부족한지, 어느 부분에서 경쟁 우위를 가질 수 있는지를 면밀히 평가한다.

- 경쟁사와의 비교 분석: 경쟁사가 보유한 기술, 인력, 자금 등 다양한 역량을 비교함으로써, 부족한 부분을 보완해야 할 영역을 명확히 파악할 수 있다. 예를 들어, 경쟁사에 비해 마케팅 역량이 부족하다면, 이를 강화하기 위한 외부 전문가 영입이나 파트너십 체결을 고려할 수 있다.
- GAP 분석: 현재 보유한 자원과 목표로 설정한 자원 사이의 차이를 정량적, 정성적으로 분석한다. 이를 통해 부족한 인력이나 자본을 구체적으로 파악하고, 이를 충원하기 위한 방안을 마련할 수 있다.

필요 역량 확보 방안 수립

GAP 분석을 통해 부족한 역량을 파악한 후, 이를 어떻게 확보할 것인지에 대한 구체적인 실행 방안을 마련해야 한다. 이때, 내부 역량 강화와 외부 자원 확보라는 두 가지 경로로 나누어 단계적인 확보 방안을 수립하는 것이 중요하다.

- 내부 역량 강화: 조직 내부에서 필요한 역량을 개발하고 보완하는 방법이다.
- 인력 교육 및 훈련: 기존 인력을 교육하거나 전문 훈련을 통해 부족한 기술을 보완하는 방안이다. 예를 들어, 신기술에 대한 교육을 통해 기존 기술팀의 역량을 높일 수 있다.
- 조직 구조 개선: 효율적인 사업화 추진을 위해 조직 구조를 개선하거나, 부서 간 협력을 강화할 수 있다.
- 외부 자원 확보: 내부에서 부족한 역량을 외부에서 보완하는 방법이다.
- 전문가 영입: 부족한 기술이나 마케팅 역량을 보완하기 위해 외부 전문가를 영입하는 것이 필요할 수 있다. 예를 들어, 글로벌 진출을 고려할 경우 해당 국가의 전문가를 고용하여 시장 진입 전략을 수립하는 것이 유리하다.
- 파트너십 및 협력: 기술 개발이나 시장 진출에서 부족한 부분을 외부 파트너와의 협력을 통해 해결할 수 있다. 대기업과의 협업, 연구기관과의 공동 개발 등을 통해 기술적, 재정적 지원을 받을 수 있다.
- 외부 투자 유치: 재무적 역량이 부족한 경우 외부에서 투자를 유치하거나, 정부 지원 사업을 통해 자금을 확보하는 것도 중요한 방법이다.

우선 순위 설정 및 단계별 추진 전략 수립

역량 확보 방안을 마련한 후에는 이를 단계적으로 추진하기 위한 전략을 수립해야 한다. 이때 각 역량의 중요도와 시급성을 평가하여 우선 순위를 설정하는 것이 필요하다. 예를 들어, 기술 개발이 먼저 완료되어야 마케팅을 진행할 수 있다면, 기술적 역량 확보를 최우선으로 두고, 이후 마케팅과 관련된 역량을 강화하는 방식으로 단계적으로 진행해야 한다.

역량 확보는 단순히 사업을 추진하는 데 필요한 자원을 마련하는 것이 아니라, 경쟁에서의 우위를 점하기 위한 전략적인 준비 과정이다. 창업자는 내부와 외부의 자원을 효과적으로 활용하여 필요한 역량을 확보하고, 이를 통해 성공적인 기술사업화를 이끌어내야 한다.

바 6단계 사업 타당성과 투자수익성을 분석

사업화의 추진 결과 이익이 남은 사업인가를 검토하기 위해서는 투자수익성을 철저하게 분석하는 것을 필요로 한다. 사업의 지속적인 성장 가능성을 예측하고 적절한 투자 결정을 내리기 위해서는 체계적이고 구체적인 분석을 해야 한다. 이를 통해 투자자와 이해관계자의 신뢰를 확보할 수 있으며, 사업화 과정에서 발생할 수 있는 리스크를 최소화할 수 있다. 핵심적으로 다음과 같은 활동들이 이루어져야 한다.

1) 성장 시나리오 정의 및 거시적 관점의 검토

다양한 상황을 가정하고 분석하는 시나리오 정의는 사업의 가능성과 한계를 파악하는 중요한 과정이다. 각 시나리오를 통해 최적의 성장 경로를 도출하고 비즈니스의 유연성을 확보할 수 있다.

주요 시나리오에는 다음 사항이 포함된다.

- Best Case(낙관적 시나리오): 최상의 조건과 환경을 가정하여 최대한의 성장 가능성을 검토한다. 예상되는 수익률과 시장 점유율을 극대화하는 방안을 도출한다.
- Normal Case(일반적 시나리오): 현재 시장 상황과 현실적인 조건을 기반으로 예상되는 성과를 검토한다. 일반적인 수익과 비용 구조를 분석하여 기준 시나리오를 제공한다.
- Worst Case(비관적 시나리오): 예상치 못한 리스크와 악조건을 가정하여 사업의 하향 가능성을 평가한다. 이를 통해 리스크 대응 방안을 마련하고 사업 손실을 최소화할 수 있다.

각 시나리오에 따라 시장 진입 전략과 제품/서비스 공급 계획을 수립하며, 거시 경제 환경과 정책 변화도 함께 검토해야 한다. 이를 통해 최적의 사업 전략과 대응 방안을 도출한다.

2) 추정 매출액의 산출

위와 같은 성장 시나리오를 검토하기 위해서는 매출액을 추정하는 과정이 선행되어야 한다. 구체적이고 현실적인 매출 목표를 설정하고 이에 따른 계획을 수립해야 한다. 이 과정에서는 서비스별, 시장별로 접근해야 한다.

- 제품/서비스 단위별 예상 수요 분석: 각 제품과 서비스에 대한 예상 수요를 분석하여 매출 목표를 설정한다.
- 타겟 시장별 성장률 및 점유율 예측: 목표 시장의 규모와 성장률을 분석하고 시장 점유율 목표를 도출한다.
- 가격 전략 검토: 가격 민감도와 경쟁 시장의 가격 구조를 분석하여 최적의 가격 전략을 설정한다.

또한, 매출을 예측하는 과정에서 시장조사와 고객 분석 데이터를 활용해야 하며, 이를 바탕으로 현실성 있는 매출 추정에 기반해야 한다. 매출 추정의 정확도가 높아질수록 투자 계획의 신뢰도가 증가한다.

3) 투자 계획 수립

목표로 설정된 매출액을 달성하기 위해서는 구체적인 자금조달, 즉 투자 계획 수립과 연계하여 전략을 구상하여야 한다. 투자 계획은 재무적 안정성을 유지하면서 사업 목표를 달성하기 위한 핵심 요소이다.

- 서비스 단위별 자금 소요량 분석: 제품 또는 서비스 개발, 마케팅, 운영 등에 필요한 자금을 항목별로 구체화한다.
- 투자 리소스별 조달 계획: 인력, 기술, 인프라, 자금 등의 리소스를 단계적으로 조달하는 방안을 수립한다.
- 단계별 투자 계획 수립: 초기 투자, 중기 투자, 장기 투자로 나누어 사업의 성과에 따라 단계적으로 자금을 투입한다.

투자 계획을 수립하는 과정에서 비용 대비 효과를 분석하여 자금의 효율적 사용 방안을 마련해야 한다. 또한 투자 유치 전략을 구체화하여 잠재 투자자에게 설득력 있는 근거를 제시할 수 있어야 한다.

4) 수익성 시뮬레이션 분석

수익성 분석은 사업의 경제적 타당성을 입증하는 중요한 과정이다. 수익성 시뮬레이션을 통해 투자 대비 수익을 정량적으로 예측하고 비즈니스의 안정성을 평가해야 한다.

- 손익분기점 분석(Break-Even Analysis): 사업이 이익을 내기 시작하는 시점을 평가하여 최소 매출 목표를 설정한다.
- 현금 흐름 예측(Cash Flow Analysis): 사업 운영 과정에서 발생하는 현금 유입과 유출을 분석하여 자금 흐름의 건전성을 평가한다.
- ROI(투자 수익률) 분석: 투자 대비 발생하는 수익의 비율을 분석하여 투자의 효율성을 검토한다.
- NPV(순현재가치) 및 IRR(내부수익률) 분석: 장기적인 관점에서 사업의 가치를 평가하고 투자 성과를 예측한다.

이러한 분석을 통해 사업의 경제성을 입증하고 투자자들에게 명확한 수익 기대치를 제공할 수 있다. 또한, 수익성 시뮬레이션을 바탕으로 사업의 재무적 리스크를 평가하고 대응 방안을 마련할 수 있다.

사 7단계 구체적 실행계획을 수립하라!

사업 타당성과 투자수익성 분석을 거친 후 실행력을 극대화하는 체계적이고 구체적인 실행계획 수립의 단계로 추진한다. 실행계획은 단순한 로드맵이 아닌 구체적인 과제와 단계별 수행 방안을 포함하는 전략적 문서(예시: 당해년도 경영계획서)로 작성되어야 한다. 이를 통해 목표의 명확성을 확보하고 자원을 최적화하며, 예상되는 리스크를 선제적으로 관리할 수 있다. 사업 실현 가능성을 극대화하기 위해 다음과 같은 구체화된 활동이 요구된다.

1) 실행 과제의 심층 정의와 책임 주체 체계화

사업 목표를 실현하기 위해서는 명확하고 실질적인 과제를 도출하고 각 과제에 대한 책임 주체를 체계적으로 지정해야 한다. 이는 실행계획의 첫 단계로, 이후 모든 진행의 기반이 된다.

전략 과제 도출 및 세분화

사업 목표를 달성하기 위해 필요한 핵심 과제를 도출하고 이를 세부 과제로 나누어 본다. 예를 들어 기술 개발, 시장 진입, 생산공정 구축, 재무 관리 등 주요 분야를 중심으로 구체적 실행 단계를 설정한다.

우선순위를 명확히 하여 단계별 긴급도와 중요도에 따라 실행 일정을 수립한다.

책임 주체 명확화

각 실행 과제별로 책임 주체(팀/부서/외부 협력사)를 명확히 지정한다. 즉, 담당자의 역할과 권한을 구체화하고 협업 구조를 체계적으로 구축한다. 성과지표(KPI)를 설정하여 정기적으로 과제의 진행 상황과 결과를 평가한다.

예를 들어 기술 개발은 연구개발팀이 담당하고, 시장 진입은 마케팅팀이 주도하며, 생산공정 구축은 생산관리팀이 맡는 방식으로 책임을 분담한다는 방식으로 추진 주체를 명확히 해야한다.

2) 세부 실행계획 수립

세부 실행계획은 사업화의 성공 가능성을 높이는 핵심 단계로, 각 분야별 전략과 절차를 명확히 설정해야 한다. 실행계획의 구체적 사례는 다음과 같다.

제품 개발계획서

▪ **목표**: 기술적 완성도를 갖춘 제품/서비스를 개발하고 상용화 준비를 완료

- 기술 개발 일정과 단계별 목표 수립
- 시제품 개발 및 품질 검증 계획
- 필요 리소스(인력, 장비, 원자재) 확보 방안
- 인증 기준 충족 및 품질 관리 프로토콜 마련

예시 AI 기반 플랫폼 개발 시, 알고리즘 연구 → 프로토타입 제작 → 사용자 피드백 반영 → 제품 완성 및 출시

시장진입계획서

▪ **목표**: 타겟 시장에 효과적으로 진입하고 시장 점유율을 확보

- 시장 조사와 고객 세분화 분석
- 시장 진입 전략 수립(가격, 유통, 차별화된 가치 제안 등)
- 마케팅 및 홍보 활동(디지털 마케팅, 네트워크 확장)
- 유통망 구축 및 초기 판매 전략 마련

예시 초기에는 국내 B2B 시장을 공략하고 이후 글로벌 B2C 시장으로 확장

생산계획서

▪ **목표**: 안정적이고 효율적인 제품 생산을 통해 시장 수요를 충족

- 생산 공정 설계 및 자동화 방안
- 생산 시설 및 설비 구축 계획
- 품질 관리 시스템 도입과 운영
- 공급망 관리(SCM) 및 재고 관리 전략 마련

예시 스마트 팩토리 기술을 도입해 생산 효율화 및 비용 절감

자금 조달계획서

▪ **목표**: 사업 추진에 필요한 자금을 확보하고 재무 건전성을 유지

- 자금 수요 예측 및 현금 흐름 계획 수립
- 투자 유치 전략(벤처캐피탈, 정부 지원금, 금융권 대출 등)
- 투자자 대상 ROI 분석 및 자료 준비
- 자금 사용 계획과 재무 리스크 관리 방안 마련

예시 초기 개발 비용은 정부 지원금으로 충당하고, 성장 단계에서 전략적 투자자 유치 추진

3) 실행계획의 지속적 관리 및 최적화

실행계획이 효과적으로 운영되기 위해서는 지속적인 모니터링과 최적화 과정이 필수

적이다. 이를 통해 예상치 못한 리스크에 대응하고 실행의 질을 개선할 수 있다.

성과 지표(KPI) 기반 관리

각 실행계획별로 핵심 성과 지표(KPI)를 설정하여 정기적으로 평가한다. KPI를 통해 진행 상황을 수치화하고 문제점을 조기에 발견해 개선해야 하기 때문이다.

리스크 관리 체계 구축

예상치 못한 문제 발생에 대비해 주요 리스크 요인별 대응 방안을 수립한다. 리스크 발생 시 신속히 대응하고 상황을 기록하여 향후 참고 자료로 활용한다.

지속적 개선과 최적화

실행 결과를 정기적으로 검토하고 피드백을 반영해 계획을 최적화한다. 성공 사례와 개선 사항을 문서화하여 조직 내 노하우를 축적한다.

사업 구체적 실행계획은 기술사업화의 추진 동력을 좌우하는 핵심 전략이다. 제품 개발, 시장 진입, 생산 공정 구축, 자금 조달과 같은 실행계획을 명확히 설정하고 이를 체계적으로 관리해야 한다. 각 계획을 책임 주체와 연계하고 지속적으로 평가하면서 최적화하는 프로세스가 요구된다.

2 사업화 대상 기술이란?

과학과 기술의 차이점 이해하기

과학과 기술은 밀접하게 연관되어 있지만, 본질적으로 서로 다른 개념이다. 과학은 자연 현상을 설명하기 위한 체계적이고 공식화된 지식으로, 보편적 진리를 탐구하고 발견하는 과정이다. 예를 들어 중력의 법칙이나 화학 반응의 원리를 규명하는 것이 과학의 역할이다.

기술은 이러한 과학적 지식을 바탕으로 인간의 필요와 욕구를 해결하기 위해 산업적 기법으로 응용된 지식이다. 기술은 경제적 효용을 창출하는 도구이며, 실질적인 문제 해결과 가치 창출을 목표로 한다.

실생활 예시로 이해하기

과학: 전자기학 원리 연구 → 전기와 자기의 상호작용 법칙 발견

기술: 전자기학 원리 활용 → 스마트폰 무선충전 기술 개발

결국 기술은 과학을 실생활에 적용하여 새로운 제품이나 서비스를 만들어내고, 이를 통해 경제적 가치를 실현하는 과정에서 중요한 역할을 한다. 기술이 사업화의 대상이 되려면 단순히 과학적 원리나 지식에 머무르지 않고, 시장에서의 수요와 경제적 가치를 창출할 수 있어야 한다.

기술사업화(Technology Commercialization, 기술이 창출하는 경제적 가치를 실현하기 위한 과정)는 기술이 창출하는 경제적 가치를 실현하기 위한 과정이다. 그렇다면 어떤 기술이 사업화의 대상이 될 수 있을까? 이를 이해하기 위해서는 기술의 본질과 가치, 그리고 사업화 가능성을 평가하는 체계적 접근이 필요하다.

가 사업화 대상 기술의 기본 개념

사업화 대상 기술이란 기술적 완성도와 경제적 가치를 갖춘 기술을 의미한다. 단순한 아이디어를 넘어 경제적 효용성(Economic Utility, 기술이 실제로 경제적 가치를 창출할 수 있는 능력), 기술적 성숙도(Technology Maturity, 기술이 실제 환경에서 안정적으로 작동할 수 있는 정도), 시장 수요 등을 모두 충족해야 한다.

1) 사업화 대상 기술의 5가지 핵심 요건

경제적 가치: 돈이 되는가?

경제적 가치는 기술이 시장에서 실제로 수익을 창출하거나 비용을 절감할 수 있는 능력을 뜻한다. 이는 사용가치(Use Value, 기술이 제공하는 실질적 효용)와 교환가치(Exchange Value, 시장에서 거래될 때 형성되는 가격)로 구분할 수 있다.

사용가치는 기술이 제공하는 효용이다. 배달 음식을 신선하게 보관하는 기술이라면 음식의 맛과 품질을 유지하는 것이 사용가치다. 교환가치는 시장에서 거래될 때 형성되는 가격이다. 이 보관 기술을 배달업체가 얼마에 구매할 것인가가 교환가치다.

국내 성공 사례: LG화학의 배터리 기술

2024년 기준 LG에너지솔루션은 글로벌 배터리 시장에서 약 23%의 점유율을 기록했다(SNE 리서치, 2024). 이 기술은 전기차의 주행거리를 늘리고(사용가치) 시장에서 높은 가격에 거래된다(교환가치). 친환경 규제가 강화되면서 기업들의 비용 절감 효과까지 더해져 경제적 가치가 극대화되었다.

법적 권리성: 내 것임을 증명할 수 있는가?

기술이 특허(Patent, 발명에 대한 독점적 권리를 보장하는 지식재산권), 실용신안(Utility Model, 물품의 형상·구조·조합에 관한 고안을 보호하는 권리), 상표권(Trademark, 상품이나 서비스를 식별하는 표시에 대한 권리) 등 지식재산권(Intellectual Property Rights, IP)으로 보호받을 수 있어야 한다. 법적 권리가 없다면 누구나 모방할 수 있어 경쟁력을 잃게 된다.

국내 성공 사례: 삼성전자의 특허 전략

삼성전자는 2023년 말 기준 전 세계에서 약 13만여 건의 특허를 보유하고 있다(특허청, 2024). 이러한 특허 포트폴리오(Patent Portfolio, 기업이 보유한 특허들의 집합)를 바탕으로 메모리 반도체 분야에서 독점적 지위를 유지하며 높은 수익을 창출하고 있다.

경제적 효용성: 시장에서 팔릴 수 있는가?

기술이 제품이나 서비스로 상품화되어 실제 판매가 가능해야 한다. 시장의 구체적 수요를 충족하는 기술이어야 사업화에 성공할 수 있다.

국내 성공 사례: 네이버 파파고

네이버의 파파고 번역 기술은 AI 기반 번역 기술로 언어 장벽이라는 실질적 문제를 해결한다. 개인 사용자부터 기업 고객까지 광범위한 수요를 충족하며, 2024년 기준 월간 활성이용자(MAU)가 2,000만 명을 넘어섰다(네이버, 2024).

기술 완성도: 실제로 작동하는가?

기술성숙도(TRL; Technology Readiness Level, 기술의 성숙도를 9단계로 평가하는 체계) 기준으로 사업화 가능한 단계에 도달했는지 평가해야 한다. 아이디어만으로는 사업화가 불가능하다.

국내 성공 사례: 현대자동차 수소차 넥쏘

현대자동차의 수소연료전지 기술 개발 과정이 좋은 예다. 1998년 연구를 시작해 실험실 단계(TRL 1-3)를 거쳐, 2013년 세계 최초로 수소연료전지차 투싼ix를 양산하기까지 15년이 걸렸다. 현재는 넥쏘를 통해 상용화 단계(TRL 9)에 도달했으며, 2024년 기준 국내 수소차 시장 점유율 90% 이상을 차지하고 있다(한국자동차산업협회, 2024).

시장 수요: 누가 살 것인가?

아무리 뛰어난 기술이라도 필요로 하는 고객이 없다면 의미가 없다. 기술이 해결할 수 있는 문제와 경쟁 기술 대비 우위를 명확히 해야 한다.

국내 성공 사례: 카카오페이 간편결제

카카오페이의 간편결제 기술이 시장 수요를 정확히 파악한 사례다. 복잡한 결제 과정에 대한 소비자들의 불편함을 해결하며, 2024년 기준 월간 활성사용자수(MAU)는 2,400만 명을 기록했다(카카오페이, 2024). 코로나19로 비대면 결제 수요가 급증하면서 시장 타이밍도 완벽하게 맞아떨어졌다.

나 기술사업화 과정과 TRL 단계

1) TRL로 보는 기술 발전 단계

기술이 사업화 대상으로 확정되기까지는 기술의 성숙도를 평가하는 체계적인 단계가 필요하다. 이는 기술성숙도(TRL; Technology Readiness Level) 단계로 설명할 수 있다.

TRL은 미국 항공우주국(NASA)이 1970년대 처음 도입한 개념으로, 기술의 성숙도를 평가하기 위해 1단계에서 9단계까지 구분한 체계이다. 이후 다양한 산업과 국가의 연구개발(R&D) 정책에 적용되며 기술 상용화의 일반적 지표로 자리 잡았다.

단계	단계명	내용	예시
TRL 1	기본 원리 발견	과학적 기초와 원리를 탐구하는 단계	새로운 소재의 물리적 특성을 이론적으로 규명
TRL 2	기술 개념 확립	기술의 개념이 구체화되며, 적용 분야를 논의	특정 산업 분야에서 활용 가능한 소재의 잠재적 용도 연구
TRL 3	기술 개념 검증	실험적 연구를 통해 기술의 가능성을 검증	실험실에서 이론적 연구를 바탕으로 기술의 성능을 입증
TRL 4	Working Model 개발	기술의 작동 원리를 확인하고 기본적인 모델을 개발	실험실 환경에서 제품 작동 원리를 검증하는 시제품 제작
TRL 5	유사 환경 검증	연구실이 아닌 실제와 유사한 환경에서 기술을 테스트	반도체 기술을 테스트 베드 환경에서 검증
TRL 6	프로토타입 개발	기술이 완전한 프로토타입으로 개발되며 실질적 성능 평가	특정 산업 환경에서 프로토타입의 성능과 안전성을 테스트
TRL 7	실제 환경 데모	실제 운영 환경에서 기술의 작동 여부를 검증	전기차 배터리 기술을 실제 차량에 탑재해 주행 테스트 진행
TRL 8	상용제품 시험 평가	시제품을 바탕으로 상용화 직전의 제품을 검증	대량생산을 위한 성능 테스트와 제품 인증 절차 수행
TRL 9	상용제품 생산	기술이 완전히 상용화되어 제품으로 생산되고 시장에 출시	검증된 기술이 공장에서 양산되며 시장에 공급

- 정부 지원 범위: 일반적으로 정부의 창업지원사업 영역은 TRL 5단계에서 8단계까지를 의미한다. TRL 9단계 이후부터는 사업화의 동력과 재원이 시장으로부터 조달되어야 한다.

다 사업화 대상 기술의 주요 판단 기준

사업화 대상 기술로 적합한지를 선별하기 위해서는 어떤 점을 중점으로 판단해야 할까? 다음과 같은 요소를 점검한다면 사업화에 적합한 기술인지를 판단하는 데 도움이 될 수 있다.

1) 사업화 성공률을 높이는 기술 선별법

기술적 타당성

기술적 타당성(Technical Feasibility, 기술이 실질적으로 구현되고 재현 가능한지를 평가하는 기준)은 기술이 실질적으로 구현되고 재현 가능한지를 평가하는 핵심 요소이다. 기술이 일관된 성능을 유지하며 표준화된 방식으로 적용될 수 있어야 한다.

기술적 타당성의 구체적 요소로는 기술의 재현성(Reproducibility, 동일한 조건에서 같은 결과를 얻을 수 있는 능력)과 일관성, 표준화 가능성 및 확장성(Scalability, 기술을 더 큰 규모로 적용할 수 있는 능력), 생산 과정에서의 적용 가능성 등을 들 수 있다.

실무 적용 예시

첨단 제조 기술이 연구실 환경에서 검증된 후 대량 생산 공정에서도 동일한 품질과 효율을 유지하는지를 확인한다. 생산 공정을 통해 일관된 품질의 제품을 만들어내는 능력이 기술적 타당성을 입증하는 핵심이다.

경제적 가치

경제적 가치는 기술이 창출할 수 있는 수익성, 비용 절감 효과, 그리고 장기적 투자 대비 수익률(ROI; Return on Investment, 투자한 비용 대비 얻은 이익의 비율)을 의미한다. 기술이 제품이나 서비스로 상업화될 때 예상되는 경제적 이익을 정량적으로 평가하는 것이 중요하다.

구체적 요소로는 기술 도입 시 비용 절감 효과, 수익 창출 가능성 및 시장 가격 형성, 투자 대비 수익률 등을 고려할 수 있다.

에너지 절감 기술의 예를 들어 보면, 기업의 운영 비용을 절감하면서도 친환경적이라는 경쟁 우위를 제공해야 한다. 장기적으로 환경 규제를 충족하면서 경제적 가치도 극대화된다. 기술을 통해 제품의 수명 주기가 연장되거나 유지 보수 비용이 절감될 경우 경제적 가치가 더욱 높아질 수 있다.

시장 수요 및 경쟁력

기술이 해결할 수 있는 시장의 구체적 문제와 경쟁 기술 대비 우위를 평가한다. 이는 기술의 시장 수용성(Market Acceptance, 시장에서 기술이나 제품이 받아들여지는 정도)을 판단하는 기준이 된다.

시장 수요 및 경쟁력을 판단하기 위한 구체적 요소로는 목표 시장 규모 및 성장 가능성, 경쟁 기술 대비 차별성 및 혁신성, 고객 수요와 니즈(Needs, 고객의 필요와 욕구) 충족 여부 등이 고려되어야 한다.

예를 들어, 친환경 기술은 강화된 환경 규제를 충족하면서도 기존 제품을 대체할 수 있는 경쟁력을 갖추고 있다. 이는 시장 수요 증가와 함께 기술의 빠른 확산을 가능하게 한다. 혁신적이지만 수요가 없는 기술은 시장 진입이 어렵기 때문에, 기술 개발 초기 단계부터 철저한 시장 조사와 고객 피드백을 반영하는 것이 필요하다.

기술의 권리성과 독점성

기술의 권리성은 기술이 지식재산권(IP)을 통해 법적으로 보호받을 수 있는지를 평가하는 요소이다. 권리성을 확보하면 기술의 독점적 사용이 가능해져 시장 내 경쟁 우위를 유지할 수 있다.

구체적 요소로는 특허, 실용신안 등 지식재산권 확보 여부, 기술 보호 및 모방 방지 전략, 법적 분쟁 리스크 최소화 등이 고려될 수 있다.

특히 초기 창업기업의 경우에는 특허 등록을 통해 경쟁사의 기술 모방을 방지하고, 독점적 지위를 통해 시장 내 높은 수익을 창출할 수 있다. 기술의 독점성은 시장에서 장기간 안정적인 수익을 유지하는 핵심 전략이 된다. 특히, 글로벌 시장을 타겟으로 하는 경우 국제 특허 등록이 필수적으로 요구된다.

리스크 관리 가능성

기술사업화 과정에서 발생할 수 있는 기술적, 재무적, 시장적 리스크(Risk, 예상하지 못한 손실이나 위험 요소)를 예측하고 효과적으로 관리할 수 있는지를 평가한다.

구체적 요소로는 기술 개발 실패 가능성 및 대응 전략, 자금 조달 및 재무 리스크, 시장 진입 실패 시 대안 전략 등이 고려되어야 한다.

기술이 개발되었지만 생산 과정에서 예상치 못한 문제가 발생했을 경우, 이를 해결할 수 있는 대체 방안을 사전에 준비하는 것이 중요하다. 리스크 관리 체계를 사전에 구축하면 예상치 못한 상황에서도 빠르게 대응할 수 있어 사업화 성공률을 높일 수 있다.

정리하자면, 사업화 대상 기술은 단순한 아이디어를 넘어 기술적 완성도, 경제적 가치, 시장 수요, 그리고 법적 권리성을 충족하는 기술이어야 한다. 기술성숙도(TRL) 단계를 통해 기술의 발전과 사업화 가능성을 평가하며, 이를 기반으로 체계적인 사업화를 추진해야 한다.

기술의 성숙도에 따라 사업화 성공률이 달라지며, 특히 시장 수요가 뒷받침되고 경쟁력 있는 기술이 가장 높은 가치를 창출한다. 기술사업화의 성공 가능성이 높은 기술은 완성도가 높고 신규성보다는 기존 시장에서 거래되는 제품의 대체성이 높은 기술이다.

이러한 기술은 시장 진입이 용이하고 단기적으로 성과를 창출할 가능성이 크다. 체계적 평가와 준비를 통해 기술이 실질적 경제적 가치를 실현하는 단계에 도달해야 하며, 이를 통해 기술사업화의 성공 가능성을 높이고 지속 가능한 경쟁력을 확보할 수 있다.

3 사업화 아이템의 발굴

사업화 아이템 발굴은 혁신적 기술과 시장 수요를 통합하여 비즈니스 기회를 체계적으로 창출하는 과정이다. 이는 단순한 아이디어 생성에서 끝나지 않고 철저한 시장 검증과 기술의 경제적 타당성 평가를 수반하는 전략적 접근이다.

성공적인 사업화 아이템을 발굴하기 위해서는 네 가지 주요 접근법을 체계적으로 활용해야 한다. 시장 기반 접근법(Market-Driven Approach, 시장의 수요와 트렌드를 분석하여 사업 기회를 찾는 방법), 기술 기반 접근법(Technology-Driven Approach, 보유한 기술을 활용하여 사업 기회를 창출하는 방법), 혁신 아이디어 발굴법(Creative Ideation Approach, 창의적 사고를 통해 새로운 사업 기회를 발견하는 방법), 내부 역량 기반 접근법(Internal Capability Approach, 기업의 내부 자원과 역량을 활용하는 방법)이 그것이다.

가 시장 기반 접근법 (Market-Driven Approach)

시장 기반 접근법은 시장의 구조적 변화, 고객 수요 및 트렌드를 체계적으로 분석하여 새로운 사업 기회를 발굴하는 방법이다. 글로벌화된 시장 환경에서 신속하게 변화하는 소비자 니즈(Consumer Needs, 소비자의 필요와 욕구)를 포착하고 이를 사업화로 연결하는 능력이 핵심이다.

이 접근법은 수요 중심적 관점을 기반으로 하며, 데이터를 통해 시장의 숨겨진 니즈를 발견하고 이를 혁신적 제품이나 서비스로 전환한다. 시장 분석의 범위에 따라 거시 시장 접근법과 미시 시장 접근법으로 구분된다.

1) 거시 시장 접근법

거시 시장 분석에는 PESTLE 분석(Political, Economic, Social, Technological, Legal, Environmental 요인을 분석하는 방법)이 활용된다. 정치, 경제, 사회, 기술, 법률, 환경 요인을 분석해 시장 변화의 원인을 파악한다. 이를 통해 장기적이고 구조적인 변화에 기반한 기회 영역을 설정한다.

또한 마이클 포터의 5 Forces 모델을 활용하여 시장 진입의 경쟁 구조를 평가하고 시장 내 핵심 플레이어와 경쟁 우위를 분석한다.

성공 사례: 닥터나우의 원격진료 플랫폼

코로나19 팬데믹으로 인한 비대면 의료의 필요성을 인지한 스타트업 닥터나우는 원격 진료 플랫폼을 출시하여 시장 선점을 이뤄냈다. 2022년 기준 월 이용자 수 150만 명을 기록하며(닥터나우, 2022), 거시적 트렌드 분석이 사업화 성공의 토대가 될 수 있음을 보여준다.

2) 미시 시장 접근법

Kano 모델의 활용

Kano 모델(카노 모델, 고객 만족도와 제품 기능의 관계를 분석하는 이론)이란 고객이 인식하는 제품이나 서비스의 만족도와 그 요소의 성취 수준 사이의 관계를 분석하는 이론적 모델이다. 일본의 노리아키 카노(Noriaki Kano)가 1980년대에 개발한 이 모델은 제품 개발 및 혁신 과정에서 고객의 요구사항을 체계적으로 분류하고 우선순위를 설정하는 데 활용된다.

Kano 모델의 5가지 고객 요구사항 유형

① 기본적 요구사항(Must-be Quality): 고객이 당연히 기대하는 요소로, 충족되지 않으면 큰 불만이 발생한다. 예시로는 스마트폰의 통화 기능, 냉장고의 냉각 성능 등이 있다.

② 성능적 요구사항(Performance Quality): 성취 수준에 비례해 만족도가 증가하는 요

소다. 스마트폰의 배터리 지속 시간, 자동차의 연비 등이 여기에 해당한다.

③ 매력적 요구사항(Attractive Quality): 고객이 예상하지 못한 요소로, 제공되면 큰 만족감을 느낀다. 스마트 가전의 AI 자동 제어 기능, 호텔에서 무료 제공되는 고급 어메니티 등이 대표적이다.

소비자 리뷰 텍스트 마이닝

소비자들의 문제 의식에 대한 조사를 통하여 사업화 아이템을 발굴하는 방법을 의미한다. 온라인 플랫폼 데이터를 분석해 고객의 숨겨진 불만 및 니즈를 파악한다. 이를 위해 AI 기반 감정 분석 도구(Sentiment Analysis Tool, 텍스트에서 감정이나 의견을 분석하는 도구)를 활용해 대규모 데이터를 정량화한다.

실무 적용 사례

국내 한 스타트업이 네이버 쇼핑 리뷰 데이터를 AI로 분석한 결과, 여성 가방 구매자들은 '가방의 무게'와 '내구성'에 대한 개선을 요구하는 것으로 나타났다. 이를 반영한 경량화 제품이 출시되었고, 매출은 50% 증가했다. 소비자 리뷰에서 문제를 도출하고 개선방향을 사업화 아이템으로 기획해 나가는 것이 핵심이다.

3) 사회적 문제 해결 중심 접근

환경, 인구 고령화, 디지털 격차와 같은 사회적 이슈를 해결하는 솔루션을 발굴하는 방식이다. 이는 거시적 사회 변화와 기업의 책임 경영을 결합하여 비즈니스 기회와 지속 가능한 발전을 동시에 추구하는 전략이다.

이러한 접근법은 사회 문제를 해결하면서도 경제적 가치를 창출하는 CSV(Creating Shared Value, 공유가치 창출) 모델과 밀접하게 연관되어 있다. 기업은 단순한 수익 창출을 넘어 환경 보호, 노령 인구의 삶의 질 향상, 디지털 격차 해소와 같은 사회적 가치를 극대화하는 동시에 경쟁력을 확보할 수 있다.

성공 사례: LG전자의 공기 청정 솔루션

LG전자는 미세먼지 문제 해결을 위해 AI와 IoT 기술을 결합한 공기 청정 솔루션을 개발했다. 이 제품은 미세먼지 문제로 인한 건강 문제를 해소하고 동시에 에너지 효율성을 개선한 친환경 제품으로 2025년 초 기준 국내 공기청정기 시장 점유율 40%대를 기록했다.

나 기술 기반 접근법(Technology-Driven Approach)

기술 기반 접근법은 R&D 성과와 첨단 기술 혁신을 시장 기회로 전환하는 전략이다. 이는 기업의 기술적 자산을 경제적 가치로 전환하는 데 중점을 두며, 기술의 상용화 가능성을 다각도로 검토해야 한다.

기술 기반 접근법은 특히 빠르게 발전하는 기술 환경에서 시장을 선도할 수 있는 경쟁력 있는 기술을 보유한 기업에게 유효한 접근법이다. 기술의 성숙도와 시장 적용 가능성을 체계적으로 평가하는 것이 중요하다.

1) R&D 성과물 사업화

TRL(Technology Readiness Level, 기술성숙도) 평가를 통해 기술 성숙도를 진단하고 사업화 가능성을 검토하는 방법이다. 기술이 개념 검증(TRL 1-3) 단계를 지나 시제품 및 상용화 준비 단계(TRL 6-9)에 도달하는 것을 목표로 한다.

이러한 방법은 주로 연구소, 대학과의 기술 이전(Technology Transfer, 연구기관에서 개발된 기술을 기업으로 이전하는 과정) 및 협력을 통해 첨단 기술을 상용화한다.

실무 적용 사례: KAIST 기술이전

KAIST가 개발한 AI 기반 물류 최적화 알고리즘을 기술 이전 받아 상용화한 스타트업은 배송 비용을 30% 절감하는 자동화 물류 시스템을 구축하였다. 2023년 기준 매출 50억 원을 달성하며 기술이 경제적 가치를 창출할 수 있음을 실증하였다.

2) 특허 및 지식재산권(IP) 활용

기존 특허를 개량하거나 신규 기술의 응용 범위를 확대해 차별화된 제품과 서비스를 개발하는 방법이다. 기존 특허의 활용도와 시장성을 극대화하기 위해 체계적인 단계를 적용할 수 있다.

특허 활용 4단계 프로세스는 ① 특허 개량 및 응용 연구 → ② 특허 포트폴리오 최적화 → ③ 기술 융합과 혁신적 솔루션 도출 → ④ 기술 상용화와 전략적 파트너십으로 진행한다.

특허를 단순히 보호 수단으로만 활용하는 것이 아니라 기술 혁신의 기반이자 사업화의 핵심 자산으로 발전시킬 수 있다. 혁신적인 특허 전략은 기업의 지속 가능한 성장과 시장에서의 경쟁력 강화를 가능하게 한다.

3) 기술 트렌드 분석 및 산업 융합

신기술 모니터링(Emerging Technology Monitoring, 새로운 기술 동향을 지속적으로 추적하고 분석하는 과정)이란 블록체인, AI, IoT, 양자컴퓨팅, 빅데이터 등 신기술 동향을 지속적으로 모니터링하고 분석하는 과정을 통하여 사업화 아이템을 발굴하는 것을 의미한다.

산업 간 기술 융합(Industrial Convergence, 서로 다른 산업 분야의 기술이 결합되어 새로운 가치를 창출하는 현상)은 특정 기술을 다른 산업 분야에 접목하여 새로운 가치 사슬을 창출하고 시장 기회를 확대하는 방식이다.

성공 사례: IoT 스마트 농업

국내 한 스타트업은 IoT와 스마트 농업을 결합하여 사업화에 성공했다. 온도, 습도, 토양 상태 등을 실시간으로 모니터링하고 데이터를 분석해 최적의 농작물 재배 환경을 제공한다. 생산량이 30% 증가했으며, 물과 비료의 사용량을 20% 절감하여 친환경 농업을 실현했다(농림축산식품부, 2023).

다 혁신 아이디어 발굴법 (Creative Ideation Approach)

혁신 아이디어 발굴법은 창의적 사고와 협업을 통해 기존의 한계를 극복하고 새로운 사업 기회를 발견하는 접근법이다. 특히 협력적 혁신(Open Innovation, 기업 외부의 아이디어와 기술을 적극 활용하는 혁신 전략)을 통해 다양한 외부 아이디어를 수용하고 통합하는 것이 중요하다.

1) 디자인 씽킹 기반 아이디어 도출 방법

디자인 씽킹(Design Thinking, 사용자 중심의 창의적 문제 해결 방법론)은 복잡한 문제를 창의적이고 협력적인 방식으로 해결하는 접근법으로, 공감(Empathize), 정의(Define), 아이디어 도출(Ideate), 프로토타입(Prototype), 테스트(Test)의 5단계를 통해 고객 중심의 혁신적 솔루션을 발굴한다.

단계	활동 내용	주요 기법	성과물
공감(Empathize)	고객의 입장에서 문제를 이해	심층 인터뷰, 관찰, 설문조사	사용자 페르소나, 고객 여정 지도
정의(Define)	핵심 문제를 명확히 정의	문제 진술서 작성, 요구사항 분석	문제 정의서(Problem Statement)
아이디어 도출(Ideate)	창의적 솔루션 발굴	브레인스토밍, 마인드맵, SCAMPER	아이디어 리스트, 솔루션 후보
프로토타입(Prototype)	아이디어를 구현 가능한 형태로 제작	MVP 개발, 와이어프레임, 모형 제작	시제품, 프로토타입
테스트(Test)	실제 환경에서 솔루션 검증	사용자 테스트, 피드백 수집	개선된 최종 솔루션

실무 적용 사례: 전기 스쿠터 개발

국내 한 스타트업이 디자인 씽킹 기법을 활용해 사용자 중심의 전기 스쿠터를 개발했다. 공감 단계에서 도시 교통 문제를 파악하고, 정의 단계에서 "휴대성과 배터리 지속시간"을 핵심 문제로 설정했다. 최종적으로 접이식 디자인과 교체형 배터리를 탑재한 제품을 출시하였다.

2) 오픈 이노베이션과 협업

기업 외부의 스타트업, 연구기관, 고객과 협력하여 혁신적 아이디어와 기술을 통합함으로써 새로운 사업화 아이템을 발굴하고 비즈니스 기회를 창출할 수 있다. 기업이 내부자원에만 의존하지 않고 외부의 다양한 지식과 기술을 적극적으로 수용하는 것을 오픈 이노베이션 (Open innovation Strategy) 전략이라고 한다.

오픈 이노베이션 5단계 프로세스로 추진된다.

① 기술 및 아이디어 수요 정의 → ② 파트너십 발굴 및 협력 구축 → ③ 공동 R&D

및 기술 이전 → ④ 시제품 개발 및 시장 테스트 → ⑤ 공동 사업화 및 확장 전략

라 내부 역량 기반 접근법 (Internal Capability Approach)

내부 역량 기반 접근법은 기업이 보유한 핵심 기술, 데이터, 인프라 등 내부 자원을 분석하여 사업화 아이템을 도출하는 방법이다. 이를 통해 조직의 강점을 극대화하고 리스크를 최소화하기에 적합하다.

내부 핵심 역량 분석하기 위해서는 기업이 보유한 기술력, 네트워크, 인적 자원 등의 강점을 체계적으로 평가하고 이를 기반으로 사업화 기회를 도출히야 한다. 핵심 역량 분석은 조직의 강점이 어떤 방식으로 시장에서 차별화된 경쟁 우위를 제공할 수 있는지를 명확하게 파악하는 데 중점을 둔다.

보다 구체적으로 내부 자원 분석의 6가지 영역은 다음과 같다.

① 기술력 평가 ② 네트워크 및 파트너십 분석 ③ 인적 자원 분석 ④ 데이터 및 인프라 분석 ⑤ 프로세스 및 운영 역량 분석 ⑥ 재무 및 투자 역량 분석

내부역량에서 기술력은 제품 혁신과 신기술 도입을 통해 시장에서 차별화된 가치를 창출하는 기반이 된다. 네트워크 및 파트너십은 새로운 기술 도입, 제품 개발, 시장 확장 등을 가능하게 하는 중요한 자원이다. 인적 자원은 기업 혁신의 원동력으로 작용한다.

실무 적용 사례: 원격진료 스타트업

① 시장 조사 및 타겟 분석: 코로나19 이전에도 의료 접근성이 떨어지는 지역이나 바쁜 직장인을 중심으로 원격 진료에 대한 수요는 존재했다. 그러나 이를 체계적으로 제공하는 플랫폼은 부족했다. 코로나19가 발생하자 사업적 기회를 포착하게 되었다.

② 기술 인프라 구축: 사용자 친화적 인터페이스(UI/UX, User Interface/User Experience)를 개발하여 환자와 의료진이 쉽고 빠르게 플랫폼에 적응하도록 했다. 또한 보안 강화를 통해 개인정보 보호와 의료 데이터의 안전성을 확보했다.

③ 정부 정책 및 규제 대응: 한국 정부가 일시적으로 원격 진료를 허용한 정책적 변화는 스타트업의 사업화 속도를 가속화했다. 플랫폼 도입 초기 규제 준수와 의료법 대응이 성공적 플랫폼 운영의 핵심 요인으로 작용했다.

④ 마케팅 전략: 디지털 마케팅과 입소문 전략을 활용해 초기 사용자층을 확보했다. 특히 직장인, 자영업자, 거동이 불편한 고령층 등 실질적 혜택을 제공할 수 있는 주요 고객층을 집중 공략했다.

• **성과 지표**

플랫폼 출시 2년 만에 사용자 수 300만 명을 돌파하며 시장을 선도하는 원격진료 플랫폼으로 자리 잡았다. 이 사례는 시장 기반 접근법의 핵심인 거시적 트렌드 분석과 빠른 실행 전략이 결합되었을 때 큰 성과를 창출할 수 있음을 보여준다.

성공적인 사업화 아이템 발굴을 위해서는 위에서 언급한 네 가지 접근법을 상황에 맞게 조합하여 활용해야 한다. 시장 기반 접근법은 고객 니즈와 시장 트렌드를 중심으로, 기술 기반 접근법은 보유 기술의 상용화 가능성을 중심으로, 혁신 아이디어 발굴법은 창의적 사고와 협업을 중심으로, 내부 역량 기반 접근법은 조직의 강점을 중심으로 사업 기회를 창출한다.

특히 스타트업이나 예비 창업자는 단일 접근법보다는 시장 분석(고객 니즈 파악)과 기술 검토(실현 가능성)를 동시에 진행하는 것이 효과적이다. 또한 디자인 씽킹과 같은 체계적 방법론을 활용하면 고객 중심의 혁신적 솔루션을 개발할 수 있으며, 이는 사업화 성공률을 크게 높인다.

사업화 아이템 발굴은 단순한 아이디어 창출이 아니라 체계적인 시장 검증과 기술 타당성 평가를 통해 실현 가능한 비즈니스 기회를 창출하는 전략적 과정이다. 성공적인 사업화를 위해서는 각 접근법의 특성을 이해하고 상황에 맞는 최적의 방법을 선택하여 적용하는 것이 중요하다.

4 사업화 기술의 확보 방법

기술 중심의 스타트업은 일반적으로 자체적인 기술 역량을 기반으로 사업화를 추진하지만, 이것이 모든 상황에 적용되는 절대적인 원칙은 아니다. 기술 혁신이 빠르게 진행되는 환경에서는 기업 내부 기술만으로 사업화의 성공을 보장하기 어려울 때가 많기 때문에, 시장의 변화에 적절히 대응하기 위해 외부 기술을 확보하는 것이 더 유리할 경우도 있다. 외부 기술 확보는 기술적 불확실성을 줄이고 시간과 비용을 효율적으로 관리하는 중요한 전략이라고 볼 수 있다.

그렇다면 스타트업은 어떻게 자체 기술 외에 필요한 기술을 외부로부터 확보할 수 있을까? 기술 확보는 시장 상황과 기술 확보의 긴급성에 따라 다양한 전략을 통해 이루어질 수 있으며, 이를 적절히 활용하는 것이 사업화 성공의 핵심 요인이 된다. 기술사업화를 추진하는 스타트업은 시장 시급성과 시장 출시의 긴급성에 따라 기술 확보의 우선순위를 설정해야 한다. 기술 확보는 기업의 전략적 목표, 기술 역량, 그리고 시장 상황을 종합적으로 고려해 적절한 방법을 선택해야 하며, 이를 통해 리스크를 최소화하고 시장 출시 속도를 극대화할 수 있다. 각 전략은 단기적 목표와 중장기적 목표를 모두 반영하며, 기술 확보의 속도, 비용, 리스크를 균형 있게 조율하는 것이 중요하다.

가 기술 매입(Buy): 빠른 시장 진입이 필요할 때

기술 매입은 기술 혁신이 빠르게 진행되는 환경에서 시장 진입을 즉각적으로 실현하거나 경쟁 우위를 확보해야 할 때 가장 효과적인 전략이다. 이 접근법은 이미 시장에서 검증된 기술이나 솔루션을 외부에서 도입함으로써 자체 기술 개발에 필요한 시간과 비용을 절감할 수 있는 장점이 있다. 특히 기술 개발의 리스크를 최소화하고 빠르게 상업화가 필요한 상황에서 유리하게 작용한다.

기술 매입은 인수합병(M&A), 기술 라이선싱 또는 기술 자산 구매 형태로 구현되며, 단기적으로 시장 진입 속도를 높이는 데 강력한 도구가 된다. 하지만 기술 매입에는 상당한 자본이 소요될 수 있으므로, 기술 도입의 효과와 비용 대비 성과를 철저히 분석하는 것이 중요하다. 기업이 매입한 기술을 자사 비즈니스에 통합하는 과정에서도 체계적이고 전략적인 관리가 요구된다.

이 전략은 특히 치열한 경쟁이 존재하는 산업군이나 신기술 도입을 통한 시장 선점이 핵심적인 목표인 기업에게 적용될 수 있다. 예를 들어, 디지털 전환이 빠르게 진행되는 IT 및 AI 분야, 차세대 에너지 기술, 바이오테크와 같은 분야에서 기술 매입은 시장 주도권을 잡기 위한 핵심적인 수단으로 활용된다.

기술 매입의 주요 방식

- M&A(Mergers and Acquisitions, 기업 인수합병): 기술 보유 기업을 인수하여 기술과 인력을 동시에 확보
- 기술 라이선싱(Technology Licensing): 기술 사용권을 구매하여 제품에 적용
- 기술 자산 구매: 특허권, 노하우 등 특정 기술 자산만 구매

대표적인 스타트업 기술 매입의 사례로는 카카오의 기술매입 전략을 볼 수 있다. 2017년 카카오는 카카오뱅크라는 은행업 진입을 위해 기존 핀테크 기업들의 기술을 매입했다. 특히 모바일 뱅킹 솔루션과 보안 기술을 보유한 중소 IT 기업들을 인수하여 18개월 만에 디지털 뱅킹 서비스를 출시할 수 있었다.

그 결과 출시 첫 달 100만 고객 돌파, 2024년 누적 가입자 2,000만 명 달성한 바 있다.

실행 가이드라인

- 기술 평가: 목표 기술의 완성도, 시장 적용 가능성, 특허 상황 분석
- 가격 산정: 기술 가치, 향후 수익성, 경쟁 기술 대비 우위성 평가
- 실사(Due Diligence): 기술적 결함, 법적 리스크, 개발팀 역량 검토
- 통합 계획: 기존 기술과의 호환성, 인력 통합 방안 수립

나 외부 자원 확보(Resourcing): 부족한 역량의 빠른 보강

외부 자원 확보는 기업 내부의 기술 역량이나 인프라가 부족하거나 특정 기술을 단기간에 필요로 할 때 이를 외부에서 보충하는 전략이다. 이 방식은 기술적 한계를 극복하고, 시장 진입의 속도를 높이기 위해 단기적으로 전문 인력, 하드웨어, 소프트웨어, 그리고 외부 기술 서비스를 확보하는 것을 목표로 한다. 외부 자원 확보는 특히 스타트업이나 중소기업에게 유용한 전략으로, 자체적으로 기술 개발을 수행할 리소스나 시간이 부족한 상황에서 필요한 기술을 신속하게 보강하는 데 효과적이다.

이 전략은 크게 세 가지 형태로 이루어진다. 첫째, 전문 인력 채용이다. 필요 기술 분야의 전문가를 영입하거나 프리랜서, 계약직 형태로 외부 인재를 활용하여 기술 격차를 해소한다. 둘째, 기술 도구 및 인프라 확보이다. 하드웨어 장비, 클라우드 인프라, 또는

특정 소프트웨어 솔루션을 외부에서 도입해 기술적 기반을 보강한다. 마지막으로, 기술 컨설팅 및 파트너십이다. 외부 기술 컨설팅 기관이나 협력사와의 협업을 통해 기술 구현과 문제 해결을 가속화할 수 있다.

실무 사례: 토스의 인력 확보 전략

- 초기 개발팀 구성(2015-2016): 토스는 핀테크 서비스 개발을 위해 IT 회사와 빅테크 기술을 보유한 개발자들을 스카우트했다. 토스뱅크 출범 전후로는 금융권 경력자뿐만 아니라 IT 빅테크 출신 인력들도 대거 영입하여 기술 역량을 강화했다. 특히 외부에서 오픈소스 기반 기술을 적극 도입해 안정적인 금융 시스템을 구축하는 데 성공, 외부 업체 설득과 협업의 성공사례를 만들었다.
- 성과: 18개월 만에 간편송금 서비스 출시, 2024년 현재 월 활성 사용자 2,200만 명

외부 자원 확보는 효율적이지만, 단기적 의존도가 높아질 경우 비용이 상승하거나 기술 자립이 어려워질 수 있다는 점도 고려해야 한다. 따라서 기업은 핵심 기술과 비핵심 기술을 명확히 구분하고, 자원 확보의 우선순위를 설정하는 것이 중요하다. 이를 통해 기업은 기술 역량을 강화하면서도 자체 기술 개발을 위한 기반을 단계적으로 구축할 수 있다.

이 전략은 주로 전문 인력 채용, 기술 컨설팅, 솔루션 도입을 통해 이루어진다. 이를 통해 핵심 비즈니스 영역에 집중하면서 비용 효율적으로 기술적 한계를 극복할 수 있기 때문이다.

다 기술 외주 개발(Outsourcing): 비용 효율적 기술 확보

기술 외주 개발은 기업이 특정 기술이나 프로젝트의 개발을 외부 전문 개발사에 위탁하여 진행하는 전략이다. 이 전략은 내부 기술 역량이 부족하거나 자체 개발에 소요되는 시간과 비용을 줄여야 할 때 효과적이다. 특히 기술적 전문성을 갖춘 외부 업체와의 협력을 통해 기술 개발 속도를 높이고 프로젝트의 품질을 보장할 수 있다.

기술 외주 개발은 주로 핵심 기술이 아닌 영역이나 단기적으로 필요한 기술에 적용되며, 기업은 이로써 내부 자원을 핵심 비즈니스 및 전략적 기술에 집중할 수 있게 된다. 외주 개발을 통해 기업은 기술 구현 리스크를 외부로 분산시키고, 필요한 기능이나 제품을 빠르게 확보할 수 있다. 이러한 접근은 스타트업과 같이 인적·재정적 리소스가 제한된 기업에 특히 유리하다.

그러나 기술 외주 개발에는 명확한 요구사항 정의와 체계적인 프로젝트 관리를 통해 기대한 성과를 효율적으로 달성하는 것이 중요하다. 프로젝트 초기 단계에서 목표와 범위를 구체화하지 않으면 외주 업체와의 커뮤니케이션에서 문제가 발생할 수 있으며, 결과적으로 기술적 성과의 질이 낮아질 가능성이 있다. 또한 장기적으로 외주 의존도가 높아지면 기술 내재화가 어려워질 수 있으므로 핵심 기술과 비핵심 기술을 명확히 구분하고 외주 전략을 실행해야 한다.

외주 개발 성공을 위한 체크리스트

1. 요구사항 명세서 작성: 기능, 성능, 디자인 요구사항을 구체적으로 문서화
2. 개발사 선정 기준 수립: 유사 프로젝트 경험, 기술 역량, 커뮤니케이션 능력 평가
   - 계약 조건 협상: 개발 일정, 비용, 지적재산권, 유지보수 조건 명확화
   - 진행 상황 모니터링: 주간 리뷰, 중간 점검, 품질 검수 프로세스 구축
   - 인수인계 계획: 소스코드, 문서, 운영 매뉴얼 등 완전한 인수인계

라 기술 투자(Invest): 미래 성장과 리스크 분산

기술 투자는 중장기적으로 혁신 기술을 확보하고 기업의 경쟁력을 강화하기 위한 전략적 접근이다. 이 방법은 기술을 보유한 연구기관, 대학, 혹은 기업에 자본을 투입하거나 전략적 파트너십을 맺어 기술 개발의 성과를 공유하는 방식으로 이루어진다. 이를 통해 기술 개발에 따른 리스크를 분산시키고, 혁신 기술의 상용화를 보다 안정적으로 추진할 수 있다.

기술 투자는 벤처캐피탈 투자, 전략적 제휴(Strategic Alliances), 조인트 벤처(Joint Venture) 등 다양한 형태로 진행된다. 벤처캐피탈을 통한 투자는 초기 단계의 기술 혁신 기업에 자본을 공급하여 기술 개발을 지원하고 향후 성과를 나누는 방식이다. 전략적 제휴는 두 기업이 공동으로 기술 개발을 진행하거나 연구 성과를 공유하며, 조인트 벤처는 자본과 자원을 공동 출자해 특정 기술을 목표로 연구개발을 수행하는 협력 모델이다.

기술 투자의 장점은 장기적인 기술 혁신 역량을 구축하면서도 시장 변화에 유연하게 대응할 수 있다는 점이다. 특히 불확실성이 높은 미래 기술 개발 과정에서 기업이 단독으로 감당해야 할 비용과 위험을 협력 기관과 나누게 되어 재무적 부담을 크게 줄일 수 있다. 또한 새로운 기술이 상용화되었을 때의 경제적 이익과 시장 선점 효과를 극대화할 수 있다.

실무 사례: SK텔레콤의 기술 투자 전략
AI 기술 투자(2023): SK텔레콤은 AI 스타트업 스캐터랩에 150억 원 규모의 지분 투자를 하여 대화형 AI 기술을 확보했다.
성과: SK텔레콤은 이 투자를 통해 자사의 AI 서비스인 '에이닷'에 새로운 감성형 AI 에이전트를 공동개발할 수 있었다.

이러한 기술 투자는 적절한 의사결정 프레임에 의해 추진되는 것이 바람직하다. 다음은 기술투자 의사결정 프레임의 한 예시이다.

평가 항목	세부 기준	가중치
기술 혁신성	기존 기술 대비 우위성, 특허 가능성	30%
시장 적용 가능성	상용화 가능성, 시장 규모, 고객 수요	25%
개발팀 역량	기술적 전문성, 개발 경험, 팀 안정성	20%
재무적 타당성	투자 대비 기대 수익, 회수 가능성	25%

마 공동 개발(Co-Sourcing): 협력 기반 혁신 기술 개발

공동 개발은 대학, 연구기관, 또는 다른 기업과의 협력을 통해 기술을 공동으로 연구하고 개발하는 전략이다. 이 전략은 비용과 리스크를 분담할 수 있다는 장점이 있으며, 특히 장기적인 기술 혁신이 필요하거나 기초 연구 및 신기술 개발이 요구되는 상황에서 효과적으로 활용할 수 있다. 공동 개발의 핵심은 각 참여 기관이 보유한 전문 지식, 기술 인프라, 연구 역량을 결합하여 개별 기관이 단독으로 달성하기 어려운 혁신적인 기술 성과를 도출하는 것이다.

공동 개발의 첫 번째 장점은 비용 분담이다. 기술 개발에는 상당한 자본과 시간이 필요하지만, 공동 개발을 통해 참여 기관들은 개발 비용을 나누고 재무적 부담을 줄일 수 있다. 두 번째로, 리스크 분산이 가능한다. 기술 혁신 과정은 불확실성이 높아 실패할 위험이 존재하지만, 협력을 통해 각자의 리스크를 최소화할 수 있다. 세 번째는 지식 공유와 기술 융합이다. 공동 개발 과정에서 각 기관의 전문 지식과 경험이 결합되면 보다 창의적이고 혁신적인 결과물을 도출할 수 있다. 이는 특히 첨단 기술 분야에서 중요한 경쟁 우위를 가져다준다.

실무 사례: 삼성전자의 산학협력 프로젝트

반도체 기술 공동연구: 삼성전자는 2023년-2024년 KAIST, 서울대와 차세대 반도체 기술 개발을 위한 공동연구센터를 설립한 바 있다. 총 연구비 약 500억 원을 투입하여 3나노 공정 기술을 개발했다.

협력 구조: 삼성 70%, 대학 30% 비용 분담

공동 개발은 크게 산학협력, 산업 간 협력, 그리고 공공-민간 협력으로 나뉜다. 산학협력은 대학과 기업이 협력하여 기초 연구부터 응용 기술 개발까지 함께 진행하는 방식으로, 대학의 연구 역량과 기업의 시장 지향적 기술력이 결합되어 혁신 기술을 탄생시킬 수 있다. 산업 간 협력은 동일 산업 내 기업들 또는 다른 산업군 간의 기술 협력을 통해 새로운 기술 솔루션을 개발하는 것을 목표로 한다. 마지막으로 공공-민간 협력은 정부 연구기관과 기업이 공동으로 기술 개발을 추진하는 형태로, 국가 차원에서 필요한 기술적 성과를 달성하는 데 기여한다.

이 전략은 특히 미래 기술 개발이 중요한 산업, 예를 들어 배터리 기술, 반도체, 바이오테크, 그리고 재생에너지 분야에서 활발하게 활용된다. 기초 연구와 상용화 단계 사이의 간극을 줄이는 데에도 효과적이며, 장기적으로 시장 주도권을 확보하는 기반이 된다.

실무 사례: 공동 개발 계약 시 핵심 협의사항

1. 역할 분담: 각 참여 기관의 책임과 기여도 명확화
2. 비용 분담: 개발비, 인건비, 시설비 등 비용 배분 원칙
3. 지적재산권: 특허 출원, 소유권, 라이선싱 조건 합의
4. 성과 활용: 개발 결과물의 사용권, 독점권 여부
5. 리스크 관리: 개발 실패 시 손실 분담 방안

바 커뮤니티 기반 기술 확보(Community Sourcing): 네트워크 활용

커뮤니티 기반 기술 확보는 기업이 외부 네트워크를 적극적으로 활용해 기술 동향과 정보를 확보하는 전략이다. 이 전략은 상대적으로 기술 확보의 시급성이 낮은 상황에서

비용을 최소화하면서 장기적으로 기술 역량을 강화하고자 할 때 효과적이다.

이 전략은 주로 심포지엄, 포럼, 협회, 연구소, 오픈소스 커뮤니티와 같은 네트워크를 통해 이루어진다. 이러한 네트워크는 산업 전문가, 연구기관, 학계 및 동종업계 관계자들과의 교류를 통해 기업이 기술 정보를 공유받고 새로운 트렌드를 파악할 수 있는 기회를 제공한다. 또한, 공동 연구 프로젝트나 기술 협력의 기반이 될 파트너를 발굴할 수 있는 중요한 수단이 된다.

커뮤니티 기반 기술 확보는 크게 세 가지 주요 활동으로 나눌 수 있다. 첫째, 기술 동향 파악 및 지식 공유이다. 기업은 기술 세미나, 컨퍼런스, 포럼에 참여하여 최신 기술 트렌드와 연구 결과를 학습할 수 있으며, 이를 바탕으로 기술 전략을 재정립할 수 있다. 둘째, 네트워킹 및 파트너십 구축이다. 협회나 연구소와의 협력을 통해 잠재적 협력 파트너를 발굴하고 기술 협력의 기회를 모색한다. 셋째, 오픈소스 기술 참여이다. 기업이 오픈소스 프로젝트에 기여하거나 활용함으로써 최신 기술을 도입하고 개발 역량을 내재화하는 동시에 커뮤니티 내에서 입지를 강화할 수 있다.

실무 사례: 라인의 오픈소스 커뮤니티 활용

- 라인플러스의 'DX파트': 라인은 'DX파트'라는 오픈소스팀을 운영하여 '아르메리아(Armeria)'를 개발했다.
- 성과: 아르메리아는 슬랙(Slack), 쏘카(Socar), 라인 오픈챗, 라인 이모지 등 다양한 서비스에 적용되어 장애율을 낮추고 성능을 향상시키는 데 기여

이 전략의 장점은 비용 대비 효과가 높다는 점이다. 기술 개발에 막대한 자금을 투자하지 않고도 최신 기술 정보와 인사이트를 확보할 수 있으며, 장기적으로 기술 역량 강화를 위한 초석을 다질 수 있다. 또한, 네트워크를 통해 협력과 학습의 기회를 지속적으로 확대할 수 있다. 그러나 기술 확보의 속도가 느리다는 한계도 존재하므로, 기술 확보의 시급성이 낮은 상황에서 중장기적 관점으로 접근해야 한다.

사 기술 확보의 우선순위

기술 확보는 스타트업이 기술 혁신과 시장 경쟁력을 동시에 추구하기 위해 반드시 고민해야 할 핵심 전략이다. 기술을 확보하는 과정은 단순히 기술적 역량을 보강하는 것을

넘어, 기업의 중장기적인 성장과 지속 가능한 발전의 기반을 다지는 중요한 활동이다. 기술 확보 전략은 각 기업의 상황에 따라 차별화되어야 하며, 기술 확보의 시급성과 시장 변화의 속도를 고려해 전략적 결정을 내려야 한다.

스타트업이 직면하는 시장 환경은 기술 혁신 주기가 짧고 경쟁이 치열하기 때문에, 시장 진입 속도와 기술의 상용화 시점이 성공 여부를 좌우한다. 따라서 즉각적인 시장 대응이 필요한 경우에는 기술 매입(Buy)이나 외부 자원 확보(Resourcing) 전략을 통해 신속하게 기술 역량을 보강하는 것이 유리하다. 이미 검증된 기술을 매입하거나 필요한 인력과 솔루션을 외부에서 확보하면, 기술 개발에 소요되는 시간을 절감하고 시장 기회를 선점할 수 있기 때문이다.

반면, 장기적인 기술 경쟁력 확보를 목표로 한다면 기술 투자(Invest)나 공동 개발(Co-Sourcing) 전략이 적합하다. 기술 투자는 리스크를 분산시키면서도 혁신 기술을 개발하고 상용화할 수 있는 강력한 수단이다. 특히 전략적 제휴와 벤처 투자, 조인트 벤처와 같은 형태를 활용하면 기업은 기술 혁신을 촉진하면서도 안정적인 성과를 도출할 수 있다. 공동 개발은 산학협력, 연구기관과의 협업을 통해 지식과 기술 인프라를 공유하면서 비용과 리스크를 최소화할 수 있는 장점이 있다. 또한, 상대적으로 기술 확보의 시급성이 낮은 경우에는 커뮤니티 기반 기술 확보(Community Sourcing) 전략을 활용해 최신 기술 동향을 학습하고, 협력 네트워크를 확장하는 것도 중요한 방법이다. 심포지엄, 포럼, 협회 활동 등을 통해 장기적으로 기술 역량을 내재화하고 협력의 기회를 발굴할 수 있다. 이는 비용이 적게 들면서도 지속적인 학습과 협력의 기반을 제공한다는 점에서 매우 유용한 전략이다.

결론적으로, 스타트업이 기술 확보 전략을 수립할 때는 단기적인 목표와 중장기적 비전을 모두 고려해야 한다. 즉각적인 기술 확보를 통해 시장에 빠르게 진입하는 동시에, 장기적으로는 혁신적 기술 개발과 협력을 통해 기술 경쟁력을 축적하는 균형 잡힌 접근이 필요하다. 각 전략을 실행할 때는 기술의 중요도, 기업의 역량, 시장 환경을 종합적으로 분석하여 최적의 방법을 선택해야 하며, 지속적인 모니터링과 피드백을 통해 전략의 실효성을 검증하고 개선하는 과정이 뒷받침되어야 한다.

기술 확보 전략의 실천은 단순한 기술 보강이 아니라 기업의 생존과 지속 가능한 성장을 위한 중요한 투자이다. 기술 매입, 외부 자원 활용, 기술 투자, 공동 개발, 그리고 커뮤니티 기반 기술 확보와 같은 전략을 상황에 맞게 조화롭게 활용함으로써 스타트업은 변화하는 시장에서 빠르게 대응하고 미래 경쟁력을 확보할 수 있다. 따라서 기업은 기술 확보를 단기적 성과로 국한하지 않고, 기술 내재화와 혁신 생태계 구축을 위한 지속적인 노력을 통해 성장의 기반을 마련해야 할 것이다.

기술확보 방법 선택을 위한 매트릭스

확보 방법	시급성	비용	리스크	적합한 상황
기술 매입	높음	높음	낮음	즉각적 시장 진입 필요
외부 자원 확보	높음	중간	중간	특정 역량 단기 보강
기술 외주	중간	중간	중간	비핵심 기술 개발
기술 투자	낮음	높음	높음	미래 기술 선점
공동 개발	낮음	중간	중간	혁신 기술 개발
커뮤니티 활용	낮음	낮음	낮음	장기적 역량 강화

CHAPTER

04

비즈니스 모델 구축, 성공의 설계도 작성

1 비즈니스 모델의 정의 및 구성 요소

가 비즈니스 모델이란?

비즈니스 모델은 기업이 어떤 방식으로 가치를 창출하고 고객에게 전달하며, 그 과정을 통해 수익을 창출하는지를 설명하는 체계적이고 구조적인 개념이다. 이를 통해 기업은 자신들의 운영 논리를 명확히 하고, 사업 계획을 효과적으로 수립할 수 있다. 특히, 자원이 제한적인 스타트업에서 비즈니스 모델은 생존과 성장을 위한 유용한 도구로 활용할 수 있다.

Alexander Osterwalder는 그의 저서 『비즈니스 모델 제너레이션(Business Model Generation, 2010)』에서 비즈니스 모델을 "가치 창출(Value Creation), 가치 전달(Value Delivery), 가치 획득(Value Capture)의 논리적 구조"로 정의하며, 이를 체계적으로 설계하고 활용할 수 있는 비즈니스 모델 캔버스를 제안했다. 이 도구는 스타트업뿐 아니라 대기업에서도 전략을 수립하고 운영 논리를 시각화하는 데 가장 널리 활용되는 프레임워크가 되었다.

1) 가치 창출(Value Creation)

스타트업은 고객이 직면한 문제를 해결하거나 기존 솔루션의 비효율성을 개선함으로써 새로운 가치를 창출한다. 이는 제품이나 서비스의 차별화된 경쟁 우위를 형성하는 데 필수적인 요소이다. 예를 들어, 배달의민족은 음식점과 소비자를 빠르고 효율적으로 연결함으로써 고객에게 시간과 편리함이라는 고유한 가치를 제공하였다. 또한, 가치 창출은 기술적 혁신과도 밀접한 관련이 있어, 많은 스타트업이 독창적인 알고리즘, 플랫폼, 혹은 사용자 경험을 통해 이 영역에서 두각을 나타내고 있다.

사례 분석: 배달의민족의 가치 창출

배달의민족은 2010년 창업 당시 한국의 음식 배달 시장이 전화 주문 중심이었던 상황에서, 디지털 플랫폼을 통한 음식 주문의 편의성이라는 새로운 가치를 창출했다. 고객에게는 메뉴 비교와 주문의 편리함을, 음식점에게는 디지털 마케팅 채널을 제공함으로써 양방향 가치를 만들어냈다. 2019년 말 독일 딜리버리히어로에 4조 7500억 원에 인수되기까지, 이 가치 창출 전략이 핵심 성공 요인으로 작용했다.

가치 창출에서 중요한 것은 고객의 진짜 아픔(Pain Point, 고객이 겪는 불편이나 문제점)을 정확히 파악하는 것이다. 초기 창업자들이 흔히 범하는 실수는 기술적으로 우수한 제품을 만들고도 실제 고객이 느끼는 가치와 연결하지 못하는 것이다. 성공하는 스타트업은 MVP(Minimum Viable Product, 최소기능제품)를 통해 고객 반응을 빠르게 검증하고, 이를 바탕으로 가치 창출 방향을 지속적으로 개선한다.

2) 가치 전달(Value Delivery)

창출된 가치를 고객에게 효과적으로 전달할 수 있는 설계는 스타트업의 성공 가능성을 크게 좌우한다. 이 과정에는 고객과의 접점, 물리적 또는 디지털 전달 채널, 그리고 가치를 고객이 체험하게 하는 방식이 포함된다. 성공적인 사례로는 쿠팡이 있다. 쿠팡은 로켓배송 서비스를 통해 고객의 쇼핑 경험을 혁신적으로 개선하며, 빠르고 정확한 배송을 통해 고객 만족도를 높였다. 이러한 전달 메커니즘은 고객 충성도를 강화하고, 반복적인 구매로 이어질 가능성을 높이게 된다.

사례 분석: 쿠팡의 가치 전달 혁신

쿠팡은 2010년 소셜커머스로 시작했지만, 2014년부터 로켓배송이라는 독창적인 가치 전달 시스템을 구축했다. 전국 100여 개의 물류센터와 새벽배송 시스템을 통해 "오늘 주문, 내일 아침 배송"이라는 가치를 구현했다. 2023년 기준 쿠팡의 연간 거래액은 44조 5,731억 원을 넘어서며, 이 중 로켓배송이 차지하는 비중이 85% 이상이다(쿠팡 IR자료, 2023). 단순히 빠른 배송을 넘어 고객의 일상을 바꾸는 경험을 제공한 것이 성공 요인이었다.

가치 전달에서 핵심은 고객 여정(Customer Journey, 고객이 제품을 인지하고 구매 후 사용하기까지의 전 과정) 전반에서 일관된 경험을 제공하는 것이다. 옴니채널(Omni-Channel, 온라인과 오프라인을 통합한 고객 접점 관리) 전략이 중요해지는 이유도 여기에 있다. 기술창업 기업들은 디지털 기술을 활용해 고객 접점을 혁신하고, 개인화된 서비스를 제공함으로써 경쟁 우위를 확보할 수 있다.

3) 가치 획득(Value Capture)

가치 획득은 제공한 가치에 대한 정당한 대가를 받아 지속가능한 수익을 창출하는 과정이다. 이는 단순히 매출을 올리는 것을 넘어, 고객 생애가치(Customer Lifetime Value, CLV)를 극대화하고 수익성을 확보하는 전략적 과정이다.

스타트업은 제공한 가치를 수익으로 전환하기 위한 명확하고 지속 가능한 구조를 마련해야 한다. 이는 단순히 매출을 발생시키는 것 이상으로, 지속 가능한 성장을 위한 핵심 전략을 포함한다. 예를 들어, 카카오톡은 초기 무료 서비스를 제공하며 사용자 기반을 확대한 뒤, 이모티콘 판매, 광고, 프리미엄 서비스를 도입하여 수익 창출 구조를 다각화하였다. 이를 통해 고객의 만족과 기업의 수익성 간 균형을 유지하며, 장기적인 비즈니스 지속 가능성을 확보했다.

사례 분석: 카카오톡의 수익 다각화 전략

카카오톡은 2010년 출시 초기에는 무료 메신저 서비스로만 운영되었다. 하지만 사용자 기반이 확대되면서 단계적으로 수익 창출 구조를 구축했다. 2012년 이모티콘 스토어, 2013년 카카오게임, 2014년 카카오페이, 2015년 카카오택시 등을 통해 수익원을 다각화했다. 2023년 기준 카카오 전체 매출은 8조 천억 원이며, 이 중 플랫폼 서비스가 차지하는 비중이 51%를 넘는다(카카오 사업보고서, 2023). 초기의 무료 서비스가 결국 거대한 수익 생태계로 발전한 대표적 사례다.

스타트업의 비즈니스 모델은 단순히 아이디어를 실행 가능한 계획으로 구체화하는 것을 넘어, 기업의 방향성과 시장 접근 전략을 명확히 정의한다. 또한, 투자자 및 이해관계자와의 커뮤니케이션 도구로서 활용되며, 운영 및 전략적 의사결정의 기준점으로도 기능한다. 무엇보다도, 스타트업이 시장과 고객의 변화에 민첩하게 대응할 수 있도록 지속적인 개선이 요구되는 동적 프레임워크라고 할 수 있다.

그 밖에도 다양한 연구자들이 비즈니스 모델 구축의 필요성을 강조하였다. Henry Chesbrough는 『개방형 혁신(Open Innovation: The New Imperative for Creating and Profiting from Technology, 2003)』에서 비즈니스 모델이 기술을 단순히 상용화하는 과정을 넘어 기술을 고객 가치로 전환하는 핵심 매개체라고 강조했다. 또한, Joan Magretta는 『Why Business Models Matter(2002)』에서 비즈니스 모델을 "기업의 스토리"로 비유하며, 고객과의 관계에서 기업이 어떻게 가치를 전달하고 성공을 이끌어내는지를 설명하는 도구로 간주했다.

나 스타트업의 비즈니스 모델구축 중요성

1) 불확실성 속에서의 생존과 전략적 대응

스타트업은 일반적으로 자금, 인력, 경험 등에서 제한된 자원을 가지고 운영되며, 동시에 시장, 기술, 경쟁 환경 등에서 높은 수준의 불확실성에 직면한다. 이러한 상황에서 비즈니스 모델은 기업이 직면한 불확실성을 구조화하고, 이에 대한 전략적 대응 방안을 마련하는 데 핵심적인 역할을 한다.

특히, 스타트업은 급격한 시장 환경 변화에 신속하고 유연하게 대응할 수 있는 능력을 갖추는 것이 생존 가능성을 높이는 중요한 전략이 될수 있다. 효율적인 비즈니스 모델은 스타트업이 자원을 최적화하여 활용할 수 있도록 돕는 동시에, 변화하는 시장 요구에 빠르게 적응할 수 있는 방향성을 제공한다. 예를 들어, 초기 단계에서 시장에 대한 불확실성을 줄이기 위해 최소기능제품(MVP)을 제작하고, 이를 바탕으로 고객 피드백을 수집하는 전략이 활용될 수 있다. 또한, 경쟁 환경의 변화나 기술 발전에 따라 빠르게 조정 가능한 비즈니스 모델은 기업의 생존 가능성을 극대화한다. 이는 제한된 자원 속에서도 명확한 목표 설정, 우선순위 조정, 그리고 전략적 자원 배분을 가능하게 한다.

스타트업의 성공은 초기 단계에서 비즈니스 모델의 구축 여부와 이를 실행하는 방식에 크게 좌우된다. 초기 시장 진입 시 명확한 비즈니스 모델이 없다면, 자원의 비효율적 사용과 시장 기회의 상실로 이어질 가능성이 크다. 따라서, 비즈니스 모델은 시장 변화에 민첩하고 유연하게 대응할 수 있는 기틀을 마련함으로써, 스타트업의 생존과 성장을 동시에 가능하게 한다.

불확실성 대응 체크리스트

- 시장 불확실성 대응: 타겟 고객 세그먼트를 구체적으로 정의하고, 고객 인터뷰를 통해 실제 니즈를 검증한다. 최소 30명 이상의 잠재 고객과 심층 인터뷰를 진행하는 것을 권장한다.
- 기술 불확실성 대응: 핵심 기술의 검증 가능한 프로토타입을 제작하고, 기술적 리스크를 단계별로 해소한다. 기술개발 로드맵과 비즈니스 일정을 연동시켜 관리한다.
- 경쟁 불확실성 대응: 경쟁사 분석을 정기적으로 실시하고, 자사만의 차별화 요소를 지속적으로 강화한다. 월 1회 이상 경쟁 환경 모니터링을 실시해야 한다.

2) 제품-시장 적합성(Product-Market Fit)의 검증

제품-시장 적합성은 스타트업 성공의 핵심 지표다. 마크 안드리센(Marc Andreessen)이 제시한 이 개념은 “충분히 좋은 시장에서 그 시장을 만족시킬 수 있는 제품을 보유한 상태”를 의미한다. 비즈니스 모델은 이 적합성을 체계적으로 검증하고 달성하는 프레임워크를 제공한다.

시장 적합성을 찾기 위해 스타트업은 주로 초기 시장에서 고객 세그먼트를 명확히 정의하고, 그들이 직면한 주요 문제를 해결할 수 있는 가치 제안을 설계해야 한다. 예를 들어, 특정 타겟 고객군에 대한 상세한 이해를 바탕으로 맞춤형 솔루션을 제공함으로써 초기 신뢰를 구축할 수 있다. 이후 반복적인 테스트와 피드백 과정을 통해 제품을 최적화하고, 고객 만족도를 높이는 방향으로 발전한다.

비즈니스 모델은 이러한 과정에서 고객 세그먼트 정의, 가치 제안 설계, 수익 창출 메커니즘을 연결하는 핵심적인 역할을 한다. 예컨대, 기술 기반 스타트업은 초기 프로토타입을 통해 고객의 반응을 확인하고, 이를 바탕으로 시장 요구에 부합하는 상업적 제품을 개발한다. 이는 단순히 제품이나 서비스 제공을 넘어, 지속 가능성과 확장 가능성을 포함한 포괄적인 사업 모델로 이어지게 된다.

측정 지표와 실무 적용 예시

- 정량적 지표: 고객 유지율(Retention Rate) 40% 이상, 순추천지수(NPS, Net Promoter Score) 50점 이상, 월간 성장률(Monthly Growth Rate) 10% 이상을 동시에 달성했을 때 제품-시장 적합성에 근접했다고 판단할 수 있다.
- 정성적 지표: 고객들이 자발적으로 제품을 추천하고, 서비스 중단을 걱정하며, 경쟁 제품으로 쉽게 이탈하지 않는 행동 패턴을 보일 때 적합성이 달성되었다고 볼 수 있다.

3) 투자 유치와 신뢰 기반의 설득력 강화

스타트업이 외부 투자를 성공적으로 유치하기 위해서는 비즈니스 모델이 명확하고 구체적이어야 한다. 투자자는 비즈니스 모델을 통해 해당 스타트업의 성장 가능성과 수익성, 그리고 리스크 관리 능력을 평가한다. 따라서, 비즈니스 모델은 투자 유치를 위한 필수적인 커뮤니케이션 도구로 작용한다.

투자자는 스타트업의 비즈니스 모델이 제시하는 고객 세그먼트, 가치 제안, 그리고 수익 창출 방식에 집중한다. 예를 들어, 어떤 고객군을 타겟으로, 어떤 채널을 통해, 어떠한 방식으로 매출을 창출할 것인지에 대한 상세한 설명이 필요하다. 또한, 시장 내 경쟁 위치, 팀의 전문성, 그리고 장기적인 성장 전략 역시 투자자들에게 중요한 평가 요소로 작용한다.

스타트업은 비즈니스 모델을 통해 투자자에게 구체적이고 설득력 있는 비전을 전달할 수 있다. 예를 들어, 구독 기반 비즈니스 모델은 반복 가능한 수익 창출 구조를 제시하며, 투자자에게 안정성과 성장 가능성을 동시에 보여준다. 이러한 신뢰 구축은 투자 유치의 성공 가능성을 높이는 데 결정적인 영향을 미치게 된다.

투자자 관점에서의 비즈니스 모델 평가 요소

- 수익성 검증: Unit Economics(단위 경제학, 고객 한 명당 발생하는 수익과 비용 구조)가 긍정적이고, CAC(Customer Acquisition Cost, 고객 획득 비용) 대비 LTV(Lifetime Value, 고객 생애가치) 비율이 3:1 이상인지 확인한다.
- 확장성 입증: 현재 시장에서의 성공 모델이 다른 지역이나 고객 세그먼트로 확장 가능한지, 그리고 확장 시 마진율이 개선되는 경제성을 보유하고 있는지 평가한다.
- 방어 가능성: 경쟁사의 모방이 어려운 독특한 경쟁 우위(해자, Moat)를 보유하고 있는지, 그리고 이것이 지속 가능한지 검토한다.

비즈니스 모델은 단순히 외부 투자자나 고객을 위한 도구가 아니다. 내부적으로는 팀원들이 공동의 목표를 향해 움직일 수 있는 나침반 역할을 한다. 특히 초기 스타트업의 모든 팀원은 비즈니스 모델을 정확히 이해하고 자신의 역할을 연결할 수 있어야 한다.

성공한 국내 스타트업들의 초기 팀 구성을 보면, CEO는 비즈니스 모델과 시장 전략을, CTO는 기술 구현과 제품 개발을, COO는 운영 효율성과 확장성을 각각 담당하면서도, 모두가 하나의 비즈니스 모델하에서 유기적으로 협력하는 구조를 갖추고 있다.

4) 지속 가능성과 확장 가능성의 동시 확보

스타트업이 단기적인 성과를 넘어 장기적으로 지속 가능한 성장을 이루기 위해서는 확장 가능성과 수익성을 고려한 비즈니스 모델 설계가 필요하다. 이는 단순히 현재의 시장 요구를 충족시키는 것을 넘어, 미래의 시장 변화에 유연하게 대응할 수 있는 구조를 포함해야 한다. 지속 가능한 비즈니스 모델은 고객 관계의 강화, 반복 가능한 수익 창출 메커니즘, 그리고 기술 혁신을 통해 이루어진다. 예를 들어, 구독 기반 비즈니스 모델은 고객 유지율을 높이고, 장기적인 매출 안정성을 확보하는 데 유리하다. 또한, 특정 기술의 독점적 활용은 경쟁사를 압도하는 차별화 요소로 작용하며, 이는 신규 시장 진입과 고객 기반 확대의 기회를 제공한다.

스타트업은 이러한 요소들을 비즈니스 모델에 반영함으로써, 단순히 시장 내 생존을 넘어 성장과 확장을 가능하게 한다. 이는 특히 기술 혁신 중심의 스타트업에서 중요한 전략적 우위로 작용하며, 기업의 장기적인 경쟁력을 강화하는 데 기여한다.

비즈니스 모델은 스타트업이 불확실성 속에서 생존하고, 시장 적합성을 확인하며, 투자 유치를 성공적으로 이끌고, 지속 가능한 성장을 달성하기 위한 핵심적인 프레임워크이다. 이를 통해 스타트업은 초기의 도전 과제를 극복하고, 장기적으로 경쟁 우위를 확보하며, 지속 가능한 성공을 이룰 수 있는 기반을 마련할 수 있기 때문이다.

다 비즈니스 모델의 구성 요소

비즈니스 모델은 세 가지 큰 틀에서 9가지 요소로 구성되어 있다. 즉, 경영자원의 측면, 시장고객의 측면, 그리고 재무적 타당성의 측면이다. 이 구성 요소들은 상호작용하며, 지속 가능한 비즈니스 모델을 구축하는 데 핵심적인 역할을 한다.

1) 경영자원의 측면

핵심 자원 (Key Resources)은 기업이 비즈니스 모델을 실행하기 위해 필요한 물리적, 지적, 인적, 재무적 자원을 의미한다. 예를 들어, 기술 스타트업의 경우 특허, 데이터, 기술 인력이 주요 자원으로 간주된다. 기업은 자사가 보유한 자원과 역량을 점검하고, 부족한 부분을 보완하거나 강점을 극대화할 수 있다.

자원 유형별 예시

- 물리적 자원: 쿠팡의 전국 물류센터 네트워크, 삼성전자의 반도체 제조 시설
- 지적 자원: 네이버의 검색 알고리즘, 카카오의 플랫폼 기술, 스타트업의 특허 기술
- 인적 자원: 개발팀의 기술 역량, 마케팅팀의 시장 전문성, 창업팀의 산업 경험
- 재무적 자원: 운영 자금, 투자 유치 능력, 현금 흐름 관리 역량

핵심 활동 (Key Activities)이란 기업이 고객 가치를 창출하고 전달하기 위해 수행해야 하는 주요 활동으로, 제품 개발, 마케팅, 고객 서비스 등이 포함된다. 이러한 활동은 기업이 목표로 하는 고객 가치 실현의 중심이 된다. 스타트업의 경우 제한된 자원으로 최대 효과를 내기 위해 핵심 활동에 집중해야 한다.

업종별 핵심 활동 예시

- 기술 개발형: R&D, 프로토타입 개발, 기술 검증, 지적재산권 확보
- 플랫폼형: 사용자 확보, 네트워크 효과 창출, 데이터 분석, 플랫폼 최적화
- 제조형: 생산 공정 최적화, 품질 관리, 공급망 관리, 원가 절감
- 서비스형: 고객 서비스, 브랜딩, 마케팅, 고객 관계 관리

핵심 파트너십 (Key Partnerships)이란 기업이 외부 파트너와 협력하여 자원을 보완하거나 비용을 절감할 수 네트워크와 관계를 말한다. 기업은 기술적 역량이나 시장 접근성을 확보하기 위해 전략적 제휴를 형성할 수 있다.

파트너십 유형과 국내 사례 예시

- 기술 파트너십: 스타트업과 대학 연구소 간의 공동 연구 개발
- 유통 파트너십: 온라인 쇼핑몰과 배송업체 간의 물류 협력
- 마케팅 파트너십: 핀테크 스타트업과 은행 간의 서비스 제휴
- 투자 파트너십: 대기업의 CVC(Corporate Venture Capital)를 통한 전략적 투자

2) 시장고객의 측면

시장고객 측면은 기업이 누구를 대상으로, 어떤 가치를, 어떤 방식으로 전달할 것인지를 정의한다. 이는 시장에서의 포지셔닝과 고객 관계 전략의 핵심이 된다.

고객 세그먼트 (Customer Segments) 측면에서는 기업이 목표로 하는 특정 고객 집단을 정의할 수 있다. 예를 들어 고객은 인구통계적, 지리적, 심리적 기준으로 세분화될 수 있다. 기업은 시장에서 목표 고객을 획득하고 장기적인 거래 관계를 유지할 가능성을 점검해야 하기 때문이다.

가치제안(Value Propositions) 부분은 고객의 문제를 해결하거나 욕구를 충족시키기 위해 제공하고자 하는 제품 및 서비스의 가치를 의미한다. 특히 혁신적인 기술이나 차별화된 고객 경험이 주요 가치제안이 될 수 있다.

채널(Channels) 부분 또한 중요하다. 채널은 기업이 고객에게 가치를 전달하는 경로로, 온라인 플랫폼, 오프라인 매장 등 다양한 형태를 포함한다. 효과적인 채널 전략은 고객 경험을 향상시키고 브랜드 충성도를 높이는 데 기여한다.

고객관계(Customer Relationships)란, 고객과의 신뢰를 구축하고 유지하는 방식으로, 지속가능한 거래관계 구축을 위한 요소를 의미한다. 이는 고객 충성도를 높이고 재구매 및 장기적인 관계를 유지하는 데 핵심적인 역할을 한다.

3) 재무적 타당성의 측면

재무적 타당성은 비즈니스 모델이 실제로 지속가능한 수익을 창출할 수 있는지를 검증하는 핵심 요소다. 아무리 훌륭한 아이디어와 기술이 있어도 재무적으로 타당하지 않으면 장기적 생존이 불가능하다.

재무적으로 타당한 비즈니스 모델을 구축하려면 먼저 수익원(Revenue Streams)을 점검해야 한다. 수익원이란 기업이 제공한 가치를 통해 창출하는 수익의 흐름을 의미한다. 수익의 흐름은 다양할수록 유리하다. 예컨대, 제품 판매, 구독 서비스, 광고 수익 등이 하나의 사업화 아이템에 관련된 중요한 수익원이라고 볼 수 있다. 스타트업은 초기 단계에서 다양한 수익 모델을 실험하며 최적의 수익 흐름 구조를 만들어야 한다.

주요 수익 모델 유형

- 제품 판매형: 일회성 제품 판매를 통한 수익(예: 전자제품, 의류)
- 구독형: 정기적 서비스 이용료 수취(예: 넷플릭스, 멜론)
- 광고형: 플랫폼 내 광고 게재료 수익(예: 구글, 페이스북)
- 중개형: 거래 성사 시 수수료 수취(예: 배달의민족, 에어비앤비)
- 프리미엄형: 기본 무료, 고급 기능 유료화(예: 드롭박스, 줌)
- 라이선스형: 기술이나 콘텐츠 사용권 판매(예: 특허 기술, 소프트웨어)

돈이 나가는 소비의 부분인 비용 구조(Cost Structure) 또한 점검해야 한다. 비용 구조는 비즈니스 모델 운영에 필요한 모든 비용을 체계적으로 분석한 것이다. 효율적인 비용 구조는 수익성 확보의 핵심이다. 흔히 자본적 투자 비용과 고정비와 변동비가 어떤 구조와 비중으로 되어 있는지를 점검하게 된다.

스타트업 비용 구조

- 고정비 관리: 임대료, 인건비, 시스템 운영비 등 매출과 무관하게 발생하는 비용을 최소화한다. 특히 초기에는 변동비 비중을 높여 리스크를 줄이는 것이 중요하다.
- 변동비 최적화: 매출 증가에 따라 비례적으로 증가하는 비용(재료비, 배송비, 수수료 등)의 효율성을 지속적으로 개선한다.
- Unit Economics 관리: 고객 1명당 발생하는 수익(ARPU, Average Revenue Per User)이 고객 획득비용(CAC)과 서비스 제공 비용을 상회하는지 모니터링한다.

4) 유기적 관계와 지속 가능성

비즈니스 모델의 각 구성 요소는 독립적으로 작용하지 않으며, 상호 밀접하게 연결되어 있다. 예를 들어, 고객 세그먼트와 가치제안이 일치하지 않으면 시장에서 성공하기 어렵고, 핵심 자원과 활동이 이를 뒷받침하지 않으면 실행 가능성이 떨어진다. 이러한 요소 간의 긴밀한 상호작용은 지속 가능한 비즈니스 모델을 구축하는 데 필수적이다. 따라서 비즈니스 모델을 구축한다는 의미는 비즈니스 모델 각 구성요소가 얼마나 유기적이고 긴밀하게 구조화 되어 유기적으로 연결되어 있는가가 중요하다.

라 비즈니스 모델의 구성요소의 예

Alexander Osterwalder가 개발한 비즈니스 모델 캔버스(Business Model Canvas)는 복잡한 비즈니스 모델을 한 장의 종이에 시각화할 수 있는 BM 캔버스라는 도구를 통하여 구체화 하였다. 이 캔버스는 9가지의 비즈니스 모델 요소로 구성되어 있으므려, 널리 활용되고 있다. 이러한 Osterwalder의 9가지 구성 요소는 다음과 같이 요약할 수 있다.

1) 고객 세그먼트(Customer Segments): 목표 고객 집단을 정의하는 요소이다.
2) 가치제안(Value Propositions): 정의된 고객이 가치를 느끼는 문제 해결이나 새로운 욕구를 충족시키는 독특한 제품과 서비스의 본질적 제안을 의미하는 요소이다.
3) 채널(Channels): 고객에게 가치를 전달하기 위한 경로의 설계를 의미한다.
4) 고객관계(Customer Relationships): 고객과 지속 가능한 관계를 구축하기 위한 요소이다.
5) 수익원(Revenue Streams): 가치를 통해 수익을 창출하는 방식과 다양한 수익원의 흐름을 의미하는 요소이다.
6) 핵심 자원(Key Resources): 비즈니스 모델을 실현하기 위한 주요 자원을 요소를 말한다.
7) 핵심 활동(Key Activities): 가치 창출 및 전달을 위한 주요 활동의 수행 요소를 의미한다.
8) 핵심 파트너십(Key Partnerships): 외부 파트너와의 협력을 통해 자원과 역량을 보완하기 위해 구축된 관계를 의미한다.
9) 비용 구조(Cost Structure): 비즈니스 운영에 필요한 비용구조를 의미한다.

비즈니스 모델 캔버스는 정적인 도구가 아니라 지속적으로 업데이트해야 하는 살아있는 문서다. 시장 변화, 고객 피드백, 경쟁 환경 변화에 따라 주기적으로 검토하고 수정해야 한다. 성공한 스타트업들은 대부분 초기 비즈니스 모델에서 여러 차례 수정과 개선을 거쳐 현재의 모습에 도달했다는 점을 기억해야 한다.

2 다양한 비즈니스 모델 유형

비즈니스 모델은 기업의 성과를 결정짓는 핵심적인 설계도로, 이를 체계적으로 구축하고 성공적으로 구현하기 위해서는 자사에 적합한 다양한 모델 유형과 접근법을 활용할 수 있어야 한다.

가 비즈니스 모델의 접근방법

비즈니스 모델 설계는 각기 다른 분석 틀과 방법론을 통해 접근할 수 있으며, 이 과정은 비즈니스 환경, 시장 상황, 고객 요구에 따라 달라진다. 대표적인 접근방법으로 Four-Box Model, STOF Model, 9 Building Blocks Model을 예시할 수 있다.

1) Four-Box Model

Four-Box Model은 가치제안을 중심으로 비즈니스 모델을 설계하는 구조적 접근법이다. 이 모델은 네 가지 주요 구성 요소로 이루어져 있다.

핵심 자원(Core Resources)
프로세스(Process)
수익 모델(Profit Model)
고객 가치(Customer Value)
핵심 자원 (Core Resources)

핵심 자원(Core Resources)

핵심 자원은 비즈니스가 경쟁 우위를 확보하고 가치 제안을 실현하는 데 필수적인 자산과 역량을 의미한다. 여기에는 기술, 인력, 지식재산권, 브랜드 자산, 네트워크, 자본 등이 포함된다.

예를 들어, 기술 스타트업에서는 독자적인 기술력이나 특허가 핵심 자원이 될 수 있으며, 이를 바탕으로 경쟁사와 차별화된 서비스를 제공한다.

프로세스 (Process)

프로세스는 핵심 자원을 활용하여 고객 가치 제안을 구현하는 일련의 활동과 업무 절차를 의미한다. 이는 제품 개발, 생산, 마케팅, 서비스 제공 등 비즈니스 운영의 구체적 방법을 포함한다.

이 요소는 효율성과 혁신성을 강조하며, 프로세스의 최적화가 곧 비용 절감과 고객 만족도 향상으로 이어진다.

예를 들어, 자동화된 생산 공정이나 데이터 기반 마케팅 전략 등이 여기에 해당한다.

수익 모델 (Profit Model)

수익 모델은 비즈니스가 어떻게 수익을 창출할 것인지에 대한 전략과 메커니즘을 의미한다. 판매, 구독, 광고, 라이선스, 프리미엄 서비스 등 고객에게서 수익을 얻는 다양한 방식이 포함된다.

이 모델은 가격 책정 전략, 판매 채널, 매출 구조 등을 명확히 하여 비즈니스의 지속 가능성을 확보한다.

예를 들어, SaaS(Software as a Service) 비즈니스는 구독 기반 수익 모델을 주로 사용한다.

고객 가치 (Customer Value)

고객 가치는 제품이나 서비스가 고객에게 제공하는 핵심적인 혜택과 만족감을 의미한다.

이는 고객의 문제 해결, 욕구 충족, 경험 개선 등 고객 입장에서 느끼는 가치를 중점적으로 파악한다. 비즈니스 모델의 성공은 고객이 인지하는 가치에 달려 있으며, 가치 제안이 명확할수록 시장에서의 경쟁력이 강화된다.

예를 들어, 사용자 친화적 인터페이스, 맞춤형 서비스, 비용 절감 효과 등이 고객 가치를 구성한다.

Four-Box Model은 이 네 가지 요소가 유기적으로 연결되어 비즈니스 모델을 완성한다는 점에서, 초기 사업 기획부터 성장 단계까지 전반적인 전략 수립에 유용하다. 특히 가치 중심 접근법을 통해 기술 스타트업과 SME가 자사의 강점과 시장 요구를 정확히 매칭하고, 수익 창출 경로를 명확히 하여 지속 가능한 성장을 도모할 수 있게 돕는다.

Four-Box Model 실제 적용 사례: 토스

- 핵심 자원: 금융 기술(FinTech) 역량, 사용자 데이터, 금융 라이선스, 개발 인력
- 프로세스: 간편한 UI/UX 설계, 실시간 데이터 처리, 24시간 고객 지원, 지속적인 서비스 개선
- 수익 모델: 송금 수수료, 대출 중개 수수료, 보험 판매 수수료, 투자 상품 수수료
- 고객 가치: 복잡한 금융 업무의 간소화, 낮은 수수료, 빠른 처리 속도, 투명한 정보 제공

2) STOF Model

STOF Model은 서비스(Service), 기술(Technology), 조직(Organization), 재무(Finance)의 네 가지 축을 중심으로 비즈니스 모델을 분석한다. 이 모델은 특히 기술 기반 서비스나 플랫폼 비즈니스에 적합하며, 각 요소가 어떻게 시장 경쟁력과 지속 가능성을 높이는지에 대해 분석한다.

서비스(Service)

고객에게 제공하는 가치 제안 및 서비스의 내용과 특성을 다룬다. 서비스가 어떤 고객 문제를 해결하는지, 어떤 고객 경험을 제공하는지 분석하는 것이다. 서비스의 기능, 품질, 고객과의 상호작용 방식, 고객 세그먼트에 맞는 맞춤형 서비스 설계 등을 포함한다.

기술(Technology)

서비스를 제공하기 위한 기술적 기반과 역량을 의미한다. 기술 인프라, 플랫폼, 시스템, 개발 도구 등 서비스 구현에 필요한 기술 요소들을 평가하게 된다. 기술의 혁신성, 확장성, 안정성, 기술 리스크 관리 방안도 고려한다.

조직(Organization)

서비스 제공과 기술 운영을 지원하는 조직 구조, 인력, 프로세스, 문화 등을 포함한다. 조직의 역량, 역할 분담, 의사결정 구조, 협업 방식, 인력 개발 전략 등을 분석하게 된다. 조직 내외부의 관계망과 파트너십 등도 조직 축에서 중요한 요소로 다뤄진다.

재무(Finance)

비즈니스 모델의 경제적 지속 가능성을 평가하는 것이다. 수익 모델, 비용 구조, 투자 및 자금 조달 방안, 수익성, 재무 위험 관리 등을 다루게 된다. 재무 지표와 자금 흐름을 통해 사업의 재무적 건전성을 진단하는 과정을 거친다.

STOF 모델의 이 네 가지 축은 서로 밀접하게 연관되어 있어, 단일 축만을 개선하기보다는 통합적인 접근을 통해 비즈니스 모델을 최적화할 수 있다. 특히 스타트업이나 신기술 기반 기업에서 서비스 기획과 기술 구현, 조직 운영, 그리고 재무 전략을 조화롭게 설계하는 데 효과적이다.

예를 들어, ICT스타트업은 STOF Model을 활용하여 신기술 개발, 서비스 제공 방식 최적화, 조직 내 협업 구조 개선, 그리고 재무 안정성을 동시에 고려하는 전략을 수립할 수 있다.

STOF Model 적용 사례: 네이버 클라우드 플랫폼

- 서비스(Service): 클라우드 인프라, AI 서비스, 빅데이터 분석, 보안 서비스 등 통합 솔루션 제공
- 기술(Technology): 자체 개발한 하이퍼스케일 AI, 글로벌 인프라, 하이브리드 클라우드 기술
- 조직(Organization): 네이버 그룹의 기술력 활용, 전문 엔지니어 확보, 고객 지원 조직 구축
- 재무(Finance): 사용량 기반 과금제, 장기 계약 할인, 글로벌 확장을 위한 투자 계획

3) 9 Building Blocks Model

9 Building Blocks Model은 비즈니스 모델 캔버스로 널리 알려져 있으며, 고객 세그먼트(Customer Segments), 가치 제안(Value Proposition), 채널(Channels), 고객 관계(Customer Relationships), 수익 흐름(Revenue Streams), 핵심 자원(Key Resources), 핵심 활동(Key Activities), 핵심 파트너(Key Partnerships), 비용 구조(Cost Structure)의 아홉 가지 구성 요소로 이루어져 있다. 이 모델은 비즈니스 구조를 시각적으로 설계하고, 각 요소 간의 관계를 명확히 이해할 수 있도록 돕는다. 특히, 스타트업이 새로운 비즈니스 모델을 설계하거나 기존 모델을 혁신하고자 할 때 매우 유용한 도구이다. 이 모델은 다음 장에서 보다 자세히 다루어 보도록 한다.

이상에서 언급한 접근방법들은 비즈니스 모델을 설계하고 실행하는 데 있어 서로 다른 관점을 제공하며, 상황에 맞게 선택적으로 활용해야 한다. 이를 통해 스타트업은 자신만의 독창적인 비즈니스 모델을 설계하고 이를 시장에 맞게 적용하여 실행할 수 있다.

나 비즈니스 전략 모델로 본 유형

전략 모델 유형은 비즈니스 목표를 달성하기 위한 전반적인 로드맵과 구조적 방향성을 제공한다. 이를 통해 기업은 단기 및 장기적인 경영 전략을 구체화하고, 내부 및 외부 환경 분석을 기반으로 지속 가능한 성장 전략을 수립할 수 있다. 예를 들어 플랫폼 모델은 고객과 공급자를 연결하여 가치를 창출하는 방식으로, 네트워크 효과를 극대화하는 데 초점을 둔다. 대표적인 사례로는 카카오톡과 같은 한국의 플랫폼 기업이 있다. 이들은 사용자 기반을 확장하고 다양한 부가서비스를 통합하여 가치를 증대시켰다. 플랫폼 모델은 다양한 참여자 간의 상호작용을 극대화하여 지속적인 성장을 가능하게 한다.

1) 운영 모델 유형 - 효율성 중심 접근

운영 모델 유형은 기업의 내부 프로세스와 자원 관리 방식을 정의한다. 효율성과 유연성을 극대화하는 데 중점을 두며, 주요 요소로는 기술, 프로세스, 인력 관리가 포함된다. 운영 모델은 기업의 내부 역량을 강화하고 비용 효율성을 높이는 데 초점을 둔다.

구독(Subscription) 모델 심화 분석

구독 모델은 일정 기간 동안 정기적으로 요금을 지불하고 서비스를 이용하는 방식이다. 국내에서는 밀키트 서비스 기업인 마켓컬리가 대표적인 성공 사례다.

- 핵심 성공 요소: 고품질 상품 큐레이션, 콜드체인 물류 시스템, 새벽배송 서비스, 개인화된 추천 알고리즘
- 수치적 성과: 2024년 기준 마켓컬리의 월간활성 사용자수(MAU)는 300만 명대, 연간 거래액은 약 2조 1,956억 원으로 추정
- 운영 최적화: 예측 가능한 수요로 재고 관리 효율성 향상, 고객 획득 비용 대비 높은 생애가치 확보

2) 수익 모델 유형 - 매출 구조 다양화

수익 모델 유형은 기업이 수익을 창출하는 방식에 초점을 둔다. 제품 판매, 구독, 광고, 중개 수수료 등 다양한 형태가 있으며, 각 유형은 시장 상황 및 고객 요구에 따라 차별화된다. 수익 모델은 비즈니스 성공을 위한 핵심적인 요소로, 기업의 생존과 성장에 중요한 역할을 한다.

프리미엄(Freemium) 모델 분석

프리미엄 모델은 기본 서비스를 무료로 제공하며, 고급 기능에 대해 비용을 부과하는 방식이다. 국내 대표 사례는 잔디(JANDI)의 협업 도구 서비스다.

- 무료 서비스 범위: 5명 이하 팀, 기본 메시징, 팀당 3GB 내외 파일 저장공간 무료 제공
- 유료 전환 포인트: 팀 규모 확장, 멤버당 10GB 이상 저장공간 무제한 메시지 보존, 보안 기능 등
- 전환율 데이터: 2025년 보도자료에 따르면 잔디의 유료전환율은 63%를 달성, 2024년 기준 유료고객이 5,000개 이상 돌파함

3) 하이브리드 모델 유형 - 복합적 가치 창출

하이브리드 모델 유형은 위의 여러 모델을 결합하여 사용하며, 복합적인 가치를 창출하는 것을 목표로 한다. 이 유형은 특히 빠르게 변화하는 시장 환경에서 유리한다. 하이브리드 모델은 기업이 다각적인 접근을 통해 다양한 고객 요구를 충족할 수 있도록 한다.

O2O(Online to Offline) 모델 실무 적용

O2O 모델은 온라인 경험을 오프라인 서비스와 연결하여 고객 편의성을 높이는 방식이다. 요기요의 진화가 대표적인 성공 사례다.

- 1단계 - 순수 온라인: 음식점 정보 제공, 전화 주문 연결(2012-2014년)
  2단계 - 온라인 주문: 앱 내 직접 주문, 결제 시스템 구축(2015-2017년)
  3단계 - 통합 물류: 자체 배달 서비스, 실시간 위치 추적(2018-현재)
- 성과 지표: 2024년 기준 요기요의 월간활성 사용자(MAU)는 약 500만 명 내외로 추정되었다.

4) 혁신 모델 유형 - 시장 판도 변화 주도

혁신 모델 유형은 기존의 시장 및 경쟁 방식을 근본적으로 변화시키는 혁신적 아이디어를 바탕으로 한다. 이 모델은 높은 리스크를 수반하지만, 성공할 경우 시장의 판도를 바꿀 수 있다. 혁신 모델은 기업이 경쟁에서 앞서 나가고, 새로운 시장을 개척하는 데 유리하다.

공유경제 모델의 한국적 진화: 쏘카

공유경제는 자원의 소유보다는 활용에 중점을 두는 혁신 모델이다. 쏘카(SOCAR)는 한국 특성에 맞게 카셰어링 모델을 발전시킨 대표 사례다.

- 한국형 혁신 요소: 아파트 단지 내 전용 주차구역, 24시간 무인 운영, 보험료 포함 요금제
- 기술적 차별화: IoT 기반 차량 관리, AI 수요 예측, 스마트폰 키 시스템
- 2024년 기준 누적 회원 수 1,000만 명, 운영 차량 19,400대
- 사회적 가치: 개인 차량 구매 필요성 감소로 환경 보호 기여, 도심 주차 공간 절약 효과

다 비즈니스 모델을 개발하기 위한 주요 분석 항목

비즈니스 모델 개발을 위해서는 다각적인 분석과 체계적인 접근이 필요하며, 이를 효과적으로 수행하기 위해서는 다음과 같은 주요 분석 항목을 심층적으로 검토해야 한다. 특히 각 항목들이 유기적인 연계성을 가지고 종합적으로 개연성있는 스토리텔링의 구조를 갖추고 있는지가 중요하다.

1) 시장분석(Market) - 기회와 위험 평가

시장분석은 기업이 진출하려는 시장의 크기, 성장 가능성, 경쟁 강도 등을 분석하는 과정이다. 이를 통해 시장의 잠재력을 평가하고, 진입 전략을 수립할 수 있다. 예를 들어, 한국의 전자상거래 시장에서 새롭게 등장하는 세그먼트인 "1인 가구 맞춤형 서비스"를 분석한다면, 해당 시장의 소비 패턴, 기술 트렌드, 규제 등을 철저히 검토해야 한다.

2) 고객분석(Customer) - 니즈와 행동 패턴 이해

고객분석은 기업이 타겟으로 삼을 고객 그룹의 특성과 요구를 이해하는 과정이다. 주요 질문으로는 "누구에게?"와 "어떤 가치를?"이 포함된다. 고객의 나이, 성별, 소득 수준, 라이프스타일 등을 분석하여 명확한 고객 세그먼트를 정의해야 한다. 예를 들어, 밀레니얼 세대의 소비 패턴은 디지털 친화적이고 개인화된 경험을 중시하기 때문에, 이에 맞춘 제품과 서비스를 설계해야 한다.

3) 경쟁사 분석(Competitors) - 차별화 포인트 발굴

경쟁사 분석은 해당 시장에서 활동 중인 경쟁 기업들의 강점, 약점, 전략 등을 분석하는 단계이다. 이를 통해 기업은 차별화된 경쟁우위를 확보할 수 있는 요소를 파악하게 된다. 예를 들어, 한 스타트업이 기존 경쟁사들과 비교하여 "가격"이 아닌 "서비스 품질"로 차별화를 도모하려 한다면, 이에 대한 세부 전략을 구체화해야 한다.

4) 경영 프로세스 분석(Process) - 운영 효율성 극대화

경영 프로세스 분석은 기업이 운영하는 주요 활동과 절차를 평가하는 과정이다. 이 과정에서는 기업의 핵심 활동이 가치를 창출하는 방식과 그 과정에서의 효율성을 점검한다. 예를 들어, 전자상거래 플랫폼이 주문부터 배송까지의 프로세스를 분석할 때, 고객의 경험을 극대화할 수 있는 지점을 찾고 이를 개선해야 한다.

5) 수익모델 분석(Revenue/Cost) - 지속가능성 검증

수익모델 분석은 기업이 어떻게 매출을 창출하고, 비용을 관리할 것인지에 초점을 둔다. 다양한 수익 모델(예: 구독형, 광고 기반, 중개 수수료 등)을 평가하고, 예상 수익과 비용 구조를 시뮬레이션한다. 예를 들어, 콘텐츠 플랫폼은 무료 사용자와 유료 사용자의 비율, 광고 수익의 비중 등을 분석하여 수익성을 극대화할 방안을 도출해야 한다.

이러한 분석 항목들은 비즈니스 모델의 경쟁력 요소와 지속 가능성 요소를 파악하는 데 중요한 근거가 된다. 경쟁력 요소는 명확한 가치 제안과 수익 창출 메커니즘을 통해 확보되며, 지속 가능성 요소는 선순환 구조와 모방 불가능성을 통해 유지된다.

효과적인 비즈니스 모델 구축을 위해서는 이 다섯 가지 항목을 체계적으로 분석하고, 각 요소 간의 연관성을 파악하여 통합적인 비즈니스 모델을 설계한다. 또한 지속적인 혁신과 고객 피드백을 반영하여 비즈니스 모델을 발전시키는 것이 중요하다. 이를 통해 기업은 시장에서의 경쟁력을 유지하고, 지속 가능한 성장을 달성할 수 있다.

3 비즈니스 모델 캔버스의 활용

비즈니스 모델 캔버스(Business Model Canvas, BMC)는 비즈니스 모델을 체계적으로 설계하고 명확히 전달할 수 있도록 돕는 강력한 도구이다. 이 도구는 복잡한 비즈니스 구조를 간단히 시각화하여 팀 간 협업과 외부 이해관계자와의 의사소통을 원활히 하고, 창업자와 경영자들에게 전략적 의사결정을 위한 명확한 기준을 제공한다. 특히 BMC는 비즈니스 모델을 한눈에 확인할 수 있는 프레임워크로 9개의 칸으로 구성된 템플릿을 통해 효과적으로 비즈니스를 설명하게 한다.

이러한 BMC의 핵심 강점은 비즈니스의 모든 주요 요소를 9개의 빌딩 블록으로 분류하여 각 요소 간의 관계와 상호작용을 명확히 보여준다는 점이다. 이를 통해 창업자는 고객에게 제공하는 핵심 가치와 기업 내부 운영 구조 간의 연관성을 쉽게 파악할 수 있다. 또한 BMC는 지속적으로 변화하는 시장 환경에 신속히 대응할 수 있도록 비즈니스 모델의 유연한 재설계(Pivoting)를 가능하게 한다. 창업자는 이러한 비즈니스 모델을 활용하여 시장상황과 고객 수요의 변화에 따라 지속적으로 비즈니스 기회를 탐색하고 경쟁 우위를 확보할 수 있는 최적화된 전략을 수립하거나 개선해 나갈 수 있다. 본 장에서는 BMC의 개념, 구축 절차, 활용 방법, 그리고 항목별 세부 고려 사항에 대해 심층적으로 다루어 보도록 한다.

가 비즈니스 모델 캔버스의 개념

비즈니스 모델 캔버스는 스위스의 경영학자 알렉산더 오스터왈더(Alexander Osterwalder)가 2010년 『비즈니스 모델 제너레이션』이라는 저서를 통해 체계화한 비즈니스 설계 프레임워크이다. 이 캔버스는 기업이 고객에게 가치를 제공하기 위해 수행해야 할 전략적 활동과 자원을 구조화하고 한눈에 시각적으로 파악할 수 있도록 돕는 템플릿 역할을 한다. 비즈니스 모델 캔버스는 BMC(Business Model Canvas)라고 불리며 비즈니스의 4대 핵심 영역인 "누구에게(Who)", "무엇을(What)", "어떻게(How)", "얼마나(How much)"를 기반으로 한 9가지 빌딩 블록으로 구성되어 있다. 이러한 구조는 복잡한 비즈니스 모델을 단순하고 명료하게 요약할 수 있으며, 창업자와 경영자들에게 신속한 의사결정을 위한 기준을 제공한다.

특히 비즈니스 모델 캔버스는 각 구성 요소 간의 상호작용을 시각적으로 한눈에 확인할 수 있어 전략의 일관성을 확보할 수 있으며, 비즈니스 모델의 잠재적인 약점을 조기에 발견하고 개선할 수 있는 장점이 있다. 비교적 단순한 템플릿 형태이기 때문에 시장의 변화나 피드백을 반영하여 빠르고 유연하게 모델을 수정(Pivoting)하거나 혁신(Innovation)하는 데에도 유용하다.

스타트업이 초기 사업 구상을 진행할 때, 고객 세그먼트, 가치 제안, 채널, 핵심 자원 등 주요 요소를 한 장의 캔버스에 도식화함으로써 각 요소들의 논리적인 정합성과 유기적인 관계를 쉽게 파악할 수 있다. 캔버스 형태의 템플릿은 비즈니스 모델 설계 과정에서 반복적인 검토와 수정 과정을 가능하게 하여, 사업화를 추진하기 위해 총체적으로 점검해야 하는 핵심요소들과 그 관계를 쉽게 파악할 수 있다.

유의해야 할 점은 비즈니스 모델이 단순히 한 번 설계되고 끝나는 정적인 개념이 아니라는 것이다. 비즈니스 모델은 시장과 고객의 반응을 통해 끊임없이 검증되고, 수정 및 보완되는 동적인 과정(Pivoting)을 통해 발전해 나가야 한다. 다시 말해 비즈니스 모델은 일종의 "사업의 스케치"라는 성격을 지니며, 사업화가 진행됨에 따라 변화하는 시장 환경과 고객의 요구에 대응하여 지속적으로 수정될 수 있음을 전제로 해야 한다는 것을 의미한다. 따라서, 초기 비즈니스 모델은 가설의 집합으로 보아야 하며, 이를 통해 실제 시장에서 피드백을 얻고 최적화 과정을 반복하면서 완성도를 높여 가야 한다.

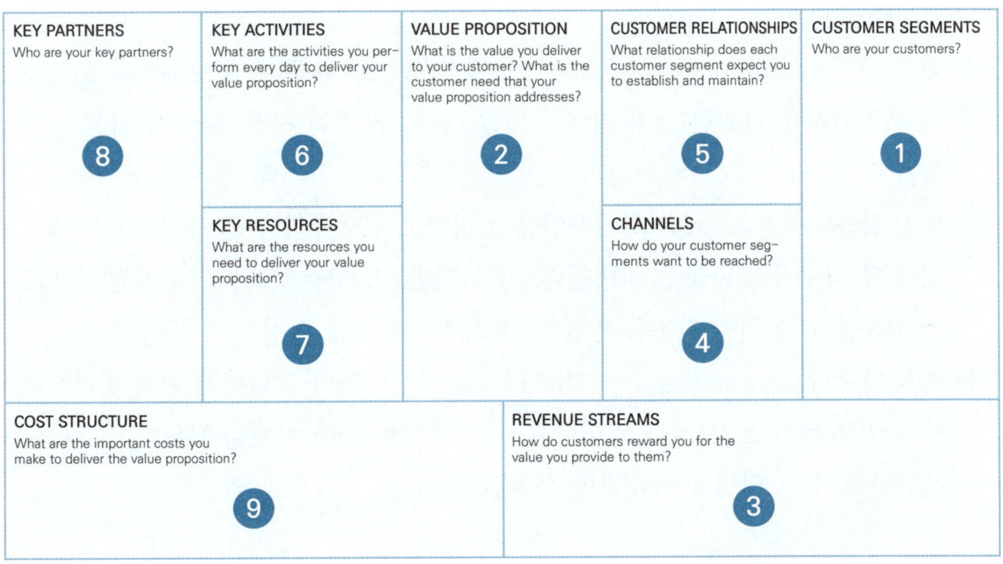

Alexander Osterwalder의 비즈니스 모델 9블럭 캔버스 형태

다음은 비즈니스 모델 캔버스 9블럭의 각 항목이 무엇을 의미하는가에 대한 설명이다.

① 고객 세그먼트(Customer Segments): 목표 고객 그룹의 주요 특성과 요구 사항을 정의하는 작업이다. 이 항목의 핵심은 고객을 세분화 하는 것이다. 예를 들어 고객을 사용자, 구매자, 이해관계자로 분류하고, 각각의 세그먼트에 맞는 접근법을 설계할 수 있을 것이고 또는 고객의 연령, 성별, 소득 수준과 같은 인구통계학적 정보와 구매 습관, 선호도와 같은 행동적 특징을 분석할수도 있을 것이다.

② 가치 제안(Value Propositions): 고객에게 제공할 제품이나 서비스의 본질적 가치를 의미한다. 이러한 가치 제안은 고객의 문제를 해결하거나 특정 욕구를 충족시키는데 초점을 맞춰야 한다.

③ 채널(Channels): 고객과의 소통 및 가치를 전달하기 위한 최적의 경로와 방법을 설계하는 단계를 의미한다. 온라인과 오프라인 채널을 조화롭게 결합하여 고객 접근성을 극대화하기 위한 항목이다.

④ 고객 관계(Customer Relationships): 고객과의 지속 가능한 관계를 구축하고 유지하는 전략이 무엇인가를 의미한다. 예컨대, 맞춤형 경험 제공, 충성도 프로그램 설계 등이 제시될 수 있다.

⑤ 수익 흐름(Revenue Streams): 제품이나 서비스에서 발생하는 주요 수익원의 종류와 형태, 규모를 의미한다. 구독, 광고, 제품 판매 등 다양한 수익 모델을 검토하기 위한 항목이다.

⑥ 핵심 자원(Key Resources): 비즈니스 모델의 성공을 위해 현재 보유하고 있는 자원이 무엇인지를 의미한다. 여기에는 기술, 인력, 재정적 자산, 물리적 자원 등이 포함될 수 있다.

⑦ 핵심 활동(Key Activities): 가치제안을 실현하고 전달하기 위해 사업화 주체가 수행해야 할 필수적인 활동을 의미한다. 제품 개발, 마케팅, 유통, 고객 지원 등 비즈니스 성공을 위한 핵심 활동을 명확히 하고, 우선순위를 설정할 수 있다.

⑧ 핵심 파트너(Key Partnerships): 비즈니스를 지원하거나 강화하기 위해 협력해야 할 주요 외부 파트 및 관계를 의미한다. 파트너십을 통해 자원을 보완하고, 리스크를 분산하며, 상호 이익을 극대화할 수 있도록 한다.

⑨ 비용 구조(Cost Structure): 비즈니스 모델 운영 과정에서 발생하는 주요 비용 항목을 정의하고 효율성을 높이는 방안을 의미한다. 흔히 자본적 지출과 고정비, 변동비 등 비용의 구조적 구성을 점검한다.

나 비즈니스 모델의 구축 프로세스

비즈니스 모델 캔버스는 비즈니스 모델을 구축하는 과정에서 활용된다. 각 단계별로 구체적인 활동과 산출물을 명확히 정의하여 효과적인 비즈니스 모델을 완성해야 한다.

1) 1단계: 비즈니스 아이디어 발견(Discovery)

이 단계는 비즈니스 기회를 탐색하고 창의적인 아이디어를 발굴하는 단계를 의미한다. 주된 활동은 시장 동향, 고객의 요구사항, 경쟁사의 전략 등을 조사하여 실행가능한 아이디어를 도출하는 것이다. 고객의 문제점과 수요를 파악하고, 이를 기반으로 문제 해결 방안을 솔루션으로 제시한다. 그리고 그것을 사업화이템으로 만들 수 있는지를 검토하게 된다. 이 단계에서는 특히 고객의 문제를 정의하고 그에 따른 해결책을 구체화하는 과정에서 창의적인 접근이 필요하다. 고객 인터뷰, 설문 조사, 시장 데이터 분석 등이 이루어지며, 이를 통해 비즈니스 아이디어가 현실적인 기반을 가질 수 있는지를 검토한다.

비즈니스 아이디어 발견 단계의 핵심활동은 다음과 같다.

- 시장 조사 및 트렌드 분석
- 고객 인터뷰 및 페인 포인트 발굴
- 경쟁사 분석 및 시장 공백 영역 탐색
- 기술적 실현 가능성 검토
- 규제 환경 및 진입 장벽 분석

국내 사례: 당근마켓의 아이디어 발견 과정

당근마켓 창업자들은 기존 중고거래 플랫폼(중고나라, 번개장터)이 전국 단위 거래에 집중하면서 발생하는 문제점(사기, 배송비, 직거래 어려움)을 발견했다. 동네 기반 중고거래라는 아이디어를 통해 신뢰도 높은 거래 환경을 만들 수 있다는 가설을 설정하고 사업을 시작했다.

2) 2단계: 캔버스를 활용한 비즈니스 모델 설계(Design)

이 단계는 발굴된 아이디어를 기반으로 사업화 가능 유무를 검토하기 위해 비즈니스 모델 캔버스를 활용해보는 단계이다. 캔버스 9가지 빌딩 블록 각각을 작성해봄으로써 각 항목이 유기적으로 연결되도록 초안을 설계한다. 이 같은 각 빌딩 블록의 요소들은 구체적인 실행 가능성을 가지고 있어야 사업화의 완성도를 높일 수 있다. 특히 고객 세그먼트와 가치 제안은 비즈니스 모델의 중심을 이루는 핵심 요소로, 이 두 요소가 명확하게 정의되고 조정되어야 전체 모델이 균형을 이룰 수 있다.

비즈니스 모델 설계의 순서(권장)

고객 세그먼트 정의 → 가치 제안 설계 → 채널 설계 → 고객 관계 전략 수립 → 수익 모델 설계 → 핵심 자원 분석 → 핵심 활동 정의 → 핵심 파트너 선정 → 비용 구조 분석

실무 팁
각 블록을 포스트잇으로 작성하여 지속적으로 수정·보완할 수 있도록 하며, 팀원들과 함께 브레인스토밍을 통해 다양한 아이디어를 수집한다.

3) 3단계: 비즈니스 모델 개선(Reinvent)

현재까지 구상한 비즈니스 모델을 경쟁사의 비즈니스 모델과 비교하여 자사의 핵심 역량이 차별성을 가질 수 있는지를 분석하는 단계이다. 이 같은 과정을 통하여 자사의 강점을 극대화하고, 약점을 보완하며, 핵심 역량이 최대한 발휘될 수 있는 방향으로 개선할 수 있다.

이 단계에서 SWOT 분석과 같은 도구를 활용하여 외부 환경과 내부 역량을 종합적으로 고려한 개선 방안을 도출하기도 한다.

개선 방법론
- SWOT 분석을 통한 내외부 환경 분석
- 경쟁사 BMC 비교 분석
- 고객 여정 지도(Customer Journey Map) 작성
- 가치 제안 캔버스(Value Proposition Canvas) 활용

4) 4단계: 비즈니스 모델 검증과 평가(Evaluation)

이 단계는 시장 테스트와 고객 피드백을 통해 비즈니스 모델의 가설을 체계적으로 검증하는 활동을 수행한다. 이 과정에서 얻어진 데이터를 기반으로, 필요한 경우 비즈니스 모델을 수정하는 피보팅(pivoting)이나 근본적으로 비즈니스 구조를 혁신(Innovation)하는 방안을 실행할 수 있다. 시장의 피드백은 비즈니스 모델의 적합성과 실현 가능성을 평가하는 데 핵심적인 요소로 작용하며, 이를 통해 모델의 강점과 약점을 명확히 파악하고 개선 방향을 설정할 수 있다.

국내 사례: 토스의 지속적 모델 검증

토스는 초기 송금 서비스에서 시작하여 지속적인 고객 피드백을 통해 비즈니스 모델을 확장했다. 송금 → 가계부 → 투자 → 대출 → 보험순으로 서비스를 확장하면서 각 단계마다 고객 반응을 측정하고 비즈니스 모델을 조정했다.

5) 5단계: 비즈니스 모델 이행(implementation)

이 단계는 구축된 비즈니스 모델의 구체화 방안을 수립하는 단계이다. 이 과정에서는 비즈니스 모델을 사업계획서 형태로 구체화하여 실행력을 높이는 것이 중요하다. 사업계획서에는 자금 조달 방안, 팀 구성 계획, 실행 일정 등이 포함되며, 이를 통해 명확하고 체계적인 실행 계획을 수립하여 추진하게 된다.

실행 계획 수립

- 자금 조달 계획 및 투자 유치 전략
- 조직 구성 및 인재 채용 계획
- 제품/서비스 개발 로드맵
- 마케팅 및 영업 전략
- 운영 프로세스 및 시스템 구축
- 성과 측정 지표(KPI) 설정

다 벤치마킹 기법을 통한 BMC의 효과적인 활용 방법

처음 비즈니스 모델 캔버스를 활용하여 비즈니스 모델을 구축하려는 창업자에게는 다소 막연하고 추상적으로 느껴질 수 있다. 이때 보다 쉽게 경쟁력 있는 비즈니스 모델을 구축하는 방법 중 하나가 성공 사례 기업의 비즈니스 모델을 분석하고 이를 우리 상황에 맞게 적용해 보는 벤치마킹 기법이다.

비즈니스 모델을 설계하기 전에 롤모델이 될 만한 기업이나 경쟁사의 비즈니스 모델을 BMC를 활용해 분석하고, 이를 바탕으로 자사의 강점과 특성에 맞춘 모델로 수정하여 설계하는 방식이며, 처음으로 비즈니스 모델 구축을 시도하는 스타트업에게 유용하다.

1) 벤치마킹 대상 기업 선정

창업자의 업종이나 아이템과 직접적인 관련성이 있고, 벤치마킹의 대상이 될 만한 성공모델의 기업 또는 경쟁사로 볼 수 있는 기업을 선정한다. 대략 5-10개 정도의 기업을 분석 대상으로 결정하는 것을 권장한다. 그리고 이러한 기업들의 비즈니스 모델을 BM 9블럭 캔버스를 활용하여 분석해본다. 이때, 각 블록의 항목들은 포스트잇을 활용하면 유용하다. 예컨대 가치제안 항목은 모두 빨간색 포스트잇으로, 고객 세그멘테이션 항목은 모두 파란색 포스트잇으로 구분하여 각 항목들에 대한 비즈니스 모델을 기업별로 완성해 나간다.

벤치마킹 대상 선정 기준

- 동일 또는 유사 업종의 성공 기업
- 비슷한 고객 세그먼트를 대상으로 하는 기업
- 유사한 비즈니스 모델을 가진 해외 기업
- 다른 업종이지만 우수한 비즈니스 모델을 가진 기업
- 우리와 유사한 규모에서 시작하여 성장한 기업

2) BMC 9블록 분석 및 벤치마킹 요소 추출

경쟁사나 성공 모델로 꼽히는 기업의 비즈니스 모델 캔버스에 붙어있는 각 항목별 포스트잇을 활용하여 우리 회사의 비즈니스 모델 캔버스 9블럭의 각 항목을 채워 나간다. 이때, 명백하게 우리 회사에 적용이 불가능 하거나 도입이 어려운 항목들은 제외시킨다. 이렇게 되면, 우리 회사의 비즈니스 모델 캔버스는 경쟁사나 롤모델 기업들로부터 벤치마킹한 9블럭 각 항목 요소들의 포스트잇으로 채워지게 된다.

3) 우리 회사 상황에 맞춘 재구성으로 BMC초안 작성

마지막 단계로 이렇게 완성된 우리 회사의 비즈니스 모델 캔버스의 각 항목들의 유기적 관계를 파악한다. 이때, 우리 회사의 비즈니스 환경과 전략에 맞는 항목을 더하거나 빼서 조정하여 반영한다. 그리고 최종적으로 비즈니스 모델 캔버스 초안을 완성한다.

주의해야 할 점은 이 같은 벤치마킹 방법을 활용할 때는 자사의 상황에 부적합하거나 실행 가능성이 낮은 항목은 과감히 제외하고, 현실적이고 실행가능한 모델을 설계해야 효과를 극대화할 수 있다는 점이다.

적용 과정

① 벤치마킹 요소 중 적용 가능한 것들을 우리 캔버스에 배치
② 요소들 간의 논리적 연결성 검토
③ 중복되거나 상충하는 요소들 조정
④ 부족한 부분에 대한 추가 아이디어 발굴
⑤ 전체적인 일관성 및 실현 가능성 점검

라 비즈니스 모델 캔버스 9개 블록 항목의 핵심 요소

그렇다면 비즈니스 모델 캔버스를 보다 잘 활용하기 위해서는 각 블록의 항목에 어떤 요소를 중점적으로 검토해야 할까? 비즈니스 모델 캔버스의 각 항목을 효과적으로 채워나가기 위해 창업자가 고민해야 할 핵심 사항을 구체적으로 살펴보면 다음과 같다.

1) 고객 세그먼트(Customer Segments)

고객 세그먼트는 목표 고객 그룹의 주요 특성과 요구 사항을 정의하는 작업이다. 최근 조사된 자료에 의하면 국내 창업기업의 실패 원인 1위가 '시장 수요 부족'(42.3%, 창업진흥원)인 점을 고려할 때, 정확한 고객 세그먼트 정의는 창업 성공의 중요한 요소라 할 수 있다.

고객 세그먼트를 정의하는 첫 번째 질문은 "우리가 목표로 삼는 고객은 사용자, 구매자, 이해관계자 등으로 어떻게 정의할 수 있는가?"이다.

흔히 사용자, 구매자, 의사결정자, 이해관계자 등으로 고객을 분류해보기도 하는데, 사용자란 제품이나 서비스를 실제로 이용하는 사람을 의미하며, 구매자는 실제로 비용을 지불하는 사람을 의미한다. 이 두 그룹은 반드시 일치하지 않을 수 있으며, 서로 다른 요구와 관점을 가질 가능성이 높다. 예를 들어, 어린이 장난감 시장에서는 어린이가 장난감의 사용자이고 부모가 구매자인 경우가 대부분이다. 사용자인 어린이는 장난감의 재미와 흥미를 중시하는 반면, 구매자인 부모는 안전성과 교육적 가치를 더 중요하게 고려할 수 있다. 이러한 관점의 차이를 이해하고, 각각의 요구를 충족시키는 전략을 설계하는 것이 중요하다.

고객 세그먼트 정의 방법

고객의 효과적인 세분화를 위해서는 잠재 고객의 니즈와 페인 포인트(Pain Point)가 무엇인지를 밝혀내는 것에서 출발해야 한다. 고객이 해결하고자 하는 문제와 이를 통해 얻고자 하는 가치를 명확히 파악하는 것이 핵심이다. 문제해결의 가치를 가장 강력하게 느끼는 사람이 바로 고객이라고 볼 수 있기 때문이다.

때때로 이러한 고객 세그먼트를 위해서는 인구통계학적 정보 활용를 활용하기도 한다. 나이, 성별, 소득 수준, 직업 등 인구통계학적 정보를 분석하여 고객을 세분화해가는 방식이다. 예를 들어, 고가의 프리미엄 제품은 소득 수준이 높은 고객층을 주요 타겟으로 삼을 수 있다. 잠재 고객의 행동적 특성을 분석하여 고객을 세분화 하는 방안도 있다. 행동적 특성은 구매 습관, 선호도, 브랜드 충성도 등을 의미하며, 이러한 행동적 특성을 기반으로 고객을 세분화 한다. 예를 들어, 디지털 서비스를 제공하는 기업은 기술에 익숙한 밀레니얼 세대를 주요 고객으로 설정할 수 있을 것이다.

고객 세그먼트 정의를 위한 실무 체크리스트

- 우리 제품/서비스의 실제 사용자는 누구인가?
- 구매 결정을 내리는 사람은 누구인가?
- 비용을 지불하는 사람은 누구인가?
- 각 고객군의 구체적인 니즈(Needs)와 페인 포인트(Pain Point)는 무엇인가?
- 고객의 구매력과 지불 의사는 어느 정도인가?

세그먼트별 맞춤 전략 설계

고객을 세분화(세그먼트)하는 궁극적 이유는 각 세그먼트 고객들의 요구와 특성에 맞춘 전략을 수립하기 위함이다. 예를 들어 사용자 그룹은 제품의 편리성과 사용자 경험을 중시하며, 구매자는 가격과 기능을 중요시하고, 이해관계자는 장기적인 가치를 평가할 가능성이 높다. 이를 바탕으로 각 그룹에 적합한 접근법을 설계한다.

고객 세그먼트를 세밀하게 정의하고, 각 그룹에 맞춘 차별화된 전략을 개발하는 것은 추후 비즈니스 모델의 실행 가능성과 성과를 극대화할 수 있는 중요한 요소이다.

2) 가치 제안(Value Propositions)

가치 제안은 고객에게 제공할 제품이나 서비스의 본질적 가치를 의미한다. 국내 스타트업 생태계에서 성공한 기업들의 공통점은 명확하고 차별화된 가치 제안을 보유하고 있다는 점이다. 이러한 가치 제안은 고객의 문제를 해결하거나 특정 욕구를 충족시키는 데 초점을 맞춰야 한다.

가치 제안 항목을 정의하는 핵심 질문은 “고객이 우리의 제품/서비스를 구매함으로써 얻게 되는 효용은 무엇인가? 그리고 이러한 효용이 경제적 가치를 창출할 만큼 충분한 가치를 지니고 있는가?”이다.

고객이 느끼는 가치가 높은 효용은 단순히 제품의 기능적 편익뿐만 아니라, 심리적 만족감, 시간 절약, 비용 효율성 등을 포함하며, 최종적으로 고객이 돈을 지불할 의사를 결정할 수 있는 강력한 이유가 되어야 한다. 따라서, 고객이 제품이나 서비스를 통해 얻게 되는 효용은 그들이 직면한 문제를 해결하거나 새로운 기회를 창출할 수 있도록 돕는 것일수록 가치가 높아질 것이다. 이러한 가치는 궁극적으로 고객의 삶을 더 편리하게 만들거나, 비용을 절감하거나, 특정 욕구를 충족시키는 방식으로 활용될 수 있어야 한다. 예를 들어, IT서비스 기업은 고객의 데이터 관리 문제를 자동화 시스템을 통해 해결할 수 있으며, 이를 통해 시간과 비용을 절약하는 매력적인 경제적 효용을 제공할 수 있을 것이다. 또한 가치를 설계할 때는 경쟁사와 차별화된 요소를 명확히 정의하는 것이 필요하다. 차별화는 품질, 가격, 사용자 경험, 혁신성 등 다양한 측면에서 이루어질 수 있다. 예컨대, 친환경 제품을 제공하는 스타트업은 지속 가능성을 강조함으로써 환경에 민감한 고객층에게 독특한 가치를 제공할 수 있다. 또한, 고객이 제품을 구매하거나 서비스를 사용할 때 느끼는 심리적 만족감이나 브랜드 충성도도 경제적 가치를 높이는 중요한 요소로 작용할 수 있다.

실무 적용 사례: 직방의 가치 제안

직방은 기존 부동산 중개업계의 정보 불투명성과 비효율성 문제를 해결하는 것을 핵심 가치 제안으로 설정했다. '모든 매물 정보를 투명하게 공개하고, 원클릭으로 집을 구할 수 있는 서비스'라며 직방 서비스의 가치제안을 구체화 시켰다.

고객이 제품이나 서비스를 통해 얻는 효용은 경제적, 심리적, 기능적 가치를 포함하며, 이러한 효용이 고객의 구매 결정을 이끌어낼 만큼 충분히 강력해야 한다. 이를 위해 명확한 차별화 전략과 고객 맞춤형 접근이 필요하게 된다.

가치 제안 설계를 위한 핵심 질문

- 고객이 현재 겪고 있는 가장 큰 문제는 무엇인가?
- 우리 제품/서비스가 이 문제를 어떻게 해결하는가?
- 경쟁사 대비 우리만의 차별화 요소는 무엇인가?
- 고객이 느끼는 가치가 지불하는 비용보다 훨씬 큰가?
- 이 가치를 한 문장으로 명확히 표현할 수 있는가?

3) 채널(Channels)

채널은 고객과의 소통 및 가치를 전달하기 위한 최적의 경로와 방법을 설계하는 단계를 의미한다. 2025년 국내 이커머스 시장 규모가 약 230조-242조 원 규모로 성장할 것으로 추정되는 등 비즈니스 채널에서 온라인과 오프라인 채널을 조화롭게 결합하여 고객 접근성을 극대화하는 것이 더욱 중요해졌다.

채널 항목의 핵심질문은 "고객이 우리 회사의 제품/서비스를 인지하고 획득하는 과정은 어떻게 설계되어야 하는가? 고객이 제품/서비스를 쉽게 발견하고 구매로 이어지게 하기 위해 어떤 경로와 접근 전략이 필요한가?"로 볼 수 있다.

채널은 고객에게 가치를 전달하는 방법을 의미하는 것으로, 비즈니스 모델에서 중요한 역할을 한다. 채널은 단순히 제품과 서비스를 제공하는 경로 이상의 의미를 가지며, 고객이 우리 회사 제품을 인지하는 과정에서 접점을 형성하고 가치를 효과적으로 전달하기 위한 모든 방식을 포함한다. 이는 온라인과 오프라인 등 다양한 유통 경로의 설계와 최적화를 통해 이루어진다. 채널을 효과적으로 설계하기 위해 다음의 요소를 고려해야 한다.

실무 적용 사례: 무신사의 옴니채널 전략

무신사는 온라인 중심의 패션 플랫폼에서 시작하여 오프라인 매장(무신사 스탠다드)을 확장하는 옴니채널 전략을 구사하고 있다. 고객은 온라인에서 상품을 검색하고, 오프라인 매장에서 피팅 후 온라인으로 구매하거나, 반대로 오프라인에서 체험 후 온라인에서 구매하는 등 채널 간 자유로운 이동이 가능하다.

인지 단계 설계

고객이 제품이나 서비스를 처음으로 접할 수 있는 경로를 명확히 정의한다. 예를 들어, 온라인 채널에서는 검색 엔진, 소셜 미디어, 웹사이트가 주요 접점이 될 수 있으며, 오프라인 채널에서는 매장, 이벤트, 전시회 등이 활용될 수 있다. 신제품 출시 시 SNS 광고와 검색 엔진 마케팅을 활용하여 초기 관심을 유도하는 것이 한 가지 전략이 될 수 있다.

가치 전달 방식

채널의 본질은 고객에게 가치를 어떻게 전달할 것인지에 있다. 예를 들어, 고급 의류 브랜드는 오프라인 매장에서의 고객 경험을 중요시하며, 이를 통해 브랜드 이미지를 전달한다. 반면, 디지털 서비스 제공자는 웹 플랫폼이나 앱을 통해 가치를 직접 제공할 수 있다. 채널 설계는 이러한 고객의 기대와 제품 특성을 균형 있게 반영해야 한다.

채널 간의 조화

채널 간의 조화는 온/오프라인 채널을 결합하여 고객 접근성을 극대화하는 것을 의미한다. 고객이 온라인에서 제품 정보를 탐색한 후 오프라인 매장에서 구매하거나, 오프라인 체험을 온라인 구매로 연결할 수 있도록 설계하는 것이 중요하다. 예를 들어, 전자 제품 판매 기업은 고객이 매장에서 제품을 체험한 후 QR 코드를 통해 온라인으로 구매할 수 있는 방식을 도입할 수 있다.

접근 전략

고객 세그먼트에 따라 최적의 접근 전략을 수립한다. 젊은 소비자는 소셜 미디어와 같은 디지털 채널을 통해 쉽게 접근할 수 있으며, 기업 고객은 전문적인 B2B 채널(예: 이메일 캠페인, 세미나)을 통해 가치 전달을 경험할 수 있다.

성과 분석 및 개선

각 채널의 성과를 측정하고, 데이터를 기반으로 개선 방안을 도출한다. 채널별 전환율, 고객 만족도, 비용 효율성을 분석하여 비효율적인 요소를 제거하고, 효과적인 경로에 집중한다. 고객 피드백은 채널 전략을 지속적으로 발전시키는 데 핵심적인 역할을 한다.

채널은 고객과의 접점을 최적화하고, 제품 및 서비스를 전달하는 과정에서 기업의 가치를 직접적으로 반영하는 중요한 요소이다. 이를 통해 고객 만족도와 구매 전환율을 극대화할 수 있다. 채널별 성과를 측정하여 비효율적인 요소를 제거하고, 고객의 피드백을 반영해 지속적으로 개선해야 한다.

채널 설계의 5단계 프로세스

- 인식(Awareness): 고객이 우리 제품을 처음 알게 되는 경로
- 평가(Evaluation): 고객이 제품 가치를 평가하는 과정
- 구매(Purchase): 실제 구매가 이루어지는 경로
- 전달(Delivery): 제품/서비스가 고객에게 전달되는 방식
- 사후지원(After-sales): 구매 후 고객 지원 및 관계 유지

4) 고객 관계(Customer Relationships)

고객 관계는 고객과의 지속 가능한 관계를 구축하고 유지하는 전략을 의미한다. 신규 고객 확보 비용이 기존 고객 유지 비용보다 5-7배 높다는 연구 결과(Havard Business Review(2014), Forbes(2022))를 고려할 때, 고객 관계 관리는 기업의 수익성에 직접적인 영향을 미치는 요소이다.

고객 관계의 핵심질문은 "고객이 우리 회사의 제품/서비스를 지속적으로 구매하도록 하기 위해 어떤 전략과 장치가 필요한가?"이다.

고객이 지속적으로 제품이나 서비스를 구매하기 위해서는 신뢰와 만족을 기반으로

한 지속 가능한 관계를 구축해야 한다. 고객관계란 이러한 지속 가능 관계의 설정 모색하는 것을 의미한다.

이를 위해 다음과 같은 전략과 장치가 필요하다.

맞춤형 고객 경험 제공

고객의 요구와 기대를 정확히 파악하고, 이를 충족하는 맞춤형 경험을 제공하는 것이 중요하다. 예를 들어, 개인화된 추천 시스템이나 고객 데이터를 기반으로 한 특별 혜택 제공은 고객의 재구매 의사를 높이는 데 효과적이다.

충성도 프로그램 설계

고객 충성도를 높이기 위한 포인트 적립, 멤버십 프로그램, 또는 장기 구매 고객에게 제공되는 추가 혜택과 같은 프로그램을 설계한다. 이러한 프로그램은 고객이 반복적으로 구매하도록 동기를 부여할 수 있다.

정기적 소통과 피드백 수집

이메일 뉴스레터, 설문조사, 소셜 미디어와 같은 채널을 활용하여 고객과 정기적으로 소통한다. 이를 통해 고객의 불만이나 요구를 신속히 해결하고, 피드백을 바탕으로 제품이나 서비스를 개선할 수 있다.

브랜드 신뢰 구축

고객에게 신뢰를 심어주는 것은 장기적인 관계를 유지하는 데 핵심이다. 품질 보증, 투명한 커뮤니케이션, 일관된 서비스 제공은 브랜드 신뢰를 강화한다.

커뮤니티 구축

고객이 브랜드와 감정적으로 연결될 수 있는 커뮤니티를 형성한다. 예를 들어, 소셜 미디어에서 고객 간의 소통을 촉진하거나, 이벤트와 캠페인을 통해 참여를 유도한다. 이와 같은 접근법을 통해 고객과의 장기적인 관계를 유지하고, 지속적인 구매를 이끌어낼 수 있다.

실무 적용 사례: 네이버 클라우드 플랫폼의 고객 관계 전략

네이버 클라우드 플랫폼은 B2B 고객 특성을 고려하여 다층적 고객 관계 전략을 구사한다. 대기업 고객에게는 전담 기술 지원팀(TAM, Technical Account Manager)을 배정하고, 중소기업에게는 온라인 기술문서와 커뮤니티를 제공하며, 개발자 고객에게는 정기 세미나와 해커톤을 통해 관계를 유지한다.

5) 수익 흐름(Revenue Streams)

수익 흐름은 제품이나 서비스에서 발생하는 주요 수익원의 종류와 형태, 규모를 의미한다. 경제적 교환가치가 발생하는 대상이 무엇이며, 어떻게 다각화 할 수 있는지를 체계적으로 분석해야 한다. 구독, 광고, 제품 판매 등 다양한 수익 모델을 검토하여 비즈니스에 가장 적합한 구조를 설계해야 한다.

수익 흐름의 핵심 질문은 "경제적 교환가치가 발생하는 대상은 무엇이며, 얼마나 다양한가?"이다.

경제적 교환가치가 발생하는 대상은 기업의 주요 수익원이 되는 제품, 서비스, 혹은 비즈니스 활동으로 정의할 수 있다. 이는 고객의 니즈와 연관되며, 다양한 방식으로 수익을 창출할 수 있는 기회를 제공할 수 있어야 한다.

주요 수익원의 명확한 정의

기업이 제공하는 제품이나 서비스에서 발생하는 주요 수익원을 명확히 설정해야 한다. 예를 들어, 제조기업의 경우에는 납품하는 제품이 수익원이라고 할 수 있는 반면 소프트웨어 기업의 경우 소프트웨어 라이선스 판매나 구독 모델을 주요 수익원으로 볼 수 있다.

부가 수익원의 탐색

핵심 제품이나 서비스 외에도 부가적인 수익원을 탐색해야 한다. 예를 들어, 제조업의 경우에는 제품에 대한 유지관리 서비스나, 부품의 납품이 부수익원이 될수 있으며, 플랫폼 기업의 경우에는 배너 광고를 통한 수익 창출, 부가 서비스 판매, 혹은 협력사와의 제휴를 통해 발생하는 수익, 프리미엄 구독 모델을 동시에 운영하여 수익을 극대화할 수 있다.

최근에는 구독, 광고, 직접 판매, 중개 수수료 등 다양한 수익 모델의 창출이 가능하므로, 부가 수익원의 현실적 실현 가능성을 고려하여 비즈니스에 적합한 모델을 선택해야 한다.

수익 흐름의 최적화

수익원을 다각화하는 동시에, 각 수익원이 사업에 어느 정도 비중으로 어떻게 기여할 수 있는지 평가하여 전체 수익 흐름을 구조적으로 최적화해야 한다. 이는 비즈니스 모델의 안정성을 높이고, 리스크를 분산시키는 데 중요한 역할을 한다.

주요 수익 모델 유형 예시

- 제품 판매(Asset Sale): 물리적 제품이나 디지털 제품의 직접 판매
- 구독료(Subscription Fees): 지속적인 서비스 이용에 대한 정기 결제
- 광고 수익(Advertising): 광고주로부터 받는 광고비
- 중개 수수료(Brokerage Fees): 거래 중개 시 받는 수수료
- 라이선싱(Licensing): 지적재산권 사용에 대한 라이선스 비용
- 사용료(Usage Fee): 서비스 사용량에 따른 종량제 요금

수익구조 설계시에는 다음 사항을 고려해야 한다.

- 주요 수익원이 전체 매출에서 차지하는 비중은 얼마인가?
- 수익원별 성장 가능성과 지속 가능성은 어떠한가?
- 고객이 지불할 의사가 있는 적정 가격대는 어디인가?
- 경쟁사 대비 우리의 가격 경쟁력은 어느 정도인가?
- 수익 구조의 확장성과 반복성은 확보되어 있는가?

6) 핵심 자원(Key Resources)

핵심 자원은 비즈니스 모델의 성공을 위해 현재 보유하고 있는 자원이 무엇인지를 의미한다. 우리 회사가 확보한 자원을 재무적 차원, 인적 차원, 기술적 차원에서 체계적으로 분석해야 한다. 여기에는 기술, 인력, 재정적 자산, 물리적 자원 등이 포함될 수 있다.

핵심 자원에 대해 고려해야할 핵심질문은 "우리 회사가 확보한 자원은 재무적 차원, 인적 차원, 기술적 차원에서 무엇인가?"이다.

기업이 보유한 자원은 성공적인 비즈니스 운영과 성장을 위한 필수적인 요소로, 창업

이나 새로운 사업화를 추진하는 본질적 원동력을 확보하고 있는 가를 확인하는 과정이라고 볼 수 있다. 이러한 자원의 활용은 비즈니스 모델의 실행 가능성과 지속 가능성을 결정짓는 핵심적인 역할을 한다.

재무적 자원

기업이 보유하고 있는 초기 투자금, 운영 자금, 유동 자산 등 회사의 재무 자원의 확보 상태를 의미한다. 이를 기반으로 기업은 자본의 효율적 배분 계획을 수립할 수 있다. 참고로 스타트업의 경우 외부 투자 유치, 정부 지원금, 크라우드 펀딩 등을 통해 재무적 자원을 확보할 수 있다.

인적 자원

조직 내 기술, 경험, 영업력 등을 보유한 인력을 보유하고 있는가를 의미한다. 예를 들어, 기술창업을 추진하는 스타트업에서는 소프트웨어 개발자나 데이터 분석 전문가와 같은 핵심 기술인력 보유 유무가 매우 중요하다.

기술적 자원

회사가 사업화을 추진하기 위한 기술, 설비, 지적 재산권(특허, 상표 등) 등 무형 자산을 보유하고 있는가를 의미한다. 예를 들어, 특허를 보유하고 있는 스타트업은 이러한 기술을 담보로 사업화 추진을 위한 자금을 확보할 수 있다.

기타 자원

사업화를 추진하는 기업이 보유한 브랜드 가치, 고객 데이터, 영업 네트워크 등도 사업화를 추진하는 기업의 중요한 자원으로 볼 수 있다. 이러한 자원들은 기술사업화의 추진에 따라 비즈니스 전략을 수립하는 데 있어 중요한 요소로 작용한다.

핵심자원을 진단하기 위해서는 다음 사항을 체크해야 한다.

- 우리가 보유한 독특하고 모방하기 어려운 자원은 무엇인가?
- 경쟁사 대비 우위에 있는 자원은 무엇인가?
- 부족한 자원을 확보하기 위한 계획은 무엇인가?
- 핵심 자원의 효율적 활용 방안은 무엇인가?
- 자원의 지속 가능성과 확장 가능성은 어떠한가?

7) 핵심 활동(Key Activities)

핵심 활동은 가치제안을 실현하고 전달하기 위해 사업화 주체가 수행해야 할 필수적인 활동을 의미한다. 사업화가 진행되면 우리 회사가 중점적으로 추진해야 할 주요 활동과 외부 협력이나 외주를 통해 해결할 활동을 명확히 구분해야 한다.

특히 스타트업의 경우 자원의 한계 때문에 모든 사업화 활동을 전개할 수 없는 경우가 많다. 따라서 어떤 활동에 우선순위를 둘 것인가는 매우 중요한 전략적 결정이다. 우리 회사가 강점을 가지고 있는 부분을 식별하여 중점 추진하고 부수적인 활동은 아웃소싱을 통하여 빠른 사업화를 추진하는 전략을 수립할 수 있다.

핵심 활동의 질문은 "사업화가 진행되면 우리 회사가 직접 노동력과 비용을 투입하여 중점적으로 추진해야 할 주요 활동은 무엇인가?"이다.

핵심활동은 기술사업화를 추진하는 과정에서 우리 회사가 중점적으로 추진해야 하는 부문과, 외부의 협력이나 외주를 통하여 해야할 일을 식별하는 것을 포함하는 개념이다. 특히 스트타업의 경우에는 재무, 인력, 기술의 한계 때문에 창업 초기 기업이 모든 사업화 활동을 전개해나갈 수 없는 경우가 많기 때문에 어떤 활동에 우선순위를 둘 것인가는 매우 중요한 요소이다. 예를 들어 우리회사가 강점을 가지고 있는 부분을 식별하여 중점 추진하고 부수적인 활동은 아웃소싱을 통하여 빠른 사업화를 추진하는 등 전략을 수립할 수 있다.

실무 적용 사례: 우아한형제들(배달의민족)의 핵심 활동

배달의민족은 초기 단계에서 핵심 활동을 명확히 정의했다. 플랫폼 개발 및 운영(직접 수행), 마케팅 및 브랜딩(직접 수행), 고객 서비스(직접 수행)는 내부에서 처리하고, 배달 서비스는 개별 음식점에, 결제 서비스는 PG업체에 위탁하는 방식으로 자원을 효율적으로 배분했다. 이후 사업 확장 과정에서 배달 서비스(배민라이더스)를 내재화하며 핵심 활동을 확대했다.

R&D 및 제품 개발

기술 기반 스타트업의 경우 제품의 연구개발(R&D)과 프로토타입 제작이 초기 단계의 핵심 활동이 될 수 있다. 이러한 제품의 개발은 고객의 요구를 충족하고, 시장에서 경쟁력을 갖춘 제품을 개발하는 과정으로 연결되어야 한다. 여기에는 아이디어 검증, 제품 설계, 품질 테스트, 생산 준비 등이 실행될 수 있다.

마케팅 전략 수립 및 실행

기술이 어느정도 완성되고, 제품화가 진행된 기업의 경우에는 고객에게 가치를 전달하기 위한 마케팅 활동을 계획하고 실행할 수 있다. 디지털 광고, 소셜 미디어 캠페인, 브랜드 구축 등의 활동을 통해 시장 내 가시성을 높이고, 고객 참여를 유도하는 활동에 중점을 둔다.

유통 및 채널 관리

제품이나 서비스를 고객에게 효과적으로 전달하기 위한 유통 경로와 채널을 관리활동을 의미한다. 예를 들어, 온라인 플랫폼을 통해 고객에게 직접 접근하거나, 유통 파트너를 활용하여 시장 점유율을 확대하기 위한 일련의 활동을 의미한다.

고객 지원

고객 만족도를 높이고, 반복 구매를 유도하기 위해 신속하고 효과적인 고객 지원 시스템을 구축하는 활동을 의미한다. 고객 상담, 문제 해결, 피드백 수집 등 고객과의 관계를 강화하는 활동이 포함된다.

핵심 활동 우선순위 설정 기준

- 가치 제안 실현에 가장 중요한 활동은 무엇인가?
- 우리가 경쟁 우위를 가질 수 있는 활동은 무엇인가?
- 고객이 가장 중요하게 생각하는 활동은 무엇인가?
- 외부에 위탁할 수 있는 활동과 반드시 내부에서 해야 할 활동은 무엇인가?
- 현재 자원으로 실행 가능한 활동의 범위는 어디까지인가?

8) 핵심 파트너(Key Partnerships)

핵심 파트너는 비즈니스를 지원하거나 강화하기 위해 협력해야 할 주요 외부 파트너 및 관계를 의미한다. 전후방 산업구조에서 우리 회사에게 반드시 필요한 협업관계의 파트너가 누구인지를 체계적으로 분석해야 한다. 파트너십을 통해 자원을 보완하고, 리스크를 분산하며, 상호 이익을 극대화할 수 있다. 특히 최근 국내 스타트업 생태계에서는 대기업, 중소기업들과의 전략적 파트너십이 중요한 성장 동력이 되고 있다.

핵심 파트너 항목에서 생각해야 하는 핵심질문은 “전후방 산업구조에서 우리 회사에게 반드시 필요한 협업관계의 파트너는 누구인가?"로 요약할 수 있다.

비즈니스 모델에서 핵심 파트너는 기업의 목표를 달성하고 가치를 효과적으로 전달하기 위해 필수적인 협력 관계를 의미한다. 이를 통해 기업은 자원의 부족을 보완하고, 운영 효율성을 극대화하며, 시장에서의 경쟁력을 강화할 수 있다. 다음은 협업관계 파트너를 정의하고 최적화하기 위한 세부 사항이다.

협력업체와의 전략적 파트너십 구축

제품 생산, 서비스 제공, 물류 관리 등에서 필수적인 역할을 수행할 협력업체와의 관계를 구축한다. 예를 들어, 초기 스타트업의 외주 제조업체는 제품의 공정과 품질관리, 가격 등에 직접적인 영향을 미칠 수 있는 중요한 파트너로 볼 수 있다.

기술 및 연구개발 파트너

중장기적으로 사업화 제품의 확장성과 응용성을 발전시켜 나가기 위해서는 혁신적인 기술 개발을 지원할 수 있는 연구소, 대학, 기술 기업과의 협업이 효과적이다. 특히 융합기술과 같이 기술적 계보를 달리하는 기술의 확보를 위해서는 기술개발 파트너가 매우 중요할 수 있다. 예를 들어, IT 기업은 인공지능 기술을 보유한 스타트업과 협력하여 제품 경쟁력을 높일 수 있다.

유통 및 채널 파트너

스타트업이 독자적인 유통망을 구축하기 위해서는 상당한 비용과 시간이 투입되어야 한다. 이때 유통 네트워크를 갖춘 파트너와 협력은 매우 효과적인 전략이 될 수 있다. 한다. 예를 들어, 글로벌 시장 진출을 목표로 하는 기업은 현지 유통업체와의 협력을 통해 접근성을 높일 수 있다.

금융 및 투자 파트너

자금 조달과 재무적 안정성을 지원하는 투자자, 금융기관과의 관계를 강화를 위한 파트너십을 구축하는 것 또한 중요하다. 스타트업의 경우 벤처 캐피탈이나 엔젤 투자자와의 협력이 초기 자금 확보에 필수적이기 때문이다.

이 같은 파트너십을 형성하기 위해서는 각 파트너와의 협력 구조를 분석하고, 상호이익을 극대화할 수 있는 방식으로 관계를 조정해야 한다. 명확한 역할 분담, 지속적인 의사소통 등을 통하여 우리 회사에게 반드시 필요한 협업관계 파트너를 전략적으로 선정하고, 이를 통해 자원과 역량을 보완하며 경쟁력을 강화하는 것이 중요하다.

실무 적용 사례: 야놀자의 전략적 파트너십
야놀자는 숙박업계 디지털 전환을 위해 다층적 파트너십 전략을 구사했다. 숙박업소와는 상생 파트너십(수수료 정책, 디지털 솔루션 제공), 결제업체와는 기술 파트너십(간편결제 시스템), 여행업체와는 상품 제휴 파트너십을 맺었다. 또한 해외 진출을 위해 현지 OTA업체와 전략적 제휴를 체결하여 일본, 동남아시아 시장에서 성과를 거두었다.

이 같은 파트너 선정 및 관리 기준의 착안점은 다음과 같다.

- 우리의 약점을 보완할 수 있는 파트너는 누구인가?
- 상호 윈-윈 할 수 있는 가치 교환 구조가 있는가?
- 파트너의 신뢰성과 장기적 협력 의지는 어떠한가?
- 파트너십을 통한 시너지 효과를 측정할 수 있는가?
- 파트너십 종료 시 대체 방안이 있는가?

9) 비용 구조(Cost Structure)

비용 구조는 비즈니스 모델 운영 과정에서 발생하는 주요 비용 항목을 정의하고 효율성을 높이는 방안을 의미한다. 회사가 지출하는 비용을 초기 자본적 지출(CAPEX, Capital Expenditure), 고정비(Fixed Cost), 변동비(Variable Cost)로 구분하여 체계적으로 관리해야 한다.

비용 항목을 구상하기 위한 핵심질문은 "회사가 지출하는 비용인 초기 자본적 지출, 고정비, 변동비의 항목들은 어떻게 구성되어 있는가?"이다.

비용 구조는 비즈니스 운영의 재무적 타당성을 결정하는 중요한 요소로, 특히 기업의 가격 경쟁력을 높이는 데 핵심적인 역할을 한다. 다음은 주요 비용 항목의 구성과 이를 효과적으로 관리하기 위해 검토해야하는 세부 내용이다.

초기 자본적 지출(Capital Expenditure)

자본적 지출이란 사업을 하기 위해 초기에 반드시 지출해야 하는 주요 설비 투자, 기술 개발, 연구개발(R&D) 비용을 의미한다. 그런데 자본적 비용이 지나치게 높다면 투자금을 회수하기 위한 기간이 길어지게 되어 불리하게 된다. 따라서 사업화 초기 자본적 지출의 적정 규모와 항목에 대한 검토가 필요하게 된다. 예를 들어, IT 스타트업의 경우에 창업 초기에 소프트웨어 개발에 필요한 서버, 클라우드 확보 등 인프라 구축에 자본을 투자하지 않고는 사업을 정상적으로 추진할 수 없을 것이다.

고정비(Fixed Costs)

고정비란 생산량이나 판매량과 관계없이 고정적으로 늘 발생하는 비용을 의미하며 대표적으로 임대료, 급여, 보험료 등을 의미한다. 만약 창업 초기에 고정비가 너무 높게 책정되어 있다면, 본격적인 매출증대를 통해 이익을 달성할 때까지 누적되는 손실이 커질 것이다.

변동비(Variable Costs)

변동비란 생산량이나 판매량에 따라 변화하는 비용으로, 원자재 비용, 유통비, 배송료, 포장비 등이 해당된다. 이 같은 변동비를 관리하기 위해서는 공급망 최적화와 대량구매를 통한 단가 절감 전략을 활용할 수 있다.

효율성을 극대화하기 위한 비용 구조의 설계

비즈니스 모델 구축의 단계에서는 비용 구조의 효율성을 높이기 위해 다양한 방법을 고려해야 한다. 아웃소싱의 활용이나 자동화 설비의 투입, 원가비용의 절감 방안 등에 대한 고민이 필요하다.

사업화 추진 시 주요 비용 항목을 자본적 지출, 고정비, 변동비로 구조화 하여 각 항목의 효율성을 높이기 위한 전략을 수립함으로써 기업의 재무 건전성과 운영 효율성을 강화할 수 있다.

비용 구조 최적화 전략

- 초기 단계에서는 고정비를 최소화하고 변동비 중심으로 운영
- 규모의 경제 달성 후 선택적으로 고정비 투자 확대
- 아웃소싱과 자체 운영의 손익분기점 분석
- 자동화 투자를 통한 장기적 비용 절감 효과 검토
- 정기적인 비용 분석을 통한 불필요한 지출 제거

4 린 캔버스의 활용

린 캔버스(Lean Canvas)는 애쉬 마우리아(Ash Maurya)가 2010년 그의 저서 『Running Lean』에서 제안한 스타트업 전용 비즈니스 모델 도구이다. 이 프레임워크는 알렉산더 오스터왈더(Alexander Osterwalder)의 비즈니스 모델 캔버스(Business Model Canvas)를 기반으로 하되, 스타트업이 직면하는 불확실성과 급변하는 시장 환경에 특화되도록 재설계되었다.

린 캔버스는 특히 창업자가 시장으로부터 빠르게 피드백을 얻고, 이를 비즈니스 모델에 반영하여 검증하거나 수정하는 데 적합한 프레임워크로 평가받고 있다. 창업자들은 불확실한 환경에서 시장으로 부터의 피드백을 통하여 고객의 문제를 보다 명확히 정의하고, 그에 따른 적합한 솔루션을 제안하며, 비즈니스의 핵심 요소를 보다 체계적으로 구조화할 수 있는 장점이 있다.

이 템플릿은 오스터왈더의 비즈니스 모델 9블럭 캔버스와 마찬가지로 9가지의 블록으로 구성되어 있는데, 다만 각 항목의 내용이 보다 고객의 반응에 기민하게 대응하여 확인할 수 있는 형태로 변경되어 있다. 이 템플릿의 9개 블록은 문제 정의, 고객 세그먼트, 독창적 가치 제안, 솔루션, 채널, 수익 모델, 비용 구조, 핵심 지표, 경쟁 우위라는 9가지 요소로 구성되어 있으며, 각각의 항목은 기술사업화를 추진하기 위한 중요한 점검 포인트를 제공한다. 린 캔버스는 특히 시장의 고객을 대상으로한 실험적 검증의 접근 방식을 채택하고 있기 때문에, 초기 스타트업들이 제한된 자원을 가지고 빠르게 테스트와 피드백을 반복하면서 적절한 사업 모델을 찾을 수 있도록 해준다. 예를 들어, 초기 단계에서 빠르게 프로토타입을 제작하거나, 타겟 고객에게 솔루션을 시험적으로 제공하여 현실적인 피드백을 수집할 수 있다.

이린 캔버스가 전통적인 사업계획서나 기존 비즈니스 모델 캔버스와 차별화되는 핵심은 '실험적 검증(Experimental Validation)'에 있다. 창업자들은 이 도구를 통해 시장으로부터 빠른 피드백을 얻고, 고객의 실제 문제점을 명확히 정의하며, 이에 적합한 솔루션을 체계적으로 개발할 수 있다. 더 나아가 팀 내부의 원활한 의사소통을 촉진하고, 외부 투자자나 파트너와의 협상에서도 강력한 커뮤니케이션 도구로 활용된다. 린캔버스의 이러한 장점은 특히 역동적으로 변화하는 시장 환경에서 비즈니스 모델을 구축하는 데 매우 유용하게 활용될 수 있다.

본 장에서는 이러한 린 캔버스의 개념과 구조를 중심으로 활용 절차, 각 항목별 중요 요소, 그리고 실제 사례를 통해 스타트업이 어떻게 이를 효과적으로 활용할 수 있는지에 대해 심층적으로 다룬다.

가 린 캔버스(Lean Canvas)의 개념

린 캔버스는 기존 비즈니스 모델 캔버스의 9개 빌딩 블록을 재구성하여 창업자와 팀이 초기 사업화 단계에서 더욱 중요한 문제에 초점을 맞추고 해결 방안을 구체화하도록 설계되었다. 특히, 린 캔버스는 스타트업이 제한된 자원과 시간 내에서 효율적으로 시장 요구에 대응할 수 있도록 구조화된 것이 특징이다. 이 도구는 문제와 솔루션의 적합성을 신속히 검증하고, 반복적인 피드백을 통해 비즈니스 모델을 최적화할 수 있는 체계를 설계하는 데 유리하다.

이 도구의 핵심 철학은 '가설 - 실험 - 학습 (Hypothesis - Experiment - Learning)' 사이클에 기반한다. 창업자는 각 블럭에서 설정한 가설을 시장에서 빠르게 검증하고, 그 결과를 바탕으로 비즈니스 모델을 지속적으로 개선해나간다. 이러한 접근법은 에릭 리스(Eric Ries)의 린 스타트업(Lean Startup) 방법론과 완벽하게 일치한다. 때문에 캔버스의 핵심 강점 중 하나는 스타트업이 직면하는 불확실성과 리스크를 체계적으로 관리할 수 있다는 점이다. 각 빌딩 블록은 스타트업이 해결해야 할 주요 과제를 시각적으로 정리하고, 팀 내 명확한 목표 설정과 효율적인 의사결정이 가능해진다.

예를 들어, 린 캔버스는 고객의 문제를 탐구하는 단계에서 시작하여, 문제를 구체적으로 정의하고 이를 해결할 솔루션을 도출하는 과정으로 진행하므로 누가 고객으로 정의될 수 있는지에 대한 고객 세그먼트를 보다 정확히 설정할 수 있고, 이것에 근거한 명확한 가치 제안과 채널 전략을 동시에 설계함으로써 초기 빠른 시장 진입의 가능성을 높일 수 있는 장점을 가지고 있다.

린 캔버스는 특히 B2C(Business to Consumer) 모델보다는 B2B(Business to Business) 또는 B2B2C(Business to Business to Consumer) 모델의 스타트업에서 더욱 효과적인 것으로 평가받는다. 국내 사례로는 직방, 야놀자, 마켓컬리 등이 초기 단계에서 린 캔버스를 활용하여 고객의 핵심 문제점을 정의하고 솔루션을 구체화한 바 있다.

1) 전통적 비즈니스 모델 캔버스와 린캔버스의 차이점

린 캔버스는 비즈니스 모델 캔버스를 기반으로 개발되었지만, 그 목적과 구성 요소에서 차이가 있다. 비즈니스 모델 캔버스는 전통적인 기업의 비즈니스 모델을 시각화하고 체계적으로 구조화하는 데 중점을 두며, 안정적인 환경에서 장기적인 전략 수립과 자원의 배분을 최적화하는 데 유용하다. 반면, 린 캔버스는 스타트업이 초기 단계에서 직면하는 불확실성을 줄이고 빠르게 검증 가능한 실험을 반복함으로써 비즈니스 모델의 적합성을 발전시키는 데 보다 초점을 맞춘다.

기존 비즈니스 모델 캔버스는 고객 세그먼트, 가치 제안, 채널, 수익 구조 등 9개의 빌딩 블록으로 구성되어 있으며, 기업의 전반적인 비즈니스 운영을 명확히 분석하는 데 강점이 있다. 예를 들어, 이미 시장에서 자리를 잡은 전통적 기업들은 기존의 고객 기반과 내부 자원을 활용해 성장 전략을 수립하거나 확장 계획을 실행할 때 이 모델을 효과적으로 활용할 수 있다. 그러나 비즈니스 모델 캔버스는 초기 스타트업의 불확실성과 급변하는 시장 환경에서 실험적 접근을 요구하는 상황에서는 다소 제한적일 수 있다.

반면, 린 캔버스는 문제(Problem), 솔루션(Solution), 핵심 지표(Key Metrics), 경쟁 우위(Unfair Advantage) 등을 포함하며, 이러한 요소는 스타트업이 초기 시장에서 직면하는 문제 해결과 피드백 기반 개선 과정에 집중하도록 설계되었다. 린 캔버스는 문제와 솔루션의 적합성을 중심으로 목표 고객을 명확히 설정하고, 이를 바탕으로 시장에서 핵심 가설을 검증하는 데 매우 효과적이다. 스타트업은 린 캔버스를 사용하여 초기 고객 세그먼트를 정의하고 솔루션의 적합성을 테스트하며, 필요할 경우 피봇(Pivot) 과정을 통해 빠르게 방향을 수정할 수 있다.

린 캔버스는 '문제(Problem)'와 '솔루션(Solution)' 블럭을 핵심으로 하여 고객의 실제 니즈와 이를 해결하는 방안에 집중한다. 또한 '핵심 지표(Key Metrics)' 블럭을 통해 가설 검증을 위한 측정 가능한 지표를 설정한다. 이는 시장에서 아직 검증되지 않은 아이디어를 가진 스타트업에게 매우 적합하다.

정리하면, 비즈니스 모델 캔버스는 비즈니스 요소 간의 상호작용을 명확히 파악하고, 안정적인 기업 운영 구조를 설계하고자 할 때 유용하며, 린 캔버스는 스타트업이 제한된 자원 내에서 빠르게 문제를 해결하고 솔루션을 검증하며, 필요시 지속적으로 수정해나가는 데 유리하다. 두 모델은 각각 장단점을 가지고 있으며, 사용 목적과 환경에 따라 적합한 모델을 선택하거나 상호 보완적으로 활용할 수 있다.

따라서 초기 창업 단계에서는 전통적 비즈니스 모델 캔버스를 사용하여 주요 비즈니스 요소를 파악하고, 이후 린 캔버스를 활용해 실험과 검증 과정을 통해 구체적인 실행 계획을 세우는 방식으로 두 도구를 보완적으로 활용하는 것이 효과적이다. 이러한 방식은 스타트업이 불확실성을 줄이고, 실험적 학습을 통해 최적의 비즈니스 모델을 찾는 데 도움이 될 수 있다.

구분	비즈니스 모델 캔버스	린 캔버스
주요 대상	기존 기업, 안정된 시장	스타트업, 신생 기업
핵심 목적	비즈니스 모델 시각화	가설 검증 및 실험
환경 특성	상대적으로 예측 가능	높은 불확실성
개선 주기	분기/반기 단위	주/월 단위
주요 블럭	핵심 파트너, 핵심 자원	문제, 솔루션, 핵심 지표

2) 린캔버스의 주요 항목

린 캔버스는 비즈니스 모델 캔버스를 기반으로 개발되었지만, 스타트업의 주요 과제를 해결하는 데 중점을 둔 도구이다. 이 캔버스는 다음과 같은 9개의 핵심 블록으로 구성되어 있다.

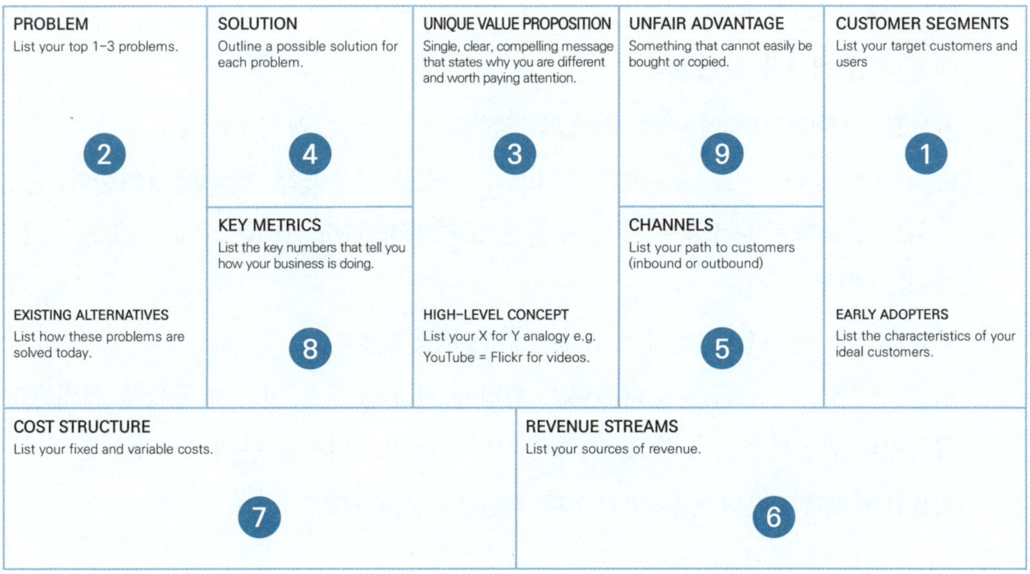

Ash Maurya의 린 캔버스 형태

① 문제(Problem): 목표 고객이 직면한 핵심 문제를 정의하는 블럭이다. 단순한 불편함이 아니라 고객이 해결하기 위해 기꺼이 비용을 지불할 의사가 있는 심각한 문제를 찾아야 한다. 일반적으로 상위 3개의 문제를 우선순위별로 나열한다.

작성 팁: "~하기 어렵다", "~할 때 불편하다", "~가 부족하다" 형태로 구체적으로 기술

② 고객 세그먼트(Customer Segments): 위에서 정의한 문제를 실제로 겪고 있는 특정 고객 집단을 정의한다. 초기에는 가장 절실하게 문제를 느끼는 얼리어답터(Early Adopters) 그룹에 집중해야 한다.

작성 팁: 인구통계학적 특성, 행동 패턴, 기술 수용도 등을 포함하여 구체적으로 기술

③ 독창적 가치 제안(Unique Value Proposition): 고객이 우리 제품이나 서비스를 선택해야 하는 명확하고 차별화된 이유를 한 문장으로 표현한다. 이는 린 캔버스의 중심부에 위치하며 모든 다른 블럭과 연결되는 핵심 요소이다.

작성 팁: "X를 원하는 Y고객을 위한 Z해결책"의 형태로 간결하고 명확하게 작성

④ 솔루션(Solution): 앞서 정의한 문제들을 해결하기 위한 구체적인 방법을 제시한다. 초기에는 최소 기능 제품(MVP, Minimum Viable Product)의 핵심 기능 3개 정도에 집중한다.

작성 팁: 기술적 구현보다는 고객이 체감할 수 있는 기능 중심으로 기술

⑤ 채널(Channels): 고객에게 제품이나 서비스를 전달하고 소통하는 경로를 정의한다. 고객의 구매 여정(Customer Journey)을 고려하여 인지, 평가, 구매, 사용, 재구매 단계별 채널을 설계한다.

작성 팁: 온라인과 오프라인 채널을 균형있게 고려하되, 초기에는 2-3개 채널에 집중

⑥ 수익 흐름(Revenue Streams): 비즈니스가 수익을 창출하는 방식을 정의한다. 단일 수익 모델보다는 다각화된 수익 구조를 고려하지만, 초기에는 주요 수익원 1-2개에 집중한다.

작성 팁: 수익 모델과 함께 예상 단가, 빈도, 시장 규모 등을 포함

⑦ 비용 구조(Cost Structure): 비즈니스 운영에 필요한 주요 비용 항목들을 정의한다. 고정비와 변동비를 구분하고, 초기 투자비용과 운영비용을 분리하여 관리한다.

작성 팁: 매출 대비 비용 비율을 고려하여 지속 가능한 구조인지 검토

⑧ 핵심 지표(Key Metrics): 비즈니스의 성과를 측정할 수 있는 주요 지표를 정의한다. 허상 지표(Vanity Metrics)가 아닌 실질적인 성과를 나타내는 실행 가능한 지표(Actionable Metrics)를 선정해야 한다.

작성 팁: 초기에는 3-5개의 핵심 지표에 집중하여 관리

⑨ 경쟁 우위(Unfair Advantage): 경쟁사가 쉽게 모방하거나 복제할 수 없는 독점적 요소를 정의한다. 이는 단순한 기능적 차별화를 넘어서는 구조적 경쟁우위를 의미한다.

작성 팁: 특허, 독점 계약, 네트워크 효과, 브랜드 등 지속 가능한 차별화 요소를 기술

나 린 캔버스를 활용한 프로세스

린 캔버스를 효과적으로 활용하기 위해서는 체계적인 접근 방식이 필요하다. 단순히 9개 블럭을 채우는 것이 아니라, 각 단계에서 가설을 설정하고 이를 검증하는 과정을 반복해야 한다. 다음은 실무에서 사용하는 5단계 프로세스이다.

1) 1단계: 문제의 정의

린 캔버스를 작성할 때 가장 먼저 해야 할 일은 목표 고객의 주요 문제를 정의하고 이를 검증하는 것이다. 여기서 중요한 점은 문제의 정의를 단순한 추측이 아니라 구체적인 데이터를 기반으로 해야 한다는 것이다. 이를 위해 고객 인터뷰, 설문 조사, 시장 데이터 분석 등의 다양한 방법론을 활용할 수 있다. 예를 들어, 고객 인터뷰를 통해 실제 사용 환경에서의 불편함을 파악하고, 설문 조사를 통해 잠재 고객 그룹의 니즈를 수량화하며, 시장 데이터를 분석하여 유사 문제를 겪는 고객 세그먼트의 규모와 특성을 파악할 수 있다. 이 과정을 통해 고객이 겪고 있는 문제를 구체적으로 파악하고, 이를 린 캔버스의 "문제" 블록에 명확히 반영한다. 또한, 이렇게 정의된 문제는 비즈니스 아이디어의 타당성을 검증하는 첫 단계로 활용되며, 이후 솔루션 설계 및 가치 제안 개발의 기초가 된다.

문제 정의 시 주의해야 할 점은 '솔루션에 빠져들지 않는 것'이다. 많은 창업자들이 이미 머릿속에 있는 솔루션을 정당화하기 위해 문제를 끼워 맞추는 실수를 범한다. 진정한 문제는 고객이 현재 사용하고 있는 대안에 만족하지 못하는 이유에서 찾을 수 있다.

2) 2단계: 솔루션의 설계 및 검증

문제가 정의되면 이를 해결하기 위한 솔루션을 설계한다. 이 과정에서 첫 단계는 문제를 해결하는 데 필요한 핵심 기능과 고객이 기대하는 성과를 구체적으로 정의하는 것이다. 이를 기반으로 초기 프로토타입을 설계하고, 파일럿 테스트를 진행하여 솔루션의 실효성을 검증한다. 이때, 프로토타입 개발 단계에서 최소 기능 제품(MVP, Minimum Viable Product)을 제작한다는 것은 고객이 가치를 느낄 수 있는 핵심 기능만 포함한 제품을 설계하여 시장에서 초기 피드백을 받는 과정을 의미한다. MVP는 대규모 자원 투입 전에 제품이나 서비스의 핵심 가설을 검증하고, 실제 시장 반응을 통해 수정 및 개선점을 발견하기 위한 목적을 가지고 있다. MVP 제작 과정은 다음과 같다.

첫째, 문제와 해결책을 명확히 정의한다. 고객의 주요 페인 포인트(Pain Point)를 이해하고 이를 해결하는 데 필요한 최소한의 기능을 설정한다. 둘째, 신속한 개발에 초점을 맞춰 초기 프로토타입을 제작한다. 이때, 디자인과 기술적 완성도보다는 기본 기능 구현과 테스트 가능성을 중시한다. 셋째, 제작된 MVP를 소규모 고객 그룹에 배포하고, 사용자 경험과 피드백을 수집한다. 넷째, 피드백을 분석하여 제품 개선점을 도출하고, 이를 반영하여 다음 버전의 프로토타입을 설계한다. 이 같은 MVP 제작의 가장 큰 장점은 빠르고 경제적인 방식으로 시장과 고객의 실제 반응을 확인할 수 있다는 점이며, 이 과정을 통해 스타트업은 리소스 낭비를 줄이고 비즈니스 모델의 적합성을 지속적으로 검증할 수 있다. 이 과정에서 사용자는 제품의 유용성, 인터페이스, 성능 등을 평가하며, 창업자는 사용자 피드백을 수집하여 개선점을 도출한다. 파일럿 테스트 단계에서는 소규모 고객 그룹에게 솔루션을 제한적으로 제공하여 초기 시장에서의 적합성을 확인한다. 이 단계는 고객의 실제 사용 패턴, 만족도, 개선 요구를 심층적으로 분석할 수 있는 기회를 제공한다. 이러한 초기 고객 피드백은 단순히 솔루션의 기술적 적합성을 확인하는 것을 넘어, 고객이 솔루션을 통해 느끼는 가치를 이해하고 이를 강화하는 방향으로 솔루션을 발전시키는 데 중요한 역할을 한다. 예를 들어, 피드백을 통해 기존 솔루션에 고객이 요구하는 추가 기능을 통합하거나, 불필요한 기능을 제거하여 솔루션의 효율성을 극대화할 수 있다. 이러한 반복적인 설계와 검증 과정은 스타트업이 솔루션을 고객 중심으로 최적화하기 위한 과정이다.

3) 3단계: 독창적 가치의 제안(Unique Value Proposition)

고객이 우리 제품이나 서비스를 선택해야 하는 명확한 이유를 제공하는 핵심 요소이다. 이는 단순한 마케팅 문구가 아니라, 고객이 우리를 선택해야 하는 명확한 이유를 제시하는 전략적 메시지다. 이를 설계하는 첫 번째 단계는 고객의 문제를 깊이 이해하는 것이다. 고객이 느끼는 고통(Pain Point)과 그들이 해결하고자 하는 니즈(Needs)를 정확히 정의해야 한다. 이 과정은 고객 인터뷰와 설문조사, 시장 조사 등 다양한 데이터 수집 방법을 통해 이루어질 수 있다. 두 번째로, 경쟁사와 차별화된 가치를 정의해야 한다. 이는 고객이 기존의 대안과 비교했을 때, 우리 제품을 통해 얻을 수 있는 독특한 혜택을 강조하는 것을 의미한다. 예를 들어, 경쟁 제품이 제공하지 않는 혁신적인 기술, 시간 절약, 비용 절감, 또는 고객의 삶의 질을 향상시키는 특별한 기능 등이 여기에 포함될 수 있다. 이러한 차별화된 가치는 고객이 느끼는 경제적, 심리적, 사회적 효용을 모두 포함해야 한다. 세 번째로, 가치 제안을 고객 친화적인 언어로 명확히 전달해야 한다. 고객은 복잡한 기술적 설명보다는 자신이 얻을 구체적인 혜택을 직관적으로 이해할 수 있는 메시지를 선호한다. 예를 들어, "최고의 기술로 문제를 해결합니다"라는 모호한 문구 대신, "30% 빠른 작업 처리로 시간을 절약하세요"와 같은 명확하고 구체적인 메시지를 사용하는 것이 효과적이다. 마지막으로, 가치 제안을 지속적으로 검증하고 개선해야 한다. 초기 가치 제안은 가설일 수 있으며, 시장 피드백을 통해 검증이 필요하다. 고객의 사용 후 피드백과 추가 요구사항을 반영하여 가치 제안을 더욱 정교화하는 것은 지속 가능한 경쟁 우위를 확보하는 중요한 요소라고 할수 있다.

실무에서 활용할 수 있는 교과적인 UVP작성 요령은 다음의 문장을 활용해본다.

"[타깃 고객]을 위한 [제품/서비스]는 [기존 대안]과 달리 [고유한 혜택]을 제공한다"

4) 4단계: 채널의 선정 및 최적화

이 단계는 고객이 제품이나 서비스를 발견하고 구매하는 데 가장 적합한 채널을 선택하는 과정이다. 창업자는 먼저 고객 여정을 분석하여 고객이 브랜드와 처음으로 접촉하는 순간부터 구매를 완료하는 단계까지의 과정을 상세히 파악해야 한다. 이때 채널 선정은 고객 세그먼트의 특성과 구매 행동을 기반으로 이루어져야 한다. 예를 들어, 젊은 고객층을 타깃으로 하는 스타트업은 소셜 미디어와 같은 디지털 채널을 선호할 가능성이 높다. 반면, B2B 고객을 타깃으로 한다면 이메일 마케팅, 전문 세미나, 또는 직접적인 판매 접근 방식이 더 효과적일 수 있다.

선정된 채널의 효율성과 전환율을 분석하는 것은 지속적인 최적화를 위해 중요한 요소이다. 각 채널별로 고객 유입 비용(CAC, Customer Acquisition Cost)과 전환율(Conversion Rate)을 평가하고, 데이터 기반으로 비효율적인 채널을 조정하거나 개선하는 전략을 수립해야 한다. 예를 들어, 온라인 광고 캠페인의 전환율이 낮다면, 광고 메시지나 타겟 설정을 변경하거나, 다른 플랫폼을 테스트해볼 필요가 있다.

또한, 다중 채널 전략을 통해 고객 접근성을 극대화하는 것도 중요하다. 예를 들어, 온라인에서 제품을 탐색한 고객이 오프라인 매장에서 구매를 완료할 수 있도록 채널 간의 통합과 일관성을 유지해야 한다. 통합 채널로 활용되는 옴니채널(Omni-Channel : 다양한 판매 및 커뮤니케이션 채널을 통합하여 고객 경험을 일관되고 원활하게 만드는 전략) 전략은 고객 경험을 개선하면 구매 전환율을 크게 향상시킬 수 있다. 마지막으로, 채널 성과는 정기적으로 검토되고 업데이트되어야 한다. 시장 환경의 변화, 고객의 새로운 요구, 경쟁사의 전략 변화 등을 반영하여 채널 전략을 지속적으로 최적화하는 것이 비즈니스 모델 운영의 핵심이다.

고객 구매 여정을 활용한 채널 전략 예시

1. 인지(Awareness) 단계: 소셜미디어, 검색엔진 최적화(SEO), 콘텐츠 마케팅
2. 고려(Consideration) 단계: 웹사이트, 블로그, 유튜브 채널, 온라인 리뷰
3. 구매(Purchase) 단계: 온라인 쇼핑몰, 모바일 앱, 전화 상담
4. 사용(Delivery) 단계: 배송, 설치, 고객 지원
5. 재구매(Retention) 단계: 이메일 마케팅, 푸시 알림, 로열티 프로그램

5) 5단계: 수익 및 비용의 점검

마지막 단계는 비즈니스의 재무적 지속가능성을 검증하는 것으로 수익의 흐름과 비용의 구조를 점검하는 단계이다. 사업이 어떻게 수익을 창출할 것인지에 대한 구조적 계획을 구축하는 것은 제품이나 서비스의 가격 책정, 판매 방식, 주요 고객 세그먼트에서 발생하는 수익 흐름 등을 포함한다. 예를 들어, 구독 기반 모델, 사용량 기반 모델, 광고 수익 모델, 라이센스 제공 등 다양한 수익 창출 방식이 있다. 이러한 모델은 목표 시장과 고객의 구매 행동, 그리고 경쟁 환경에 따라 적합한 방식을 선택해야 한다.

비용 구조(Cost Structure)는 사업 운영에 필요한 모든 비용 요소를 상세히 분석하고 이를 관리하기 위한 계획을 포함한다. 주요 비용 항목으로는 고정 비용(예: 임대료, 정규직 인건비)과 변동 비용(예: 제조 원가, 유통 비용)이 있으며, 사업의 성격에 따라 이들의 비율이 달라질 수 있다. 비용 구조를 설계할 때는 주요 자원, 핵심 활동, 그리고 파트너십에서 발생하는 비용을 종합적으로 고려해야 한다.

다 린 비즈니스 캔버스 9개 블록 항목의 핵심 요소

그렇다면 린 9블럭 캔버스에서는 각 블록의 항목에 어떤 요소를 중점적으로 검토해야 할까?

1) 문제(Problem)

이 블록의 핵심질문은 "고객이 직면한 주요 문제는 무엇인가?", "기존 대안들은 무엇이며, 왜 충분하지 않은가?"에서 출발한다. "문제"는 린 캔버스 모델의 핵심 기초를 이루는 요소로, 고객이 겪고 있는 주요 문제를 구체적으로 정의하는 것이 중요하다. 고객이 직면한 문제를 명확히 이해하려면 그들이 일상에서 경험하는 불편함과 어려움, 즉 페인 포인트(pain points)를 찾아내야 한다. 특히 가급적이면 이러한 페인 포인트는 단순한 추측이 아니라, 실제 데이터를 기반으로 확인되거나 검증되어야 한다. 이를 위해 목표 고객층을 대상으로 한 심층 인터뷰나 설문조사를 활용하여 문제를 구체화하고, 이러한 문제의 빈도와 심각성을 수치화하는 과정이 필요하다. 또한, 시장에서 사용되고 있는 기존의 대안과 해결책을 철저히 조사해야 한다. 이 과정에서 기존 대안이 충분하지 않은 이유를 발견하고, 이를 통해 새로운 솔루션의 필요성을 강조할 수 있다. 예를 들어, 기존 제품이나 서비스가 고객의 요구를 충족시키지 못하는 점, 비효율적이거나 비용이 과도한 점을 구체적으로 정의할 수 있다. 문제 정의는 단순히 문제를 나열하는 것이 아니라, 고객의 관점에서 그 문제의 중요성을 부각시키고, 이를 해결하는 것이 얼마나 큰 가치를 제공할 수 있는지를 논리적으로 확인하고 점검해야 한다.

실무 사례: 효과적인 문제 정의 방법

- 구체성: "불편하다"가 아닌 "30분 이상 기다려야 한다" 같은 구체적 표현
- 빈도: 얼마나 자주 발생하는 문제인지 명시
- 심각성: 고객이 느끼는 고통의 정도와 해결 의지
- 대안 분석: 현재 고객이 사용하는 해결책과 그 한계점

배달의 민족 예시

- 잘못된 문제의 정의: "음식 주문이 불편하다"
- 올바른 문제의 정의: "전화 주문 시 메뉴 확인이 어렵고, 주문 실수가 빈번하며, 배달 시간을 정확히 알 수 없어 기다리는 시간이 불확실하다"
- 근거: 한국소비자원 조사에 따르면, 소비자들이 새로운 서비스를 찾는 주된 이유는 ① 시간 절약(43.2%) ② 비용 절감(38.7%) ③ 편의성 증대(29.5%) ④ 품질 향상(22.1%) 순으로 나타났다. 이러한 데이터를 참고하여 문제의 우선순위를 설정할 수 있다.

2) 고객 세그먼트(Customer Segments)

이 항목을 정의하는 핵심 질문은 "앞서 정의한 문제를 가장 절실하게 느끼는 고객은 누구인가?", "가장 가치 있는 고객층은 누구인가?", "고객은 어떤 특성과 니즈를 가지고 있는 가?"이다.

문제의 해결에 대해 가장 가치를 부여할 수 있는 고객층을 식별하고 이들의 특성과 니즈를 깊이 이해하는 과정으로 볼 수 있다. 비즈니스 모델 캔버스와 마찬가지로 고객을 인구통계학적, 심리적, 행동적 특성에 따라 세분화하는 작업이 이루어져야 하며 가치관이나 라이프스타일과 같은 보다 개인적인 요소를 다룰 수도 있고 구매 습관, 기술 친화도 등 고객이 제품이나 서비스와 상호작용하는 방식을 분석할 수도 있다. 이러한 과정에서 초기 목표 고객군, 즉 얼리어답터(early adopters)를 정의한다. 얼리어답터는 새로운 제품이나 서비스를 가장 먼저 사용하고 이에 대한 피드백을 제공하는 고객군으로, 이들의 특성과 문제를 심도 있게 이해하는 것이 초기 시장 공략의 핵심이 된다. 이를 통해 창업자는 제품이나 서비스가 해당 고객군의 문제를 얼마나 효과적으로 해결할 수 있는지 검증할 수 있다.

효과적인 수행을 위하여 고객 프로파일 또는 페르소나를 작성하여 구체적인 타겟 고

객상을 도출하는 방법을 사용하기도 한다. 페르소나는 가상의 고객 모델로, 특정 세그먼트를 대표하는 고객의 목표, 도전 과제, 동기 등을 상세히 기술한 것이다. 이를 통해 창업자는 고객의 관점에서 제품이나 서비스를 설계하고 마케팅 전략을 수립할 수 있다. 이러한 접근 방식은 고객 세그먼트를 단순히 정의하는 것을 넘어, 고객과의 연결성을 강화하고 비즈니스 모델의 실효성을 높이는 데 기여한다. 초기 스타트업은 '볼링핀 전략'을 활용해야 한다. 가장 공략하기 쉬운 한 세그먼트(볼링핀)에 집중하여 성공한 후, 이를 바탕으로 인접 세그먼트로 확장하는 방식이다.

3) 독특한 가치 제안(Unique Value Proposition)

고유 가치 제안은 30초 안에 고객의 관심을 끌 수 있을 정도로 명확하고 매력적이어야 한다.

이 항목의 핵심질문은 "고객이 우리를 선택해야 하는 단 하나의 이유는 무엇인가?", "우리 제품이나 서비스가 제공하는 주요 가치는 무엇인가?", "고객이 왜 경쟁사 대신 우리를 선택해야 하는가?"에 대한 답을 찾아가는 과정으로 볼 수 있다.

특히 린 캔버스에서 독특한 가치 제안(Unique Value Proposition)은 고객이 우리 제품이나 서비스를 선택해야 하는 이유를 구체적이고 명확히 정의하는 중요한 요소이다. 이 단계에서 가장 먼저 고려해야 할 것은 고객의 문제를 해결하는 명확하고 간결한 메시지를 설계하는 것이다. 이러한 메시지는 고객이 직면한 문제를 효과적으로 해결할 수 있는 핵심 가치를 전달해야 하며, 간단하지만 설득력 있어야 한다. 예를 들어, 시간을 절약하거나 비용을 절감하는 등 고객이 실질적으로 느낄 수 있는 이점을 구체적으로 명시해야 한다.

이와 함께 고객의 주요 니즈에 맞춘 차별화된 기능이나 서비스를 강조하는 것도 필수적이다. 여기에는 단순히 기능적인 차별화를 넘어 심리적, 감정적 만족을 제공할 수 있는 요소도 포함된다. 차별화는 경쟁사와 비교했을 때 고객에게 더 나은 가치를 제공하는 데 초점을 맞춰야 한다. 예컨대, 경쟁사 제품이 복잡한 사용자 인터페이스를 가지고 있다면, 우리 제품은 직관적이고 사용하기 쉬운 설계를 통해 차별화를 이룰 수 있다.

마지막으로, 경쟁사 분석을 통해 우리만의 강점과 차별 요소를 명확히 정의해야 한다. 이는 경쟁사의 제품과 서비스의 약점을 파악하고, 우리가 제공할 수 있는 독특한 장점을 부각시키는 과정이다. 이를 통해 고객이 왜 경쟁사가 아닌 우리를 선택해야 하는지에 대한 명확한 답을 제공할 수 있다. 경쟁사와의 비교 분석은 단순히 시장 조사에 그치지 않고, 우리의 가치 제안이 실제로 고객에게 중요한지를 검증하는 중요한 과정이 된다. 따라서 독특한 가치 제안은 린 캔버스의 다른 요소들과 유기적으로 연결되어 고객에게 강력한 설득력을 발휘해야 한다.

UVP 검증 방법

- 5초 테스트: 5초 만에 이해할 수 있는가?
- 차별성 테스트: 경쟁사 이름을 넣어도 말이 되는가?
- 고객 반응 테스트: 실제 고객이 흥미를 보이는가?
- 전환율 테스트: 랜딩페이지 전환율이 개선되는가?

4) 솔루션(Solution)

솔루션은 기술적 구현이 아니라 고객이 경험하게 될 가치와 혜택 중심으로 기술해야 한다. 고객은 기술이 아니라 문제 해결을 구매한다는 점을 명심해야 한다.

고객 관계의 핵심질문은 "정의된 문제를 어떻게 해결할 것인가?", "문제를 해결하기 위한 구체적인 솔루션은 무엇인가?", "제공할 제품/서비스는 어떤 모습인가?"이다.

솔루션은 고객이 직면한 문제를 해결하고 가치를 실현할 수 있는 구체적인 방안을 제시하는 핵심 요소이다. 창업자는 문제와 가치 제안을 기반으로 솔루션을 정의하며, 이 과정에서 고객의 기대와 요구를 충족시키는 명확한 제품이나 서비스를 설계해야 한다. 솔루션 설계의 첫 번째 단계는 최소 기능 제품(MVP, Minimum Viable Product)을 정의하는 것이다. MVP는 고객의 문제를 해결할 수 있는 최소한의 핵심 기능만을 포함한 제품으로, 이를 통해 초기 고객 피드백을 빠르게 수집하고 솔루션의 유효성을 검증할 수 있다. MVP 설계 시에는 불필요한 기능을 제외하고, 문제 해결에 직접적으로 기여하는 요소들에 집중해야 한다. 또한, 솔루션이 고객에게 실질적인 가치를 제공하는지 평가하기 위해 초기 테스트 계획을 수립하는 것이 중요하다. 테스트 계획은 프로토타입 제작, 고객 사용 사례 분석, 성과 지표 측정 등을 포함하며, 이를 통해 솔루션의 효과를 정량적으로 평가할 수 있다. 예를 들어, 고객이 제품 사용 후 얼마나 시간이나 비용을 절감했는지, 또는 문제 해결의 만족도가 어느 정도인지 등을 측정할 수 있다. 이 과정에서 창업자는 솔루션이 고객의 기대를 충족시키거나 이를 초과하는지를 지속적으로 검토하고, 필요한 경우 피드백을 반영하여 솔루션을 개선해야 한다. 이러한 솔루션은 린 캔버스의 다른 블럭들과 유기적으로 연결되어 있어야 하며, 문제를 명확히 해결하면서도 고객에게 차별화된 가치를 제공할 수 있도록 설계되어야 한다. 이는 창업자가 시장에서 경쟁력을 확보하고 지속 가능한 비즈니스 모델을 구축하는 데 핵심적인 역할을 한다.

MVP 기능 우선순위 결정 방법

- Must Have: 핵심 문제 해결에 필수적인 기능
- Should Have: 중요하지만 출시를 늦출 정도는 아닌 기능
- Could Have: 있으면 좋지만 없어도 되는 기능
- Won't Have: 현재 버전에서는 제외할 기능

5) 채널(Channels)

채널 전략은 고객의 구매 여정 전체를 고려해야 한다. 단순히 판매 경로가 아니라 브랜드와 고객이 만나는 모든 접점을 포함한다. 채널의 핵심 질문은 비즈니스 모델 9블럭과 크게 다르지 않다. "고객에게 어떻게 다가가고, 어떻게 가치를 전달할 것인가?", "고객에게 제품이나 서비스를 제공할 주요 경로는 무엇인가?", "고객 접점을 최대화하기 위해 어떤 전략을 사용할 것인가?"로 볼 수 있다. 채널 설계는 온라인과 오프라인 모두를 포함하며, 각 채널의 장점을 최대한 활용하는 것이 중요하다. 온라인 채널로는 웹사이트, 소셜 미디어, 모바일 애플리케이션 등이 있으며, 이러한 채널은 특히 디지털 네이티브 세대나 기술에 익숙한 고객층에게 효과적이다. 오프라인 채널로는 매장, 박람회, 네트워킹 행사, 유통 파트너십 등이 있다. 중요한 것은 고객 세그먼트별로 선호하는 채널을 이해하고, 이를 기반으로 최적의 접근 전략을 수립하는 것이다. 예를 들어, 젊은 세대는 소셜 미디어를 통해 접근하는 것이 효과적일 수 있으며, 기업 고객은 전문적인 B2B 세미나나 이메일 캠페인을 통해 접근하는 것이 더 적합할 수 있다. 각 채널은 고객이 제품이나 서비스를 인지하고 탐색하며 구매로 이어질 수 있는 경로를 제공해야 하며, 이 모든 과정에서 일관된 경험을 제공하는 것이 중요하다.

채널은 고객에게 가치를 전달하는 핵심 경로로, 이를 효과적으로 설계하고 관리하는 것으로 각 채널의 특성과 고객의 선호를 반영하여 최적의 채널 전략을 구축해야 하며, 이를 통해 제품과 서비스의 가치를 최대한 전달할 수 있어야 한다.

6) 수익 흐름(Revenue Streams)

수익의 흐름 역시 기존의 비즈니스 모델 캔버스와 크게 다르지 않다.

수익 모델은 단순히 돈을 받는 방법이 아니라 고객과의 가치 교환 구조이다. 고객이 인지하는 가치와 지불 의사 간의 균형점을 찾아야 한다. 핵심 질문은 "고객이 기꺼이 지불할 의사가 있는 가치는 무엇이며, 어떤 방식으로 과금할 것인가?", "어떤 방식으로 수익을 창출할 것인가?", "고객은 어떤 대가를 기꺼이 지불할 의사가 있는가?"이다.

수익 흐름을 설계하는 첫 단계는 어떤 방식으로 수익을 창출할 것인지 결정하는 것이다. 이는 직접 판매, 구독 모델, 광고 수익, 중개 수수료 등 다양한 수익 모델을 포함할 수 있다. 각각의 모델은 특정 고객 세그먼트나 제품 유형에 적합할 수 있으며, 이를 선택할 때는 고객의 기대와 시장 상황을 면밀히 검토해야 한다.

또한, 고객이 기꺼이 지불할 의사가 있는 대가와 적정 가격을 분석하는 과정도 필요하다. 이 과정에서는 시장 조사를 통해 경쟁 제품과 서비스의 가격대를 파악하고, 고객이 느끼는 가치를 기반으로 가격을 책정하는 접근법을 사용할 수 있다. 예를 들어, 고가 전략은 프리미엄 고객 세그먼트에 적합할 수 있으며, 저가 전략은 대중 시장 공략에 효과적일 수 있다. 마지막으로, 수익 흐름의 다각화를 통해 안정적인 재무 구조를 구축할 수 있는 방안을 모색해야 한다. 이는 기존 수익 모델 외에도 추가적인 수익원을 탐색하는 것을 의미한다. 예를 들어, 플랫폼 기업은 광고 수익 외에도 프리미엄 구독 모델이나 협력사와의 제휴를 통해 추가적인 수익을 창출할 수 있다. 이를 통해 외부 환경 변화에 대한 리스크를 줄이고, 장기적인 수익성을 확보할 수 있다. 수익 흐름은 고객의 요구와 시장의 동향을 반영한 전략적 설계가 필요하며, 이를 통해 비즈니스 모델의 재무적 안정성과 성장 가능성을 동시에 달성할 수 있다.

가격 책정 시 고려사항

- 고객이 얻는 가치 대비 적정 가격인가?
- 경쟁사 대비 가격 경쟁력이 있는가?
- 비용 구조상 수익성을 확보할 수 있는가?
- 시장 확산을 위한 초기 가격 전략이 적절한가?

7) 비용 구조(Cost Structure)

비용 구조는 수익 모델과 밀접하게 연관되어 있다. 지속 가능한 비즈니스를 위해서는 수익 증가와 함께 비용 효율성도 개선되어야 한다.

핵심 질문은 "비즈니스 운영에 필수적인 비용은 무엇이며, 어떻게 최적화할 것인가?", "주요 비용 항목은 무엇인가?", "어떤 부분에서 비용 효율성을 높일 수 있는가?"이다.

이 항목은 비즈니스 운영의 재무적 타당성을 평가하고 지속 가능한 성장을 보장하기 위한 요소이다. 비용의 구조를 자본적 지출, 고정비와 변동비로 구분하여 각 비용 항목의 비율을 구조적으로 파악함으로써 사업화에 따른 전체적인 비용 구조를 명확히 이해할 수 있다.

또한 비용 효율성을 높이기 위해 창업자는 다양한 전략을 검토해야 한다. 예를 들어, 아웃소싱을 통해 비핵심 업무를 외부 업체에 위탁하거나, 자동화를 통해 운영 효율성을 높이고 인건비를 절감할 수 있다. 또한, 규모의 경제를 활용하여 대량 구매를 통해 단가를 낮추는 방법도 고려할 수 있다. 이러한 접근은 초기 단계의 비용 부담을 줄이는 데 중요한 역할을 한다.

특히 사업 초기에는 소규모 운영을 통해 유연성을 확보하는 것이 중요하다. 이는 초기 시장에서의 불확실성을 관리하고, 필요에 따라 전략을 신속하게 조정할 수 있는 기회를 제공한다. 예를 들어, 초기 단계에서 고정비를 최소화하고 변동비 중심으로 운영을 설계하면, 시장 상황 변화에 더 잘 대응할 수 있다. 궁극적으로, 비용 구조는 비즈니스 모델의 안정성과 수익성을 동시에 달성하기 위한 기초를 제공한다.

8) 핵심 지표(Key Metrics)

핵심 지표는 비즈니스의 현재 상태를 정확히 반영하고, 미래 성장을 예측할 수 있는 선행 지표(Leading Indicator)여야 한다.

핵심 파트너 항목에서 생각해야 하는 핵심 질문은 "사업의 성과를 측정할 주요 지표는 무엇인가?", "비즈니스의 건강 상태를 어떤 지표로 측정할 것인가?", "이 지표들이 사업 성공에 어떻게 기여하는가?"로 요약할 수 있다.

사업화가 정상적으로 추진되고 있는가를 판단하기 위해서는 성과를 측정할 수 있는 주요 지표를 설정하고 이를 철저히 관리하는 것이 필요하다. 이러한 주요 지표 예시로는 고객 획득 비용(CAC: Customer Acquisition Cost), 고객 유지율(CRR: Customer Retention

Rate), 클릭률(CTR: Click-Through Rate), 고객 전환율(CVR: Conversion Rate), 고객 생애 가치(LTV: Life Time Value) 등이 있으며, 이들은 사업의 성장과 수익성을 정량적으로 평가하는 데 중요한 역할을 한다. CAC는 새로운 고객을 유치하기 위해 소요되는 비용을 나타내며, 이를 낮추는 것은 초기 스타트업에게 매우 중요하다. 고객 유지율은 기존 고객의 충성도를 평가하는 지표로, 이는 반복 구매를 통해 안정적인 수익 흐름을 창출하는 데 기여한다. 전환율은 잠재 고객이 실제 구매로 이어지는 비율을 측정하며, 효과적인 마케팅 및 세일즈 전략의 성과를 평가하는 데 활용된다. LTV는 고객이 우리와의 관계에서 창출할 수 있는 총 가치를 나타내며, CAC 대비 LTV의 비율은 비즈니스의 장기적 지속 가능성을 평가하는 지표가 된다. 초기 단계에서는 이러한 핵심 성과 지표(KPI: Key Performance Indicator)를 핵심적인 것으로 몇 개만 선정하여 집중적으로 관리하는 것이 중요하다. 너무 많은 지표를 관리하려 하면 자원이 분산되고, 진정으로 중요한 요소에 집중하기 어려워질 수 있다. 예를 들어, 초기 제품 출시 단계에서는 CAC와 전환율에 중점을 두는 것이 실질적인 효과를 낼 수 있다. 이는 고객 기반을 확장하고 시장 적합성을 검증하는 데 필요한 데이터를 제공한다. 성과 지표를 기반으로 의사결정을 내릴 수 있는 데이터 수집 프로세스를 설계하는 것도 중요하다. 이 과정에서는 데이터의 정확성과 일관성을 확보하기 위한 체계를 구축해야 한다. 이를 위해 자동화된 데이터 수집 도구를 활용하거나, 각 지표의 변화 추이를 시각적으로 나타낼 수 있는 대시보드를 설계할 수 있다. 이와 같은 체계적인 접근은 사업의 강점과 약점을 파악하고, 이를 기반으로 전략을 조정하는 데 도움을 준다. 따라서 핵심 지표는 단순히 데이터를 측정하는 데 그치지 않고, 비즈니스 성과를 지속적으로 개선하는 방향으로 활용되어야 한다.

9) 경쟁우위 요소(Unfair Advantage)

진정한 경쟁 우위는 단순히 기능적 차별화를 넘어서 구조적으로 모방이 불가능하거나 매우 어려운 요소여야 한다.

경쟁우위 요소를 구상하기 위한 핵심질문은 "경쟁사가 모방하기 어려운 우리만의 독특한 강점은 무엇인가?", "우리만이 제공할 수 있는 경쟁 우위는 무엇인가?", "경쟁사가 모방하기 어려운 요소는 무엇인가?"이다.

린 캔버스의 마지막 블럭인 "경쟁우위 요소(Unfair Advantage)"는 비즈니스의 차별화와 경쟁사와 비교우위를 결정짓는 중요한 요소이다. 이 블럭에서는 우리만이 제공할 수 있는 차별화된 강점과 경쟁사가 모방하기 어려운 요소를 명확히 정의하는 것이 핵심이다. 창업자는 독점 기술, 특허, 브랜드 충성도, 네트워크 효과와 같은 모방이 불가능하거나 매우 어려운 요소를 강조해야 한다. 이러한 강점은 고객에게 독특한 가치를 제공하며, 시장에서의 입지를 강화하는 데 기여한다.

예를 들어, 독점 기술은 기술적 장벽을 통해 경쟁자의 진입을 방지하는 데 유리하며, 이는 특히 하이테크 산업에서 큰 경쟁력을 발휘할 수 있다. 특허는 이러한 독점 기술을 보호하는 수단으로, 법적 보호를 통해 기술 도용이나 모방을 방지한다. 브랜드 충성도는 고객과의 장기적인 신뢰를 바탕으로 구축되며, 이는 단순한 기능적 요소를 넘어 고객과의 감정적 연결성을 강화하는 데 중요한 역할을 한다. 네트워크 효과는 사용자가 많아질수록 가치를 더 크게 느끼는 플랫폼 비즈니스 모델에서 자주 활용된다. 예컨대, 소셜 미디어 플랫폼은 사용자가 많을수록 더 많은 네트워크 효과를 제공하여 경쟁 우위를 강화할 수 있다. 또한, 창업자와 팀의 전문성, 과거 경험과 같은 무형적 강점도 경쟁 우위를 결정짓는 요소로 작용한다. 창업자의 경력, 팀 구성원의 전문성, 독창적인 문제 해결 능력은 단기간에 모방하기 어렵기 때문에 강력한 경쟁 우위로 자리 잡을 수 있다. 특히, 이러한 무형 자산은 기업 문화와 결합하여 혁신적인 아이디어와 실행력을 지속적으로 창출하는 데 기여할 수 있다. 이러한 경쟁 우위를 지속적으로 강화하기 위해서는 연구 개발(R&D)에 지속적으로 투자하거나, 새로운 고객 세그먼트를 공략하기 위한 맞춤형 전략을 도입하는 등 시장의 변화에 따라 새로운 경쟁우위를 창출하기 위한 노력이 포함되어야 한다. 이를 통해 창업자는 비즈니스 모델의 차별성을 유지하면서도 시장에서 지속 가능한 경쟁력을 확보할 수 있다.

구분	지속 가능한 경쟁 우위	가짜 경쟁우위 (모방 용이)
네트워크/시스템	네트워크 효과 – 사용자가 많을수록 가치 증가 (카카오톡, 배달의민족)	단순한 기능적 차이 (쉽게 복제 가능한 기능)
데이터/정보	데이터 우위 – 독점적 데이터 접근 권한 (구글, 네이버의 검색 데이터)	더 나은 디자인 (디자인은 모방 가능)
법적/기술	기술 특허 – 법적 보호를 받는 핵심 기술 (특허권, 독점 기술)	더 많은 기능 (기능 추가는 시간 문제)

구분	지속 가능한 경쟁 우위	가짜 경쟁우위 (모방 용이)
브랜드/관계	브랜드 충성도 – 강력한 브랜드 인지도와 신뢰 (애플, 삼성의 브랜드 파워)	더 빠른 속도 (기술 발전으로 극복 가능)
파트너십	독점 계약 – 핵심 파트너와의 배타적 관계 (통신사와의 독점 계약)	더 저렴한 가격 (가격 경쟁은 지속 불가)
규모/효율	규모의 경제 – 큰 규모로 인한 비용 우위 (아마존, 쿠팡의 물류 인프라)	–

린 캔버스를 효과적으로 활용하기 위해서는 몇 가지 중요한 원칙을 준수해야 한다. 많은 창업자들이 린 캔버스 작성 과정에서 범하는 실수를 미리 방지하고, 도구의 진정한 가치를 실현하려면 다음과 같은 주의사항을 반드시 고려해야 한다.

첫째, 완벽주의를 지양해야 한다. 초기 단계에서는 80% 수준의 완성도로 린 캔버스를 작성하고, 시간이 지나면서 지속적으로 개선해나가는 것이 바람직하다. 완벽한 캔버스를 만들려고 몇 주간 고민하는 것보다는, 불완전하더라도 빠르게 작성한 후 시장에서 검증하는 것이 훨씬 효과적이다. 실제로 Y Combinator의 폴 그레이엄(Paul Graham)은 "완벽하지 않은 제품을 빨리 출시하는 것이 완벽한 제품을 늦게 출시하는 것보다 낫다"고 강조한 바 있다. 국내 성공 스타트업들도 대부분 불완전한 초기 버전에서 시작하여 고객 피드백을 통해 점진적으로 발전시켜왔다.

둘째, 가설 중심 사고를 유지해야 한다. 린 캔버스에 작성하는 모든 내용은 검증해야 할 가설로 접근해야 한다. "우리 제품이 성공할 것이다"라는 확신이 아니라, "이런 가설이 맞는지 검증해보자"는 마음가짐이 필요하다. 각 블럭에 작성된 내용을 절대적 진실이 아닌 검증 대상으로 여기고, 시장에서의 실제 반응을 통해 가설의 옳고 그름을 판단해야 한다. 이러한 접근 방식은 창업자가 자신의 편견에 사로잡히지 않고 객관적인 시장 데이터에 기반하여 의사결정을 내릴 수 있게 도와준다.

셋째, 고객 중심 관점을 견지해야 한다. 린 캔버스 작성 시 가장 흔한 실수는 창업자의 관점에서 내용을 채우는 것이다. 모든 블럭은 고객의 관점에서 작성되어야 하며, 특히 문제 정의와 가치 제안 부분에서는 고객이 실제로 사용하는 언어와 표현을 활용해야 한다. 창업자가 중요하다고 생각하는 것과 고객이 중요하다고 여기는 것 사이에는 상당한 차이가 있을 수 있다. 따라서 정기적인 고객 인터뷰와 피드백 수집을 통해 고객의 진짜 목소리를 캔버스에 반영해야 한다.

넷째, 정기적인 업데이트가 필수적이다. 린 캔버스는 한 번 작성하고 끝나는 문서가 아니라 살아있는 도구이다. 최소 월 1회 이상 캔버스 내용을 검토하고 수정해야 하며, 중요한 시장 변화나 고객 피드백이 있을 때는 즉시 반영해야 한다. 스타트업 환경은 매우 빠르게 변화하기 때문에, 3개월 전에 작성한 캔버스가 현재 상황과 맞지 않을 가능성이 높다. 정기적인 업데이트를 통해 비즈니스 모델이 시장 현실과 동조화될 수 있도록 관리해야 한다.

다섯째, 팀 전체가 동일한 버전을 공유하고 활용해야 한다. 린 캔버스의 진정한 가치는 창업팀 전체가 동일한 비전과 전략을 공유할 때 실현된다. 각 팀원이 서로 다른 버전의 캔버스를 가지고 있거나, 일부 구성원만 캔버스 내용을 알고 있다면 팀 내 혼선과 비효율이 발생할 수 있다. 정기적인 팀 미팅에서 캔버스를 함께 검토하고 업데이트하는 시간을 가져야 하며, 새로운 팀원이 합류할 때는 반드시 최신 버전의 캔버스를 공유해야 한다. 이를 통해 팀 전체의 역량을 하나의 방향으로 집중시킬 수 있다.

CHAPTER

05

비즈니스 모델 검증, 시장의 선택을 받는 방법

1 비즈니스 모델 검증의 필요성

2 비즈니스 모델 검증에 활용되는 가설

3 비즈니스 아이디어 검증

4 린 스타트업의 BM검증 방법

5 가설 검증의 방법

1 비즈니스 모델 검증의 필요성

창업자가 “내 아이디어는 반드시 성공할 것이다”라고 믿는 것과 실제 시장에서 그 아이디어가 받아들여지는 것은 전혀 다른 문제다. 투자자, 고객, 파트너와 같은 제삼자들은 창업자의 주관적 확신보다는 구체적이고 객관적인 데이터를 요구한다. 특히 기술창업 분야에서는 기술적 우수성과 시장 적합성 사이의 간극이 클 수 있어, 체계적인 검증 과정이 더욱 중요하다.

따라서 창업자는 자신의 아이디어가 단순한 가정이 아니라 구체적이고 객관적인 데이터 및 실증적인 결과를 통해 입증된 사실임을 명확히 해야 한다. 이 과정은 투자자, 고객, 파트너와 같은 이해관계자들에게 아이디어의 신뢰성을 전달하는 핵심적인 역할을 한다. 특히, 단순한 설명에 그치지 않고, 철저한 시장 조사, 실험적 검증, 경제적 타당성 분석 등을 통해 데이터를 제공함으로써 신뢰를 구축해야 한다. 이러한 과정을 통해 비즈니스 모델 검증은 창업자의 주관적 관점을 객관적이고 설득력 있는 근거로 전환하여 시장에서 선택받을 기회를 극대화하는 데 중요한 단계로 볼 수 있다. 비즈니스 모델 검증은 창업자의 주관적 가정을 객관적 사실로 전환하는 과정이다. 이를 통해 시장에서 선택받을 확률을 극대화하고, 투자 유치 및 사업 확장의 기반을 마련할 수 있다.

가 비즈니스 모델 검증이란?

비즈니스 모델 검증(Business Model Validation)이란 새로운 사업 아이디어나 개선된 비즈니스 모델이 실제 시장에서 작동할 수 있는지를 체계적으로 평가하는 과정이다. 이는 단순히 제품이나 서비스의 기능을 테스트하는 것을 넘어서, 고객이 실제로 돈을 지불할 의사가 있는지, 그리고 이를 통해 지속 가능한 수익을 창출할 수 있는지를 종합적으로 검토하는 활동이다.

효과적인 비즈니스 모델 검증을 위해서는 다음 세 가지 핵심 영역에서 체계적인 접근이 필요하다.

1) 문제/솔루션 검증

고객 문제의 구체적 확인

비즈니스 모델 검증의 첫 번째 단계는 고객이 겪고 있는 실제 문제를 확인하는 것이다. 고객이 느끼는 불편함은 표면적으로 드러나지 않을 수 있으며, 이를 정확히 파악하는 것이 성공적인 비즈니스 모델 구축의 시작점이다. 고객 인터뷰, 설문 조사, 사용자 행동 분석과 같은 정성적 및 정량적 조사를 통해 고객의 문제를 구체적으로 도출해야 한다. 이러한 과정을 통해 "고객이 어떤 문제를 왜 겪고 있는가"에 대한 명확한 답을 얻을 수 있다.

고객 문제 확인을 위한 실무 단계

1. 심층 고객 인터뷰(In-depth Customer Interview) 실시: 최소 20-30명의 잠재 고객을 대상으로 30분 이상의 구조화된 인터뷰 진행
2. 고객 여정 지도 작성: 고객이 문제를 인식하고 해결책을 찾는 전 과정을 시각화
3. 문제의 긴급성과 빈도 측정: 문제가 얼마나 자주, 얼마나 심각하게 발생하는지 정량적으로 평가
4. 현재 해결 방식 분석: 고객이 현재 어떤 방법으로 문제를 해결하고 있는지 조사

문제 해결 가치의 정량적 평가

문제를 발견했다고 해서 모든 문제가 비즈니스 기회가 되는 것은 아니다. 고객이 그 문제를 해결하기 위해 기꺼이 비용을 지불할 의사가 있는지, 그리고 그 비용이 비즈니스적으로 의미가 있는 수준인지를 평가해야 한다. 이 단계에서 기존 솔루션과 비교하여 자사의 솔루션이 더 나은지를 분석한다. 예를 들어, 기존 제품이 높은 비용, 낮은 효율성, 혹은 사용자 경험의 불편함 등으로 인해 해결책으로 적합하지 않다면, 새로운 솔루션을 제안할 시장 기회가 있다는 의미이다.

문제해결가치의 정량적 평가 예시

기준	측정 방법	판단 기준
문제의 심각성	10점 척도 설문 조사	평균 7점 이상
지불 의사	가격 민감도 분석(PSM)	적정 가격대 도출
해결 우선순위	문제 우선순위 매트릭스	상위 3순위 내 포함
현재 대안의 만족도	기존 솔루션 만족도 조사	평균 5점 이하(10점 만점)

2) 제품(서비스) 검증

MVP를 통한 솔루션 효과 검증

자사의 제품 또는 서비스가 고객의 문제를 실제로 해결할 수 있는지를 평가하는 것이 두 번째 단계이다. 이를 위해 초기 프로토타입을 설계하고, 이를 고객에게 사용하게 하여 사용자 피드백을 수집한다. 피드백 과정에서는 핵심 기능이 고객의 기대를 충족시키고 있는지, 개선이 필요한 영역이 무엇인지, 해결되지 못한 문제가 남아 있는지를 명확히 해야 한다.

MVP 개발 및 검증 프로세스

1. 핵심 기능 정의: 고객의 주요 문제를 해결하는 데 필요한 최소 기능 선별
2. 프로토타입 제작: 실제 작동하는 최소 버전의 제품 개발
3. 파일럿 테스트: 소규모 고객 그룹을 대상으로 한 실사용 테스트
4. 피드백 수집 및 분석: 정성적, 정량적 피드백을 체계적으로 수집
5. 개선 사항 도출: 피드백을 바탕으로 한 제품 개선 방향 설정

핵심 성과 지표(KPI) 기반 제품 검증

제품(서비스)의 핵심 기능이 구현되었는지를 확인하는 것은 검증 과정의 핵심이다. 고제품이나 서비스의 효과를 객관적으로 측정하기 위해서는 명확한 성과 지표를 설정해야 한다. 이러한 지표들은 제품의 시장 적합성을 판단하는 중요한 기준이 된다.

핵심지표 기반 검증 예시

검증 영역	핵심 지표	측정 방법	기준 수치
사용성	MAU(Monthly Active Users)	월간 활성 사용자 수 측정	월 10% 이상 증가
만족도	NPS(Net Promoter Score)	고객 추천 의향 조사	50점 이상
수익성	LTV/CAC 비율	고객생애가치/고객획득비용	3:1 이상
성장성	바이럴 계수	기존 고객의 신규 고객 유입률	1.0 이상

3) 비즈니스 모델 지속가능성 검증(Business Model Sustainability)

수익 모델의 실현 가능성 검증

제품이나 서비스가 고객 문제를 해결할 수 있다고 해서 곧바로 성공적인 비즈니스가 되는 것은 아니다. 지속 가능한 수익을 창출할 수 있는 비즈니스 모델인지를 검증해야 한다. 이는 단순히 매출 발생 여부를 확인하는 것을 넘어서, 장기적으로 수익성을 유지할 수 있는 구조인지를 평가하는 과정이다.

수익 모델 검증을 위한 주요 분석 항목

- 단위 경제학(Unit Economics) 분석: 고객 한 명당 수익과 비용 구조 분석
- 고객 획득 비용(CAC) 대비 고객 생애 가치(LTV) 분석: 고객 유치에 드는 비용 대비 장기 수익성 평가
- 매출 예측 모델링: 다양한 시나리오에 따른 매출 전망 수립
- 가격 탄력성 분석: 가격 변화에 따른 수요 변화 패턴 분석
- 경쟁사 벤치마킹: 유사 업계의 수익 구조 및 마진율 비교 분석

확장성과 방어 가능성 검증

비즈니스 모델이 단기적으로 수익을 낼 수 있다고 해도, 규모 확장이 가능하고 경쟁자로부터 방어할 수 있는 구조여야 장기적 성공이 가능하다. 특히 기술창업의 경우 네트워크 효과(Network Effect, 사용자가 증가할수록 서비스 가치가 높아지는 현상)나 규모의 경제(Economies of Scale, 생산량 증가에 따른 단위 비용 감소)를 확보할 수 있는지가 중요하다.

나 비즈니스 모델 검증이 필요한 이유

1) 사업 실패의 리스크 요인을 최소화

비즈니스 모델 검증은 특히 창업 과정에서 발생할 수 있는 실패 리스크를 사전에 최소화하기 위해 필요하다. 창업기업의 실패 원인 중 가장 대표적인 사례는 시장의 수요와 동떨어진 제품이나 서비스를 개발하거나, 지속 가능한 수익 구조를 설계하지 못하는 경우에서 비롯된다. 실패한 사례를 미연에 방지하는 것은 창업 초기 단계에서 무엇보다 중요하다. 때문에 검증 과정은 창업자가 시장과 고객의 진정한 요구를 파악하고, 비즈니스의 잠재력을 평가할 수 있는 기회를 제공한다. 이를 통해 창업자는 다음과 같은 핵심 질문에 대한 명확한 답을 도출하게 된다.

- 목표 고객이 이 제품이나 서비스를 실제로 필요로 하는가?
- 고객은 이 제품이나 서비스에 비용을 지불할 준비가 되어 있는가?
- 시장에서의 경쟁 환경은 어떠하며, 이 제품이 경쟁력을 확보할 가능성은 충분한가?

비즈니스 모델 검증의 필요성을 잘 보여주는 사례로, 2020년 한국의 한 기술 스타트업의 사례를 들수 있다. 이 스타트업은 인공지능 기반 헬스케어 플랫폼을 개발하였으나, 시장 검증 없이 출시한 결과, 실제 병원과 소비자들 사이에서 높은 도입 장벽이 존재한다는 사실을 발견하였다. 이후, 병원 내 워크 플로우에 쉽게 통합될 수 있는 모듈로 피보팅하여 성공적인 B2B 비즈니스로 전환하였다. 이 사례는 초기 검증이 부족할 경우 발생하는 리스크를 잘 보여준다. 초기 단계에서 고객과의 충분한 검증이 실패 가능성을 대폭 줄일 수 있다는 점을 명확히 알 수 있다.

국내 사례: 실패를 성공으로 전환한 야놀자의 검증 과정

야놀자는 2005년 창업 당시 "숙박업소 정보 제공 사이트"로 시작했지만, 초기 3년간 지속적인 적자를 기록했다. 하지만 창업자는 이를 단순한 실패로 받아들이지 않고 체계적인 시장 검증을 진행했다. 2008년부터 2년간 5,000여 명의 사용자를 대상으로 한 심층 조사를 통해 다음과 같은 핵심 인사이트를 도출했다.

- 고객들은 단순한 정보보다는 실시간 예약 기능을 더 원한다.
- 모바일 접근성이 PC보다 3배 이상 중요하다.
- 가격 투명성과 할인 혜택이 핵심 구매 결정 요인이다.

이러한 검증 결과를 바탕으로 2010년 모바일 중심의 실시간 예약 플랫폼으로 피보팅했고, 현재 국내 숙박 예약 시장 선두점유율을 유지하고 있다.

2) 초기 창업기업의 효율적인 자원 배분

초기 창업 기업은 제한된 자원을 가지고 운영되므로, 자원의 효율적 배분은 중요한 요소이다. 자원이란 금전적인 자원뿐만 아니라 시간, 인력, 기술 등 모든 유형의 제한적 자원을 포함한다. 비즈니스 모델 검증을 통해 자원을 투입하기 전에 아이디어의 시장성과 실현 가능성을 평가하면 시간과 비용을 절약할 수 있다. 창업 기업은 검증되지 않은 아이디어에 지나치게 많은 자원을 투자할 경우 실패의 대가로 막대한 손실을 입을 수 있다.

예를 들어, 검증되지 않은 아이디어에 수천만 원을 투자하여 개발한 제품이 고객의 요구를 충족하지 못한다면, 이는 단순한 금전적 손실뿐만 아니라 팀의 사기 저하와 같은 비물질적 손실로도 이어질 수 있다. 하지만 초기 고객 인터뷰, 프로토타입 테스트, 소규모 시장 테스트 등을 통해 검증 과정을 거치면, 불필요한 자원 소모를 피할 수 있다. 초기에는 MVP(Minimum Viable Product)를 활용하여 최소한의 기능으로 고객의 피드백을 받아야 하며, 이를 통해 자원을 효과적으로 배분할 수 있다.

린 스타트업 접근법의 핵심 철학인 "Build-Measure-Learn" 주기는 이러한 자원 배분의 효율성을 극대화한다. 소규모 실험으로 검증된 데이터를 바탕으로 다음 단계를 계획하면, 자원이 낭비되지 않고 중요한 학습을 지속할 수 있다. 이와 같은 접근법은 자원이 부족한 창업 기업에게 필수적인 전략으로 작용한다.

자원 배분의 실무 가이드 라인

- 초기 검증 단계: 전체 자원의 20% 이하 투입
- MVP 개발 및 테스트: 전체 자원의 30-40% 투입
- 시장 확장: 검증 완료 후 나머지 자원 투입
- 예비 자금: 최소 3-6개월 운영 자금 별도 확보

3) 제품-시장 적합도(Product-Market Fit)

많은 창업자들이 자신만의 창의적인 아이디어에 몰두하지만, 해당 아이디어가 시장에서 얼마나 수용될지에 대한 판단은 종종 간과된다. 창업 아이템은 창업자의 열정만으로 성공할 수 없다. 제품이나 서비스가 고객의 실제 문제를 해결하고, 그들이 필요로 하는 가치를 제공하는 것이 중요하다. 비즈니스 모델 검증은 고객의 실제 니즈와 문제점을 파악하고, 이를 제품 및 서비스 설계에 반영함으로써 시장 적합도를 높이는 데 기여한다.

제품-시장 적합도(Product-Market Fit, PMF)는 실리콘밸리의 전설적인 벤처캐피탈리스트 마크 안드리센(Marc Andreessen)이 제시한 개념으로, "좋은 시장에서 그 시장을 만족시킬 수 있는 제품을 만든 상태"를 의미한다. 이는 스타트업이 지속 가능한 성장을 시작하기 위한 필수 조건이다. 시장 적합도(Market Fit)를 확인하기 위해 창업자는 다음 활동을 수행할 수 있다.

- 잠재 고객 인터뷰를 통해 제품에 대한 인사이트 수집
- 초기 MVP(Minimum Viable Product) 테스트로 사용자의 피드백 확보
- 데이터 기반으로 시장의 반응을 평가

한 예로, 한국의 한 푸드테크 스타트업은 온라인 기반 맞춤형 식단 추천 서비스를 출시하기 전, 500명의 잠재 고객을 대상으로 심층 인터뷰와 설문조사를 진행하였다. 이를 통해 고객이 요구하는 주요 기능(예: 간편한 레시피 제공, 칼로리 추적 등)을 MVP에 반영하였고, 런칭 후 높은 초기 유저 확보율을 기록하였다. 이러한 과정을 통해 시장 적합도를 확보한 사례는 창업 아이템의 성공 가능성을 높이는 데 검증이 얼마나 중요한지 보여준다.

측정 영역	구체적 지표	PMF 달성 기준	측정 방법
고객 만족도	제품 없으면 실망도	40% 이상이 "매우 실망"	션 엘리스 테스트
성장률	월간 활성 사용자 증가율	월 5-7% 이상	코호트 분석
고객 유지	6개월 리텐션율	20% 이상	생존 분석
추천 의향	NPS 점수	50점 이상	설문 조사
유기적 성장	추천 유입률	신규 고객의 30% 이상	유입 경로 분석

4) 비즈니스 모델의 피보팅을 통한 고도화 방향 설정

검증 과정에서 비즈니스 모델이 초기 예상과 다르게 작동하거나, 새로운 기회가 발견될 경우 피보팅은 비즈니스 모델을 고도화하는 중요한 전략이 된다. 초기의 실패를 피보팅을 통해 기회로 전환하는 과정에서 기업은 더 높은 성장을 이룰 수 있다.

피보팅은 단순히 실패를 회피하기 위한 전략이 아니라, 더 나은 시장 기회를 찾아가는 과정이다. 이를 위해 검증 단계에서 다음을 고려할 수 있다.

- 고객 피드백에 따른 비즈니스 모델 구성 요소 조정
- 수익화 방식이나 고객 세그먼트 재정의
- 새로운 기술이나 시장 트렌드의 도입

국내 대표적인 사례로, 쿠팡(Coupang)은 초기에는 소셜 커머스 형태로 시작했으나, 시장에서 더 큰 잠재력을 가진 이커머스 플랫폼으로 피보팅 하였다. 쿠팡은 검증 단계에서 소셜 커머스의 한계점을 파악하였고, 고객 데이터와 시장 검증을 기반으로 빠르게 피보팅하여 현재 한국 최대 이커머스 플랫폼 중 하나로 성장하게 되었다. 이러한 성공 사례는 피보팅이 단순한 변경이 아니라, 전략적 사고와 데이터를 바탕으로 한 결정임을 보여준다.

비즈니스 모델 검증은 기술사업화의 중요한 과정중의 하나로, 실패 리스크를 줄이고, 자원을 효율적으로 활용하며, 시장 적합도를 높이고, 피보팅의 방향성을 제시한다. 이를 통해 초기 창업자는 더욱 견고하고 지속 가능한 비즈니스 모델을 구축할 수 있다. 비즈니스 모델 검증 과정을 통해 얻어진 데이터와 통찰은 단순히 현재의 모델 성공 가능성을 평가하는 데 그치지 않고, 비즈니스 모델 피보팅, 신사업 전환, 비즈니스 모델 혁신, 사업 철수를 결정하는 중요한 판단 요소가 될 수 있다.

2 비즈니스 모델 검증에 활용되는 가설

비즈니스 모델 검증의 핵심은 불확실성을 줄이는 것이다. 창업자가 가진 아이디어나 비즈니스 모델에 대한 확신은 대부분 가정(Assumption, 증명되지 않은 전제)에 기반한다. 이러한 가정들을 체계적으로 검증하기 위해서는 과학적 접근법이 필요하며, 그 출발점이 바로 가설(Hypothesis, 검증 가능한 형태의 진술) 설정이다.

가 가설의 개념

1) 가정(Assumption)과 가설(Hypothesis)

비즈니스 모델 검증에서 가설을 활용하는 이유는 창업 환경의 본질적 특성 때문이다. 창업은 불확실한 조건 하에서 새로운 가치를 창출하는 활동이며, 이 과정에서 수많은 변수들이 복합적으로 작용한다. 따라서 직관이나 경험에만 의존하기보다는 과학적 방법론을 도입해야 한다.

가설 기반 검증의 개념은 2010년대 실리콘밸리에서 시작된 린 스타트업(Lean Startup, 최소 자원으로 빠른 검증을 통해 사업 모델을 개발하는 방법론) 운동에서 본격화되었다. 에릭 리스(Eric Ries)가 제시한 Build-Measure-Learn 사이클의 핵심도 바로 가설 설정과 검증이다.

비즈니스 모델 검증에서 가장 중요한 출발점은 가정과 가설의 차이를 이해하는 것이다. 가정은 특정 상황이나 조건이 참이라고 전제하는 믿음을 말한다. 예를 들어, "소비자들은 편리한 모바일 결제를 선호할 것입니다"라는 문장은 가정에 해당한다. 가정은 증명되지 않은 상태로 존재하며, 단순히 아이디어의 전제조건을 의미한다.

반면, 가설은 검증 가능한 형태로 구체화된 진술이다. 가설은 데이터를 통해 검증하거나 반증할 수 있어야 하며, 명확한 인과관계를 담아야 한다. 예를 들어, "우리의 모바일 결제 시스템을 통해 소비자의 구매 빈도가 월 2회 이상 증가할 것입니다"와 같은 진술은 가설의 좋은 사례이다. 가정이 검증 전 상태의 아이디어라면, 가설은 체계적인 검증 과정으로 들어가는 첫 단계이다.

가설의 이러한 특성은 스타트업이 가진 불확실성을 줄이고, 보다 체계적인 사업 진행을 가능하게 한다. 가정과 가설의 차이를 명확히 이해하지 못할 경우, 검증 과정에서 혼란이 생기거나 효율성을 잃을 수 있다. 따라서 두 개념을 명확히 정의하는 것이 중요하다.

구분	가정(Assumption)	가설(Hypothesis)
형태	일반적, 추상적 진술	구체적, 측정 가능한 진술
검증 가능성	검증 방법이 불분명	명확한 검증 방법 존재
측정 기준	주관적 판단 기준	객관적 측정 지표
시간 프레임	기간 설정 없음	명확한 검증 기간
결과 해석	모호한 성공/실패 기준	명확한 성공/실패 기준

2) 확인(Verification)과 타당성 검증(Validation)

비즈니스 모델 검증에서 흔히 사용되는 확인과 타당성 검증은 서로 다른 개념으로 활용된다. 확인(Verification)은 "우리는 제품을 올바르게 만들고 있는가?(Are we building the product RIGHT?)"라는 질문에 초점을 맞춘다. 이는 제품이나 서비스가 초기 설계 의도와 일치하는지를 확인하는 과정으로, 주로 내부 기준에 따른 품질 관리, 기능 구현 여부, 기술적 완성도 등을 평가한다. 확인 과정에서는 사전에 정의된 사양서나 요구사항 명세서를 기준으로 삼는다.

반면, 타당성 검증(Validation)은 "우리는 올바른 제품을 만들고 있는가?(Are we building the RIGHT product?)"라는 질문에 답해야 함을 의미한다. 이는 제품이 실제 고객의 문제를 해결하고, 그들에게 가치를 제공하는지를 평가하는 과정이다. 타당성 검증은 고객 인터뷰, 시장 테스트, 사용성 평가 등의 방법을 포함하며, 결과적으로 제품이나 서비스의 시장 적합성을 입증하는 데 목적이 있다.

아무리 기술적으로 완벽한 제품이라도 고객이 원하지 않는다면 의미가 없다. 때문에 타당성 검증은 시장과 고객 중심의 외부 기준을 활용한다. 확인과 타당성 검증의 차이는 간단해 보이지만, 실제 스타트업 현장에서 이를 개념적으로 혼동하는 경우가 많다. 예를 들어, 제품의 기술적 완성도에 지나치게 집중하여 정작 고객이 필요로 하는 문제를 해결하지 못하는 사례가 흔하다. 이러한 오류를 피하기 위해, 두 가지 과정을 명확히 구분하고 각각에 맞는 검증 전략을 수립해야 한다.

확인(Verification) 주요 체크 포인트	타당성 검증(Validation) 주요 체크 포인트
1. 기능 완성도: 기획서에 명시된 모든 기능이 정상 작동하는가? 2. 성능 기준: 속도, 용량, 처리량 등이 목표치를 달성했는가? 3. 품질 표준: 버그 발생률, 안정성이 허용 기준 내에 있는가? 4. 기술 사양: 개발 언어, 플랫폼, 보안 등이 요구사항에 부합하는가?	1. 고객 문제 해결: 실제 고객의 핵심 문제를 해결하는가? 2. 시장 수요: 충분한 규모의 고객이 이 제품을 원하는가? 3. 지불 의사: 고객들이 비용을 지불하고 구매할 있는가? 4. 경쟁 우위: 기존 대안보다 뛰어난 가치를 제공하는가? 5. 사용성: 고객이 쉽고 편리하게 사용할 수 있는가?

나 효과적인 가설을 만드는 3대 조건

좋은 가설은 비즈니스 모델 검증의 성공을 좌우한다. 아무리 창의적인 아이디어라도 검증할 수 없는 가설로는 실질적인 학습을 얻기 어렵다. 실리콘밸리의 성공한 스타트업들이 공통적으로 활용하는 가설의 3대 조건은 테스트 가능성(Testability), 정교성(Precision), 개별성(Discreteness)이다.

1) 테스트 가능성(Testability): 측정할 수 있어야 한다

가설은 검증 가능한 형태로 구체화되어야 한다. 구체화 한다는 말은 가급적 데이터를 통해 결과를 관찰하고 측정할 수 있어야 한다는 것을 의미한다. 예를 들어, "소비자들이 새로운 앱의 기능을 좋아할 것입니다"라는 진술은 모호하고 테스트하기 어렵다. 대신, "소비자 70%가 새로운 앱 기능을 3일 이내에 최소 2회 이상 사용할 것입니다"와 같은 구체적인 진술은 테스트 가능하다.

테스트 가능성을 확보하기 위해 가설에는 다음과 같은 요소가 포함되어야 한다.

- 명확한 기준: 성공 또는 실패를 정의하는 측정 가능한 지표
- 시간 프레임: 검증 과정에서 결과를 관찰할 수 있는 기간
- 실행 가능한 방법: 데이터를 수집하고 결과를 분석할 수 있는 도구나 방법론

테스트 가능성이 높은 가설은 실험 설계를 단순화하고, 검증 결과의 해석을 명확히 하는 데 기여한다. 이는 초기 단계의 스타트업에서 자원 낭비를 줄이고 빠른 피드백 얻는 데 중요한 역할을 한다.

테스트 가능한 가설 작성을 위한 체크리스트

1. 측정 가능한 지표 포함: 숫자, 비율, 빈도 등 구체적 수치 명시
2. 측정 방법 명확화: 어떤 도구와 방법으로 측정할지 구체화
3. 시간 프레임 설정: 언제까지 측정할 것인지 기간 명시
4. 성공 기준 정의: 가설이 참/거짓으로 판단될 기준점 설정
5. 데이터 수집 계획: 필요한 데이터의 종류와 수집 방법 계획

2) 정교성(Precision): 구체적이고 명확해야 한다

가설은 정교하고 구체적이어야 한다. 일반적이고 포괄적인 가설은 검증 결과를 모호하게 만들 가능성이 높다. 예를 들어, "우리의 서비스는 소비자의 만족도를 높일 것입니다"라는 가설은 너무 일반적이다. 대신, "우리 서비스의 새 기능은 소비자 만족도를 기존 3.5점에서 4.0점 이상으로 높일 것입니다"와 같은 구체적인 가설이 정교한 가설의 예이다. 이러한 정교함을 유지하기 위해 다음을 고려해야 한다.

- 측정 단위: 만족도, 빈도, 비용 절감 등 구체적인 수치화 가능한 결과
- 영향 요인: 가설이 특정 요인에 의해 달성될 수 있도록 한정

정교한 가설은 검증 결과의 신뢰성을 높이며, 비즈니스 모델의 개선 방향을 보다 명확히 제시한다. 이는 특히 복잡한 시장 환경에서 중요한 요소로 작용한다.

사례: 쿠팡(Coupang)의 정교한 가설 설정

쿠팡은 2010년 소셜커머스로 시작했지만, 이커머스로 피보팅하면서 매우 정교한 가설들을 설정했다.

일반적 가설(정교하지 않음)

"당일배송 서비스를 원하는 고객들이 많을 것이다"

정교한 가설

"서울 강남구 거주 25-40세 직장인 중 70% 이상이 당일배송을 위해 20% 추가 배송비를 지불할 의향이 있다"
"당일배송 서비스 이용 고객의 월평균 주문 횟수가 일반 배송 이용 고객 대비 3배 이상 증가한다"
"당일배송 서비스 론칭 6개월 내 해당 지역 시장 점유율 30% 이상 달성한다"

3) 개별성(Discreteness): 하나의 변수에 집중해야 한다

효과적인 검증을 위해 가설은 하나의 독립된 변수 또는 요인에만 집중해야 한다. 복합적이고 다층적인 가설은 결과의 해석을 어렵게 만든다. 예를 들어, "광고 캠페인과 프로모션을 통해 매출이 20% 증가할 것입니다"라는 가설은 광고와 프로모션이라는 두 가지 변수가 혼재되어 있어 검증하기 어렵다. 대신, "광고 캠페인을 통해 매출이 10% 증가할 것입니다"와 같이 각 변수를 개별적으로 가정해야 한다.

이 같은 개별적인 가설은 특히 상관관계와 인과관계 분석에 매우 유용하게 활용될 수 있다. 상관관계 분석은 두 변수 간의 연관성을 측정하고 그 강도를 파악하는 것을 말한다. 예를 들어, 소비자 만족도와 재구매율 간의 상관관계를 조사하여 소비자 만족도가 높은 경우 재구매율이 증가하는지를 확인할 수 있다. 상관관계 분석은 데이터를 통해 변수 간의 관계를 탐색하고, 비즈니스 의사결정의 초기 방향성을 설정하는 데 기여한다.

반면, 인과관계 분석은 변수 간의 직접적인 원인과 결과의 관계를 규명하는 데 초점을 맞춘다. 이는 상관관계를 넘어 특정 변수(예: 마케팅 활동)가 다른 변수(예: 매출 성장)에 실질적인 영향을 미치는지를 확인하는 과정이다. 인과관계 분석을 통해 "우리의 특정 광고 캠페인이 매출 증가에 기여했다"는 결론을 도출할 수 있다. 이를 위해서는 실험적 방법(A/B 테스트)이나 회귀 분석 등의 통계적 도구를 활용하여 명확한 증거를 제시해야 한다.

상관관계 분석과 인과관계 분석은 서로 보완적이며, 비즈니스 검증 과정에서 각각 중요한 역할을 한다. 상관관계 분석은 주요 변수 간의 관계를 식별하고 탐색하는 데 유용하며, 인과관계 분석은 실제로 특정 조치가 비즈니스 성과에 미친 영향을 구체적으로 증명한다. 따라서 가설은 이 두 가지 분석 방식에서 명확하고 측정 가능한 변수 정의를 통해 검증 프로세스를 더욱 효과적으로 이끌어갈 수 있다.

개별적 가설을 만드는 방법은 다음과 같다.

• 독립 변수와 종속 변수의 명확화
• 하나의 변수에 집중한 실험 설계

개별적 가설은 실험 설계를 단순화하고, 검증 결과의 해석을 보다 명확히 하는 데 기여한다. 이는 자원과 시간을 효율적으로 활용하기 위한 중요한 전략이다.

분석 유형	상관관계 분석	인과관계 분석
목적	변수 간 연관성의 강도와 방향 파악	특정 변수가 결과에 미치는 직접적 영향 규명
활용 예시	고객 만족도와 재구매율의 연관성 분석	가격 할인이 구매량 증가에 미치는 영향 분석
분석 방법	피어슨 상관계수, 스피어만 상관계수	A/B 테스트, 회귀분석, 통제실험
한계점	인과관계를 증명하지 못함	다른 변수의 영향을 완전히 통제하기 어려움

다 가설을 통한 체계적 검증 절차

가설은 비즈니스 모델 검증의 중요한 도구로, 가설을 통한 검증 절차는 구조화된 접근 방식을 제공한다. 일반적인 검증 절차는 다음과 같다.

1) 문제 정의

가설은 검증하고자 하는 문제나 가정을 명확히 정의하는 단계에서 시작한다. 예를 들어, "우리 제품이 고객의 문제를 해결할 수 있는가?"라는 문제를 정의한다. 문제 정의는 올바른 가설 설정의 기초가 되며, 이후의 검증 과정의 방향성을 결정한다.

2) 가설 수립

정의된 문제에 따라 테스트 가능하고, 정교하며, 개별적인 가설을 수립한다. 예를 들어, "30대 직장인의 50%가 우리의 서비스로 시간 절약을 경험할 것입니다"라는 가설을 설정한다. 이는 구체적이고 실행 가능한 실험 설계를 가능하게 한다.

가설 수립 템플릿

- 가설 구조: "만약 [구체적 조건/변화]를 실행하면, [측정 가능한 결과]가 [특정 시간 내에] 나타날 것이다. 왜냐하면 [논리적 근거]이기 때문이다."
- 예시: "만약 배송 시간을 기존 3일에서 1일로 단축하면, 고객 재주문율이 현재 15%에서 25% 이상으로 증가할 것이다. 왜냐하면 빠른 배송이 고객 만족도의 가장 중요한 요소이기 때문이다."

3) 실험 설계

가설 검증을 위한 실험을 설계한다.

일반적으로 실험 설계에는 대상의 선정, 실험기간, 측정지표, 통제변수, 데이터 수집 방법 등이 검토되어야 한다.

- 데이터 수집 방법: 설문 조사, A/B 테스트, 인터뷰 등
- 실험군과 대조군: 변수의 영향을 비교할 수 있는 그룹 설정
- 측정 지표: 성공 여부를 판단할 수 있는 KPI(Key Performance Indicator)

실험 설계 단계에서는 데이터의 신뢰성과 타당성을 확보하기 위한 세부적인 계획이 필요하다. 또한, 실험 결과를 빠르게 피드백 받아 반복적인 검증을 진행할 수 있도록 설계해야 한다.

4) 데이터 수집 및 분석

실험 결과를 분석하여 가설이 맞는지 확인한다. 예를 들어, KPI가 설정된 기준을 충족하지 못했다면 가설은 반증된 것으로 간주된다. 이 경우, 가설을 수정하거나 새로운 가설을 수립한다. 결과 분석은 비즈니스 모델 검증에서 중요한 인사이트를 제시해줄 수 있다.

5) 피드백(학습 및 반복)

가설 검증 결과로부터 도출된 피드백을 학습하고, 이를 기반으로 비즈니스 모델을 수정하거나 보완한다. 검증 결과를 바탕으로 가설을 수정하거나 새로운 가설을 수립하며, 이를 반복적으로 수행해야 한다. 이 과정을 통해 비즈니스 모델은 점진적으로 개선되고, 성공 가능성은 높아진다.

가설은 비즈니스 모델 검증의 출발점이자 핵심 도구이다. 명확하고 테스트 가능한 가

설을 수립하고, 체계적인 검증 절차를 통해 데이터를 기반으로 의사결정을 해야 한다. 이를 통해 불확실성을 줄이고, 자원을 효율적으로 배분하며, 시장과 고객의 요구에 부합하는 사업 모델을 구축할 수 있다.

3 비즈니스 아이디어 검증

알렉산더 오스터왈더(Alexander Osterwalder)와 데이비드 블랜드(David J. Bland)는 비즈니스 아이디어의 탄생(Testing Business Ideas, 2020)이라는 책을 통하여 스타트업과 기업가들이 비즈니스 아이디어를 체계적으로 검증하고 위험을 최소화하기 위해 사용할 수 있는 실용적인 접근법과 프레임 워크를 제시하였다.

이 접근법은 특히 창업 초기 단계에서 직면하는 불확실성을 효과적으로 관리하고, 아이디어가 시장에서 실행 가능한지 여부를 판단하는 데 중점을 둔다. 특히, 그는 비즈니스 아이디어를 검증하는 과정에서 세 가지 핵심 리스크를 식별하고 이를 점검할 것을 강조하고 있다. 세 가지 리스크란 수용가능성 리스크(Desirability Risk), 실현 가능성 리스크(Feasibility Risk), 생존 가능성 리스크(Viability Risk)를 의미하며 비즈니스 모델 캔버스에서 점검해야 할 리스크의 영역들은 다음과 같다.

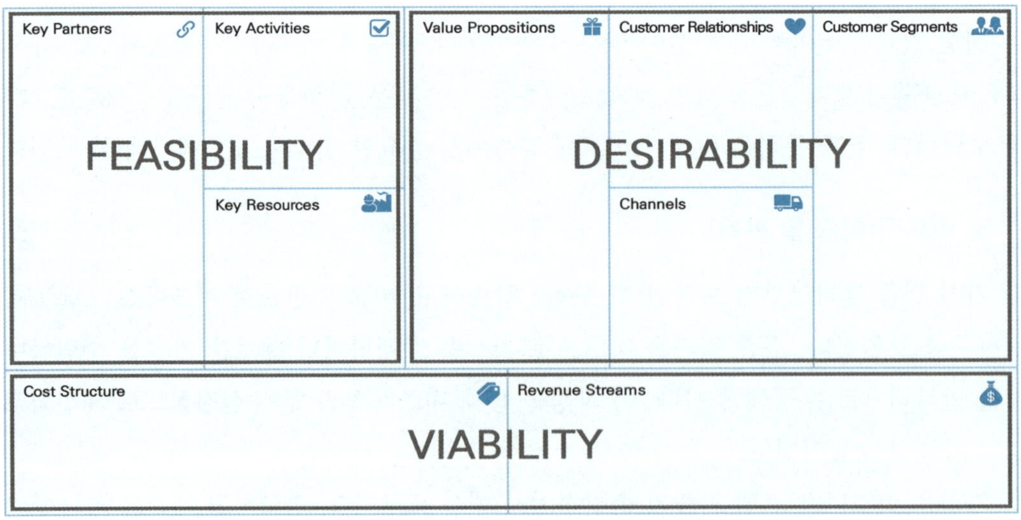

본 장에서는 각각의 리스크를 상세히 살펴보고, 이를 평가하기 위한 방법론과 실제 적용 사례를 논의한다. 또한, 이 방법론이 기존 평가 방식에 비해 갖는 차별성과 추가적인 이점을 제시한다.

가 수용가능성 리스크(Desirability Risk)

수용가능성 리스크는 고객이 제품 또는 서비스를 실제로 원하는지 여부를 평가하는 과정을 의미한다. 쉽게 말해 사업화를 추진하였으나 막상 고객이 사업화 아이템에 관심이 없을 가능성에 대한 리스크를 말한다. 이는 제품 개발이나 서비스 설계가 고객의 니즈를 충족하지 못하거나 시장의 크기가 기대치에 미치지 못할 때 발생하는 문제이다.

예를 들어, 고객이 제품에 대해 긍정적인 피드백을 주거나 반복적으로 구매하는 행동은 이러한 리스크를 완화하는 데 중요한 지표가 될 수 있다. 이는 스타트업의 성공 여부를 결정짓는 가장 초기 단계의 리스크이다.

이러한 리스크를 점검하기 위해서는 “고객이 우리의 가치 제안을 원하는가?”, “목표 시장의 크기와 수익 가능성은 적절한가?”, “고객을 유치하고 유지할 수 있는가?”를 질문함으로써 점검할 수 있다.

수용 가능성 리스크를 진단하는 방법은 다음과 같은 절차로 수행할 수 있다.

1) 가설 검증

고객 인터뷰 및 설문조사를 통해 초기 가설을 검증한다. “MVP(Minimum Viable Product)”를 활용해 고객 반응을 실시간으로 테스트한다.

2) 시장 분석

TAM(Total Addressable Market), SAM(Serviceable Available Market), SOM(Serviceable Obtainable Market) 모델을 활용하여 시장 크기를 정량화한다. 경쟁사의 시장 점유율 및 고객 특성을 분석하여 차별화 요소를 도출한다.

3) 프로토타입(Prototype) 테스트

제품의 초기 프로토타입을 개발하고 사용자 피드백을 수집한다. 이때 소셜 미디어와 크라우드소싱 플랫폼을 활용해 초기 반응을 활용 할 수 있다.

국내 스타트업인 마켓컬리는 초기 단계에서 프리미엄 식품을 원하는 고객층의 수요를 인터뷰와 샘플링 테스트를 통해 검증했다. 이 과정에서 마켓컬리는 설문조사와 고객 심층 인터뷰를 활용해 고객의 선호도를 파악했으며, 소규모의 샘플 제품을 제공해 실질적인 구매 의사를 확인했다. 또한, SNS를 활용한 소비자 반응 분석을 통해 고객층을 세분화하고, 타겟 고객군의 니즈를 정밀하게 파악했다. 이를 통해 온라인 유통에서 프리미엄 제품에 대한 수요가 존재함을 확인하고 성공적으로 사업을 확장한 바 있다.

나 실현 가능성 리스크(Feasibility Risk)

실현 가능성 리스크는 비즈니스 아이디어를 실행하는 데 필요한 자원, 기술, 네트워크를 확보하고 운영할 수 있는지를 점검하는 것을 의미한다. 창업기업이 사업화를 추진하고자 하지만, 여러 가지 자원의 부족으로 구체적인 실행이 불가능할 리스크를 의미한다. 예를 들어, 필요한 자원으로는 숙련된 인력, 생산 설비, 또는 초기 자본이 있을 수 있으며, 기술적으로는 소프트웨어 개발 능력이나 특허 등록 기술이 검토될 수 있다. 이 같은 리스크는 특히 제품 또는 서비스를 제공하기 위한 핵심 역량이 부족할 때 발생할 수 있다. 따라서 스타트업의 운영 및 실행 단계에서 매우 중요한 요소로 간주 된다. 실현 가능성을 진단하기 위해서는 “필요한 기술적 역량과 자원이 있는가?”, “핵심 활동과 파트너십을 구축할 수 있는가?”, “제품 또는 서비스를 원활하게 제공할 수 있는 운영 체계가 있는가?”와 같은 질문을 통하여 점검하게 된다.

1) 자원 분석

창업자 기업의 인적, 물적, 재무적 자원을 정량적으로 평가 하고, IP(지식 재산권) 및 기술의 확보 여부를 검토한다. 또한 필요한 기술의 외부 아웃소싱 가능성을 평가한다.

2) 로드맵 작성

기술 개발 로드맵을 수립하고, 단계별 목표를 설정한다. 제품 출시 전 주요 이정표를 명확히 정의하고, 단계별로 진행 상황을 검토한다.

3) 파트너십 테스트

핵심 파트너들과 파일럿 프로젝트를 실행하여 협력 가능성을 검증한다. 이때 협력 파트너의 신뢰성과 지속 가능성을 확인한다.

국내 배달의민족은 사업화 과정에서 음식 배달 서비스를 실행하기 위해 자체 기술 개발뿐만 아니라 외부 IT 파트너와의 협력을 통해 플랫폼을 구축했다. 이 과정에서 지역 식당과의 협력 네트워크를 빠르게 확장하며 실현 가능성 리스크를 성공적으로 관리했다. 또한, 자체적으로 구축한 데이터 분석 시스템을 통해 배달 효율성을 극대화하였고, 실시간 고객 데이터 피드백을 통해 서비스 품질을 지속적으로 개선한 바 있다.

실현가능성 검증 주요 영역

- 기술적 역량: 제품/서비스 개발에 필요한 핵심 기술을 보유하고 있는가?
- 인적 자원: 필요한 전문 인력을 확보했거나 확보할 수 있는가?
- 운영 인프라: 생산, 배송, 고객 서비스 등 운영에 필요한 인프라가 준비되어 있는가?
- 파트너십: 핵심 사업 파트너들과의 협력 관계를 구축할 수 있는가?
- 규제 및 법적 요구사항: 관련 규제를 준수하고 필요한 인허가를 취득할 수 있는가?

다 생존 가능성 리스크(Viability Risk)

생존 가능성 리스크는 사업이 지속 가능하게 운영되며 수익을 창출할 수 있는지 여부를 점검하는 것을 의미한다. 즉, 사업화 아이템으로 충분히 돈을 벌지 못할 가능성의 리스크를 말한다. 이러한 리스크는 주로 수익 모델의 불확실성이나 비용 구조의 비효율성에서 발생할 수 있다. 이러한 리스크는 스타트업의 장기적인 성공 여부를 결정짓는 요인 중 하나라고 볼 수 있다. 이러한 리스크를 점검하기 위해서는 "수익을 안정적으로 창출할 수 있는가?", "고객이 기꺼이 지불할 의사가 있는가?", "비용 구조가 효율적인가?"와 같은 질문을 던져 봄으로써 확인할 수 있다.

1) 수익모델 검증

다양한 가격 책정 모델을 테스트하여 최적의 가격대를 설정하고 반복 매출(recurrent revenue)을 창출할 수 있는 방법을 탐색한다. 또한 고객 충성도 프로그램 및 구독 모델의 도입 가능성을 검토한다.

2) 재무 분석

손익분기점(Break-Even Point)을 계산하고, 다양한 시나리오에서의 재무 모델을 시뮬레이션한다. 예를 들어, 초기 시장 점유율이 낮을 경우와 높은 경우를 가정한 수익 모델을 각각 시뮬레이션하여 비용 효율성과 예상 매출 변동을 분석할 수 있다.

3) 비용구조 최적화

리스크를 최소화 하기 위하여 주요 비용 항목을 식별하고, 불필요한 지출을 줄이는 방안을 찾아본다. 생산 및 운영 프로세스의 자동화를 통해 비용 절감 방안을 가능한지를 검토한다.

대표적 사례인 카카오페이는 초기 단계에서 다양한 수익 모델(결제 수수료, 광고 수익 등)을 실험하며 안정적인 매출원을 확보했다. 동시에 플랫폼 확장에 따른 고정비를 최소화하여 수익성을 강화했다. 또한, 사용자 데이터를 기반으로 맞춤형 광고를 제공하며 부가 수익원을 창출하였다. 이러한 전략은 카카오페이가 지속적으로 성장할 수 있는 기반을 마련한 사례로 볼 수 있다.

실무적용을 위한 체크리스트

리스크 유형	핵심 질문	검증 방법	성공 기준
수용가능성	고객이 정말 원하는가?	고객 인터뷰, MVP 테스트	재구매율 40% 이상
실현가능성	실제로 만들 수 있는가?	프로토타입, 파트너 검증	기술 완성도 80% 이상
생존가능성	돈을 벌 수 있는가?	단위경제학, 재무모델링	12개월 내 손익분기점

4 린 스타트업의 BM검증 방법

가 가치 가설과 성장 가설

린 스타트업 방법론을 창시한 에릭 리스(Eric Ries)는 그의 책 『The lean Startup(2011)』에서 스타트업이 반드시 검증해야 할 두 가지 핵심 가설로 가치가설과 성장가설을 제시하였다.

가치 가설이란 "가치 있는 제품/서비스를 만드는 것인가?"에 대한 검증을 의미한다. 즉, 고객이 특정 문제를 해결하기 위해 제안된 제품이나 서비스를 통해 실질적인 가치를 얻을 수 있는지 확인하는 것이다. 스타트업이 만들고자 하는 제품이나 서비스가 진짜 고객의 문제를 해결하거나 필요를 충족하는지, 그리고 그 가치에 대해 기꺼이 지불할 의향이 있는지를 확인한다. 주로 검증해야 할 가설은 고객, 고객의 문제, 문제의 크기/심각도, 그리고 문제에 대한 솔루션과 관련이 있다. 예를 들어, 작업에 대한 시간 절약이 절실한 사용자가 새로운 앱을 통해 실제로 작업 시간을 줄이는 데 효과적이었고, 때문에 구독료를 지불할 의향이 있는 것이 확인되었다면, 이는 가치 가설을 충족한 것이다. 반면 성장 가설은 "어떻게 지속적으로 고객을 확보하고 성장할 수 있는가"에 대한 것으로, 비즈니스의 지속성, 확장 가능성에 대한 검증 과정이다. 새로운 고객이 우리 제품이나 서비스를 지속적으로 찾아줄 것인지에 대한 가설을 확인하기 위하여 고객 획득 전략, 시장 규모, 그리고 고객이 제품이나 서비스를 추천하거나 반복적으로 사용할 가능성 등에 관심을 두고 있다. 주로 검증해야 할 가설은 광고, 채널, 고객획득 비용 등 고객 획득 프로세스와 관련한 가설이다. 예를 들어, 플랫폼 서비스를 오픈한 이후, 바이럴 효과를 통해 사용자 기반이 급격히 증가하거나, 초기 고객의 재구매율이 높은 것이 확인되었다면 성장 가설이 입증되었다고 볼 수 있다.

나 Running Lean의 BM검증

애쉬 모리아(Ash Maurya)는 그의 저서 『Running Lean(2012)』에서 비즈니스 모델의 검증을 위한 체계적인 접근 방식을 제안하였다.

애쉬 모리아는 스타트업이 직면하는 주요 사업화 위험 요소를 세 가지로 분류하고, 이를 검증하기 위한 구체적인 방법론을 제시하였다.

1) 제품 위험(Product Risk)

제품 위험은 시장이 원하는 제품을 실제로 개발할 수 있는지에 대한 불확실성을 의미한다. 예를 들어, 한 스타트업이 인공지능(AI) 기반의 맞춤형 추천 서비스를 개발하려고 할 때, 기술적으로 이러한 기능을 구현할 수 있는지와 이를 통해 고객이 만족할 수 있는지를 초기 단계에서 검증해야 한다. '올바른 제품'을 만드는 것과 관련한 위험은 주로 우리가 해결하고자 하는 고객의 문제가 해결할 가치가 있는지, 고객 문제에 대한 유효한 해결책을 작은 단위의 제품(MVP) 정의하고 이 해결책이 고객에게 다가가는지를 검증하는 방식으로 이루어 진다.

- 우리가 제공하려는 솔루션이 고객의 문제를 해결할 수 있는가?
- MVP(Minimum Viable Product)를 통해 최소한의 기능으로도 고객의 반응을 확인할 수 있는가?

제품 위험을 검증하기 위해서는 프로토타입 테스트(고객과의 인터뷰 또는 실제 사용 사례)를 통해 제품 초기 버전을 테스트한다.

2) 고객 위험(Customer Risk)

고객 위험은 타겟 고객군이 명확하지 않거나, 실제로 그들이 제품을 구매할 의향이 없는 경우 발생한다. 고객을 정확히 이해하지 못하면 제품이 시장에서 외면받을 가능성이 크다. '올바른 채널'을 구축하는 것과 관련한 위험을 점검하기 위해서는 주로 고통점(Pain Point)을 지닌 고객군을 명확하게 정의하고, 이 중에서 우리 제품이나 서비스를 적극적으로 원할 얼리어 답터로 고객 세그먼트를 보다 좁혀본다. 그리고 고객에게 먼저 찾아가서 이용/판매해보고(Outbound) 궁극적으로 고객이 우리를 인지하고 찾아오는 채널(Inbound)을 구축할 수 있는지를 검증해보는 방식으로 확인한다.

- 고객 세분화가 명확한가?
- 우리의 초기 타겟 고객이 누구인지 정의되었는가?
- 고객이 제품을 적극적으로 사용할 준비가 되어 있는가?

주로 활용되는 검증 방법은 인터뷰 및 설문 조사: 고객의 문제와 니즈를 구체적으로 파악하거나, 초기 시장 테스트를 위해서 실제 고객을 대상으로 제품 사용 의향을 확인하는 방식이 활용된다.

3) 시장 위험(Market Risk)

시장 위험은 스타트업이 목표로 하는 시장 규모가 충분하지 않거나 경쟁 우위가 명확하지 않은 경우 발생한다. 시장이 충분히 크지 않다면 확장 가능성도 낮아진다. 시장위험은 '올바른 사업'을 구축하는 것과 관련한 위험을 의미하는 것으로 지속 가능한 사업을 구축하기 위해 확인하고 해결해야 할 위험을 의미한다. 가격 설정을 위해 기존 시장의 대안재를 조사하고 그 결과 가격 정책을 수립해서 실제 고객에게 판매해보는 등의 검증 방식이 활용된다.

- 시장이 충분히 큰가? 시장은 성장하고 있는가?
- 경쟁사 대비 차별화된 강점을 가지고 있는가?
- 책정된 가격으로 시장 진입 전략이 효과적인가?

이 같은 시장 위험을 점검하기 위해서는 경쟁사의 제품, 가격, 시장 점유율을 심층적으로 분석하며, 사전 판매 또는 예약 시스템으로 고객의 제품, 가격 수용성을 점검해보아야 한다.

다 가설 검증의 우선순위

Assumption Map은 비즈니스 아이디어를 구체화하고, 실행 가능성을 높이는 데 중요한 도구로 개발된 것으로, David J. Bland와 Alexander Osterwalder가 쓴 책 『Testing Business Ideas(2019)』에서 제시되었다.

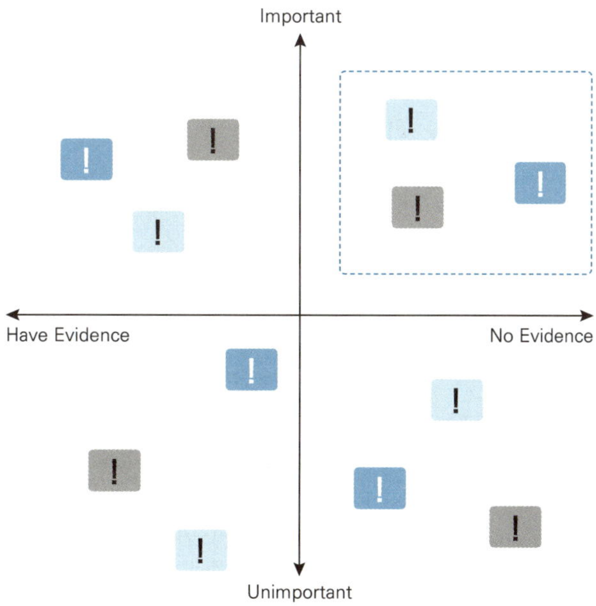

X축: 가설의 증거 강도
Y축: 가설의 중요성의 강도

Source: Strategyzer

1) Assumption Map의 구성

Assumption Map은 두 개의 축으로 구성된다.

- X축: 가설의 증거 강도. X축은 가설을 뒷받침하는 자료의 유무를 나타낸다. 가설에 대한 충분한 증거가 존재하면 왼쪽에 배치하고, 증거가 부족하면 오른쪽에 배치한다.
- Y축: 가설의 중요성의 강도. Y축은 해당 가설이 비즈니스 성공에 미치는 영향을 나타낸다. 중요성이 높으면 위쪽에, 중요성이 낮으면 아래쪽에 배치한다.

2) Assumption Map의 활용 방법

- 가설 도출: 먼저 비즈니스 모델의 성공에 영향을 미칠 수 있는 주요 가설들을 나열한다. 예를 들어, 고객이 특정 기능을 필요로 한다는 가정, 시장에서의 경쟁 강도, 기술적 실행 가능성 등이 포함될 수 있다.
- 가설 맵핑: X축(증거)과 Y축(중요성)을 기준으로 가설들을 2×2 맵에 배치한다. 증거가 충분한 가설은 왼쪽에, 부족한 가설은 오른쪽에 위치시킨다. 중요성이 높은 가설은 위쪽에, 낮은 가설은 아래쪽에 배치한다.
- 우선순위 결정
  - 1사분면(증거 부족 + 중요함): 이 영역에 위치한 가설은 비즈니스 성공에 핵심적이지만 증거가 부족한 상태이므로 가장 먼저 검증해야 한다.
  - 2사분면(증거 충분 + 중요함): 이미 증거가 충분한 가설로, 신속하게 실행으로 옮길 수 있다.
  - 3사분면(증거 충분 + 중요하지 않음): 중요성이 낮으므로 추가적인 검증이나 리소스 투입은 불필요하다.
  - 4사분면(증거 부족 + 중요하지 않음): 우선순위에서 제외하거나 폐기한다.

3) Assumption Map의 활용 사례

예를 들어, 한국의 한 스타트업이 새로운 모바일 애플리케이션을 출시하려 한다고 가정하자. 이 스타트업의 Assumption Map은 다음과 같이 구성될 수 있다.

- 1사분면: "사용자가 특정 기능을 유용하게 여길 것이다." → 빠른 사용자 테스트 필요
- 2사분면: "애플리케이션이 기술적으로 실행 가능하다." → 이미 프로토타입으로 검

증 완료

- 3사분면: "경쟁 앱보다 색상 디자인이 더 좋다." → 중요성이 낮아 추가 검증 불필요
- 4사분면: "사용자가 특정 기능을 거의 사용하지 않을 것이다." → 현재 우선순위에서 제외

이와 같이 Assumption Map은 비즈니스 모델의 핵심 요소를 체계적으로 분석하고, 실행 가능성을 높이는 데 효과적인 도구로 활용될 수 있다.

5 가설 검증의 방법

가 가설 검증 방법의 선택

가설을 검증하기 위해서는 최소의 비용으로 최대의 효과를 거두기 위한 합리적 선택을 고민해야 한다. 본 장에서는 비즈니스 모델 검증을 위한 가설 검증 방법 선택 시 고려해야 할 요소들을 중심으로 설명한다.

1) 투입 리소스 평가

먼저 시간, 비용, 그리고 노력을 중심으로 한 투입 리소스를 평가해야 한다. 초기 단계에서는 빠른 실행과 피드백이 중요하므로 검증 방법이 얼마나 빠르게 실행 가능한가를 고려해야 하며, 투입되는 비용이 감당할 있는 재원의 범위 내에서 이루어지는지, 검증 활동이 수행하기 쉬운지, 혹은 높은 전문성과 복잡한 작업이 요구되는지를 평가해야 한다. 창업초기 스타트업의 경우에는 가장 효과적인 방법이 있다고 하더라도 가설의 중요성에 비하여 투입되는 리소스가 크다면 일단 포기하는 것도 감수해야 한다. 예를 들어, 설문 조사와 같은 방법은 비교적 저렴하고 빠르게 실행할 수 있는 반면, 프로토타입 제작은 상대적으로 시간과 비용이 더 많이 소요될 수 있다.

2) 가설의 중요성 평가

모든 가설이 동일한 우선순위를 가지는 것은 아니다. 가설 검증에 앞서 해당 가설이

비즈니스 성공에 얼마나 중요한지를 판단해야 한다. 비즈니스 차원에서 확인이 반드시 필요한 리스크가 큰 가설은 검증의 우선순위가 높다고 볼 수 있다. 다음과 같은 가설은 대표적으로 리스크가 큰 가설이라고 할 수 있다.

- 핵심 가치 가설: 고객이 제안된 가치 제안을 실제로 원하는지 여부이다.
- 시장 적합성 가설: 타겟 시장에서 충분한 수요가 존재하는지 여부이다.
- 수익성 가설: 비즈니스 모델이 경제적으로 지속 가능할 수 있는지 여부 이다.

중요한 가설일수록 더욱 정교하고 다각적인 검증이 필요하다. 반대로, 상대적으로 중요도가 낮은 가설이라면 간단하고 빠른 검증 방법으로 충분할 수 있다. 실무적으로는 가능한 모든 방법 중 가장 저렴하고 신속하게 준비할 수 있는 방법부터 시작해야 한다. 또한 비즈니스적으로 리스크가 큰 중요한 가설에 대해서는 단순한 검증에만 의존하지 말고 복합적인 검증을 병행하는 것이 효과적이다. 예를 들어, 초기 고객 인터뷰를 통해 정성적 데이터를 확보한 뒤, 온라인 설문조사를 통해 정량적 데이터로 이를 보강할 수 있다.

나 가설 검증 방법

사업화를 위한 아이디어는 단순히 창의적 발상이나 직관적 통찰에서 출발할 수 있지만, 이를 성공적으로 실행하기 위해서는 비즈니스 모델 차원에서 다양한 "가설 검증"이 필요하다. 가설 검증은 아이디어가 고객의 니즈와 시장 상황에 부합하는지, 그리고 실현 가능한 비즈니스 모델로 이어질 수 있는지 객관적으로 점검하는 데 핵심적인 역할을 한다. David J. Bland와 Alexander Osterwalder가 쓴 책 『Testing Business Ideas(2019)』에서 소개된 주요 가설 검증 방법들을 중심으로 각 방법의 특성과 활용 전략을 살펴본다.

1) 인터뷰

가장 직접적이고 기본적인 가설 검증 방법은 고객 인터뷰이다. 실제로 제품이나 서비스를 사용하게 될 잠재 고객, 혹은 해당 문제에 직간접적으로 얽혀 있는 이해관계자들과 대면 혹은 비대면으로 만나 대화를 하는 방식으로 진행한다. 이러한 인터뷰의 목적은 고객이 겪고 있는 불편함(Pain Point)이 무엇인지, 새로운 아이디어로 해결 가능한 문제인지, 고객이 가장 큰 가치를 두는 부분이 무엇인지 등을 확인하기 위해서이다. 인터뷰법의 장점은 사용자 입장에서 얻는 '정성적' 정보가 매우 풍부할 수 있다는 점이다. 대하는 상대방 개인의 생각과 경험을 자세히 파악하고, 다른 사람의 영향 없이 솔직한 의견을 수렴하며, 다양한 질문을 통해 심층적인 정보를 얻을 수 있고, 표정이나 몸짓 등 비언어적 표현을 관찰할 수 있다는 특징도 가지고 있다. 이러한 특징을 통해 IDI 인터뷰법은 개인에 대한 심층적인 이해를 얻고자 할 때 유용하게 활용될 수 있다. 그러나 인터뷰 대상 선정에 편향이 없어야 하고, 질문 또한 열린 질문과 구체적 질문이 균형 있게 포함되어야 함에 주의해야 한다.

대표적인 인터뷰법으로는 심층면접(ID)과 포커스그룹 인터뷰 등이 활용되고 있다.

심층 면접(IDI)

심층 면접(In-Depth Interview)은 한 명의 응답자와 깊이 있는 대화를 통해 특정 주제나 문제에 대한 심도 있는 통찰을 얻는 방법이다. 개인의 경험, 태도, 동기 등을 구체적으로 이해할 필요가 있을 때 활용한다. 응답자의 숨겨진 니즈나 심리적 요인을 도출 가능하다는 장점이 있으나, 면접 진행자의 질문 방식과 분위기가 응답의 깊이에 영향을 미칠 수 있다는 점이 약점이다.

포커스 그룹 인터뷰(FGI)

포커스 그룹 인터뷰(Focus Group Interview)는 여러 명의 응답자를 한 그룹으로 모아 특정 주제에 대해 토론하며 다양한 관점을 수집하는 방법이다. 포커스 그룹 인터뷰는 IDI에 비하여 여러 사람들의 다양한 의견을 빠르게 수렴할 수 있고 다양한 배경과 경험을 가진 사람들이 모여 토론하기 때문에 폭넓은 의견을 얻을 수 있다는 장점이 있다. 또한 집단 토론을 통해 새로운 아이디어를 얻을 수 있기 때문에 참여자들 간의 상호작용을 통해 개인 인터뷰에서는 얻기 힘든 창의적인 아이디어나 숨겨진 의견을 발굴할 수 있는 장점이 있다.

포커스 그룹 인터뷰가 많이 활용되는 이유는 비교적 짧은 시간 안에 많은 정보를 얻을 수 있고 여러 사람을 동시에 인터뷰하기 때문에 개별 인터뷰에 비해 시간과 비용을 절약할 수 있기 때문이다.

포커스 그룹 인터뷰를 진행할 때는 특정 인물이 논의를 지배하지 않도록 진행자의 조율이 필요하다는 점에 유의해야 한다.

다음 표는 IDI와 FGI를 통한 가설 검증의 장단점을 비교한 것이다.

구분	IDI	FGI
장점	- 심층적인 정보 획득 가능 - 참가자의 진솔한 의견 파악 가능 - 개인별 차이점 파악 가능 - 편안하고 솔직한 분위기 조성 가능	- 구매자의 다양한 의견 수렴 가능 - 그룹 상호작용을 통한 새로운 통찰력 획득 가능 - 시간과 비용 효율적 - 활발한 분위기 조성 가능
단점	- 시간과 비용이 많이 소요됨 - 참가자 선정 어려움 - 사회적 바람직성에 의한 답변 가능성 - 참가자의 발언 압도 가능성	- 심층적인 정보 획득 어려움 - 지배적인 참가자 발생 가능성 - 그룹 동조 현상 가능성 - 표면적인 의견만 나올 가능성
적합한 상황	- 제품/서비스의 심층적인 사용자 경험 및 의견 파악 - 사용자의 개인적인 가치관, 니즈, 태도 이해 - 컨셉, 디자인, 프로토타입에 대한 개인적인 반응 획득	-제품/서비스에 대한 다양한 의견 수렴 - 사용자들의 상호작용을 통한 새로운 아이디어 발굴 - 브랜드 이미지, 광고, 마케팅 전략에 대한 의견 수렴

다음은 고객 문제 검증을 위한 인터뷰 법의 실제 적용 예시이다.

1) 인사: 인터뷰 환경 조성 (2분)
   - 인터뷰가 어떻게 진행될지 간단한 설명
   - 간단한 우리 팀 및 제품/서비스 계획 소개, 대략적인 문제 배경 설명 등
2) 인구 통계학적 정보 입수: 고객군테스트 (2분)
   - 고객군을 세분화하는 기준이 되는 인구 통계학적 정보 수집 (예: 나이, 직업, 사는 지역, 자녀 유무 등)
3) 이야기하기: 문제의 배경 설명 (2분)
   - 우리 팀이 해당 문제나 고객 니즈에 관심을 갖게 된, 혹은 현재 트렌드를 중심으로 배경 설명 및 설명에 대한 고객의 동의 여부, 얼마나 동의하는지(동의 강도) 등 파악
4) 문제의 우선순위 정하기: 문제테스트 (4분)
   - 앞서 고객의 핵심 문제로 정의한 문제 가설 2-3개에 대한 공감 및 우선순위에 대한 질문
   - 미처 파악하지 못했지만, 실제 고객 입장에서 가장 불편하다고, 중요하다고 생각하는 문제나 니즈 추가 확인

5) 고객 관점 탐색: 문제테스트, 개별 문제에 대해 기존에 고객이 해결하는 방식이나 솔루션 등 맥락적 이해 (15분)
   - 앞서 고객이 문제/니즈라고 인정한 가설에 대해 실제 인터뷰 대상자는 이 문제/니즈 해결을 위한 어떤 노력/프로세스/제품이나 서비스 등을 이용하는지 맥락 중심으로 학습
   - 이때, 우리가 만들고자 하는 제품이나 서비스에 대한 소개나 설명 등 일체 금지. 고객이 말하는 내용을 듣는 데 집중

6) 마무리: 미끼와 부탁, 차후 솔루션 인터뷰에 대한 추가 인터뷰 약속 및 인터뷰 대상자 소개 받기 (2분)

7) 결과 정리: 결과의 문서화 (5분)

2) 설문 조사

고객 인터뷰가 주로 정성적 데이터(qualitative data)를 확보하는 방식이라면, 설문 조사는 보다 넓은 표본으로부터 정량적 데이터(quantitative data)를 얻고자 할 때 활용된다. 온라인 툴(예: 구글 폼, 서베이몽키, 네이버 오피스 폼 등)을 이용해 비교적 적은 비용과 시간으로 대규모 응답을 수집할 수 있다. 특히 시장 규모 추정, 선호도 조사, 가격 민감도 분석 등에 주로 활용된다. 큰 표본 수와 객관식 항목을 통해 통계 분석 가능하다는 장점이 있지만, 질문의 배치(설문지 구성 순서)에 따른 응답 왜곡이나, 낮은 응답률에 대한 대응책 마련이 필요하다.

특히 설문조사를 할 때는 설문조사의 설계가 데이터의 정확성과 신뢰성을 확보하기 위해 매우 중요하다. 설문을 설계할 때는 다음의 주요 단계를 따라 진행한다.

① 목적 정의: 설문 조사를 통해 얻고자 하는 주요 정보를 명확히 설정한다. 예를 들어, 고객의 구매 의사나 제품 선호도를 알고자 하는지 여부를 결정해야 한다.

② 타겟 정의: 설문 대상자를 명확히 구분한다. 대상자의 특성(나이, 성별, 지역 등)에 따라 설문 문항이 달라질 수 있다.

③ 문항 설계: 다음과 같은 유형의 질문을 포함하여 설문을 구성한다.
   - 객관식 질문: 선택 가능한 답변을 제공하여 응답자의 편의를 높이고 분석을 용이하게 한다.
   - 주관식 질문: 자유로운 답변을 허용하여 정성 데이터를 수집한다.
   - 척도형 질문: 응답자가 강도를 표현할 수 있도록(예: 매우 만족/만족/보통/불만족/매

우 불만족) 설계한다.

④ 응답 형식 정의: 설문지를 온라인, 오프라인 또는 전화 등의 방식으로 배포하며, 응답자가 답하기 편리한 채널을 선정한다.

⑤ 파일럿 테스트: 설문지를 소규모 그룹에 먼저 배포해 문항의 이해도와 설문 진행 과정을 점검한다.

⑥ 데이터 수집 및 분석 준비: 데이터 분석 계획을 미리 세우고, 수집된 데이터를 적절히 분류하고 처리할 방법을 설계한다.

설문 문항을 설계할때는 질문이 너무 복잡하거나 모호하지 않도록 단순하고 명확하게 구성해야 하며, 응답자의 시간과 관심을 고려해 설문 길이를 적절히 조정해야 함에 유의한다.

3) 랜딩 페이지

랜딩 페이지(Landing page)란 말 그대로 방문자가 처음으로 우리가 보여주고 싶은 것들에 착륙(landing)하여 유입되는 첫 페이지를 의미한다. 랜딩 페이지는 전환이라는 하나의 목표를 달성하기 위해 만들어진 웹 페이지로 볼 수 있다. 이러한 랜딩 페이지는 아직 제품이나 서비스가 완전하지 않더라도, 잠재 고객이 접속할 수 있는 간단한 웹페이지나 SNS 페이지를 마련하여 고객의 반응을 사전에 탐색하는 방법으로 활용된다. 검증 가능한 가설 유형으로는 고객 존재 유무에 대한 가설, 제품/솔루션에 대한 가설, 지속 성장 가능성에 대한 가설 등이 있다. 랜딩 페이지 방식은 투입되는 리소스 대비 높은 효과를 기대할 수 있어 많이 활용되는 방법이다. 랜딩 페이지에는 여러 가지 유형이 있지만, 가장 빠르게 데이터를 수집하고 효과를 측정할 수 있는 랜딩 페이지 유형으로는 'The Opt-in Bribe Landing Page(미끼를 활용한 랜딩 페이지)' 등이 있다.

정리하면, 랜딩페이지의 목적은 방문자 수, 클릭 수, 가입률(Conversion Rate) 등 실시간 반응 지표를 통해 시장성 확인하기 위해 주로 활용되며, 초기 마케팅 실험 및 고객 풀(Pool) 형성할 수 있는 장점이 있다. 랜딩페이지를 활용할 때는 검색광고, SNS 광고 등으로 유입된 트래픽이 목표로 하는 '정확한' 잠재 고객인지 여부를 모니터링해야 함에 유의해야 한다.

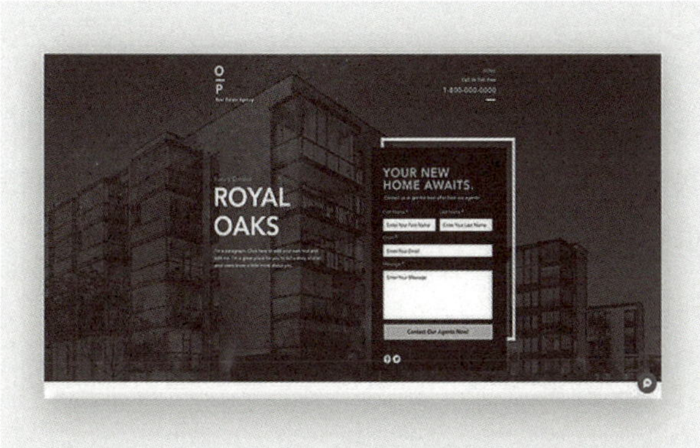

방문자 연락처 정보 수집 목적 랜딩페이지

방문자들이 연락처 정보를 제출하는 양식이 마련되어 있어 방문자의 이메일로 후속 조치를 하고 커뮤니케이션을 이어 나갈 수 있는 전형적인 방식

4) MVP(Minimum Viable Product)

고객의 문제해결을 위해 가장 중요한 기능만 탑재하여 시장에 빠르게 내놓은 '최소 기능 제품(서비스)'을 MVP라고 합니다(참고: Ries, Eric. The Lean Startup. 2011). MVP는 개발 리소스를 최소화하여 고객의 초기 반응과 실제 사용 데이터를 수집할 수 있도록 설계된 방식이다. 때문에 MVP는 시제품의 완성도가 높지 않더라도 고객의 문제를 해결할 수 있는 최소한의 수준으로 제작될 수 있다. 중요한 것은 우리 솔루션이 고객의 문제를 제대로 해결하고 작동하는지 검증할 수 있는가 여부이다. 이를 위해 MVP는 사용성 또는 판매 가능성을 확인할 수 있는 데이터를 확보할 수 있도록 구성되어야 하며, 반드시 가격을 포함하여 구매 의사 결정 요인을 파악할 수 있는 자료로 활용해야 한다.

MVP법은 주로 실제 시장에서 가장 중요한 가설(고객의 문제 해결 여부, 가격 수용도, 재구매 의향 등)을 '저비용·신속'으로 검증하기 위해 활용되며, 개발 리스크 감소, 초기 고객 확보와 브랜드 인지도를 제고할 수 있는 장점이 있다. 그러나 MVP가 지나치게 불완전하면 고객에게 부정적 인상을 심어줄 위험성 존재. 테스트 범위를 명확히 설정하여, 고객이 '핵심 가치'를 경험할 수 있도록 유의해야 한다.

일반적으로 효과적인 MVP를 통한 가설 검증을 위해서는 다음과 같은 요소를 점검해 보아야 한다.

• 우리의 목표 고객이 2분 내에 MVP가 제공하는 가치를 이해할 수 있는가? (창업자 관점에서 설명하는 대신, 고객 관점에서 문제를 정의하고 이를 어떻게 해결할지 '고

객의 언어'로 명확히 전달해야 한다.

- 우리의 MVP는 기능 중심(Feature-Focused)인가, 아니면 고객 중심(Customer-Focused)인가?(고객의 입장에서 진정한 가치를 제공할 수 있도록 설계되었는지 점검해야 한다.)
- 나는 고객 관점에서 생각하고 있는가? 기능(Feature)에 집중하기보다 고객의 목표(Goal)를 달성하는 데 초점을 맞춰야 한다.
- 모든 사용자를 만족시키려고 노력하고 있는가?(모두를 만족시키려는 시도는 결과적으로 어느 누구도 만족시키지 못하는 결과를 낳을 수 있다. 특정 고객 세그먼트를 명확히 설정하고 집중해야 함을 의미한다.)

최근에는 MVP를 3D 모델링과 영상 기법을 활용하여 제공하는 경우가 증가하고 있다. 3D 모델링은 제품의 초기 프로토타입을 디지털 환경에서 제작해 현실감 있는 비주얼을 제공하며, 고객이나 투자자로부터 즉각적인 피드백을 받을 수 있는 강력한 도구이다. 또한, 증강현실(AR) 기술과 결합한 3D 모델링은 사용자가 제품을 가상으로 체험할 수 있게 해 설득력을 높이는 데 기여하고 있다. 예를 들어, 가구 스타트업에서 AR과 3D 모델링을 통해 고객이 자신의 집에 제품을 배치한 모습을 시각화할 수 있도록 지원하여 구매 의사 결정을 촉진한 사례가 있다. 또한, 동영상 제작 기법은 비즈니스 아이디어의 스토리텔링을 강화하는 데 유용한다. 짧은 설명 영상이나 홍보 영상은 제품의 가치를 명확히 전달하며, 소셜 미디어 플랫폼에서 높은 공유율을 기록할 가능성이 크다. 스타트업의 경우, 초기 투자자 프레젠테이션에서 3D 모델링과 결합한 동영상을 사용해 제품 아이디어를 설명하거나, 고객 인터뷰와 함께 촬영한 영상을 통해 가설 검증 결과를 설득력 있게 전달할 수 있다.

5) A/B 테스트

동일한 목표(예: 구매 전환, 회원가입 등)를 달성하기 위해 두 가지 이상의 버전을 동시에 운영하여, 어떤 버전이 더 나은 성과를 내는지 통계적으로 검증하는 방법이 A/B 테스트이다. A/B 테스트는 주로 웹사이트 디자인, 광고 문구, 이메일 제목, 가격 제안 등 고객의 행동에 영향을 미칠 수 있는 다양한 요소를 비교하는 데 사용된다. 이 방법은 데이터를 기반으로 고객 선호도를 정확히 파악할 수 있어, 개선된 결과를 도출하는 데 매우 효과적이다. A/B 테스트를 설계할 때는 다음 사항을 유념해야 한다.

- 단일 변수 변경: 두 버전 간에 하나의 요소만 변경하여 테스트를 진행해야, 어떤 변화가 성과에 영향을 미쳤는지 명확히 알 수 있다.

- 충분한 표본 크기: 테스트 결과가 통계적으로 유의미하려면 충분한 수의 샘플 데이터를 확보해야 한다.
- 성과 지표 정의: 클릭률(CTR), 전환율(CVR) 등 성공 여부를 측정할 수 있는 명확한 지표를 설정해야 한다.
- 실시간 분석: 테스트가 진행되는 동안 데이터를 실시간으로 모니터링하고, 이를 바탕으로 추가 실험 또는 최적화를 계획한다.

예를 들어, 이커머스 웹사이트에서 상품 페이지의 디자인을 A안(심플한 레이아웃)과 B안(이미지를 강조한 레이아웃)으로 나누어 테스트한 결과, B안이 더 높은 구매 전환율을 보였다면 B안을 채택하여 최적화된 결과를 얻을 수 있다.

이와 같이 A/B 테스는 디자인, 문구, 기능 배치 등 세부 요소가 고객 행동에 미치는 영향 파악할 목적으로 주로 활용되며, 상대적으로 적은 리소스로도 '원인과 결과'를 비교적 명확하게 인과 분석 가능하다는 장점이 있다. 그러나 한 번에 너무 많은 변수를 동시에 바꾸면, 어떤 요소가 성과에 영향을 미쳤는지 해석하기 어려울 수 있다는 점에 유의하여야 한다.

CHAPTER

06

비즈니스 모델 고도화, 지속적인 성장엔진

1 비즈니스 모델 고도화란?(Business Model Advancement)

2 비즈니스 모델 피보팅(Business Model Pivoting)

3 비즈니스 모델 혁신(Business Model innovation)

1 비즈니스 모델 고도화란?

비즈니스 모델 고도화(Business Model Advancement)는 기존의 비즈니스 모델을 개선하거나 혁신을 통해 지속 가능한 성장과 경쟁 우위를 확보하는 데 중점을 둔 전략을 의미한다. 비즈니스 모델을 고도화 하는 것은 급변하는 시장 환경과 고객 요구사항에 유연하게 대응하기 위한 활동으로, 기존 모델이 가진 한계를 극복하고 새로운 가치를 창출하는 것을 목표로 한다. 비즈니스 모델 고도화의 본질은 단순히 개선을 넘어 경쟁 환경에서의 지속 가능한 생존과 성장을 보장하는 데 있다. 이는 단기적인 변화만을 고려하는 것이 아니라, 장기적인 성장을 목표로 기업의 운영 전반에 변화를 가져오는 것이다. 이를 통해 기업은 변화하는 시장 요구를 충족시키고, 장기적인 경쟁력을 확보할 수 있다.

최근 디지털 전환(Digital Transformation), AI 전환(AI Transform)이 가속화됨에 따라 많은 기업들이 기존의 오프라인 중심의 비즈니스에서 디지털, AI 활용 중심의 비즈니스 모델로 전환해야 할 필요성을 느끼고 있다. 때문에 비즈니스 모델 고도화가 디지털 기술, AI 기술의 적용, 고객 중심의 설계, 그리고 지속 가능한 비즈니스 운영 방식을 중심으로 이루어지고 있다.

비즈니스 모델을 고도화 해야할 주요 동인들을 살펴보면 다음과 같다.

첫째, 기술 발전 속도의 가속화다. 인공지능(AI, Artificial Intelligence), 사물인터넷(IoT, Internet of Things), 빅데이터(Big Data) 등 신기술의 등장으로 기존 산업의 경계가 허물어지고 있다.

둘째, 고객 행동 패턴의 급격한 변화다. 코로나19 팬데믹 이후 비대면 서비스에 대한 선호가 크게 증가했으며, MZ세대(밀레니얼+Z세대)를 중심으로 개인화된 서비스에 대한 요구가 높아지고 있다.

셋째, 경쟁 구도의 변화다. 과거에는 동일 업종 내에서의 경쟁이 주를 이뤘다면, 현재는 업종을 초월한 플랫폼 간 경쟁이 일반화되었다. 예를 들어, 전통적인 택시업계는 우버나 타다 같은 모빌리티 플랫폼과 경쟁해야 하는 상황에 직면했다.

가 비즈니스 모델 고도화의 목표

1) 경쟁력 강화를 통한 시장 위상 제고

경쟁력 강화는 비즈니스 모델 고도화의 가장 직접적인 목표다. 이는 차별화된 가치 제안(UVP, Unique Value Proposition)을 통해 경쟁사 대비 우위를 확보하는 것을 의미한다. 경쟁력 강화를 위한 구체적인 방법들을 살펴보면 다음과 같다.

핵심 역량(Core Competency) 강화가 첫 번째 방법이다. 기업이 보유한 고유한 기술이나 노하우를 더욱 발전시켜 모방하기 어려운 경쟁 우위를 구축하는 것이다. 두 번째는 고객 접점(Customer Touch-point) 다변화다. 기존의 단일 채널에서 벗어나 옴니채널(Omni-channel) 전략을 통해 고객과의 접점을 확대하는 것이다.

2) 지속 가능한 성장 동력 확보

지속 가능한 성장은 단기적인 매출 증가를 넘어 장기적인 가치 창출이 가능한 구조를 만드는 것이다. 이를 위해서는 수익 모델의 다각화와 성장 엔진(Growth Engine)의 구축이 필요하다.

수익 모델 다각화는 단일 수익원에 의존하는 리스크를 분산시키는 전략이다. 예를 들어, 제품 판매 수익에만 의존하던 기업이 구독 서비스나 플랫폼 수수료 모델을 추가하여 안정적인 수익 기반을 구축하는 것이다. 성장 엔진 구축은 기업의 성장을 자동화할 수 있는 메커니즘을 만드는 것이다. 네트워크 효과(Network Effect)나 데이터 기반 개인화 서비스 등이 대표적인 예다.

환경·사회·지배구조(ESG, Environmental, Social, and Governance) 경영도 지속 가능한 성장의 핵심 요소가 되었다. 2024년 국내 시가총액 상위 250개 기업 중 201개사(80.4%)가 지속가능경영 보고서를 발간하였다(ESG행복경제연구소, 2025).

3) 고객 만족도 향상과 충성도 강화

고객 중심(Customer-Centric) 사고는 현대 비즈니스의 기본 원칙이 되었다. 고객 만족도 향상을 위한 비즈니스 모델 고도화는 단순히 제품 품질 개선을 넘어 전체 고객 여정(Customer Journey)을 최적화하는 것이다.

개인화(Personalization) 서비스 제공이 핵심 전략 중 하나다. 빅데이터와 AI 기술을 활용하여 고객 개별 특성에 맞는 맞춤형 서비스를 제공하는 것이다. 이를 통해 고객 만족도를 높이고 재구매율을 향상시킬 수 있다. 고객 피드백 루프(Feedback Loop) 구축도 중요하다. 고객의 의견을 실시간으로 수집하고 이를 제품이나 서비스 개선에 반영하는 체계를 만드는 것이다.

4) 운영 효율성 개선과 비용 최적화

운영 효율성 개선은 동일한 자원으로 더 많은 가치를 창출하거나, 더 적은 자원으로 동일한 가치를 창출하는 것을 의미한다. 이는 디지털 기술 도입, 프로세스 자동화, 조직 구조 개선 등을 통해 달성할 수 있다.

프로세스 자동화(Process Automation)는 반복적이고 규칙 기반의 업무를 기술로 대체하여 효율성을 높이는 것이다. RPA(Robotic Process Automation, 로봇 프로세스 자동화) 도입을 통해 업무 처리 시간을 단축하고 오류를 줄일 수 있다. AI를 활용한 데이터 기반 의사결정 체계 구축도 중요하다. 직관이나 경험에 의존하던 의사결정을 데이터 분석 결과를 바탕으로 하여 예측의 정확성을 높이는 것이다. 최근에는 AI의 API 호출을 통한 에이전트 기능을 적용하여 운영의 효율을 높이는 트렌드가 확산되고 있다.

공급망 최적화(Supply Chain Optimization)를 통해서도 운영 효율성을 크게 개선할 수 있다. 재고 관리의 정교화, 배송 경로 최적화, 협력업체와의 시스템 연동 등을 통해 비용을 절감하고 고객 서비스 품질을 향상시킬 수 있다.

나 비즈니스 모델 고도화의 2가지 접근 방법

비즈니스 모델 고도화를 실현하기 위해서는 두 가지 주요 접근 방식, 즉 피보팅(Pivoting)과 혁신(Innovation)을 활용할 수 있다. 각각의 방식은 기업의 상황과 목표에 따라 적절히 선택되어야 하며, 특정 조건에서는 두 가지 방법을 병행하여 사용할 수도 있다. 이 두 가지 접근 방식은 기업이 직면한 도전 과제에 따라 선택적으로 적용될 수 있으며, 때로는 피보팅을 통해 문제를 해결한 후 혁신으로 이어지는 단계적 접근이 필요할 수도 있다.

1) 피보팅 기반 접근법: 전략적 방향 조정

피보팅은 기존 비즈니스 모델의 핵심 요소들을 유지하면서 특정 부분을 전략적으로 조정하는 방법이다. 이는 완전한 방향 전환이 아닌 '전략적 조정'의 개념으로 이해해야 한다. 스타트업계에서 널리 사용되는 이 용어는 에릭 리스(Eric Ries)의 『린 스타트업』에서 체계화되었다.

피보팅의 핵심은 기존 모델에서 작동하지 않는 부분을 식별하고, 이를 시장의 요구에 맞게 수정하는 것이다. 이 과정에서 기업의 핵심 역량이나 기술력은 그대로 유지하면서, 시장 접근 방식이나 가치 제안을 변경하게 된다. 피보팅은 상대적으로 낮은 리스크와 빠른 실행이 가능하다는 장점이 있다.

고객 세그먼트 피보팅(Customer Segment Pivot)

기존 제품이나 서비스는 유지하면서 타겟 고객층을 변경하는 전략이다. B2C에서 B2B로 전환하거나, 특정 연령대에서 다른 연령대로 포커스를 이동하는 것이 대표적인 예다. 이 전략을 실행할 때는 새로운 고객 세그먼트의 니즈와 구매 패턴을 철저히 분석해야 한다.

가치 제안 피보팅(Value Proposition Pivot)

동일한 고객층을 대상으로 하되, 제공하는 핵심 가치를 변경하는 전략이다. 예를 들어, 비용 절감에 초점을 맞춘 서비스를 편의성 증대로 포지셔닝을 변경하는 것이다. 이때 중요한 것은 고객이 실제로 가치 있게 여기는 부분을 정확히 파악하는 것이다.

수익 모델 피보팅(Revenue Model Pivot)

제품이나 서비스는 동일하게 유지하면서 수익을 창출하는 방식을 변경하는 전략이다. 일회성 구매 모델에서 구독 모델로 전환하거나, 직접 판매에서 중개 수수료 모델로 전환하는 것이 예다.

채널 피보팅(Channel Pivot)

고객에게 도달하는 방법과 접점을 변경하는 전략이다. 오프라인 중심에서 온라인 중심으로 전환하거나, 직접 판매에서 파트너 채널을 통한 간접 판매로 전환하는 것이다. 코로나19 팬데믹 이후 많은 기업들이 이 유형의 피보팅을 경험했다.

플랫폼 피보팅(Platform Pivot)

애플리케이션에서 플랫폼으로, 또는 그 반대로 전환하는 전략이다. 자체 서비스 제공에서 다른 서비스들이 입점할 수 있는 플랫폼으로 발전시키는 것이 대표적인 예다. 이는 네트워크 효과를 통한 성장 가속화를 목표로 한다.

2) 혁신 기반 접근법: 근본적 변화 추진

혁신 기반 접근법은 기존 비즈니스 모델을 근본적으로 재설계하여 새로운 가치를 창출하는 방법이다. 이는 단순한 개선이나 조정을 넘어서 비즈니스의 본질적인 구조와 로직을 변화시키는 것이다. 혁신은 높은 리스크를 수반하지만, 성공 시 시장에서 압도적인 경쟁 우위를 확보할 수 있다.

비즈니스 모델 혁신은 클레이턴 크리스텐슨(Clayton Christensen)이 제시한 파괴적 혁신(Disruptive Innovation) 개념과 밀접한 관련이 있다. 기존 시장의 게임 룰을 바꾸거나 새로운 시장을 창조하는 것이 핵심이다. 비즈니스 모델 혁신을 추진하는 단계별 실행방안은 다음과 같다.

1단계: 외부 환경 분석과 기회 발굴

시장 트렌드, 기술 발전, 규제 변화, 사회적 변화 등 외부 환경을 종합적으로 분석하여 혁신의 기회를 발굴한다. PEST 분석(Political, Economic, Social, Technological Analysis, 정치적·경제적·사회적·기술적 환경 분석)을 통해 체계적으로 접근할 수 있다.

2단계: 내부 역량 진단과 혁신 자원 확보

기업의 기술적 역량, 인적 자원, 재무적 자원, 조직 문화 등을 종합적으로 평가한다. 혁신을 위해 필요한 추가 자원을 식별하고 확보 방안을 마련한다. 이 단계에서는 기존 역량의 재활용 가능성과 신규 역량 개발의 필요성을 균형 있게 검토해야 한다.

3단계: 혁신 전략 수립과 로드맵 구축

구체적인 혁신 목표를 설정하고, 이를 달성하기 위한 단계별 계획을 수립한다. 마일스톤(Milestone, 중간 목표)을 설정하여 진행 상황을 모니터링할 수 있도록 한다. 리스크 관리 방안도 함께 마련해야 한다.

4단계: 프로토타입 개발과 시장 검증

최소 기능 제품(MVP, Minimum Viable Product)을 개발하여 시장에서 검증한다. 고객 피드백을 수집하고 이를 바탕으로 지속적인 개선을 진행한다. 이 과정에서 가설-실험-학습의 사이클을 반복한다.

5단계: 확장과 최적화

시장 검증을 통과한 혁신 모델을 본격적으로 확장한다. 운영 프로세스를 최적화하고, 조직 구조를 혁신 모델에 맞게 조정한다. 지속적인 모니터링을 통해 성과를 측정하고 추가 개선점을 도출한다.

다 비즈니스 모델 고도화 방법의 선택

비즈니스 모델 피보팅과 혁신은 각각의 목적, 적용 방식, 실행 전략에서 차이가 있다. 기업은 자신의 현재 상황, 자원, 목표에 따라 이 두 가지 접근 방식 중 하나를 선택하거나, 필요에 따라 병행하여 사용할 수도 있다. 이 선택은 단순히 기업의 현재 상태에 국한되지 않고, 시장 변화와 경쟁 구도, 그리고 기업이 달성하고자 하는 비전에 따라 달라질 수 있다.

1) 피보팅이 적합한 상황

피보팅은 다음과 같은 상황에서 효과적이다. 첫째, 기존 제품이나 서비스에 대한 시장 반응이 예상보다 저조할 때다. 완전히 새로운 것을 만들기보다는 타겟 고객이나 가치 제안을 조정하는 것이 더 효율적일 수 있다.

둘째, 보유 자원이 제한적일 때다. 스타트업이나 중소기업의 경우 대규모 투자를 통한 혁신보다는 기존 자원을 활용한 피보팅이 현실적이다.

셋째, 시장 진입 초기 단계일 때다. 시장과 고객에 대한 이해가 부족한 상황에서는 작은 변화를 통해 시장 적합성(Product-Market Fit)을 찾아가는 것이 효과적이다. 넷째, 경쟁이 치열한 기존 시장에서 차별화 포인트를 찾고자 할 때다. 완전히 새로운 시장을 개척하기보다는 기존 시장에서의 포지셔닝을 조정하는 것이 더 안전할 수 있다.

2) 혁신이 적합한 상황

혁신은 다음과 같은 상황에서 필요하다. 첫째, 기존 시장이 포화 상태이거나 쇠퇴기에 접어들었을 때다. 기존 시장에서의 경쟁으로는 의미 있는 성장을 기대하기 어려운 상황에서는 새로운 시장을 창조해야 한다.

둘째, 파괴적 기술이 등장하여 기존 비즈니스 모델이 무력화될 위험이 있을 때다. 이런 상황에서는 선제적으로 혁신을 추진하여 경쟁 우위를 확보해야 한다.

셋째, 충분한 자원과 역량을 보유하고 있을 때다. 혁신은 높은 투자와 리스크를 수반하므로, 이를 감당할 수 있는 기업만이 추진할 수 있다. 넷째, 장기적인 성장을 위한 새로운 동력이 필요할 때다. 기존 사업의 성장 한계가 명확하고, 새로운 성장 엔진이 필요한 상황에서는 혁신이 요구된다.

평가 기준	피보팅 적합 조건	혁신 적합 조건
시장 성숙도	성숙 시장, 기존 고객 존재	신생 시장, 미개척 영역
자원 규모	제한적 자원, 효율성 중시	충분한 자원, 장기 투자 가능
리스크 수용도	안정성 추구, 점진적 변화	높은 리스크 수용, 파괴적 변화
시간 프레임	단기-중기 성과 기대	중기-장기 성과 기대

3) 단계적 접근법: 피보팅 후 혁신

많은 성공 기업들이 피보팅과 혁신을 단계적으로 결합하여 사용한다. 초기에는 피보팅을 통해 시장 적합성을 확보하고, 이후 혁신을 통해 시장을 주도하는 전략이다. 이러한 접근법은 리스크를 분산시키면서도 장기적인 성장 가능성을 확보할 수 있다는 장점이 있다.

예를 들어, 아마존은 초기에 온라인 서점으로 시작하여 여러 차례의 피보팅을 통해 종합 이커머스 플랫폼으로 발전했다. 이후 클라우드 서비스(AWS)라는 혁신적인 비즈니스 모델을 도입하여 현재의 위치에 이르렀다. 국내에서는 네이버가 검색 포털에서 시작하여 다양한 피보팅을 거쳐 현재는 AI와 클라우드 기반의 혁신 기업으로 변화하고 있다.

라 비즈니스 모델 고도화 성공을 위한 핵심 요소

비즈니스 모델 고도화가 성공하기 위해서는 몇 가지 핵심 요소들이 뒷받침되어야 한다.

첫째, 데이터 기반 의사결정 체계가 필요하다. 직감이나 경험에만 의존하지 않고, 고객 데이터, 시장 데이터, 운영 데이터 등을 종합적으로 분석하여 의사결정을 내려야 한다.

둘째, 조직의 변화 관리 역량이 중요하다. 비즈니스 모델의 변화는 필연적으로 조직 구조와 업무 프로세스의 변화를 수반한다. 구성원들의 저항을 최소화하고 변화에 대한 동참을 이끌어내는 것이 핵심이다.

셋째, 지속적인 학습과 실험 문화를 구축해야 한다. 한 번의 고도화로 끝나는 것이 아니라, 지속적으로 시장 변화에 대응할 수 있는 조직 역량을 만들어야 한다.

넷째, 고객과의 지속적인 소통 채널을 확보해야 한다. 고객의 니즈와 선호도는 계속 변화하므로, 이를 실시간으로 파악할 수 있는 시스템이 필요하다. 마지막으로 충분한 자원과 시간적 여유를 확보해야 한다. 성급한 결과 추구는 오히려 고도화 노력을 실패로 이끌 수 있다.

2024년을 기점으로 AI 기술의 대중화, 탄소중립 정책 강화, MZ세대의 소비 주도권 확대 등 다양한 변화 요인들이 동시에 작용하고 있는 시점이다. 이러한 환경에서 비즈니스 모델 고도화는 선택이 아닌 필수가 되었다. 성공적인 고도화를 위해서는 체계적인 접근과 지속적인 실행 의지가 무엇보다 중요하다.

2 비즈니스 모델 피보팅(Pivoting)

가 비즈니스 모델 피보팅의 개념

비즈니스 모델 피보팅(Pivoting)은 기업이 기존 비즈니스 모델의 핵심 요소는 보존하면서도 특정 부분을 전략적으로 조정하거나 변경함으로써 시장 상황과 고객 요구에 효과적으로 대응하는 전략적 의사결정 과정이다. 피보팅은 완전한 사업 포기나, 근본적 변경이 아니라 기존 자산과 역량을 활용해 새로운 방향으로 전환하는 '전략적 방향 수정'을 의미한다.

이 개념은 에릭 리스(Eric Ries)의 린 스타트업(Lean Startup) 방법론에서 본격적으로 체계화되었다. 피보팅은 농구나 축구에서 한 발을 축으로 하여 몸의 방향을 바꾸는 동작에서 유래했다. 마찬가지로 비즈니스에서 피보팅은 핵심 자산이나 기술을 축으로 하여 사업 방향을 전환하는 것을 뜻한다.

기술창업 기업들에게 피보팅은 특히 중요한 전략이다. 피보팅의 핵심은 '학습을 통한 적응'이다. 초기 가정이 틀렸음을 인정하고, 시장과 고객으로부터 얻은 피드백을 바탕으로 새로운 방향을 설정하는 것이다. 이 과정에서 기업은 실패를 두려워하지 않고 빠른 실험과 검증을 통해 최적의 비즈니스 모델을 찾아나간다.

특히 한국의 기술창업 생태계에서 피보팅은 더욱 중요하다. 국내 시장의 특성상 초기 아이디어만으로는 성공하기 어려운 경우가 많고, 글로벌 시장 진출을 위해서는 현지 특성에 맞는 모델 변경이 필수적이기 때문이다. 네이버가 초기 검색엔진에서 종합 포털 서비스로, 카카오가 메신저에서 플랫폼 기업으로 발전한 것이 대표적인 성공 사례다.

피보팅은 단순히 사업 아이템을 바꾸는 것이 아니라 기존의 핵심 역량과 자산을 보존하면서도 시장의 요구에 맞게 사업 모델을 진화시키는 전략적 선택이다. 이를 통해 기업은 자원 낭비를 최소화하면서도 시장 적응력을 극대화할 수 있다.

나 비즈니스 모델 피보팅이 필요한 상황

1) 외부 환경의 점진적 변화

기업이 당초 예상했던 것과 다른 외부 환경의 변화는 피보팅의 주요 촉발 요인 중 하나이다. 이러한 변화에는 이러한 변화는 새로운 경쟁자의 시장 진입, 정부 규제의 갑작스러운 변경, 기술의 급속한 발전, 글로벌 경제 위기 등 다양한 형태로 나타난다. 예를 들어, 기존 제품과 서비스가 AI 기반 기술로 대체되는 경우, 기존 모델은 경쟁력을 상실할 위험이 있다. 이러한 상황에서 기업은 신속하게 시장 환경을 분석하고, 변화에 민첩하게 대응하기 위해 피보팅 전략을 채택해야 한다. 특히 외부 환경 변화는 기업의 주요 고객층과 수익 모델에 큰 영향을 미칠 수 있으므로, 환경 변화를 정기적으로 모니터링하고 분석하는 것이 중요하다.

외부 환경 변화에 대응하기 위한 피보팅은 다음과 같은 단계를 거친다. 먼저 환경 변화의 성격과 지속성을 분석한다. 일시적 변화인지 구조적 변화인지에 따라 대응 전략이 달라지기 때문이다. 다음으로 자사의 핵심 역량이 새로운 환경에서도 경쟁 우위를 유지할 수 있는지 평가한다. 마지막으로 변화된 환경에서 새로운 기회를 포착할 수 있는 사업 모델을 설계한다.

특히 기술 기반 스타트업의 경우, 새로운 기술의 등장으로 기존 사업 모델이 순식간에 구식이 될 수 있다. 인공지능, 블록체인, 사물인터넷(IoT) 등의 기술이 급속히 발전하면서 기존 서비스들이 새로운 기술 기반의 경쟁자들에게 밀려나는 사례가 빈번히 발생하고 있다.

2) 고객 검증 결과

고객 검증 과정에서 나타나는 부정적 결과는 피보팅을 고려해야 할 명확한 신호다. 고객 검증은 제품-시장 적합성(Product-Market Fit)을 확인하는 핵심 과정으로, 이 단계에서의 실패는 근본적인 방향 전환을 요구한다.

고객 검증 실패의 대표적 징후는 다음과 같다. 고객 획득 비용(CAC, Customer Acquisition Cost)이 고객 생애 가치(CLV, Customer Lifetime Value)를 지속적으로 초과하는 경우, 제품 사용률이나 재구매율이 예상보다 현저히 낮은 경우, 고객 인터뷰에서 핵심 가치 제안에 대한 공감대를 얻지 못하는 경우 등이다.

국내 핀테크 스타트업 '토스'는 초기에 해외송금 서비스로 시작했지만 고객 반응이 기대에 못미쳤다. 이후 고객 인터뷰를 통해 간편 송금과 가계부 기능에 대한 니즈를 발견하고, 종합 금융 플랫폼으로 피보팅하여 현재의 성공을 거두었다.

고객 검증을 효과적으로 수행하기 위해서는 정량적 데이터와 정성적 피드백을 모두 수집해야 한다. 사용자 행동 데이터, 전환율, 이탈률 등의 정량적 지표와 함께 심층 인터뷰, 설문조사를 통한 정성적 피드백을 종합적으로 분석해야 한다. 특히 한국 고객들의 특성상 직접적인 부정적 피드백을 주는 것을 꺼리는 경우가 많으므로, 행동 데이터를 통한 간접적 검증이 더욱 중요하다.

3) MVP 검증을 통한 제품-시장 부적합 발견

최소기능제품(MVP, Minimum Viable Product) 검증 과정에서 제품이 시장의 요구를 충족하지 못한다는 결과가 나올 경우, 이는 피보팅을 고려해야 할 강력한 신호다. MVP는 최소한의 기능으로 시장 반응을 테스트하는 도구이므로, 이 단계에서의 실패는 근본적인 접근 방식의 변경을 의미한다.

제품 검증 실패의 구체적 지표는 다음과 같다. 초기 사용자의 활성화율(Activation Rate)이 10% 이하인 경우, 제품 사용 후 추천 의향을 묻는 NPS(Net Promoter Score)가 0 이하인 경우, 무료 체험 후 유료 전환율이 1% 이하인 경우 등이다.

국내 O2O(Online to Offline) 스타트업 중 하나였던 '부릉'은 초기에 음식 배달 서비스로 시작했지만, 높은 운영비용과 낮은 주문 빈도로 인해 수익성 확보에 어려움을 겪었다. 이후 B2B 물류 서비스로 피보팅하여 안정적인 수익 구조를 구축했다.

MVP 검증 실패 후 피보팅을 고려할 때는 실패 원인을 정확히 분석해야 한다. 제품 자체의 문제인지, 타겟 고객 선정의 문제인지, 아니면 마케팅 접근 방식의 문제인지에 따라 피보팅의 방향이 달라진다. 또한 기존에 투자한 기술이나 인프라를 최대한 활용할 수 있는 피보팅 방향을 모색해야 한다.

4) 새로운 기술의 도입

새로운 기술의 등장으로 기존 모델보다 더 나은 방법으로 고객에게 가치를 전달할 수 있는 기회가 생길 경우, 기술 기반 피보팅이 필요하다. 이는 새로운 기술이 비용 절감, 사용자 경험 개선, 또는 시장에서의 차별화를 가능하게 할 때 특히 유효하다. 예를 들어, 클라우드 기술의 도입으로 기업이 기존 서버 기반의 모델을 SaaS 모델로 전환하는 경우를 들 수 있다. 기술 기반 피보팅은 새로운 기술 도입에 따른 초기 투자 비용과 변화 관리 문제를 충분히 고려해야 한다.

기술 기반 피보팅을 성공시키기 위해서는 다음 사항을 고려해야 한다. 첫째, 새로운 기술이 기존 핵심 역량과 어떻게 시너지를 창출할 수 있는지 분석해야 한다. 둘째, 기술 도입에 따른 비용과 기대 효과를 정량화해야 한다. 셋째, 기술 변화 속도를 고려한 장기적 로드맵을 수립해야 한다.

5) 새로운 고객 가치와 시장 기회의 발견

기존 사업 과정에서 예상치 못한 고객 가치나 새로운 시장 기회를 발견하는 경우도 피보팅의 중요한 동기가 된다. 이는 고객의 숨겨진 니즈를 발견하거나, 기존 제품의 부수적 기능이 더 큰 가치를 창출한다는 것을 깨닫는 경우다.

카카오톡의 성장 과정이 대표적 사례다. 초기에는 단순한 메시징 앱으로 시작했지만, 사용자들이 다양한 방식으로 서비스를 활용하는 것을 관찰하고 이를 바탕으로 소셜 플랫폼, 게임 플랫폼, 금융 플랫폼 등으로 지속적으로 피보팅해왔다. 현재 카카오페이의 거래액은 연간 160조 원을 넘어서며(카카오 IR자료, 2024), 초기 메신저의 영역을 훨씬 벗어났다.

새로운 가치 발견에 의한 피보팅은 다음과 같은 과정을 거친다. 먼저 고객 사용 패턴을 면밀히 관찰하고 분석한다. 예상과 다른 사용 방식이나 예상보다 높은 사용률을 보이는 기능을 파악한다. 다음으로 이러한 패턴이 새로운 시장 기회로 발전할 가능성을 평가한다. 마지막으로 새로운 기회에 집중하기 위한 리소스 재배치 계획을 수립한다.

다 비즈니스 모델 피보팅의 유형

다음은 에릭 리스(Eric Ries)의 린 스타트업(Lean Startup) 방법론 등에서 언급한 다양한 비즈니스 모델 피보팅의 유형이다.

1) 줌인 피봇(Zoom-in Pivot)

줌인 피봇은 기존 제품이나 서비스의 특정 기능이나 특성에 집중하여 이를 핵심 비즈니스로 전환하는 전략이다. 이는 MVP 검증 과정에서 전체 제품보다 특정 기능이 고객에게 더 높은 가치를 제공한다는 것을 발견했을 때 채택하는 방식이다.

유튜브의 사례가 가장 잘 알려져 있다. 유튜브는 2005년 초기에 온라인 비디오 데이팅 사이트 'Tune In Hook Up'으로 시작했다. 하지만 사용자들이 데이팅보다는 비디오 공유 기능에 더 관심을 보이자, 비디오 공유에만 집중하는 것으로 피보팅했다. 결과적으로 현재 전 세계 20억 명 이상이 사용하는 글로벌 플랫폼으로 성장했다.

국내에서는 당근마켓이 줌인 피봇의 좋은 사례다. 초기에는 '당근'이라는 이름으로 다양한 지역 기반 서비스를 제공했지만, 중고거래 기능에 대한 사용자 반응이 가장 좋았다. 이에 중고거래에만 집중하는 것으로 피보팅하여 현재 국내 중고거래 시장의 70% 이상을 점유하는 서비스로 성장했다.

줌인 피봇을 성공적으로 실행하기 위해서는 다음 단계를 거쳐야 한다. 첫 번째는 데이터 기반 기능 분석이다. 사용자 행동 데이터, 체류 시간, 사용 빈도 등을 분석하여 가장 가치 있는 기능을 식별한다. 두 번째는 고객 피드백 수집이다. 어떤 기능이 고객 문제를 가장 효과적으로 해결하는지 직접적인 피드백을 받는다. 세 번째는 시장 잠재력 평가다. 선택한 기능만으로도 충분한 시장 규모와 수익성을 확보할 수 있는지 검토한다.

줌인 피봇의 장점은 기존 투자를 최대한 활용할 수 있다는 것이다. 이미 개발된 기능을 중심으로 사업을 재구성하므로 추가 개발 비용을 최소화할 수 있다. 또한 이미 고객 검증을 거친 기능이므로 성공 확률이 상대적으로 높다. 하지만 시장 규모가 예상보다 작을 위험과 기능의 차별화가 어려울 수 있다는 한계가 있다.

2) 줌아웃 피봇(Zoom-out Pivot)

줌아웃 피봇은 줌인 피봇의 반대 개념으로, 기존 제품이나 서비스를 더 넓은 범위의 솔루션이나 플랫폼으로 확장하는 전략이다. 단일 기능이나 제품으로는 고객의 전체적인 문제를 해결하지 못한다고 판단될 때 채택한다.

인스타그램의 발전 과정이 대표적이다. 초기에는 위치 기반 체크인 앱 '버븐(Burbn)'의 사진 공유 기능이었지만, 이후 사진과 동영상을 중심으로 한 종합 소셜 미디어 플랫폼으로 확장했다. 현재는 쇼핑, 광고, 라이브 방송 등 다양한 기능을 제공하는 종합 플랫폼이 되었다.

국내에서는 배달의민족이 좋은 사례다. 초기에는 단순한 배달 음식점 정보 제공 서비스였지만, 주문 중개, 배달 대행, 결제, 마케팅 솔루션까지 제공하는 종합 푸드테크 플랫폼으로 확장했다. 2021년 독일 딜리버리히어로에 4조 원에 인수되면서 그 가치를 인정받았다.

줌아웃 피봇 실행 시 고려사항은 다음과 같다. 첫째, 고객의 전체 여정(Customer Journey)을 분석해야 한다. 현재 해결하는 문제 외에 고객이 겪는 다른 문제들을 파악하여 통합 솔루션의 필요성을 검토한다. 둘째, 핵심 역량의 확장 가능성을 평가해야 한다. 기존 기술이나 플랫폼을 활용해 새로운 기능을 효과적으로 구현할 수 있는지 검토한다. 셋째, 시장에서의 경쟁 상황을 분석해야 한다. 확장하려는 영역에 강력한 경쟁자가 있는지, 차별화 포인트가 무엇인지 명확히 해야 한다.

줌아웃 피봇의 주요 위험 요소는 복잡성 증가다. 기능이 많아질수록 사용자 경험이 복잡해지고 집중력이 분산될 수 있다. 또한 각 기능 영역의 경쟁자들과 동시에 경쟁해야 하는 부담이 있다. 따라서 확장 순서를 신중히 계획하고 단계별로 검증하면서 진행하는 것이 중요하다.

3) 고객 세분화 피봇(Customer Segmentation Pivot)

고객 세분화 피봇은 기존에 타겟팅했던 고객층을 변경하거나 새로운 고객 세그먼트를 타겟으로 설정하는 전략이다. 동일한 제품이라도 다른 고객층에게는 전혀 다른 가치로 인식될 수 있기 때문에 이러한 피보팅이 필요하다.

플리커(Flickr)가 대표적 사례다. 초기에는 온라인 게임 '게임 네버엔딩(Game Neverending)'의 채팅 기능으로 시작했지만, 게이머보다는 사진작가들과 사진 애호가들이 더 적극적으로 사용한다는 것을 발견했다. 이에 전문 사진가와 사진 애호가를 타겟으로 하는 사진 공유 서비스로 피보팅하여 성공했다.

국내 사례로는 직방을 들 수 있다. 초기에는 일반 소비자 대상의 부동산 앱으로 시작했지만, 부동산 중개업소들의 관리 도구로서의 니즈가 더 크다는 것을 발견했다. 이에 B2B 솔루션을 강화하여 중개업소용 관리 시스템과 일반 소비자용 검색 서비스를 동시에 제공하는 양면 플랫폼으로 발전했다.

고객 세분화 피봇을 성공적으로 실행하려면 철저한 고객 분석이 필요하다. 기존 사용자 데이터를 세분화하여 어떤 그룹이 가장 높은 참여도와 만족도를 보이는지 파악해야 한다. 또한 새로운 타겟 고객의 특성, 구매 행동, 커뮤니케이션 채널 등을 상세히 분석해야 한다.

이 유형의 피보팅에서 주의할 점은 기존 고객을 소홀히 해서는 안 된다는 것이다. 새로운 세그먼트에 집중하면서 기존 충성 고객을 잃을 위험이 있으므로, 두 그룹 모두를 만족시킬 수 있는 전략을 수립해야 한다. 경우에 따라서는 별도의 브랜드나 서비스로 분리하는 것도 고려할 수 있다.

4) 고객 니즈 피봇(Customer Need Pivot)

고객 니즈 피봇은 동일한 고객층을 대상으로 하지만 해결하려는 문제나 충족시키려는 니즈를 변경하는 전략이다. 고객과의 지속적인 소통을 통해 처음 생각했던 것과 다른 진짜 문제나 니즈를 발견했을 때 실행한다.

슬랙(Slack)이 가장 유명한 사례다. 초기에는 'Tiny Speck'이라는 회사에서 게임 '글리치(Glitch)' 개발 과정에서 팀 내부 커뮤니케이션 도구로 사용하던 것이었다. 그런데 게임보다 이 커뮤니케이션 도구에 더 많은 관심과 문의가 들어왔다. 이에 기업용 커뮤니케이션 플랫폼으로 피보팅하여 현재 전 세계 수백만 기업이 사용하는 서비스로 성장했다.

국내에서는 클래스101이 좋은 예시다. 초기에는 오프라인 원데이 클래스 플랫폼으로 시작했지만, 사용자들이 체계적이고 지속적인 학습을 원한다는 니즈를 발견했다. 이에 온라인 기반의 다회차 클래스 플랫폼으로 피보팅하여 코로나19 상황에서도 지속적인 성장을 이뤄냈다.

고객 니즈 피봇을 위해서는 고객과의 깊은 대화가 필수적이다. 고객이 현재 우리 제품을 어떻게 사용하고 있는지, 어떤 상황에서 가장 만족하는지, 어떤 불편함을 겪고 있는지를 상세히 파악해야 한다. 때로는 고객 자신도 모르는 잠재적 니즈를 발견할 수 있다.

이 피보팅의 위험 요소는 새로운 니즈가 충분한 시장 규모를 가지고 있는지 불확실하다는 점이다. 소수의 고객 피드백에 기반해 전체 시장의 니즈로 일반화하는 실수를 범할 수 있으므로, 충분한 시장 검증이 필요하다.

5) 플랫폼 피봇(Platform Pivot)

플랫폼 피봇은 단일 제품이나 서비스를 여러 제품과 서비스가 연결되는 플랫폼으로 전환하거나, 반대로 플랫폼을 단일 서비스로 축소하는 전략이다. 네트워크 효과를 활용해 더 큰 가치를 창출하고자 할 때 주로 사용된다.

카카오톡의 플랫폼 진화가 대표적 사례다. 초기 메시징 앱에서 시작해 게임, 쇼핑, 금융, 콘텐츠 등 다양한 서비스가 연결되는 슈퍼앱 플랫폼으로 발전했다. 2024년 기준 카카오 플랫폼의 월간 활성 사용자는 4,800만 명에 이르며, 다양한 서비스 간 시너지를 통해 사용자 편의성과 수익성을 동시에 높였다.

아마존의 사례도 주목할 만하다. 온라인 서점에서 시작해 전자상거래 플랫폼으로, 다시 클라우드 서비스(AWS), 인공지능(Alexa), 물류 등을 포함하는 종합 기술 플랫폼으로 진화했다. 각 서비스가 독립적으로 작동하면서도 상호 연결되어 더 큰 가치를 창출한다.

국내 핀테크 분야에서는 토스가 플랫폼 피봇의 성공 사례다. 초기 간편송금 서비스에서 시작해 현재는 대출, 투자, 보험, 카드, 계좌 개설 등을 포괄하는 종합 금융 플랫폼으로 발전했다.

플랫폼 피봇을 성공적으로 실행하기 위해서는 네트워크 효과를 고려한 설계가 핵심이다. 사용자가 늘어날수록, 그리고 서비스 간 연결이 강화될수록 전체 플랫폼의 가치가 기하급수적으로 증가해야 한다. 또한 각 서비스 모듈이 독립적으로도 경쟁력을 갖추면서 동시에 다른 서비스와 시너지를 낼 수 있어야 한다.

플랫폼 피봇의 주요 위험 요소는 복잡성 관리다. 여러 서비스를 동시에 운영하면서 각각의 품질을 유지하기 어려울 수 있고, 사용자 인터페이스가 복잡해져 사용성이 떨어질 위험이 있다. 따라서 단계적 접근을 통해 하나씩 서비스를 추가하면서 사용자 반응을 면밀히 모니터링해야 한다.

6) 비즈니스 설계 피봇(Business Architecture Pivot)

비즈니스 설계 피봇은 수익 모델, 비용 구조, 파트너십 등 비즈니스 모델의 구조적 측면을 근본적으로 변경하는 전략이다. 제품이나 서비스 자체보다는 이를 시장에 제공하고 수익을 창출하는 방식을 바꾸는 것이다.

넷플릭스의 진화 과정이 대표적이다. 1997년 DVD 우편 대여 서비스로 시작했지만, 2007년 스트리밍 서비스로 전환하면서 비즈니스 아키텍처를 완전히 바꿨다. 물리적 재고 관리와 우편 배송 중심의 모델에서 디지털 콘텐츠 스트리밍과 구독 기반 모델로 전환한 것이다. 이후 콘텐츠 제작사로까지 영역을 확장하여 현재는 글로벌 엔터테인먼트 기업이 되었다.

국내에서는 네이버웹툰이 좋은 사례다. 초기에는 무료 웹툰 서비스로 광고 수익에 의존했지만, 유료 웹툰, 웹소설, 굿즈 판매, 해외 진출 등으로 수익 구조를 다각화했다. 특히 IP(지적재산권) 비즈니스로 확장하여 웹툰을 원작으로 하는 드라마, 영화, 게임 등으로 사업 영역을 넓혔다.

비즈니스 설계 피봇에서 고려해야 할 핵심 요소들은 다음과 같다. 첫째는 수익 모델의 지속가능성이다. 새로운 수익 모델이 시장 변화에 얼마나 견고한지, 확장 가능한지를 평가해야 한다. 둘째는 비용 구조의 효율성이다. 새로운 구조가 기존보다 더 효율적인 비용 구조를 제공하는지 검토해야 한다. 셋째는 파트너 생태계다. 새로운 비즈니스 모델에 적합한 파트너들과의 관계를 구축할 수 있는지 확인해야 한다.

7) 가치 포착 피봇(Value Capture Pivot)

가치 포착 피봇은 고객에게 제공하는 가치는 동일하게 유지하면서 이로부터 수익을 창출하는 방식을 변경하는 전략이다. 즉, 누가 돈을 지불하는지, 언제 지불하는지, 어떤 방식으로 지불하는지를 바꾸는 것이다.

구글의 비즈니스 모델이 대표적 예시다. 초기에는 검색 기술을 다른 회사에 라이선싱하여 수익을 창출하려 했지만, 이후 광고 기반 모델로 전환했다. 사용자는 무료로 검색 서비스를 이용하고, 광고주가 비용을 지불하는 구조로 바꾼 것이다.

국내에서는 카카오맵이 좋은 사례다. 초기에는 네비게이션 앱으로 유료 판매를 고려했지만, 무료 서비스로 제공하면서 위치 기반 광고와 배달, 택시 등 연계 서비스를 통해 수익을 창출하는 모델로 전환했다. 사용자는 무료로 지도 서비스를 이용하고, 입점 업체와 연계 서비스 업체가 수수료를 지불하는 구조다.

가치 포착 피봇의 핵심은 가치 사슬(Value Chain) 분석이다. 누가 가장 많은 가치를 얻는지, 누가 지불할 의사와 능력이 있는지를 파악해야 한다. 또한 프리미엄(Freemium) 모델, 구독 모델, 광고 모델, 수수료 모델 등 다양한 수익화 방식의 장단점을 비교 분석해야 한다.

이 피보팅에서 주의할 점은 수익원의 변경이 서비스 품질에 미치는 영향이다. 예를 들어 광고 모델로 전환할 경우 사용자 경험이 저하될 위험이 있고, 구독 모델로 전환할 경우 사용자 이탈이 발생할 수 있다. 따라서 점진적 전환과 지속적인 모니터링이 필요하다.

8) 성장엔진 피봇(Engine of Growth Pivot)

성장 엔진 피봇은 기업의 성장을 견인하는 핵심 메커니즘을 변경하는 전략이다. 에릭 리스는 바이럴 성장(Viral Growth), 유료 성장(Paid Growth), 끈끈한 성장(Sticky Growth) 등 세 가지 성장 엔진을 제시했는데, 이 중 하나에서 다른 것으로 전환하는 것이다.

에어비앤비의 성장 전략 변화가 대표적이다. 초기에는 유료 광고 중심의 성장에 의존했지만, 이후 사용자 추천 시스템을 통한 바이럴 성장으로 전환했다. 호스트와 게스트 모두에게 크레딧을 제공하는 추천 프로그램을 도입하여 사용자가 자연스럽게 서비스를 홍보하도록 만들었다. 이를 통해 고객 획득 비용을 크게 줄이면서도 빠른 성장을 이룰 수 있었다.

국내 사례로는 배달의민족을 들 수 있다. 초기에는 브랜드 마케팅과 TV 광고 등 유료 성장에 집중했지만, 이후 입점 음식점들의 자발적 홍보와 고객들의 후기 공유를 통한 바이럴 성장으로 전환했다. 특히 재미있는 카피와 이벤트를 통해 사용자들이 소셜미디어에서 자연스럽게 배달의민족을 언급하도록 유도했다.

성장 엔진 피봇을 실행할 때는 다음 지표들을 면밀히 분석해야 한다. 바이럴 성장으로 전환할 경우 바이럴 계수(K-factor, 한 사용자가 평균적으로 몇 명의 새로운 사용자를 데려오는지)를 측정해야 한다. 유료 성장의 경우 고객 획득 비용(CAC)과 고객 생애 가치(CLV)의 비율을 지속적으로 모니터링해야 한다. 끈끈한 성장의 경우 사용자 유지율(Retention Rate)과 이탈률(Churn Rate)을 중점적으로 관리해야 한다.

성장 엔진 피봇의 성공을 위해서는 제품 자체의 품질이 뒷받침되어야 한다. 아무리 좋은 성장 메커니즘을 구축해도 제품이나 서비스 자체에 만족하지 못한다면 지속적인 성장은 불가능하다. 따라서 성장 엔진 개선과 동시에 제품-시장 적합성을 지속적으로 강화해야 한다.

9) 채널 피봇(Channel Pivot)

채널 피봇은 고객에게 제품이나 서비스를 전달하는 경로를 변경하는 전략이다. 기존 유통 채널이 효율적이지 않거나 새로운 채널이 더 나은 고객 경험을 제공할 수 있을 때 실행한다.

삼성전자의 온라인 채널 강화가 대표적 사례다. 전통적으로 오프라인 매장과 대리점 중심의 판매에 의존했지만, 온라인 직판과 전자상거래 플랫폼을 통한 판매를 대폭 확대했다. 특히 코로나19 이후 온라인 채널의 비중이 30% 이상으로 증가했으며, 고객 접점 확대와 마진 개선에 기여했다.

국내 패션업계에서는 무신사가 채널 피봇의 성공 사례다. 초기에는 온라인 패션 커뮤니티로 시작했지만, 이후 전자상거래 플랫폼으로 전환했다. 더 나아가 오프라인 매장인 '무신사 스탠다드'를 오픈하여 온라인-오프라인 통합(O2O) 경험을 제공하고 있다.

채널 피봇을 성공적으로 실행하기 위해서는 고객의 구매 여정을 상세히 분석해야 한다. 고객이 어떤 경로로 제품을 발견하고, 비교하고, 구매하는지를 파악하여 가장 효과적인 접점을 찾아야 한다. 또한 새로운 채널에 적합한 마케팅 메시지와 고객 서비스 방식을 개발해야 한다.

채널 피봇에서 주의할 점은 기존 채널과의 갈등 관리다. 새로운 채널로 전환하면서 기존 파트너들과의 관계가 악화될 수 있으므로, 점진적 전환과 상호 이익을 고려한 전략이 필요하다. 또한 채널별 특성을 고려한 맞춤형 접근이 필요하다.

10) 기술 피봇(Technology Pivot)

기술 피봇은 동일한 문제를 해결하거나 같은 가치를 제공하지만, 이를 구현하는 기술이나 플랫폼을 변경하는 전략이다. 새로운 기술이 더 효율적이거나 확장 가능한 솔루션을 제공할 때 실행한다.

쏘카(SOCAR)의 기술 전환이 좋은 사례다. 초기 전통적인 차량 대여 방식에서 IoT(Internet of Things) 기술을 활용한 무인 차량 공유 시스템으로 전환했다. 스마트폰 앱과 차량 내 단말기를 연동하여 키 없이도 차량을 이용할 수 있게 했고, GPS와 텔레매틱스를 통해 실시간 차량 관리가 가능해졌다.

또 다른 사례는 우아한형제들의 배달 기술 진화다. 초기에는 단순한 주문 중개 서비스였지만, 인공지능 기반의 배달 최적화 시스템, 실시간 위치 추적, 챗봇 고객 서비스 등 다양한 기술을 도입했다. 특히 AI를 활용한 배달 시간 예측과 최적 경로 안내 시스템은 배달 효율성을 30% 이상 개선했다.

기술 피봇을 성공적으로 실행하기 위해서는 기술 도입의 명확한 목적과 기대 효과를 정의해야 한다. 단순히 새로운 기술을 도입하는 것이 아니라, 고객 가치 향상이나 운영 효율성 개선 등 구체적인 목표가 있어야 한다. 또한 기술 도입에 따른 비용과 위험을 면밀히 평가해야 한다.

기술 피봇에서 가장 중요한 것은 변화 관리다. 새로운 기술 도입은 직원 교육, 프로세스 변경, 고객 교육 등 다방면의 변화를 수반한다. 따라서 단계적 도입과 지속적인 피드백 수집을 통해 변화의 충격을 최소화해야 한다.

라 비즈니스 모델 피보팅을 추진하기 위해 점검해야 할 사항

BM(Business Model) 피보팅을 추진하기 전에는 명확한 판단과 신중한 계획이 필요하다. 성공적인 피보팅은 기존의 문제를 해결하고 새로운 기회를 창출하며, 기업의 성장과 지속 가능성을 보장할 수 있다. 다음은 BM 피보팅을 추진하기 전에 반드시 검토해야 할 주요 확인 사항들이다.

1) 시장 검증을 통한 피보팅 근거 확인

비즈니스 모델 피보팅은 시장을 통한 검증의 결과로 이행되어야 한다. 때문에 다음의 질문을 통하여 객관적 데이터에 기반한 피보팅 추진이 필요하다.

- 시장 검증 과정을 통해 고객의 피드백, 시장 데이터, 경쟁 분석을 명확히 수집했는가?
- 기존 비즈니스 모델의 주요가정이 틀렸다는 구체적 증거가 있는가?
- 새로운 가정과 이를 뒷받침하는 데이터가 신뢰할 수 있는가?

검증해야 할 데이터는 다음과 같다. 시장 데이터로는 타겟 시장 규모 변화, 고객 행동 패턴 변화, 경쟁사 동향 등이 있다. 제품 데이터로는 사용자 활성화율, 유지율, 전환율, NPS(순고객 추천 지수, Net Promoter Score) 점수 등이 중요하다. 재무 데이터로는 고객 획득 비용(CAC), 고객 생애 가치(CLV), 매출 성장률, 번 레이트(Burn Rate) 등을 분석해야 한다.

구체적인 기준을 제시하면, 월간 활성 사용자(MAU) 증가율이 3개월 연속 5% 이하인 경우, NPS 점수가 0 이하인 경우, CAC가 CLV의 3배를 초과하는 경우 등은 피보팅을 검토해야 할 신호다. 단, 이러한 지표들을 종합적으로 분석해야 하며, 단일 지표만으로 판단해서는 안 된다.

데이터 수집 시 주의할 점은 표본의 대표성이다. 특정 사용자 그룹의 의견만을 과대 해석하거나, 일시적 현상을 장기 트렌드로 오인하는 실수를 피해야 한다. 최소 3개월 이상의 데이터를 수집하고, 다양한 각도에서 분석해야 한다.

2) 사업화 기간과 타이밍 평가

비즈니스 모델을 피보팅하기 위해서는 현재 추진중인 사업화의 진행상황과 일정을 점검해 보아야 한다. 시장 상황과 경쟁 환경을 고려했을 때, 피보팅 후 새로운 방향이 성공할 가능성이 높은 시점인지 평가해야 함을 의미한다.

- 피보팅을 실행하기에 적합한 타이밍인가?
- 새로운 비즈니스 모델의 실행과 확장이 현실적으로 목표한 사업화 기간 내에 이루어질 수 있는가?

예를 들어, 새로운 고객 세그먼트를 타겟팅하려는 경우, 해당 세그먼트에 도달하는데 필요한 시간과 비용을 면밀히 계산해야 한다.

시장 분석을 한다면 시장 규모 및 성장률을 확인하여 TAM(Total Addressable Market), SAM(Serviceable Available Market), SOM(Serviceable Obtainable Market)을 산정한다. 고객 세그먼트별 특성과 니즈를 파악하고, 각 세그먼트의 지불 의사와 능력을 평가한다. 직간접 경쟁사의 현황과 전략을 분석하고, 시장 내 포지셔닝 가능성을 검토한다. 진입 장벽과 규제 환경을 파악하여 리스크를 사전에 식별한다. 그리고 이러한 고객 세그먼트를 피보팅 한다면, 현실적으로 목표한 사업화 기간내 보유하고 있는 재원으로 실현 가능한지를 판단해야 한다.

3) 필요한 자원의 명확화 및 확보 가능성

비즈니스 모델 피보팅은 기존에 투자된 자원 포기하고 새로운 자원의 투자를 의미할 수 있다. 일종의 기회비용 손실을 감수해야 하는 것이다. 때문에 앞으로 필요한 가용 자원을 확인하는 것이 중요하다.

- 피보팅을 위해 투입되어야 하는 자원(인적, 물적, 재정적)이 충분히 준비되어 있는가?
- 필요한 기술적 역량, 조직의 구조적 변화, 추가적인 재정적 지원을 고려했는가?
- 자원 배분이 기존 사업과 새로운 모델 간의 갈등을 최소화하면서 효과적으로 이루어질 수 있는가?

예를 들어, 기술 피보팅을 위한 새로운 플랫폼 개발에 필요한 인력과 예산이 충분한지 검토해야 한다.

4) 피보팅 vs 혁신 vs 다각화 구분

피보팅을 실행하기 전에 현재 상황이 진짜 피보팅이 필요한 것인지, 아니면 점진적 개선이나 다른 전략이 더 적합한지를 명확히 구분해야 한다. 잘못된 전략 선택은 자원 낭비와 기회 손실로 이어질 수 있다.

피보팅과 유사한 개념들을 구분해보면 다음과 같다. 피보팅(Pivoting)은 핵심 가치나 기술은 유지하면서 시장이나 고객, 수익 모델 등을 변경하는 것으로 부분적인 수정과 개선을 통한 고도화를 의미한다. 반면 비즈니스 모델 혁신은 단순히 기존 모델의 수정을 넘어, 근본적인 변화를 통하여 혁신적인 가치를 창출하려는 것을 의미한다. 다각화(Diversification)는 기존 사업과 별개의 새로운 사업 영역으로 확장하는 것이다. 재창업(Restart)은 기존 사업을 완전히 포기하고 새로운 아이디어로 다시 시작하는 것이다.

각각은 투입되는 자원과 리스크가 다르므로 이 피보팅의 수준이 비즈니스 모델 혁신의 수준인지, 사업 다각화전략 인지, 재창업을 해야하는 것인지를 식별해야 한다.

권고되는 판단 기준은 기존 핵심 자산이나 기술을 70% 이상 활용할 수 있다면 피보팅, 30% 미만이라면 재창업을 고려해야 한다.

5) 조직 문화와 팀 역량 준비도

피보팅은 단순히 제품이나 서비스의 변경이 아니라 조직 전체의 변화를 수반한다. 팀원들의 마인드셋, 역량, 문화가 피보팅에 적합한지 사전에 평가하고 준비해야 한다.

평가해야 할 조직 요소는 다음과 같다. 변화 수용성으로는 팀원들이 기존 방식을 버리고 새로운 방법을 받아들일 수 있는지를 확인한다. 학습 역량으로는 새로운 시장이나 기술에 대해 빠르게 학습할 수 있는 능력을 평가한다. 실행력으로는 불확실한 상황에서도 빠르게 실행하고 결과를 확인할 수 있는 능력을 점검한다. 소통 능력으로는 변화 과정에서 발생하는 혼란과 갈등을 효과적으로 관리할 수 있는지를 평가한다. 특히 창업자나 리더의 역할이 중요하다. 피보팅의 필요성을 팀원들에게 논리적으로 설득할 수 있어야 하고, 변화 과정에서 발생하는 불안감을 해소해야 한다. 또한 새로운 방향에 대한 명확한 비전을 제시하고 팀원들이 자신의 역할을 재정의할 수 있도록 도와야 한다.

조직 준비를 위한 구체적인 방법으로는 다음이 있다. 피보팅에 대한 팀 워크숍을 실시하여 변화의 필요성과 방향을 공유한다. 필요한 새로운 역량에 대한 교육과 훈련을 제공한다. 변화 과정에서 발생할 수 있는 개인별 커리어 패스를 함께 논의한다. 피보팅 진행 상황을 투명하게 공유하고 피드백을 지속적으로 수렴한다.

6) 위험 요소와 실패 가능성 평가

피보팅에는 다양한 리스크가 따른다. 사전에 주요 리스크를 식별하고 대응 계획을 수립하는 것이 중요하다. 피보팅 과정에서 발생할 수 있는 주요 위험 요소(고객 이탈, 자원 부족, 조직 내 반발 등)를 사전에 식별하고, 이에 대한 대응 계획이 마련되어 있는가를 검토해야 하는 것이다.

실패 가능성을 최소화하기 위한 반복적 검증 프로세스(MVP 테스트, 프로토타입 검증 등)가 포함되어 있는가와 피보팅 후 고객과 시장의 반응을 신속히 측정할 수 있는 시스템이 구축되어 있는가를 점검해야하는 이유이다.

BM 피보팅은 단순한 전략적 전환이 아니라, 기업의 미래를 재설계하는 중요한 과정이다. 따라서 실행 전에 충분한 검증과 계획이 필요하며, 이를 통해 피보팅의 성공 가능성을 극대화할 수 있다.

7) 이해관계자 커뮤니케이션 계획

피보팅은 기존 이해관계자들에게 큰 영향을 미친다. 고객, 투자자, 직원, 파트너 등 모든 이해관계자와의 효과적인 커뮤니케이션 계획이 필요하다. 투명하고 일관된 메시지 전달이 피보팅 성공의 핵심 요소 중 하나다.

이해관계자별 커뮤니케이션 전략을 수립해야 한다. 기존 고객에게는 서비스 변경 사항과 그로 인한 혜택을 명확히 설명하고, 필요시 마이그레이션 지원을 제공한다. 투자자에게는 피보팅의 논리적 근거와 새로운 사업 계획, 기대 성과를 구체적 데이터와 함께 제시한다. 직원들에게는 변화의 필요성과 개인의 역할 변화, 성장 기회를 공유하여 동기부여를 한다. 파트너사에게는 관계 지속 가능성과 새로운 협력 방안을 제안한다.

커뮤니케이션 시점도 중요하다. 너무 이르면 혼란을 야기할 수 있고, 너무 늦으면 신뢰를 잃을 수 있다. 일반적으로는 피보팅 결정이 확정된 후 가능한 빨리, 하지만 구체적인 실행 계획이 준비된 후에 커뮤니케이션하는 것이 효과적이다.

8) 법적, 규제적 고려사항

새로운 방향으로의 피보팅이 법적, 규제적 제약에 걸리지 않는지 사전에 검토해야 한다. 특히 한국은 금융, 의료, 교육 등 특정 분야에 강한 규제가 있어 이를 간과할 경우 큰 문제가 될 수 있다.

검토해야 할 주요 영역은 다음과 같다. 사업자 등록과 인허가 사항으로는 새로운 사업 분야에 필요한 추가 등록이나 인허가가 있는지 확인한다. 개인정보보호와 데이터 관련 법규로는 새로운 서비스에서 수집하는 개인정보의 처리 방법이 관련 법규에 부합하는지 검토한다. 지적재산권으로는 새로운 방향에서 사용할 기술이나 브랜드가 타인의 특허나 상표권을 침해하지 않는지 확인한다. 세법과 회계 기준으로는 새로운 수익 모델에 따른 세무 처리 방법과 회계 기준을 검토한다.

특히 핀테크, 헬스케어, 에듀테크 등 규제가 강한 분야로 피보팅할 때는 더욱 신중해야 한다. 금융 서비스의 경우 금융위원회의 인허가가 필요할 수 있고, 의료 서비스의 경우 의료법상 제약이 있을 수 있다. 이러한 규제는 진입 장벽이 되기도 하지만, 진입에 성공하면 보호받을 수 있는 해자(Moat) 역할도 한다.

법적 검토를 위해서는 해당 분야 전문 변호사나 법무법인의 자문을 받는 것이 좋다. 또한 정부 기관이나 관련 협회에서 제공하는 가이드라인을 참고하고, 필요시 사전 상담을 받아볼 수 있다. 규제 샌드박스나 특례 제도가 있는 경우 이를 활용하는 방안도 검토해볼 만하다.

비즈니스 모델 피보팅은 기술창업 기업이 불확실한 시장 환경에서 생존하고 성장하기 위한 핵심 전략중 하나이다.

무엇보다 중요한 것은 피보팅이 실패를 인정하는 것이 아니라 학습을 통한 발전이라는 마인드셋이다. 초기 가정이 틀렸다는 것을 빨리 발견하고 새로운 방향으로 전환하는 것이 더 큰 실패를 예방하는 현명한 선택이다.

3 비즈니스 모델 혁신 전략

가 혁신의 개념과 유형

혁신(Innovation)이란 새로운 아이디어, 프로세스, 기술, 제품 또는 서비스를 도입하여 기존의 한계를 극복하고, 새로운 가치를 창출하는 창의적이고 전략적인 과정을 의미한다. 혁신은 단순히 기술적 발전에 국한되지 않으며, 조직 구조의 변화, 비즈니스 모델의 재설계, 그리고 고객 경험의 근본적인 전환까지 다양한 영역에서 이루어질 수 있다. 이는 기업이 경쟁력을 강화하고 지속 가능한 성장을 이루기 위한 필수 요소로, 현재와 미래의 시장 변화에 대응하는 데 중요한 역할을 한다. 일반적으로 혁신이 추구하는 목적은 네가지로 구분할 수 있다.

첫째는 기존 제품이나 서비스의 한계를 뛰어넘는 개선된 솔루션 개발이다. 예를 들어 삼성전자가 기존 스마트폰의 화면 크기 제약을 극복하기 위해 개발한 갤럭시 폴드는 접을 수 있는 디스플레이 기술을 통해 새로운 사용자 경험을 제공했다. 둘째는 새로운 수익 모델 창출을 통한 기업 가치 증대다. 넷플릭스가 DVD 대여 사업에서 스트리밍 구독 서비스로 전환한 것이 대표적인 사례다. 셋째는 지속적인 경쟁우위 확보를 위한 차별화 전략 구축이다. 애플이 하드웨어와 소프트웨어를 통합한 생태계를 구축하여 경쟁사와 차별화된 고객 경험을 제공하는 것이 좋은 예다. 넷째는 자원 활용의 효율성을 극대화하여 비용 절감과 생산성 향상을 동시에 달성하는 것이다.

현대의 혁신은 기술적 영역과 비기술적 영역에서 동시에 이루어진다. 기술적 혁신은 주로 R&D 투자를 통한 새로운 제품이나 공정 개발에 집중하는 반면, 비기술적 혁신은 조직 문화 개선, 마케팅 전략 혁신, 고객 서비스 방식 개선 등에 초점을 맞춘다. 성공적인 기업들은 이 두 영역을 균형있게 발전시켜 시너지 효과를 창출한다.

혁신은 크게 네 가지 주요 유형으로 나눌 수 있다. 제품, 프로세스, 서비스, 비즈니스 모델의 네 가지 유형은 기업의 전략과 필요에 따라 상호작용하며, 전반적인 성과에 긍정적인 영향을 미친다.

1) 제품 혁신(Product Innovation)

제품 혁신은 고객의 니즈를 충족시키기 위해 기존 제품의 성능을 획기적으로 개선하거나 완전히 새로운 제품을 개발하는 활동이다. 이러한 혁신은 기술적 진보와 시장 요구사항의 변화를 반영하여 이루어진다.

최근 국내 스타트업 중에서 제품 혁신의 성공 사례로 꼽히는 기업이 토스다. 토스는 기존 은행 앱들이 복잡하고 사용하기 어렵다는 문제점을 파악하고, 직관적인 UI(User Interface)와 간편한 송금 기능을 핵심으로 하는 금융 앱을 개발한 결과, 단순한 송금서비스에서 출발해 종합 금융플랫폼으로 진화했다.

제품 혁신의 핵심은 기술 자체가 아닌 고객 가치의 실현에 있다. 따라서 기업은 다음과 같은 접근 방식을 고려해야 한다. 우선 고객의 Pain Point(고객이 경험하는 불편함이나 문제점)를 정확히 파악해야 한다. 시장 조사, 고객 인터뷰, 사용자 행동 분석 등을 통해 실제 고객이 겪는 어려움을 구체적으로 이해하는 것이 출발점이다. 다음으로는 기술적 실현 가능성과 시장성을 동시에 고려한 제품 개발 전략을 수립해야 한다. 아무리 혁신적인 아이디어라도 기술적으로 구현 불가능하거나 시장에서 수용되기 어렵다면 성공하기 힘들다.

2) 프로세스 혁신(Process Innovation)

프로세스 혁신은 제품 생산이나 서비스 제공 과정에서 효율성을 극대화하고 비용을 최소화하는 방향으로 업무 방식을 개선하는 것이다. 이는 고객에게 더 빠르고 정확한 서비스를 제공하면서도 기업의 수익성을 향상시키는 이중 효과를 가져온다.

국내 물류 스타트업 로지스올이 좋은 예시다. 전통적인 물류업계에서는 운송업체와 화주 간의 연결이 주로 전화나 팩스를 통해 이루어져 비효율적이었다. 로지스올은 AI 기반 매칭 플랫폼을 도입하여 실시간으로 최적의 운송업체를 찾아주는 시스템을 구축했다. 이를 통해 화주는 낮은 비용으로 물류 서비스를 이용할 수 있게 되었고, 운송업체는 빈 차량으로 이동하는 공차 비율을 크게 줄일 수 있었다.

프로세스 혁신을 성공적으로 추진하기 위해서는 현재 업무 프로세스에 대한 정확한 현황 파악이 선행되어야 한다. 이때 활용할 수 있는 방법이 프로세스 매핑(Process Mapping)이다. 업무의 시작부터 완료까지 모든 단계를 시각화하여 비효율적인 구간이나 불필요한 단계를 식별하는 것이다. 이후 디지털 기술을 활용한 자동화, 업무 흐름의 재설계, 조직 간 협업 방식 개선 등을 통해 프로세스를 혁신할 수 있다.

3) 서비스 혁신(Service Innovation)

서비스 혁신은 고객 접점에서의 경험을 근본적으로 개선하거나 완전히 새로운 형태의 서비스를 개발하는 것이다. 이는 고객의 편의성 증대, 만족도 향상, 그리고 기업에 대한 충성도 강화를 목표로 한다.

대표적인 서비스 혁신 사례로는 카카오택시를 들 수 있다. 기존에는 택시를 이용하기 위해서는 길에서 빈 택시를 찾거나 택시회사에 전화를 걸어 호출해야 했다. 카카오택시는 스마트폰 앱을 통해 현재 위치에서 가장 가까운 택시를 실시간으로 호출할 수 있는 서비스를 제공했다. 2015년 서비스 시작 이후 2024년 현재 월간 이용자 수 1,336만 명을 기록하며 국내 택시 서비스의 새로운 표준을 제시했다(카카오모빌리티, 2024).

서비스 혁신의 핵심은 고객 여정(Customer Journey) 전반에 걸친 경험 설계에 있다. 고객이 서비스를 인지하는 순간부터 실제 이용하고 평가하는 모든 과정에서 일관되고 만족스러운 경험을 제공해야 한다. 이를 위해서는 고객 데이터 분석을 통한 개인화된 서비스 제공, 옴니채널(Omnichannel) 전략을 통한 일관된 서비스 경험, 그리고 지속적인 피드백 수집과 개선이 필요하다.

4) 비즈니스 모델 혁신(Business Model Innovation)

비즈니스 모델 혁신은 기업이 가치를 창출하고 수익을 얻는 방식 자체를 근본적으로 바꾸는 가장 포괄적인 형태의 혁신이다. 이는 앞서 살펴본 제품, 프로세스, 서비스 혁신을 포함하면서도, 기업의 전체적인 사업 구조와 전략을 재설계하는 것을 의미한다.

비즈니스 모델 혁신이 특히 중요한 이유는 급변하는 시장 환경에서 기존의 방식만으로는 생존이 어렵기 때문이다. 디지털 전환, 고객 행동 변화, 새로운 기술의 등장 등은 전통적인 비즈니스 모델을 무력화시키기도 한다. 예를 들어, 음원 시장에서 CD 판매에서 스트리밍 서비스로의 전환, 소매업에서 오프라인 매장에서 온라인 플랫폼으로의 이동 등이 이에 해당한다.

성공적인 비즈니스 모델 혁신을 위해서는 고객 가치 제안(Value Proposition), 수익 구조(Revenue Model), 핵심 자원과 역량(Key Resources & Capabilities), 파트너십 네트워크(Partnership Network) 등 비즈니스 모델의 모든 구성 요소를 종합적으로 검토하고 재설계해야 한다. 그럼 비즈니스 모델 혁신에 대해 보다 구체적으로 살펴보자.

나 비즈니스 모델 혁신이란?

비즈니스 모델 혁신은 기업이 고객에게 가치를 전달하고, 수익을 창출하며, 자원을 활용하는 방식을 본질적이고 근본적으로 바꾸어 보는 일련의 활동을 비즈니스 전체의 구조적 차원에서 실행하는 것을 의미한다. 이는 단순히 제품이나 서비스의 개선이나 수정에 그치지 않고, 기업의 운영 원리와 전략 전반을 비즈니스 모델의 주요 구성 요소(예: 비즈니스 모델 9블럭의 각 요소) 차원에서 재설계하는 포괄적인 접근 방식을 의미한다. 때문에 기존의 비즈니스 모델의 한계를 명확히 확인하게 되었을 때 비즈니스 모델 혁신을 추진하게 된다. 이때 기존 비즈니스의 한계란 갑작스런 수익성의 악화, 시장점유율의 급격한 감소, 고객이탈률의 급속한 증가, 특정 사건으로 인한 브랜드 이미지 악화, 조직내 문제 발생 등으로 인하여 종래의 비즈니스 모델을 그대로 유지해서는 더 이상 지속 성장이 불가능하다고 판단할 만한 중대한 상황을 의미한다.

때문에 비즈니스 모델 혁신의 특징은 그 영향 범위의 광범위함에 있다. 일반적인 혁신 활동이 특정 부문이나 기능에 집중되는 반면, 비즈니스 모델 혁신은 기업의 모든 활동 영역에 걸쳐 변화를 수반한다. 알렉산더 오스터왈더(Alexander Osterwalder)가 개발한 비즈니스 모델 캔버스의 9개 블록 - 핵심 파트너십, 핵심 활동, 핵심 자원, 가치 제안, 고객 관계, 채널, 고객 세그먼트, 비용 구조, 수익 흐름 - 중 여러 블록에서 동시에 변화가 일어나는 것이다.

비즈니스 모델 혁신의 주요 목표는 다음과 같다.

1) 새로운 시장 기회 창출

비즈니스 모델 혁신을 통해 기업은 기존에 존재하지 않았던 시장을 개척하거나, 기존 시장의 한계를 극복하고, 새로운 고객층과 수익원을 발굴하기 위해 실시하는 혁신을 의미한다. 예를 들면, 디지털화된 고객 경험을 통해 신규 고객을 확보하는 것과 같은 기존의 솔루션과는 전혀 다른 방식으로 새로운 시장기회를 창출하는 것이다.

2) 차별화된 경쟁 우위 확보

경쟁이 심화된 시장에서 기업이 생존하고 성장하기 위해서는 경쟁사와 차별화된 독특한 가치를 제공해야 한다. 비즈니스 모델 혁신은 이러한 차별화를 실현하는 강력한 수단이다.

차별화의 핵심은 고객이 명확히 인지할 수 있는 차이를 만드는 것이다. 이는 제품의 기능적 우수성뿐만 아니라 서비스 경험, 브랜드 이미지, 가격 경쟁력, 접근성 등 다양한 차원에서 이루어질 수 있다. 예를 들어, 애플의 경우 단순히 스마트폰을 판매하는 것이 아니라 디자인, 사용자 경험, 생태계 연동성 등을 통합한 프리미엄 라이프스타일을 제공하는 차별화 전략을 구축했다.

3) 지속 가능한 성장 기반 구축

장기적인 성장 가능성과 수익성을 확보하기 위해 비즈니스 모델 혁신을 추진하기도 한다. 비용 구조의 최적화, 고객 관계의 강화, 지속 가능한 자원 활용 등은 급격한 환경 변화 속에서 기업의 지속성장 가능성을 높이기 위해 추진하는 혁신 활동으로 볼 수 있다.

또한 비즈니스 모델 혁신은 기술 변화, 고객 요구의 변화, 규제 환경 변화 등 외부 요인뿐만 아니라, 내부 역량의 한계를 극복하기 위한 내부 요인에 의해서도 촉발될 수 있다. 이는 단순한 전략적 변화가 아니라, 기업의 비전과 미션에 따른 방향성을 재정립하는 과정으로 볼 수 있기 때문이다.

다 비즈니스 모델 혁신이 필요한 시기

비즈니스 모델 혁신은 기업의 생존과 성장에 필수적이지만, 언제나 필요한 것은 아니다. 혁신에는 상당한 비용과 위험이 수반되므로, 적절한 시기를 판단하는 것이 중요하다. 다음은 비즈니스 모델 혁신이 필요한 주요 상황들이다.

1) 시장 환경의 급격한 변화

기술 발전, 사회 문화적 변화, 경제 환경 변화 등으로 인해 기존 시장의 룰이 급격하게 바뀌는 상황에서는 기업이 적극적으로 대응하지 않으면 도태될 위험이 크다. 특히 디지털 전환(Digital Transformation)과 같은 구조적 변화는 전체 산업의 판도를 바꾸기도 한다.

코로나19 팬데믹은 많은 산업에서 급격한 시장 환경 변화를 가져온 대표적인 사례다. 비대면 서비스 수요가 급증하면서 기존에 오프라인 중심이었던 많은 기업들이 온라인으로 사업 모델을 전환해야 했다. 교육업계의 경우 대면 수업이 제한되면서 에듀테크 기업들이 급성장했다. 국내 온라인 교육 플랫폼 클래스101은 2020년 한 해 동안 수강생 수가 전년 대비 400% 증가했고, 매출도 500% 성장했다(클래스101, 2021). 이는 팬데믹이라는 외부 환경 변화가 새로운 비즈니스 기회를 창출한 사례다.

시장 환경 변화에 대응하기 위해서는 지속적인 환경 모니터링이 필요하다. STEEP 분석(Social, Technological, Economic, Environmental, Political)을 통해 거시 환경을 체계적으로 분석하고, 산업별 트렌드 리포트, 경쟁사 동향, 고객 행동 변화 등을 정기적으로 점검해야 한다.

2) 고객 요구의 명확한 변화

고객의 니즈와 기대가 변화함에 따라 기존 제품이나 서비스가 더 이상 고객의 요구를 충족시키지 못할 때, 기업은 새로운 가치를 제공하기 위해 비즈니스 모델을 혁신해야 한다. 예를 들어, 친환경 제품이나 서비스에 대한 수요 증가는 많은 기업으로 하여금 지속가능성을 기반으로 한 비즈니스 모델을 채택하도록 유도하고 있다.

세대 교체, 라이프스타일 변화, 가치관 변화 등으로 인해 고객의 니즈와 기대가 확연히 변할 때, 기업은 이에 부합하는 새로운 가치 제안을 개발해야 한다. 특히 MZ세대(밀레니얼+Z세대)의 소비 주도권이 강해지면서 기존과는 다른 소비 패턴이 나타나고 있다.

MZ세대는 소유보다는 경험을 중시하고, 환경과 사회적 가치를 고려한 소비를 선호한다. 이러한 변화는 다양한 산업에서 새로운 비즈니스 모델의 등장을 촉진했다. 구독 경제(Subscription Economy), 공유 경제(Sharing Economy), 친환경 제품과 서비스 등이 대표적이다.

이는 사회적 책임과 연결되어 기업의 브랜드 이미지를 강화하는 데에도 크게 기여하기 때문에 비즈니스 모델 혁신을 추진하는 주요 이유가 된다.

3) 수익성 악화

존 비즈니스 모델로는 더 이상 충분한 수익을 창출할 수 없거나, 비용 상승으로 인해 마진이 지속적으로 감소하는 상황에서는 근본적인 모델 변경이 필요하다. 이때 중요한 것은 단순히 비용을 줄이는 것이 아니라 새로운 수익 창출 방식을 찾는 것이다.

전통 미디어 산업이 대표적인 예다. 신문, 잡지 등 인쇄매체는 온라인 매체의 등장과 광고 시장의 변화로 인해 기존 수익 모델이 더 이상 유효하지 않게 되었다. 이에 대응하여 많은 미디어 기업들이 유료 구독 모델, 회원제 서비스, 이벤트 사업 등으로 비즈니스 모델을 다각화하고 있다.

4) 기술 변화의 압박

기술 발전으로 인해 기존 기술이 더 이상 경쟁력을 유지할 수 없는 상황에서, 새로운 기술을 도입하여 비즈니스 모델을 혁신하는 것이 필요하다. 예를 들어, 클라우드 컴퓨팅의 등장으로 기존의 물리적 서버 기반 모델이 SaaS 모델로 전환된 사례를 들 수 있다. 이는 기술 기반 혁신이 비즈니스 모델 변화의 핵심 동력이 될 수 있음을 보여준다. 최근에는 생성형 인공지능의 범용성이 크게 확대됨에 따라 기술변화로 인한 비즈니스 모델 혁신의 사례가 크게 증가하고 있다.

ChatGPT의 등장 이후 콘텐츠 제작, 교육, 고객서비스, 번역, 프로그래밍 등 다양한 분야에서 AI를 활용한 새로운 서비스들이 등장하고 있다.

국내에서는 네이버가 생성형 AI '하이퍼클로바X'를 기반으로 한 다양한 서비스를 출시하며 AI 기술을 활용한 비즈니스 모델 혁신을 추진하고 있다. 기존의 검색 중심 서비스에서 AI 기반 대화형 서비스, AI 글쓰기 도구, AI 이미지 생성 등으로 서비스 영역을 확장했다.

기술 변화에 대응하기 위해서는 기술 트렌드에 대한 지속적인 모니터링과 함께 자사의 핵심 역량과 새로운 기술의 결합 가능성을 탐색해야 한다. 모든 새로운 기술을 도입할 필요는 없지만, 고객 가치 창출에 기여할 수 있는 기술에 대해서는 적극적인 검토가 필요하다.

5) 새로운 성장 기회의 발견

기존 시장이 포화 상태에 이르렀거나, 새로운 고객층이나 지역 시장에서 성장 기회를 발견했을 때 비즈니스 모델 혁신이 필요하다. 이는 특히 글로벌 진출이나 신사업 영역 확장 시에 중요한 고려사항이다.

K-콘텐츠의 글로벌 성공은 새로운 성장 기회를 포착한 대표적인 사례다. 국내 엔터테인먼트 업계는 한정된 국내 시장의 한계를 극복하기 위해 글로벌 시장을 타깃으로 한 비즈니스 모델 혁신을 추진했다. BTS로 유명한 하이브(구 빅히트엔터테인먼트)는 기존의 국내 중심 매니지먼트 모델에서 글로벌 플랫폼 기반의 통합 엔터테인먼트 생태계로 비즈니스 모델을 전환하여 새로운 시장 기회를 포착하여 비즈니스 모델을 혁신한 성공 사례로 평가받는다.

새로운 성장 기회를 발견하기 위해서는 시장 세분화(Market Segmentation) 분석을 통해 미충족 니즈를 가진 고객군을 식별하거나, 인접 시장으로의 확장 가능성을 검토해야 한다. 또한 자사의 핵심 역량을 활용하여 진출할 수 있는 새로운 영역을 체계적으로 탐색하는 것이 중요하다.

6) 외부 규제 변화

정부 정책 변화, 새로운 법규 제정, 업계 표준 변화 등으로 인해 기존 사업 방식을 유지하기 어려운 경우 비즈니스 모델 혁신이 불가피하다. 이러한 규제 변화는 위기이자 기회가 될 수 있으므로 선제적 대응이 중요하다.

대표적인 사례가 개인정보보호법 강화에 따른 디지털 마케팅 업계의 변화다. 2021년 애플의 iOS 14.5 업데이트로 앱 추적 투명성(App Tracking Transparency, ATT) 정책이 도입되면서, 기존의 타겟 광고 방식에 큰 변화가 생겼다. 사용자가 앱의 데이터 추적을 거부할 수 있게 되면서 퍼포먼스 마케팅의 효과가 급격히 떨어졌다.

이에 대응하여 국내 모바일 마케팅 기업들은 새로운 비즈니스 모델을 개발했다. 기존의 개인 데이터 기반 타겟팅에서 벗어나 콘텐츠 기반 마케팅, 컨텍스추얼 광고(Contextual Advertising), 퍼스트파티 데이터(First-party Data) 활용 등의 방식으로 전환했다. 모바일 마케팅 기업 IGAWorks는 개인정보에 의존하지 않는 광고 효과 측정 솔루션을 개발하여 2024년 기준 전년 대비 40% 성장을 기록했다(IGAWorks, 2024).

규제 변화에 효과적으로 대응하기 위해서는 정책 동향에 대한 지속적인 모니터링과 함께 규제를 기회로 전환할 수 있는 창의적 사고가 필요하다. 규제로 인해 기존 사업자들이 어려움을 겪는 상황은 새로운 솔루션을 제공하는 기업에게는 시장 진입의 기회가 될 수 있다.

비즈니스 모델 혁신은 기업의 생존과 성장을 위한 필수 전략이지만, 모든 상황에서 항상 필요한 것은 아니다. 혁신에는 상당한 자원과 시간이 소요되며, 실패 위험도 존재한다. 따라서 기업은 내외부 환경을 종합적으로 분석하여 혁신의 필요성과 시기를 신중하게 판단해야 한다.

성공적인 비즈니스 모델 혁신을 위해서는 다음과 같은 요소들이 고려되어야 한다. 첫째, 명확한 혁신 목표와 방향성 설정이다. 혁신을 통해 달성하고자 하는 구체적인 목표를 설정하고, 이를 위한 로드맵을 수립해야 한다. 둘째, 고객 가치 중심의 접근이다. 혁신의 모든 활동은 궁극적으로 고객에게 더 나은 가치를 제공하는 방향으로 이루어져야 한다. 셋째, 단계적 실행과 지속적 검증이다. 전면적인 변화보다는 단계적으로 혁신을 추진하면서 시장 반응을 확인하고 필요에 따라 조정하는 것이 바람직하다. 넷째, 조직 역량과 문화의 변화다. 비즈니스 모델 혁신이 성공하기 위해서는 구성원들의 마인드셋 변화와 새로운 역량 개발이 뒷받침되어야 한다.

라 비즈니스 모델 혁신의 10가지 방법

비즈니스 모델 혁신이 성공적으로 이루어지려면 체계적이고 전략적인 접근이 필수다. 딜로이트(Deloitte) 자회사인 도블린(Doblin)이 1998년 발표한 “Ten Types of Innovation” 프레임워크는 이러한 체계적 혁신의 대표적 모델로 평가받는다. 이 프레임워크는 약 2,000개 기업의 혁신 활동을 분석한 광범위한 데이터를 바탕으로 개발되었으며, 현재까지도 글로벌 기업들의 혁신 전략 수립에 핵심 도구로 활용되고 있다.

도블린 프레임워크의 가장 큰 특징은 혁신을 단순히 제품이나 기술 개발에 국한하지 않고, 기업의 전 영역으로 확장해서 바라본다는 점이다. 이는 특히 기술창업을 준비하는 예비 창업자들에게 중요한 시사점을 제공한다. 많은 기술창업자들이 기술적 우수성에만 집중하다가 시장에서 실패하는 경우가 빈번한데, 도블린 프레임워크는 기술 외에도 수익 구조, 고객 경험, 브랜딩 등 다각적인 혁신이 필요함을 보여준다.

도블린의 3대 범주와 10가지 혁신 유형은 다음 표와 같이 요약할 수 있다.

도블린 프레임워크는 기업 혁신을 Configuration(구조), Offering(제공), Experience(경험)라는 3대 범주로 분류하며, 각 범주는 다시 세부적인 10가지 혁신 유형으로 나뉜다.

Configuration(구조) 범주는 기업의 내부 운영 체계와 비즈니스 시스템을 혁신하는 영역이다. 이 범주에는 4가지 세부 유형이 포함된다.

- Profit Model(수익 모델): 기업이 가치를 창출하고 수익을 획득하는 방식의 혁신
- Network(네트워크): 파트너십, 공급망, 협력 관계의 혁신
- Structure(구조): 조직 구조, 자산 배치, 인력 운영의 혁신
- Process(프로세스): 핵심 업무 프로세스와 운영 방식의 혁신

Offering(제공) 범주는 고객에게 직접 제공되는 제품과 서비스의 혁신을 다룬다. 이 범주는 2가지 세부 유형으로 구성된다.

- Product Performance(제품 성능): 제품의 기능, 특성, 품질의 혁신
- Product System(제품 시스템): 상호 보완적인 제품들의 통합 시스템 혁신

Experience(경험) 범주는 고객과의 모든 접점에서 발생하는 경험을 혁신하는 영역이다. 이 범주는 4가지 세부 유형을 포함한다.

- Service(서비스): 고객 지원, 부가 서비스의 혁신
- Channel(채널): 유통, 판매 경로의 혁신
- Brand(브랜드): 브랜드 정체성, 커뮤니케이션의 혁신
- Customer Engagement(고객 참여): 고객과의 상호작용 방식과 고객이 제품이나 서비스와 연결되는 방법의 혁신

지금부터 세부적인 10가지 구성내용을 중심으로 비즈니스 모델을 혁신하는 방법을 알아 본다.

1) 수익 모델 혁신(Profit Model Innovation)

수익 모델 혁신은 도블린 프레임워크에서 가장 중요한 구성 요소 중 하나로, 기업이 제품이나 서비스를 통해 수익을 창출하는 방식을 변화시키는 것을 의미한다. 이는 단순한 가격 책정의 변경을 넘어, 수익 창출의 원천과 고객과의 거래 방식을 근본적으로 재설계하는 혁신활동을 의미한다.

수익 모델 혁신의 정의와 중요성

수익모델 혁신이란 제품이나 서비스가 제공하는 가치를 바탕으로 기업이 수익을 얻는 방식을 재구성하는 과정을 의미한다. 이러한 수익모델 혁신은 기업에게 새로운 고객

층을 탐색하고, 경쟁사와 차별화된 가치를 제공할 기회를 제공하여 기존 비즈니스의 한계를 극복하고 지속 가능한 성장을 가능하게 한다.

수익 모델 혁신은 단순히 수익 창출 구조를 변경하는 데 그치지 않는다. 이는 고객과의 상호작용 방식, 운영 효율성, 그리고 새로운 기술의 활용 가능성을 포괄적으로 고려하는 과정이다. 예를 들어, 디지털 전환을 통해 기존 오프라인 중심의 비즈니스 모델을 디지털 기반으로 전환하거나, AI 및 머신러닝 기술을 활용하여 고객 데이터를 분석함으로써 개인화된 서비스를 제공하는 방식이 이에 해당된다.

수익 모델 혁신의 다양한 방법

① 광고 지원 모델(Ad-Supported)

사용자에게 무료로 콘텐츠와 서비스를 제공하고, 광고주로부터 수익을 창출하는 모델이다. 예를 들어, 유튜브와 같은 플랫폼은 대다수의 사용자에게 무료 서비스를 제공하면서 광고 수익을 통해 운영을 지속한다. 이 모델은 특히 대규모 사용자를 기반으로 한 플랫폼 기업에서 효과적이며, 추가적인 수익원을 창출하기 위해 프리미엄 서비스와 병행되기도 한다.

② 구독 모델(Subscription)

제품이나 서비스에 대해 지속적인 접근 권한을 제공하는 대가로 고객에게 정기적인 요금을 부과하는 방식이다. 넷플릭스는 구독 모델의 성공 사례로, DVD 대여 서비스에서 스트리밍 플랫폼으로 전환하며 글로벌 엔터테인먼트 기업으로 성장했다. 이 모델은 고객 충성도를 강화하고, 안정적인 수익 흐름을 확보하는 데 적합하다. 특히, 정기적인 요금 체계를 통해 미래 매출을 예측할 수 있다는 점에서 투자 유치에도 긍정적인 영향을 미친다.

③ 묶음 가격 모델(Bundled Pricing)

여러 제품이나 서비스를 묶어 하나의 가격으로 제공하는 방식이다. 고객은 개별 구매보다 낮은 가격으로 묶음 상품을 구매할 수 있어 가치를 느끼며, 기업은 단위당 매출을 극대화할 수 있다. 예를 들어, 통신사들은 인터넷, TV, 전화 서비스를 하나의 패키지로 제공하여 고객 유치와 유지율을 높이고 있다.

④ 프리미엄 모델(Premium)

기본 서비스는 무료로 제공하되, 추가적인 기능이나 콘텐츠에 대해 유료화를 적용하는 방식이다. 스포티파이(Spotify)는 프리미엄 모델을 성공적으로 활용하여 대규모 사용자를 확보하고, 수익을 극대화했다. 이 모델은 초기 사용자 기반을 빠르게 확보하는 데 유리하며, 유료 사용자 전환율을 높이는 다양한 마케팅 전략과 함께 사용된다.

⑤ 라이선싱 모델(Licensing)

기업이 보유한 지적 재산권(특허, 상표 등)을 다른 기업에 라이선싱하여 수익을 창출하는 방식이다. 이는 특히 기술 기반 기업에서 수익의 중요한 원천이 될 수 있다. 예를 들어, ARM Holdings는 반도체 설계 기술을 라이선싱하여 전 세계 기술 기업들과 협력하며 지속적인 수익을 창출하고 있다.

⑥ 사용량 기반 모델(Pay-Per-Use)

고객이 제품이나 서비스를 사용하는 만큼 요금을 지불하는 방식이다. 이는 유틸리티 서비스(전기, 가스)뿐만 아니라 SaaS 모델에서도 광범위하게 활용된다. 사용량 기반 모델은 초기 비용에 민감한 고객에게 적합하며, 고객 충성도를 유지하면서 장기적인 매출을 확보할 수 있는 장점이 있다.

수익모델 혁신의 사례

넷플릭스는 수익 모델 혁신의 대표적인 성공 사례로 꼽힌다. 초기에는 DVD 대여 서비스로 시작했으나, 이후 스트리밍 서비스를 도입하며 기존 엔터테인먼트 산업의 구조를 혁신했다. 넷플릭스의 주요 성공 요인은 다음과 같다.

- 구독 모델의 채택: 사용자에게 정기적인 요금을 부과하여 안정적인 수익원을 확보. 이를 통해 초기 운영비용을 상쇄하고, 장기적인 성장 가능성을 보장했다.
- 사용자 데이터 기반 추천 시스템: 개인화된 콘텐츠 추천을 통해 사용자 만족도를 극대화. 이는 고객 유지율을 높이는 데 핵심적인 역할을 했다.
- 오리지널 콘텐츠 제작: 경쟁사와 차별화된 가치를 제공하며 시장 점유율을 확대. 오리지널 콘텐츠는 브랜드 가치를 높이고, 구독자 충성도를 강화하는 중요한 요소로 작용했다.

넷플릭스의 사례는 수익 모델 혁신이 단순히 수익 창출 방식을 변경하는 것 이상으로, 고객 경험과 가치를 동시에 향상시킬 수 있음을 보여준다.

국내 수익 모델(Profit Model) 혁신 사례

네이버는 검색 서비스 제공 초기에 광고 수익 중심의 전통적 모델에서 시작했지만, 현재는 네이버페이 결제 수수료, 웹툰 유료 콘텐츠, 클라우드 서비스 등 다각화된 수익 구조를 구축했다. 특히 2024년 기준 네이버의 핀테크 부문 매출은 4,009억 원을 기록하며, 단순 광고 의존에서 벗어난 수익 모델 혁신의 성공 사례로 평가받는다.

카카오택시의 경우, 기존 택시업계의 현금 결제 중심 구조를 앱 기반 디지털 결제로 전환하며 플랫폼 수수료 모델을 도입하여, 전통적인 택시업계의 수익 구조를 완전히 바꾼 대표적 혁신 사례로 평가받는다.

2) 네트워크 혁신(Network Innovation)

네트워크 혁신(Network Innovation)은 현대 비즈니스에서 필수적인 전략으로, 기업 간 협력과 상호작용을 통해 새로운 가치를 창출하는 것을 목표로 한다. 이는 기업이 외부 파트너와의 관계를 효과적으로 구축하고, 자원을 공유하며, 기술과 시장의 변화를 빠르게 수용할 수 있도록 하는 것이다. 네트워크 혁신은 단순히 비즈니스 프로세스를 최적화하는 것을 넘어, 시장 내에서 지속 가능한 경쟁 우위를 확보하기 위한 핵심 동력으로 작용한다. 이러한 방식의 혁신은 특히 글로벌화와 디지털화의 가속화로 인해 더욱 중요성이 커지고 있다. 기업은 독립적으로 운영하기보다, 네트워크를 통해 다양한 파트너와 협력함으로써 더 큰 시장 기회를 창출하고, 효율성을 극대화할 수 있기 때문이다.

네트워크 혁신의 정의와 중요성

네트워크 혁신은 기업이 외부 파트너와의 협력을 통해 새로운 가치를 창출하고, 기존 비즈니스 모델의 한계를 극복하는 전략이다. 이는 기업 간의 협업을 통해 자원의 효율적 활용, 기술 개발 속도 증가, 그리고 시장 확대를 가능하게 한다. 네트워크 혁신은 특히 빠르게 변화하는 시장 환경과 기술 발전 속도에 대응하기 위해 필요하다. 네트워크 혁신은 다음과 같은 세 가지 주요 차원에서 가치를 제공한다.

- 가치 사슬 통합: 공급망과 생산 공정을 최적화하여 비용 효율성을 높이고, 품질을 개선할 수 있다.
- 지식 공유: 다양한 파트너 간에 기술과 노하우를 교환함으로써 혁신을 가속화하고, 새로운 아이디어를 개발할 수 있다.
- 시장 확대: 협력 관계를 통해 기존 시장을 넘어 새로운 시장으로 진출하며, 글로벌 경쟁력을 강화할 수 있다.

이 같은 네트워크 혁신은 외부 파트너와의 협업을 통해 기술 및 운영 효율성을 극대화하여 시장에서의 경쟁 우위를 확보할 수 있으며, 네트워크를 통해 기술, 자원, 인프라를 공유함으로써 운영 비용을 절감하고, 리스크를 분산할 수 있다. 또한 빠르게 변화하는 소비자 요구와 기술 발전에 신속히 적응할 수 있는 능력을 높이고, 파트너와의 협력을 통해 기술 혁신과 신제품 개발 속도를 증가시키며, 새로운 시장 진출 기회를 창출한다는 데 그 중요성이 있다.

네트워크 혁신의 다양한 방법

① 공동 개발 및 연구

외부 파트너와의 공동 연구 개발(R&D)을 통해 기술과 지식을 공유하고, 혁신적인 제품이나 서비스를 빠르게 개발하는 방식이다. 이는 특히 기술 집약적 산업에서 유용하며, R&D 비용 분담과 리스크 감소의 이점을 제공한다. 예를 들어 제약 산업에서 두 기업이 신약 개발을 공동으로 진행하며, 기술적 자원과 시장 지식을 공유하는 방식을 추진할 수 있다.

② 공급망 협력

공급망 내 다양한 기업과의 협력을 통해 운영 효율성을 향상시키는 방법이다. 이러한 공급망 협력은 비용을 절감하고, 물류 및 제조 공정을 최적화를 목적으로 한다. 자동차 제조업체가 주요 부품 공급업체와 긴밀히 협력하여 생산 속도와 품질을 동시에 개선하는 사례를 생각해볼 수 있다.

③ 플랫폼 기반 생태계 구축

플랫폼을 중심으로 다양한 기업들이 참여하는 생태계를 구축하여, 네트워크를 통해 사용자와 파트너에게 가치를 제공하는 방식이다. 이는 주로 디지털 플랫폼에서 많이 활용된다. 대표적인 사례로는 애플의 앱스토어는 개발자와 사용자를 연결하여 새로운 시장과 수익 모델을 창출하는 혁신을 네트워크 혁신으로 볼 수 있다.

④ 전략적 제휴 및 파트너십

서로의 강점을 활용할 수 있는 전략적 제휴나 파트너십을 통해 양사가 공동의 목표를 달성하는 방식이다. 이는 새로운 시장 진출이나 기술 개발 가속화에 유리한다.

네트워크 혁신 사례

Tesla는 전기차 및 에너지 솔루션 분야에서 글로벌 리더로 역할을 하고 있는 기업이다. Tesla는 이차 전지 회사인 Panasonic과의 파트너십을 통해 네트워크 혁신을 추진하였다. 양 회사는 공동으로 네바다주에 위치한 Gigafactory를 건립하여 전기차 배터리 대량 생산을 구축함으로써 시장의 선도적 입지를 유지하는 데 성공하였다.

Tesla와 Panasonic가 네트워크 혁신을 통해 극대화한 가치는 다음과 같다.

- 배터리 안정 공급: Tesla는 파트너십을 통해 대량 생산이 가능한 배터리 공급망을 구축하여 생산 안정성을 확보
- 비용 효율성: Panasonic은 대규모 생산 설비와 기술력을 활용하여 생산 단가를 절감하며 Tesla의 원가 절감에 기여
- 시장 확장: Tesla와 Panasonic은 협업을 통해 글로벌 시장에서의 입지를 강화하며, 전기차 배터리 분야의 기술 혁신을 주도

이 협력 사례는 네트워크 혁신이 단순한 자원 공유를 넘어, 새로운 시장을 창출하고 기업 간의 상호 이익을 극대화할 수 있음을 보여준다.

국내 네트워크(Network) 혁신사례

삼성전자는 스마트폰 부품 조달에서 글로벌 공급망 네트워크를 구축하며 혁신을 이뤘다. 특히 갤럭시 시리즈 생산을 위해 한국, 베트남, 인도 등 다국가 생산 네트워크를 구축하고, 부품 공급사와의 장기 파트너십을 통해 안정적인 공급망을 확보했다. 이는 2022년 글로벌 반도체 공급 부족 상황에서도 삼성전자가 상대적으로 안정적인 생산을 유지할 수 있었던 핵심 요인이었다. 쿠팡의 경우, 로켓배송 서비스를 위해 전국적인 물류 네트워크와 배송 파트너 시스템을 혁신적으로 구축했다. 2024년 기준 쿠팡의 물류센터는 전국 100여 개소에 달하며, 30만 명 이상의 직간접 배송 파트너가 참여하는 대규모 네트워크를 운영하고 있다(쿠팡, 2024).

3) 구조혁신

구조 혁신은 단순히 내부의 관리 시스템을 재구성하는 것을 넘어, 조직이 전체적으로 새로운 목표를 설정하고 이를 달성하기 위한 효율적인 방식을 채택하는 데 중점을 두는 혁신 방법이다. 구조 혁신은 기업이 내부 역량을 재조직하여 변화하는 시장과 기술 환경에 적응하고, 경쟁력을 강화하기 위한 핵심 전략이다. 이는 특히 대규모 기업에서 부서 간 협업과 자원 분배를 최적화하는 데 중점을 두고 있다.

구조혁신의 정의와 중요성

구조 혁신은 조직이 내부 구조(작업 프로세스, 인사 관리 방식 등)를 최적화하고, 업무 프로세스를 혁신하여 전반적인 효율성을 개선하고 조직의 유연성을 높이는 혁신 전략을 의미한다. 이는 기업이 급변하는 시장 환경과 기술 발전에 민첩하게 대응할 수 있도록 돕는 중요한 혁신 방식 중 하나이다. 구조 혁신은 특히 내부 관리 시스템을 재구성하여 비즈니스 혁신의 주도한다는 점에서 조직 내부 경영 문제와 관련하여 중요성을 가지고 있다.

- 조직 효율성 증대: 업무 프로세스와 관리 체계를 최적화하여 운영 비용을 절감하고, 생산성을 향상시킨다. 이는 자원의 낭비를 줄이고, 기업이 지속 가능성을 확보할 수 있도록 돕는다.
- 조직 유연성 강화: 변화하는 시장 요구와 기술적 변화에 신속히 적응할 수 있도록 조직 구조를 설계한다. 유연한 구조는 불확실성이 높은 환경에서 특히 중요하다.
- 직원 만족도 향상: 효율적이고 투명한 구조는 직원들에게 더 나은 작업 환경과 성장 기회를 제공하여 만족도를 높이다. 이는 직원 고용 유지율을 향상시키는 데 중요한 역할을 한다.
- 고객 서비스 개선: 내부 프로세스의 효율성이 고객 대응 속도와 품질을 향상시키는 데 기여한다. 고객 중심의 접근은 브랜드 충성도를 강화하는 데도 기여한다.
- 지속 가능한 성장: 구조 혁신은 장기적으로 조직의 성장 잠재력을 확대하고, 기업의 지속 가능성을 강화한다.

구조 혁신의 다양한 방법

① 자산 표준화(Asset Standardization)

조직 내 자산을 표준화하여 운영의 일관성과 효율성을 확보하고, 관리 비용을 절감하는 방법이다. 이는 조직이 어느정도 빌드업 된 스타트업이나 또는 대기업에서 특히 중요성을 갖는다. 표준화를 통해 프로세스의 복잡성을 줄이고, 생산성과 품질을 동시에 향상시킬 수 있기 때문이다. 대표적인 사례로는 항공사 Boeing이 자산 표준화를 통해 B737 기종의 생산 효율성을 극대화하고 유지보수 비용을 절감한 사례를 들 수 있다.

② 역할 센터 구축(Competency Center)

조직 내 특정 기능과 역할을 전문화하여 센터 형태로 집중 운영하는 방식이다. 이를 통해 업무의 중복을 최소화하고, 전문성을 강화한다. 어느 정도 성장한 스타트업이 연구개발(R&D) 센터를 설립하여 기술 개발을 전문적으로 수행하는 경우를 예시할 수 있다.

③ 분권적 관리(Decentralized Management)

조직을 분권화하여 의사결정을 각 지사나 팀 단위로 위임하여 신속성과 유연성을 높이는 방식이다. 분권적 관리는 시장의 요구에 신속히 대응할 수 있는 장점이 있다. 특히 스타트업 환경에서 팀 단위로 독립적으로 목표를 설정하고 실행하는 것을 예시할 수 있다. 각 팀은 독립적으로 운영되지만, 기업 전체의 비전과 목표를 공유해야 한다는 점에 유의해야 한다.

④ 인센티브 제도(Incentive System)

직원들에게 금전적 또는 비금전적 보상을 제공하여 특정 행동을 유도하고 조직의 성과를 극대화하는 방식이다. 이는 직원들의 동기를 부여하고, 목표 달성을 촉진하는 중요한 수단이다. 특히 시장진입을 위해 노력하는 스타트업의 경우, 영업 부서에서 성과에 따라 보너스를 제공하여 직원들의 강력한 동기를 유발할 수 있을 것이다.

⑤ IT 통합(IT Integration)

조직 내 IT 시스템을 통합하여 데이터의 흐름을 최적화하고, 운영 효율성을 향상시키는 방법이다. 통합된 시스템은 기업의 전반적인 운영 효율성과 투명성을 개선하게 된다. 대표적인 예시로는 ERP(Enterprise Resource Planning) 시스템을 도입하여 부서 간 협업을 강화, 데이터 기반 의사결정이 가능하도록 지원함으로써 시간과 비용을 절감하는 사례를 들수 있다.

⑥ 조정 설계(Organizational Design)

조직의 구조를 비즈니스 프로세스와 일치시키기 위해 설계하고, 부서 간 역할을 조정하여 일의 흐름을 최적화하는 방식이다. 이러한 설계는 조직의 목표와 환경에 맞춰 추진되어야 한다. 글로벌 기업들의 경우에는 각 국가와 지역에 맞춘 운영 구조를 설계하여 현지화를 추진하는 경우를 볼 수 있는데, 이는 조정 설계의 한 방법이다.

⑦ 아웃소싱(Outsourcing)

비핵심 업무를 외부 전문 업체에 위임하여 자원을 효율적으로 배분하고, 핵심 역량에 집중하는 방식이다. 아웃소싱은 비용 절감과 동시에 품질 개선을 가능하게 한다. 예를 들어 규모가 커진 IT스타트업이 A/S 관련 서비스를 전문 업체에 아웃소싱하여 비용 절감하는 사례를 생각해볼 수 있다.

구조혁신의 사례

Spotify는 소프트웨어 개발 과정에서 독창적인 스쿼드(Squad) 모델을 도입하며 구조혁신을 성공적으로 추진하였다. 이 모델은 자율성과 협업을 동시에 강화하며, 직원들의 만족도와 생산성을 극대화하는 데 기여했다.

Spotify 구조 혁신의 주요 특징은 다음과 같다.

- 스쿼드(Squad): 자율적으로 운영되는 소규모 팀으로, 특정 프로젝트나 목표를 중심으로 활동. 팀 구성원은 개발, 디자인, 테스트 등 다양한 역할을 수행하며 독립적으로 의사결정을 내린다.
- 트라이브(Tribe): 여러 스쿼드로 구성된 그룹으로, 비슷한 목표를 가진 팀들이 협력하고 정보를 교환할 수 있도록 지원. 이는 팀 간 시너지를 창출하는 데 기여했다.
- 챕터(Chapter)와 길드(Guild): 동일한 전문성을 가진 직원들이 소속된 그룹으로, 지식 공유와 지속적인 학습을 촉진. 이는 조직 내 전문성을 유지하고 확장하는 데 핵심적인 역할을 했다.

이와 같은 조직 구조 혁신은 빠른 의사결정과 문제 해결을 가능하게 하여, 제품 개발 속도를 크게 향상시킴으로 인하여 제품/서비스의 시장 출시 시간을 단축하는 데 기여했다. 뿐만 아니라 협업과 지식 공유를 통한 지속적인 학습 환경이 조성되어, 새로운 아이디어와 기술 개발이 활발히 이루어지는 효과를 거둘 수 있었다.

Spotify의 사례는 구조 혁신이 조직의 효율성과 유연성을 높이고, 지속 가능한 성장을 지원하는 데 어떻게 기여할 수 있는지를 잘 보여준다.

국내 구조(Structure) 혁신 사례

LG전자는 2021년 스마트폰 사업부 철수 후 조직 구조를 대대적으로 개편하며 전기차 부품, 로봇, 스마트홈 등 미래 성장 동력에 자원을 집중 배치했다. 이러한 구조 혁신을 통해 2024년 LG전자의 VS(Vehicle component Solutions) 사업부는 10조 6,205억 원의 매출을 기록했다(LG전자, 2025).

SK하이닉스는 메모리 반도체 시장의 변화에 대응하기 위해 2022년 조직을 DRAM, NAND, CXL(Compute Express Link) 중심으로 재편했다. 특히 AI 반도체 수요 증가에 대응하기 위해 HBM(High Bandwidth Memory) 전담 조직을 신설하며, 2024년 약 66조 1,930억 원의 전체 매출 중 HBM 매출액은 약 12.5조 원(40%)을 달성한 것으로 추정되었다.

4) 프로세스 혁신(Process Innovation)

프로세스 혁신은 기업이 생산성과 효율성을 극대화하기 위한 방식을 혁신하여, 시장 변화에 신속히 대응할 수 있도록 지원하는 전략을 의미한다.

프로세스 혁신의 정의와 중요성

프로세스 혁신은 기업이 제품이나 서비스를 생산하고 제공하는 방식을 근본적으로 재구성함으로써 효율성, 속도, 품질을 향상시키는 전략이다. 이는 조직 내부의 업무 절차, 자원 활용 방식, 기술 적용 방식을 최적화하여 운영 비용을 줄이고, 생산성과 고객 만족도를 높이는 것을 목적으로 한다. 이 같은 프로세스 혁신은 다음과 같은 측면에서 기업의 경쟁력을 강화하는 데 중요한 의미가 있다.

- 운영 비용 절감: 불필요한 단계나 자원 낭비를 제거하여 비용을 줄이고, 자원의 효율성을 극대화한다. 특히 반복적인 작업을 자동화하거나, 최적화된 프로세스를 설계하여 자원 활용의 효율성을 극대화할 수 있다.
- 품질 향상: 표준화와 자동화를 통해 일관된 품질을 유지하고, 고객 신뢰를 강화할 수 있다. 이는 기업의 제품과 서비스가 시장에서 신뢰를 얻는 데 핵심적인 역할을 한다.

- 생산성 증대: 작업 흐름의 병목 현상을 제거하고, 최신 기술을 도입하여 생산성을 높이다. 이를 통해 더 많은 생산량과 빠른 시장 출시를 가능하게 한다.
- 시장 적응 속도 강화: 프로세스를 최적화함으로써 변화하는 시장 요구에 신속히 대응할 수 있다. 시장 변화가 빠른 환경에서 적응력은 기업 생존에 필수적이다.

프로세스 혁신은 조직이 경쟁력을 유지하고 성장하는 데 필요한 핵심 요소로, 기술 발전과 시장 변화에 대응하는 중요한 혁신 방식이다.

프로세스 혁신의 다양한 방법

① 자동화(Automation)

반복적이고 시간이 많이 소요되는 작업을 자동화하여 작업 속도를 높이고, 인적 오류를 줄이는 방식이다. 자동화는 특히 제조업과 물류에서 생산성을 극대화하는 데 사용된다. 최근 제조업체가 생산 라인에 로봇 공학을 도입하여 생산성을 극대화하려고 노력하고 있다.

이러한 자동화는 단순히 작업 속도를 높이는 것을 넘어, 품질 관리에서의 일관성을 확보하는 데에도 기여한다.

② 리엔지니어링(Re-engineering)

기존의 프로세스를 분석하고, 비효율적인 단계를 제거하거나 재설계하여 효율성을 극대화하는 방식이다. 이 방법은 기존의 관습적인 접근 방식을 타파하고, 혁신적인 관점으로 재설계를 해보는 방식으로 추진한다.

③ 데이터 기반 의사결정(Data-Driven Decision Making)

빅데이터와 분석 도구를 활용하여 프로세스 성과를 측정하고, 개선 기회를 식별하여 의사결정을 최적화하는 방식이다. 데이터 기반 접근은 의사결정의 투명성과 정확성을 높일 수 있다. 대표적인 예는 최근 유통 회사들이 공급망 데이터를 분석하여 재고 관리와 배송 속도를 최적화하는 것을 사례로 들수 있다.

④ 협업 플랫폼 도입(Collaboration Platforms)

팀 간 협업을 촉진하는 디지털 도구를 도입하여 의사소통과 프로젝트 관리를 효율화하는 방식이다. 이는 특히 조직내 팀이 공동 목표를 달성하는 데 중요한 역할을 한다. 많은 IT 기업이 협업 도구를 사용하여 팀 간의 의사소통을 강화. 이를 통해 프로젝트의 투명성과 속도를 높이고 있다.

⑤ 지속 가능성 중심 설계(Sustainability-Oriented Design)

환경에 미치는 영향을 최소화하기 위해 에너지 효율적인 프로세스와 친환경 기술을 도입하는 방식이다. 지속 가능성은 점점 더 많은 기업이 우선시하는 전략적 목표가 되고 있다. ESG 경영체계의 강화에 따라 많은 국내 제조업체가 공정 개선을 통해 에너지 소비와 폐기물 배출을 줄이려 시도하는 것도 이 같은 혁신 활동으로 볼 수 있다.

⑥ 고객 맞춤형 프로세스(Customer-Centric Processes)

고객의 요구와 피드백을 바탕으로 프로세스를 설계하여 고객 경험을 개선하는 방식이다. 이러한 혁신은 고객 중심 접근방법으로 브랜드 충성도를 강화하는 역할을 한다. 특히 전자상거래 기업이 고객 데이터를 분석하여 개인화된 추천 시스템을 도입하고 있으며, 이를 통해 매출 증가와 고객 만족도를 동시에 달성하는 효과를 보이고 있다.

프로세스 혁신 사례

Amazon은 고도화된 알고리즘과 데이터 분석을 활용하여 공급망을 최적화하는 프로세스 혁신을 성공적으로 구현한 대표적인 프로세스 혁신사례로 볼 수 있다.

Amazon이 추진한 공급망 프로세스 혁신의 주요 특징은 다음과 같다.

- 데이터 기반 의사결정: Amazon은 주문 패턴과 고객 데이터를 분석하여 재고를 최적화하고, 배송 시간을 단축했다. 이는 소비자 요구를 예측하는 능력을 강화하는 데 기여하였다.
- 자동화 도입: 물류 창고에서 로봇을 활용하여 포장 및 분류 작업을 자동화하여 생산성을 높였다. 이는 처리 시간을 단축하고, 비용 절감을 가능하게 했다.
- 다단계 배송 네트워크: 중앙 물류 센터와 지역 배송 센터를 결합한 네트워크를 구축하여 배송 시간을 단축하고, 비용을 절감하였다. 이러한 네트워크는 다양한 배송 옵션을 고객에게 제공할 수 있게 한다.
- 고객 맞춤화: 고객의 위치와 선호도에 따라 가장 적합한 배송 옵션을 제공하여 고객 만족도를 극대화하였다. 이는 브랜드 충성도를 강화하는 데 핵심적인 역할을 했다.

Amazon은 이 같은 시스템 혁신을 통하여 물류 과정을 최적화 함으로써 비용을 크게 줄였고 가격 경쟁력을 확보하였으며, 빠른 배송 서비스와 정확한 주문 처리를 통해 고객 충성도를 강화할 수 있었다.

Amazon의 사례는 프로세스 혁신이 기업의 운영 효율성과 고객 중심 전략을 동시에 강화할 수 있음을 잘 보여준다.

국내 프로세스(Process) 혁신사례

현대자동차는 자동차 생산 프로세스에 스마트 팩토리 기술을 도입하며 혁신을 이뤘다. 울산 공장에 AI 기반 품질관리 시스템을 도입한 결과, 불량률을 크게 줄여 생산성을 향상시킬 수 있었으며, 모듈러 생산 방식을 도입해 차종별 맞춤 생산이 가능한 유연한 생산 체계를 구축했다.

배달의민족은 주문 접수부터 배송 완료까지의 전 과정을 AI로 최적화하는 프로세스 혁신을 추진했다. 머신러닝 기반 배송 경로 최적화를 통해 평균 배송 시간을 35분에서 28분으로 단축시켰으며(우아한형제들, 2024), 이는 고객 만족도와 배송비 절약이라는 두 가지 효과를 동시에 달성한 사례다.

5) 제품/성능 혁신(Product/Performance Innovation)

제품/성능 혁신은 특히 경쟁이 치열한 시장상황에서 기업이 지속 가능한 성장을 위해 실행되는 전략이다. 제품의 차별화를 통해 고객 충성도를 강화하고, 브랜드 인지도를 높이는 데 중요한 역할을 한다. 더불어, 이는 기업이 기술 변화와 시장 요구에 신속하게 대응할 수 있는 기반을 마련하는 데 중요한 역할을 한다.

제품/성능 혁신의 정의와 중요성

제품/성능 혁신은 제품의 기능적, 심미적, 내구성 측면에서의 개선을 통해 사용자의 만족도를 증가시키고, 제품의 시장 경쟁력을 강화하는 혁신을 의미한다. 이는 기술적 진보와 창의적 설계를 결합하여 고객의 요구를 충족하고 새로운 시장 기회를 창출하는 데 중점을 둔다. 이러한 혁신은 제품의 실질적인 성능 향상뿐만 아니라 고객 경험 전반에 걸친 개선을 목표로 한다.

제품/성능 혁신의 주요 중요성은 다음과 같다.

- 고객 만족도 향상: 기능과 품질의 개선은 고객 만족도를 높이고, 제품에 대한 신뢰를 구축하는 데 기여한다. 이는 장기적인 고객 충성도를 확보하는 데 중요한 요소로 작용한다.

- 시장 점유율 확대: 혁신적인 제품은 새로운 고객층을 확보하고, 기존 시장에서의 경쟁력을 강화한다. 이는 기업이 빠르게 변화하는 시장 환경에서 유리한 위치를 점할 수 있도록 돕는다.
- 브랜드 가치 증대: 제품 혁신은 브랜드의 이미지를 향상시키며, 시장에서 차별화된 위치를 확보한다. 이러한 이미지는 기업의 장기적인 성장과 안정성에 기여한다.
- 기술 리더십 확보: 제품/성능 혁신은 기업이 산업 내에서 기술적 우위를 확보하는 데 중요한 역할을 하며, 시장에서 리더로 자리 잡을 수 있게 한다.

제품/성능 혁신의 다양한 방법

① 기능 개선

제품의 핵심 기능을 강화하거나 새로운 기능을 추가하여 고객의 사용 경험을 향상시키는 방식이다. 이는 기술 발전과 사용성 개선을 기반으로 이루어진다. 기능 개선은 종종 소비자 만족도를 높이고, 제품의 수명을 연장하는 데 중요한 역할을 한다.

② 디자인 혁신

제품의 외형과 사용자 인터페이스를 개선하여 심미성과 편의성을 높이는 방식이다. 디자인 혁신은 고객의 첫인상을 결정짓는 중요한 요소이다. 뛰어난 디자인은 제품의 가치를 강화하고, 고객의 소유 욕구를 자극하는 새로운 소구점이 될 수 있다.

③ 맞춤형 솔루션 제공

고객의 개별적인 요구를 충족하기 위해 맞춤형 제품을 설계하는 방식이다. 이는 특히 B2B 시장에서 효과적이다. 맞춤형 솔루션은 고객과의 긴밀한 관계를 구축하고, 특정 요구를 충족하는 데 적합하다.

대표적인 예시로는 의료 기기 제조사가 특정 환자의 신체 조건에 맞춘 맞춤형 장비를 개발하여 환자의 치료 효과를 극대화하고, 고객 만족도를 크게 향상시킨 사례를 들 수 있다.

④ 지속 가능한 소재 활용

환경 친화적인 재료를 도입하여 제품의 생애주기에서 환경에 미치는 영향을 최소화하는 방식이다. 최근 ESG 강화에 따른 환경변화는 이러한 부분의 혁신 활동을 가속화시키고 있다. 패션 브랜드가 재활용 섬유를 사용하여 의류를 제작하여 소비자들에게 지속 가능한 선택지를 제공하며, 기업의 사회적 책임을 실현하는 사례를 볼 수 있다.

⑤ 성능 테스트 강화

제품의 품질과 내구성을 향상시키기 위해 엄격한 테스트 절차를 도입하는 방식이다. 이는 고객 신뢰를 구축하는 데 필수적이다. 철저한 테스트는 제품의 안전성과 신뢰성을 보장한다.

⑥ 사용자 경험 개선

제품의 직관성과 사용 편리성을 개선하여 사용자가 쉽게 접근할 수 있도록 하는 방식이다. 이는 제품의 전반적인 가치를 높이고, 소비자의 만족도를 높임으로써 브랜드 충성도에 기여하게 된다.

제품/성능 혁신 사례

Apple은 iPhone을 통해 스마트폰 시장에 혁명을 일으켰다. iPhone의 멀티터치 인터페이스, 고품질 카메라, 우수한 사용자 경험은 스마트폰의 기능과 성능에 대한 기준을 새롭게 정립하였다. Apple은 기술적 진보와 디자인 혁신을 결합하여 소비자들에게 전례 없는 경험 가치를 제공하였다.

이러한 혁신을 가능하게 했던 Apple iPhone의 주요 특징은 다음과 같다.

- 멀티터치 인터페이스: 사용자가 직관적으로 조작할 수 있는 혁신적인 UI를 도입하여 스마트폰 사용 경험을 혁신. 이는 다른 제조사들에게 새로운 표준을 제시하였다.
- 고품질 카메라: 뛰어난 사진 및 동영상 품질을 제공하여 고객들에게 새로운 가치를 창출. iPhone의 카메라는 개인적인 사용뿐만 아니라 전문적인 용도로도 널리 사용된다.
- 앱 생태계: App Store를 통해 사용자와 개발자가 상호 작용할 수 있는 플랫폼을 제공, 앱 중심의 생태계를 구축. 이는 개발자들에게 새로운 기회를 제공하며, 소비자들에게 다양한 선택지를 제공한다.
- 디자인: 미니멀리즘과 고급스러움을 결합한 디자인으로 고객들에게 강한 브랜드 이미지를 전달. iPhone의 디자인은 소비자들에게 기능과 미학의 결합을 상징한다.
- 보안 강화: Face ID와 같은 생체 인증 기술을 도입하여 사용자의 개인 정보를 보호. 이는 고객 신뢰를 확보하는 데 중요한 역할을 하였다.

Apple은 이 같은 제품/성능 혁신을 통하여 iPhone을 전 세계 스마트폰 시장에서 선도적인 위치에 포지셔닝 시키고 Apple의 수익을 극대화할 수 있었다. 뿐만 아니라 지속적인 성능 개선과 새로운 기능 도입으로 높은 고객 충성도를 확보함으로써, 전세계적인 강력한 브랜드 가치를 구축할 수 있었다.

Apple의 iPhone 사례는 제품/성능 혁신이 단순히 기술적인 진보에 그치지 않고, 고객 경험과 시장 성과를 동시에 극대화할 수 있음을 보여준다.

국내 제품 성능(Product Performance) 혁신 사례

삼성전자의 갤럭시 S24 시리즈는 온디바이스 AI 기능을 탑재하며 스마트폰 성능 혁신의 새로운 기준을 제시했다. 실시간 통역, AI 사진 편집, 서클 투 서치 등의 기능을 통해 기존 스마트폰과 차별화된 사용자 경험을 제공한다. 출시 첫 주 판매량이 전작 대비 8% 증가하며(삼성전자, 2024), 제품 성능 혁신이 시장 성과로 직결된 대표적 사례다.

6) 제품 시스템 혁신(Product System Innovation)

제품 시스템 혁신은 기업이 단일 제품의 기능 개선에 그치지 않고, 연계된 제품과 서비스를 통해 사용자와의 관계를 강화하며 장기적인 고객 충성도를 높이는 데 기여할 수 있다. 이러한 혁신은 고객의 일상생활에 제품군이 깊이 통합되도록 하여 기업이 경쟁우위를 확보하는 데 중요한 역할을 한다. 특히, 현대의 디지털 기술과 IoT 기술이 발전함에 따라 제품 시스템 혁신은 더욱 효과적으로 실행되고 있다.

제품 시스템 혁신의 정의와 중요성

제품 시스템 혁신은 개별 제품의 기능을 넘어, 제품군 전체의 상호작용과 통합을 통해 사용자에게 새로운 가치를 제공하는 혁신 전략이다. 이는 제품, 서비스, 그리고 이들을 연결하는 에코시스템을 개발하여 고객 경험을 전체적으로 향상하는 것을 목표로 한다.

이 같은 제품 시스템 혁신이 중요한 이유는 다음과 같다.

- 고객 경험의 전체적 향상: 제품과 서비스 간의 통합은 고객이 느끼는 편리함과 만족도를 증가시켜 전체적인 사용자 경험을 개선한다. 이 과정에서 사용자는 제품군 간의 상호작용을 통해 새로운 가치를 체감하게 된다.

- 장기적인 고객 관계 구축: 통합된 제품군은 고객의 일상생활에 깊이 스며들어 장기적인 충성도를 확보할 수 있다. 이는 기업이 안정적인 수익 기반을 구축하는 데 중요한 역할을 한다.
- 새로운 시장 창출: 개별 제품 간의 연계와 협력을 통해 기업은 기존 시장에서 차별화된 경쟁력을 확보하고, 새로운 시장 기회를 창출할 수 있다. 특히, 고객의 니즈를 분석하고 이에 맞춘 제품군을 제공함으로써 경쟁 우위를 점할 수 있다.
- 운영 효율성 강화: 제품군 간의 설계 및 생산 과정을 표준화함으로써 기업은 운영 효율성을 높이고 비용을 절감할 수 있다. 이는 생산 공정에서의 자원 낭비를 줄이는 데도 기여한다.
- 브랜드 이미지 강화: 제품군의 통합은 기업의 혁신성을 강조하며, 브랜드의 전체적인 가치를 높이는 데 기여한다. 통합된 시스템은 소비자들에게 기업의 전문성과 신뢰성을 동시에 전달한다.

제품 시스템 혁신의 다양한 방법

① 제품군 통합 설계

제품군 간의 기능적 연결을 설계하여 고객이 통합된 경험을 느낄 수 있도록 하는 방식이다. 이는 제품 사용 과정에서의 편리함을 극대화한다. 이러한 설계는 특히 스마트 디바이스 간의 연결성을 통해 실행될 수 있다. 예를 들어 스마트 홈 제품이 서로 연결되어 하나의 플랫폼에서 제어될 수 있는 시스템을 구축하는 것이다. 즉, 가전제품 제조사가 IoT 기술을 활용하여 세탁기, 건조기, 청소기 등을 한 앱으로 제어할 수 있도록 개발하는 것을 의미한다.

② 에코시스템 구축

제품과 서비스를 연결하는 에코시스템을 개발하여 고객이 일상에서 다양한 필요를 충족할 수 있도록 하는 방식이다. 이는 고객과의 관계를 지속적으로 유지하는 데 도움을 준다. 에코시스템은 고객이 단일 플랫폼에서 모든 서비스를 이용할 수 있도록 지원한다.

③ 모듈화 설계

제품을 모듈화하여 고객이 자신의 필요에 맞게 조합하거나 확장할 수 있도록 하는 방식이다. 이는 고객 맞춤형 경험을 제공하는 데 적합한다. 모듈화는 특히 소비자의 취향이나 공간 제약을 고려한 제품 설계에서 활용된다. 예컨대, 전자제품 분야에서는 컴퓨터 제조사가 사용자 요구에 맞춰 CPU, GPU, RAM 등을 선택적으로 교체할 수 있는 구조를 제공하는 것을 모듈화 설계로 볼 수 있다.

④ 서비스 연계

제품 사용과 관련된 서비스를 함께 제공하여 고객 경험을 확대하는 방식이다. 이는 고객에게 추가적인 가치를 제공하는 동시에 제품과 서비스를 통합하는 데 기여한다. 고객이 제품 구매 이후에도 지속적으로 기업과 연결될 수 있도록 설계된다. 최근 자동차 제조사가 차량 유지보수 서비스와 긴급 구조 서비스를 연계하여 컨넥티드 카 서비스를 제공하는 것이 대표적 사례이다.

⑤ 데이터 기반 통합

IoT와 빅데이터 기술을 활용하여 제품 간 데이터를 공유하고 분석하여 고객에게 최적화된 솔루션을 제공하는 방식이다. 이는 특히 개인 맞춤형 서비스를 제공하는 데 효과적이다. 스마트폰과 웨어러블 기기가 데이터를 공유하여 개인 맞춤형 건강 관리 솔루션을 제공하거나 스마트 워치가 사용자의 운동 데이터를 스마트폰과 연동하여 건강 상태를 분석하고 피드백을 제공하는 것은 데이터 기반 통합 혁신의 사례이다.

제품 시스템 혁신 사례

네이버는 대한민국의 대표적인 인터넷 기업으로, 웹 검색, 뉴스, 이메일 등 다양한 온라인 서비스를 제공한다. 네이버는 AI, 빅데이터, 클라우드 기술을 기반으로 한 다양한 서비스와 제품(예: 네이버 클로바, 네이버 웹툰)을 통합하여 사용자에게 종합적인 디지털 경험을 제공할 수 있도록 서비스 시스템을 혁신하였다.

네이버 제품 시스템 혁신의 주요 특징은 다음과 같다.

- 다양한 서비스 통합: 검색, 클라우드, 번역, 엔터테인먼트 등 다양한 서비스를 통합하여 사용자들이 일상생활에서 필요한 모든 디지털 도구를 한곳에서 이용할 수 있도록 함. 이러한 통합은 사용자 편의성을 대폭 강화.
- AI 및 빅데이터 활용: 사용자 데이터를 분석하여 개인화된 서비스와 추천 시스템을 제공, 사용자 경험을 최적화. 예를 들어, 네이버 쇼핑의 추천 알고리즘은 사용자 구매 이력을 기반으로 맞춤형 제품을 추천.
- 플랫폼 생태계 구축: 네이버의 다양한 서비스와 제품을 연결하는 생태계를 통해 고객의 만족도를 높이고, 충성도를 강화. 이를 통해 네이버는 단순한 검색 엔진을 넘

어 종합 플랫폼으로 진화.

- 지속적인 서비스 확장: 네이버는 웹툰, 쇼핑, 라이브 커머스 등 다양한 분야로 서비스를 확대하여 사용자와의 접점을 지속적으로 넓혀감. 특히 네이버 웹툰은 글로벌 시장에서도 큰 성공을 거두며 디지털 콘텐츠 생태계를 강화.

네이버는 이 같은 제품 시스템 혁신을 통하여 네이버의 사용자가 다양한 서비스의 상호작용을 통해 단일 플랫폼 내에서 모든 디지털 요구를 충족하게 하였으며, 단순한 검색 플랫폼을 넘어, 콘텐츠와 커머스, 엔터테인먼트 등 다양한 시장으로 확장함으로써 기업의 수익원을 다각화할 수 있었다. 네이버의 사례는 제품 시스템 혁신이 단일 제품이나 서비스의 성능 개선을 넘어, 고객 경험의 전반적인 향상과 시장 창출의 원동력이 될 수 있음을 보여준다.

국내 제품 시스템(Product System) 혁신 사례

삼성전자는 갤럭시 스마트폰, 갤럭시북 노트북, 갤럭시 워치, 갤럭시 버즈 등을 하나의 통합 생태계로 연결하는 제품 시스템 혁신을 추진했다. 삼성 계정 하나로 모든 기기가 연동되며, 파일 공유, 알림 동기화, 멀티태스킹 등이 seamless하게 작동한다.

LG전자는 ThinQ 플랫폼을 통해 냉장고, 세탁기, 에어컨, TV 등 가전제품을 하나의 스마트홈 시스템으로 통합했다. 사용자는 스마트폰 앱 하나로 모든 가전을 제어할 수 있으며, AI가 사용 패턴을 학습해 자동으로 최적 환경을 조성한다.

7) 서비스 혁신(Service Innovation)

서비스 혁신은 특히 디지털 전환과 글로벌화가 가속화되는 현대 경제 환경에서 더욱 중요해지고 있다. 고객의 요구가 다양화되고 복잡해짐에 따라 기업은 새로운 방식으로 가치를 전달해야 한다. 따라서 서비스 혁신은 고객의 경험을 중심으로 설계되고, 기술적 진보와 창의성을 결합하여 경쟁 우위를 확보하는 데 초점이 맞춰져 있다.

또한 서비스 혁신은 단순히 새로운 서비스를 창출하는 데 그치지 않고, 기존 서비스의 운영 효율성을 극대화하거나 고객의 변화하는 니즈를 즉각적으로 반영할 수 있도록 추진되어야 한다. 이는 기업의 장기적인 생존과 성장에 중요한 요인으로 작용한다. 특히, 현대 경제에서는 소비자의 디지털화된 경험이 중요시되므로, 서비스 혁신은 필수적인 경쟁 요소로 자리 잡았다.

서비스 혁신의 정의와 중요성

서비스 혁신은 기존 서비스를 개선하거나 새로운 서비스 모델을 창출하여 고객의 기대를 초과하는 가치를 제공하는 과정이다. 이는 고객 경험의 질적 향상, 서비스 접근성의 개선, 그리고 새로운 서비스 채널의 개발을 포함한다. 서비스 혁신은 기업이 경쟁력을 강화하고, 시장에서 지속 가능한 성장을 달성하는 데 중요한 전략이다.

서비스 혁신은 다음의 차원에서 그 중요성이 강조된다.

- 고객 만족도 증대: 서비스 품질과 접근성을 개선하여 고객 만족도를 높이고, 고객 충성도를 강화한다. 이는 기업이 지속적인 수익원을 창출할 수 있는 기반을 제공한다.
- 새로운 수익 창출: 기존 시장을 확대하거나 새로운 시장을 창출하여 기업의 수익 구조를 다각화할 수 있다. 특히, 디지털 서비스나 구독 기반 모델은 새로운 수익 흐름을 가능하게 한다.
- 경쟁 우위 확보: 독창적이고 차별화된 서비스를 통해 시장에서의 경쟁력을 강화한다. 이는 고객에게 명확하고 지속적인 가치를 제공함으로써 실현된다.
- 효율성 증대: 디지털 기술과 자동화를 활용하여 서비스 제공 과정을 최적화하고 비용을 절감한다. 이를 통해 기업은 운영 효율성을 강화하고 자원 활용을 극대화할 수 있다.
- 브랜드 이미지 향상: 혁신적인 서비스는 기업의 신뢰성과 전문성을 강조하며, 긍정적인 브랜드 이미지를 구축한다. 이는 고객의 감성적 충성도를 높이는 데도 기여한다.

서비스 혁신의 다양한 방법

① 디지털 전환을 통한 서비스 혁신

디지털 기술을 활용하여 기존 서비스를 자동화하거나 새로운 디지털 서비스를 제공하는 방식이다. 이는 특히 고객과의 접점을 강화하고, 서비스의 속도와 효율성을 높이는 데 기여한다. 디지털 전환은 데이터 분석, AI, 클라우드 컴퓨팅 등의 기술을 활용하여 새로운 비즈니스 성장 가능성을 높이게 된다.

② 맞춤형 서비스 제공

고객의 개별적인 요구를 반영한 맞춤형 서비스를 제공하여 고객 만족도를 높이는 방식이다. 이는 고객 데이터를 분석하여 개인화된 솔루션을 제공하는 데 중점을 둔다. 개인화된 서비스는 고객 충성도를 강화하고, 기업과 고객 간의 관계를 더욱 깊게 만든다. 전자상거래 플랫폼이 고객의 검색 기록과 구매 이력을 바탕으로 개인화된 제품 추천 서비스를 제공하는 것 또는 OTT 서비스가 시청 이력을 기반으로 맞춤형 콘텐츠를 추천하는 방식도 이에 해당한다.

③ 온디맨드 서비스

고객이 필요로 하는 서비스를 실시간으로 제공하는 방식이다. 이는 고객의 편의성을 극대화하고, 빠르게 변화하는 요구에 대응할 수 있도록 한다. 온디맨드 서비스는 특히 시간과 장소의 제약 없이 서비스에 접근할 수 있는 유연성을 제공한다.

④ 서비스 채널의 다각화

오프라인과 온라인, 모바일 등 다양한 채널을 통해 고객이 쉽게 접근할 수 있는 서비스를 제공하는 방식이다. 이는 고객의 접근성을 높이고, 서비스 제공 범위를 확장한다. 특히, 옴니채널 전략은 다양한 접점을 통합하여 일관된 고객 경험을 제공한다. 요즘 소매업체가 온라인 쇼핑몰과 모바일 앱을 동시에 운영하여 고객에게 다양한 쇼핑 옵션을 제공하거나 코로나19와 같은 비대면 환경하에서 AR(증강현실)을 활용하여 가상 쇼핑 경험을 제공하는 방식 등을 예시할 수 있다.

⑤ 경험 중심 서비스 설계

서비스 설계 과정에서 고객의 경험을 최우선으로 고려하여 고객이 서비스 사용 중 긍정적인 감정을 느낄 수 있도록 하는 방식이다. 이는 고객 만족도를 넘어 감성적 충성도를 형성하는 데 기여한다.

⑥ 지속 가능한 서비스 개발

환경 및 사회적 책임을 고려한 지속 가능한 서비스를 설계하여 브랜드 가치를 높이는 방식이다. 이는 고객과의 신뢰를 강화하고, 장기적인 성장을 지원한다. 지속 가능성은 현대 소비자들에게 중요한 선택 기준이 되고 있다. 음식 배달 서비스가 친환경 포장재를 사용하고, 탄소 배출을 최소화하는 배달 시스템을 도입하는 것은 공유 경제 모델에서 자원 활용의 효율성을 극대화하는 사례로 볼 수 있다.

서비스 혁신 사례

대한민국의 대표적인 음식 배달 앱인 배달의민족은 사용자 친화적인 인터페이스와 다양한 음식점 옵션을 제공하여 음식 배달 서비스 시장에서 혁신을 이루었다. 배달의민족은 GPS를 활용한 위치 기반 서비스를 고객에게 가까운 음식점을 추천하고, 사용자 리뷰와 평점 시스템을 도입하여 고객의 선택을 돕는다. 또한, 다양한 결제 옵션과 실시간 주문 추적 기능을 통해 고객의 편의를 극대화하였다. 이러한 서비스 혁신은 배달의민족을 대한민국 내 음식 배달 서비스의 선두 주자로 만들었다.

배달의민족이 추진한 서비스 혁신의 주요 특징은 다음과 같다.

- 사용자 경험 중심의 인터페이스: 간편한 앱 사용법과 직관적인 디자인을 통해 모든 연령층이 쉽게 접근할 수 있도록 설계. 사용자는 복잡한 절차 없이 빠르게 주문할 수 있다.
- 데이터 기반 추천 시스템: 고객의 위치와 이전 주문 데이터를 분석하여 맞춤형 음식점 추천. 이는 고객 만족도를 높이는 데 중요한 역할을 한다.
- 온디맨드 서비스: 고객이 원하는 시간과 장소에 맞춰 음식을 신속하게 배달. 이로 인해 고객은 시간을 절약할 수 있다.
- 다양한 결제 옵션: 신용카드, 모바일 결제, 현금 등 다양한 결제 방법을 제공하여 고객 편의성 극대화. 최근에는 간편 결제 시스템과 구독형 결제 모델도 도입.
- 지속 가능한 배달 서비스: 친환경 배달 가방과 전기 스쿠터를 도입하여 환경에 미치는 영향을 최소화. 이는 사회적 책임을 다하는 브랜드로서의 이미지를 강화한다.

배달의민족은 이 같은 서비스 혁신을 통하여 대한민국 음식 배달 시장에서 압도적인 점유율을 차지하며 선두 자리를 확고히 할 수 있었다. 또한 음식 배달 외에도 광고 플랫폼과 자체 브랜드 상품을 통해 새로운 수익원을 창출했는데, 이를 통해 사업 안정성을 강화할 수 있었다.

배달의민족의 사례는 서비스 혁신이 고객 만족도와 충성도를 높이는 동시에 시장에서의 경쟁력을 강화하고, 새로운 시장 기회를 창출하는 데 어떻게 기여할 수 있는지를 보여준다.

국내 서비스(Service) 혁신 사례

현대자동차의 제네시스 브랜드는 '제네시스 스튜디오'라는 새로운 서비스 모델을 도입했다. 기존 딜러십과 달리 고급 쇼룸 환경에서 개인 맞춤형 컨설팅을 제공하며, 차량 인도부터 애프터서비스까지 원스톱으로 관리한다. 또한 'Your Genesis' 앱을 통해 차량 상태 모니터링, 원격 제어, 컨시어지 서비스 등을 제공한다.

KB국민은행은 디지털 전용 브랜드인 'KB스타뱅킹'을 통해 비대면 금융 서비스를 혁신했다. AI 챗봇 상담, 화상 상담, 디지털 신분증 인증 등을 도입해 은행 방문 없이도 대부분의 금융 업무를 처리할 수 있게 하여 비용 절감과 고객 편의성을 동시에 실현했다.

8) 채널 혁신(Channel Innovation)

채널 혁신은 특히 디지털화와 글로벌화가 가속화되는 현대 비즈니스 환경에서 중요한 혁신 전략으로 자리 잡았다. 고객들은 더 빠르고 간편한 접근 방식을 요구하며, 다양한 채널을 통해 브랜드와 상호작용하기를 기대한다. 따라서 기업은 이러한 혁신전략을 통하여 온·오프라인 채널을 통합하거나 새로운 채널을 개척하여 고객의 니즈를 충족하고, 경쟁 우위를 확보해야 한다.

채널 혁신의 정의와 중요성

채널 혁신은 제품이나 서비스를 소비자에게 전달하는 방식을 변화시키고, 고객 경험을 개선하며 시장 접근성을 확대하는 혁신을 의미한다. 이는 단순히 새로운 유통 경로를 개발하거나 기존 채널을 최적화하는 것을 넘어, 디지털 기술과 데이터 분석을 활용하여 고객과의 접점을 더욱 풍부하게 만들고 효율적으로 관리하는 데 초점이 맞춰져 있다. 이러한 채널 혁신은 다음과 같은 차원에서 중요성이 있다.

- 고객 접근성 향상: 다양한 채널을 통해 고객이 손쉽게 제품과 서비스를 이용할 수 있도록 하여 고객 만족도를 증대시킨다. 이를 통해 고객들은 자신의 필요에 맞춘 편리한 접근 방식을 경험하게 되며, 기업에 대한 신뢰도와 호감도가 상승한다. 예를 들어, 디지털 채널의 활용은 고객들이 시간과 장소에 구애받지 않고 제품이나 서비스를 접할 수 있는 기회를 제공한다.
- 시장 점유율 확대: 신규 채널을 통해 더 넓은 시장에 접근하거나, 기존 채널의 효율성을 높여 시장 점유율을 증대할 수 있다. 이는 기업이 새로운 시장을 탐구하거나 경쟁자와의 차별화를 통해 점유율을 확보하는 데 기여한다. 특히, 다채널 전략은 글로벌 시장 진출을 모색하는 기업들에게 효과적인 도구로 작용할 수 있다.
- 브랜드와 고객의 연결성 강화: 다채널 전략을 통해 고객과의 접점을 늘리고, 브랜드에 대한 고객의 충성도를 강화한다. 고객이 자신이 선호하는 채널을 통해 브랜드와 상호작용할 수 있도록 하면 브랜드에 대한 긍정적인 이미지를 구축할 수 있다. 이는 고객 충성도를 강화하여 장기적인 관계를 형성하는 데 중요한 역할을 한다.
- 수익 구조 다각화: 새로운 채널을 통해 추가적인 수익 창출 기회를 모색할 수 있다. 특히, 구독 기반 서비스나 온라인 전용 프로모션 등 혁신적인 채널 전략은 수익원의 다양화를 통해 기업의 재정 안정성을 높일 수 있다. 또한, 고객 데이터 활용을 통해

새로운 수익 모델을 도입할 기회도 제공한다.

- 비용 효율성 증대: 자동화와 디지털 기술을 활용하여 유통 과정의 비용을 절감하고, 운영 효율성을 높인다. 디지털 채널을 활용한 마케팅 및 판매는 전통적인 오프라인 방식보다 비용을 크게 절감할 수 있으며, 더 많은 고객에게 효율적으로 도달할 수 있는 장점을 제공한다.

채널 혁신의 다양한 방법

① 옴니채널 전략

온·오프라인 채널을 통합하여 고객이 다양한 접점에서 일관된 경험을 제공받을 수 있도록 하는 방식이다. 이는 고객의 구매 여정을 원활하게 만들어 브랜드 충성도를 높이는 데 기여한다. 온·오프라인 채널의 결합은 고객이 쇼핑하거나 서비스를 이용할 때 불편함 없이 원하는 채널을 선택할 수 있도록 하여, 일관된 브랜드 경험을 제공한다. 고객은 오프라인 매장에서 제품을 보고, 온라인에서 구매하거나, 모바일 앱을 통해 추가 서비스를 이용할 수 있는 자유를 얻는다.

② 디지털 채널의 활용

전자상거래, 모바일 앱, 소셜 미디어 플랫폼 등 디지털 채널을 통해 고객과 상호작용하며, 구매 프로세스를 간소화하는 방식이다. 이는 특히 젊은 세대와 디지털 친화적인 소비자를 타겟으로 유용한다. 디지털 채널은 고객 데이터를 활용하여 맞춤형 프로모션을 제공하고, 고객이 필요로 하는 제품이나 서비스를 적시에 추천할 수 있다.

③ 직접 판매 채널 구축

중개자를 배제하고, 기업이 직접 고객에게 제품이나 서비스를 제공하는 채널을 구축하는 방식이다. 이는 브랜드와 고객 간의 연결성을 강화하고, 더 나은 가격 경쟁력을 제공한다. 직접 판매 채널은 고객과의 직접적인 상호작용을 가능하게 하여 고객 피드백을 빠르게 수집하고, 이를 제품 개발과 서비스 개선에 활용할 수 있다.

④ 구독 모델 채널

정기적으로 고객에게 제품이나 서비스를 제공하는 구독 기반의 채널을 통해 고객과 지속적인 관계를 구축하는 방식이다. 이는 고객 충성도를 높이고, 안정적인 수익을 보장한다. 구독 모델은 고객이 지속적으로 서비스를 이용하도록 유도하며, 기업은 이를 통해 장기적인 수익 창출이 가능하다. 또한, 구독 채널은 고객 데이터를 분석하여 서비스를 개인화할 수 있는 기회를 제공한다. 콘텐츠 스트리밍 서비스가 월 정액제를 통해 사용자와 장기적인 관계를 유지하는 전략이 대표적인 사례이다.

⑤ 물류 및 배송 혁신

물류 네트워크를 최적화하고, 빠르고 신뢰할 수 있는 배송 옵션을 제공하여 고객 경험을 향상시키는 방식이다. 이는 특히 전자상거래 시장에서 중요한 요소로 작용한다. 물류 혁신은 고객이 주문한 제품을 가능한 한 신속하고 정확하게 제공하여 고객 만족도를 높이는 데 기여한다. 드론 배송과 같은 첨단 기술의 도입은 물류 혁신의 좋은 예이며, 이는 특히 시간 민감도가 높은 시장에서 효과적이다.

채널 혁신 사례

쿠팡은 한국의 전자상거래 플랫폼으로, '로켓 배송' 서비스를 통해 채널 혁신의 사례를 제시하고 있다. 로켓 배송은 주문한 상품을 최대한 빠르게, 대개 주문 다음 날 배송하는 서비스를 제공한다. 이는 고객의 시간과 편리함을 중시하며, 배송 프로세스의 효율성을 극대화한 시스템이다. 쿠팡은 이를 위해 자체 물류 인프라를 구축하고, IT 기술을 활용한 물류 최적화 시스템을 개발했다. 이를 통해 고객은 언제 어디서나 신속하고 정확한 배송을 받을 수 있었으며, 이는 쿠팡의 경쟁력을 강화하는 데 중요한 역할을 했다.

다음은 쿠팡이 추진한 채널 혁신의 주요 특징이다.

- 익일 배송 시스템: 고객이 빠르고 신뢰할 수 있는 배송 서비스를 경험하도록 보장
- 자동화된 물류 시스템: 인공지능과 데이터 분석을 활용하여 물류 프로세스를 최적화
- 고객 중심의 배송 옵션: 고객이 원하는 시간대에 맞춘 유연한 배송 서비스 제공
- 확장된 상품 범위: 필수품부터 대형 가전까지 다양한 상품군을 신속하게 제공
- 환경 친화적 배송: 친환경 패키징과 탄소 배출 감소를 위한 노력

쿠팡은 이 같은 채널 혁신을 통하여 국내 전자상거래 시장에서 압도적인 점유율을 확보하며 선두 자리를 차지하였고, "로켓 배송"이라는 브랜드를 통한 신속성과 신뢰성으로 높은 고객 충성도를 확보할 수 있었다.

국내 채널(Channel) 혁신 사례

롯데는 온라인과 오프라인을 통합한 옴니채널 전략으로 유통 채널을 혁신했다. 롯데백화점, 롯데마트, 롯데온(온라인몰)을 하나의 통합 시스템으로 연결해 고객이 어느 채널에서든 동일한 서비스를 받을 수 있게 했다. 온라인 주문 후 매장 픽업, 매장에서 확인 후 온라인 주문 등이 가능하며, 통합 멤버십을 통해 채널 간 포인트 적립도 연동된다.

GS25는 무인점포인 'GS25 무인점'을 도입해 편의점 채널을 혁신했다. 안면 인식과 RFID 기술을 활용해 고객이 제품을 선택하고 자동으로 결제가 이뤄지는 시스템을 구축했다. 2025년 기준 전국 76개의 완전무인점포를 운영하며, 인건비 절약과 24시간 운영이라는 두 가지 효과를 달성했다.

9) 브랜드 혁신(Brand Innovation)

브랜드 혁신은 기업의 정체성과 고객의 가치를 연결하는 강력한 도구이다. 소비자들은 점점 더 가치 중심적인 구매를 선호하며, 브랜드와의 정서적 연결성을 중요시한다. 따라서 기업은 단순히 제품이나 서비스를 판매하는 것을 넘어, 브랜드 자체를 고객의 삶 속에 자연스럽게 녹아들도록 혁신해나가야 한다. 브랜드는 단순한 상표 이상의 존재로 자리잡아 고객의 일상과 정체성을 함께 구성하는 중요한 요소로 작용하기 때문이다.

브랜드 혁신의 정의와 중요성

브랜드 혁신은 기업이 자신의 브랜드 이미지, 정체성, 그리고 가치 제안을 재정의하거나 강화하여 시장에서의 위치를 개선하고, 고객과의 관계를 강화하는 혁신을 의미한다. 이는 단순히 브랜드 로고나 슬로건을 변경하는 것을 넘어, 브랜드의 핵심 철학과 전략을 현대적인 관점에서 새롭게 정립하고, 고객과 더 깊은 정서적 연결을 구축하는 데 초점을 맞춘다. 브랜드 혁신은 지속 가능성과 사회적 책임을 중심으로 한 전략과 결합될 때 그 효과가 배가 될 수 있다.

- 고객 충성도 강화: 브랜드 혁신은 고객에게 새로운 가치를 제공함으로써 고객 충성도를 높인다. 정체성을 재정립한 브랜드는 고객과의 정서적 유대를 강화하고, 반복적인 구매를 유도한다. 이는 장기적으로 브랜드와 고객 간의 신뢰를 형성하며, 경쟁사의 진입 장벽을 높이는 데도 기여한다.
- 차별화된 브랜드 이미지 창출: 경쟁사와의 가치를 식별할 수 있는 차별화된 브랜드

이미지는 시장에서 경쟁력을 강화할 수 있다. 이는 브랜드가 단순한 상품 공급자를 넘어 소비자와 정서적, 사회적 연결고리를 구축하는 역할을 한다는 것을 의미 한다. 브랜드 가치 상승은 투자자 신뢰를 강화하고, 브랜드가 기업 전체의 자산으로서 더 큰 가치를 갖도록 만들 수 있다.

- 지속 가능성 및 사회적 책임 강조: 브랜드 혁신은 지속 가능성 및 사회적 가치를 통해 기업의 이미지를 개선하는 데 중요한 역할을 한다. 예를 들어, 친환경 브랜드는 현대 소비자들의 환경 의식을 충족시키는 데 효과적이다. 사회적 책임을 강조하는 브랜드는 단순히 이윤을 추구하는 기업에서 더 나아가 긍정적인 사회적 영향을 미치는 존재로 자리매김할 수 있다.

브랜드 혁신의 다양한 방법

① 정체성 재정의

브랜드의 핵심 가치를 현대적인 감각으로 재해석하고, 이를 새로운 방식으로 표현하는 것이다. 로고, 색상, 그리고 슬로건과 같은 브랜드의 기본 요소를 조정하여 새롭고 독창적인 이미지를 만들어낸다. 브랜드 스토리텔링을 활용하여 고객과의 정서적 연결을 더욱 강화할 수도 있다.

② 고객 경험 강화

고객 경험 중심의 브랜드 전략은 소비자가 브랜드와의 상호작용에서 긍정적인 인상을 받을 수 있도록 돕는다. 이는 단순히 제품이나 서비스의 품질을 높이는 것을 넘어, 소비자가 브랜드를 느끼고 체험하는 모든 과정을 최적화하는 것을 포함한다. 예를 들어, 플래그십 스토어나 팝업 이벤트와 같은 오프라인 활동을 통해 고객에게 특별한 경험을 제공한다.

③ 디지털화 전략

브랜드가 디지털 채널에서 효과적으로 소통하고 고객과 연결될 수 있도록 하는 전략이다. 소셜 미디어, 콘텐츠 마케팅, 그리고 사용자 참여형 캠페인을 통해 브랜드의 온라인 존재감을 강화할 수 있다. 디지털화는 고객 데이터를 활용하여 개인화된 경험을 제공하는 데도 필수적이다.

④ 지속 가능성과 친환경 강조

현대 소비자들은 지속 가능한 가치를 중요시한다. 브랜드 혁신은 친환경적인 제품 개발, 탄소 배출 감축, 그리고 사회적 책임 캠페인을 통해 브랜드의 긍정적인 이미지를 구축하는 데 기여한다. 지속 가능성은 단기적인 트렌드를 넘어 장기적인 경쟁 우위를 확보하는 데 중요하다.

⑤ 파트너십과 협업

브랜드는 다른 브랜드와의 전략적 협업을 통해 새로운 이미지를 구축하거나 고객층을 확대할 수 있다. 특히, 다른 산업과의 협력을 통해 전혀 새로운 경험을 제공할 수 있다. 협업은 브랜드 간의 시너지 효과를 창출하며, 고객에게 보다 풍부한 가치를 제공한다.

⑥ 지역화 전략

글로벌 시장에서 성공적인 브랜드는 현지 문화와 특성에 맞춘 전략을 통해 지역화(Localization)를 효과적으로 실행한다. 이는 고객에게 친근감을 제공하며, 새로운 시장에 원활히 진입할 수 있는 기반을 만든다.

브랜드 혁신의 사례

아모레퍼시픽 그룹의 자연주의 화장품 브랜드 이니스프리는 지속 가능한 뷰티를 추구하며 브랜드 혁신을 이룬 사례이다. 이니스프리는 친환경 포장재 사용, 자연 유래 성분 화장품 개발 등을 통해 환경 보호에 앞장서고 있다. 이러한 노력은 고객에게 강력한 브랜드 메시지를 전달하며, 지속 가능한 뷰티에 대한 인식을 증가시켰다. 이니스프리는 소비자와의 지속 가능한 관계를 형성하고, 사회적 책임을 다하는 브랜드로 자리 잡았다.

다음은 아모레퍼시픽이 추진한 브랜드 혁신의 주요 특징이다.

- 친환경 포장재 사용: 이니스프리는 플라스틱을 줄이고 재활용 가능한 소재를 활용한 포장재를 개발함으로써 환경 보호를 실천
- 자연 유래 성분: 유해 화학물질을 배제하고 천연 성분을 사용한 화장품 개발로 고객 신뢰를 확보
- 지속 가능한 뷰티 캠페인: 리필 스테이션과 같은 친환경 캠페인을 통해 소비자 참여를 유도
- 글로벌 브랜드 이미지 강화: 친환경 철학을 바탕으로 글로벌 소비자들에게 신뢰받는 브랜드로 자리 잡음

아모레퍼시픽은 이 같은 이니스프리 브랜드의 지속 가능성 이미지를 활용하여 젊은 세대를 중심으로 높은 브랜드 충성도를 확보하였고, 국내뿐만 아니라 글로벌 시장에서도 자연주의 화장품 브랜드로서의 입지를 강화할 수 있었다. 특히 환경 보호와 사회적 책임을 강조하는 기업 이미지를 성공적으로 구축할 수 있었다.

국내 브랜드(Brand) 혁신 사례

BTS의 소속사인 하이브(HYBE)는 K-팝을 단순한 음악에서 라이프스타일 브랜드로 확장하는 브랜드 혁신을 이뤘다. 음악, 굿즈, 게임, 교육 등을 하나의 통합 브랜드 경험으로 연결하고, 팬덤 플랫폼 '위버스'를 통해 아티스트와 팬 간의 직접 소통을 가능하게 했다.

10) 고객 참여 혁신(Customer Engagement Innovation)

고객 참여 혁신은 단순히 고객을 만족시키는 것을 넘어, 기업이 지속 가능한 성장의 요소로 고려되어야 한다. 기업은 고객의 신뢰를 얻고, 새로운 시장 기회를 창출하며, 브랜드의 장기적인 성공을 도모하기 위해 지속적인 고객 참여 방안을 고민해야 한다.

고객 참여 혁신의 정의와 중요성

고객 참여 혁신은 기업이 고객과의 상호작용 방식을 재구성하고 강화하여, 고객의 몰입도와 만족도를 높이는 과정을 말한다. 이 혁신은 단순히 고객의 피드백을 수집하는 것을 넘어, 디지털 플랫폼 활용, 커뮤니티 구축, 그리고 고객의 의견을 적극적으로 반영하는 제품 및 서비스 개발까지를 의미한다. 고객 참여 혁신은 디지털화된 현대 사회에서 특히 중요한 요소로 부각되고 있다. 소비자는 단순히 제품이나 서비스를 구매하는 것을 넘어서, 브랜드와의 상호작용을 통해 개인화된 경험을 기대한다. 기업은 이를 통해 고객 충성도를 확보하고 장기적인 관계를 형성할 수 있다.

다음은 고객 참여 혁신이 왜 중요한가에 대한 설명이다.

- 고객 중심의 가치 창출: 고객의 요구와 피드백을 직접적으로 반영하여 맞춤형 제품과 서비스를 제공함으로써 고객 중심의 가치를 창출할 수 있다.
- 브랜드 충성도 강화: 고객이 브랜드와 상호작용하는 과정에서 긍정적인 경험을 얻는다면 브랜드에 대한 충성도가 크게 증가한다.
- 시장 경쟁력 강화: 고객의 참여를 통해 얻은 통찰력을 바탕으로 새로운 시장 기회를

발굴하고, 차별화된 경쟁력을 확보할 수 있다.

고객 참여 혁신은 특히 온라인과 모바일 환경에서 더욱 중요성을 갖는다. 디지털화된 사회에서 고객의 기대는 빠르게 변화하고 있으며, 기업은 이에 맞추어 실시간으로 대응할 필요가 있다. 또한, 고객 참여는 단순히 브랜드 충성도를 넘어 제품 및 서비스 품질의 지속적 개선을 가능하게 한다. 이를 통해 기업은 고객의 장기적인 신뢰를 얻고, 새로운 시장 기회를 발굴하며, 브랜드의 글로벌 경쟁력을 강화할 수 있다.

고객 참여 혁신의 다양한 방법

① 고객 상호 작용을 위한 디지털 플랫폼 구축

기업은 디지털 플랫폼을 활용하여 고객과의 직접적인 상호작용을 강화할 수 있다. 예를 들어, 소셜 미디어나 커뮤니티 사이트를 통해 고객의 피드백을 수집하고, 이를 제품 개발 과정에 반영한다. 디지털 플랫폼은 고객과의 실시간 소통을 가능하게 하고, 고객의 니즈를 즉각적으로 파악할 수 있는 강력한 도구이다.

② 고객 피드백 체계화

고객의 의견을 체계적으로 수집하고 분석할 수 있는 피드백 루프를 구축한다. 이를 통해 고객 요구를 더 깊이 이해하고, 필요한 개선 사항을 빠르게 반영할 수 있다. 피드백은 설문 조사, 사용자 리뷰, 소셜 미디어 언급 등 다양한 채널을 통해 얻을 수 있으며, 이를 데이터화하여 분석하는 것이 중요하다.

③ 커뮤니티 중심의 브랜드 전략

고객 간의 상호작용을 촉진하는 커뮤니티를 형성하여 고객 참여를 유도한다. 커뮤니티는 브랜드에 대한 긍정적인 인식을 확산하고, 충성도를 높이는 데 기여한다. 예를 들어, 사용자 포럼, 팬클럽, 또는 브랜드 주최 이벤트 등을 통해 고객이 브랜드와 연결되고 상호작용할 수 있는 공간을 제공한다.

④ 개인화된 경험 제공

고객 데이터를 활용하여 개인화된 제품 및 서비스 경험을 제공함으로써 고객 만족도를 극대화한다. 예를 들어, 맞춤형 추천 서비스나 특화된 고객 혜택을 제공한다. 개인화된 경험은 고객이 브랜드와의 상호작용에서 특별한 가치를 느끼게 하며, 이를 통해 브랜드에 대한 충성도를 높일 수 있다.

⑤ 실시간 상호작용 채널 활성화

실시간 채팅이나 고객 지원 채널을 통해 즉각적인 상호작용을 가능하게 하여 고객의 문제를 신속히 해결하고 만족도를 높인다. 이러한 채널은 고객이 필요로 할 때 즉각적인 도움을 받을 수 있게 하며, 기업에 대한 신뢰감을 높이는 데 기여한다.

⑥ 사용자 생성 콘텐츠(UGC; User-Generated Content) 활용

고객이 직접 참여하여 생성한 콘텐츠를 활용하는 것도 고객 참여 혁신의 한 방법이다. 예를 들어, 고객이 브랜드와 관련된 사진이나 영상을 공유하도록 유도하고, 이를 브랜드 마케팅에 활용함으로써 고객의 소속감을 강화할 수 있다.

⑦ 게임화(Gamification) 전략 도입

게임 요소를 브랜드와의 상호작용에 적용하여 고객 참여를 유도하는 전략이다. 포인트, 뱃지, 리더보드와 같은 요소를 통해 고객이 브랜드와의 상호작용에서 재미와 보상을 느낄 수 있도록 한다.

고객 참여 혁신의 사례

삼성전자는 자사의 갤럭시 스마트폰 사용자를 위해 갤럭시 커뮤니티라는 온라인 플랫폼을 운영하며 고객 참여 혁신을 실현하고 있다. 이 커뮤니티는 갤럭시 제품 사용 경험을 공유하고, 개선점을 제안하며, 피드백을 제공하는 장으로 활용된다.

다음은 삼성전자가 추진한 고객참여 혁신의 주요 특징이다.

- 사용자 피드백의 적극적 활용: 갤럭시 커뮤니티를 통해 수집된 고객 의견은 제품 개선 및 새로운 서비스 개발 과정에 반영된다. 예를 들어, 사용자 인터페이스 개선, 새로운 기능 도입 등의 결정에 중요한 역할을 한다.
- 고객 간의 상호작용 촉진: 커뮤니티 내에서 사용자가 서로 질문하고 답변하는 과정을 통해 고객 간의 유대감을 형성한다. 이러한 상호작용은 고객이 브랜드에 대해 더욱 깊이 이해하고, 긍정적인 인식을 강화하는 데 기여한다.
- 브랜드 충성도 제고: 커뮤니티의 적극적인 참여는 고객의 브랜드 충성도를 강화하며, 지속적인 고객 관계 구축에 기여한다. 고객은 자신의 의견이 제품 및 서비스에 반영된다는 느낌을 받음으로써 브랜드에 대한 신뢰와 애정을 갖게 된다.
- 디지털 콘텐츠와의 통합: 갤럭시 커뮤니티는 사용자 생성 콘텐츠(UGC)를 적극적으

로 활용하여 고객 참여를 촉진하고, 이를 브랜드 마케팅 전략과 통합한다. 예를 들어, 고객이 직접 작성한 리뷰나 사용 팁을 공유하고 이를 공식 채널에서 홍보한다.

삼성전자는 이 같은 고객 참여형 커뮤니티 플랫폼을 통하여 고객의 목소리를 반영하여 더욱 향상된 제품과 서비스를 제공함으로써 높은 만족도를 확보할 수 있었고, 삼성전자가 추구하는 피드백 중심의 경영 철학의 메시지를 전달할 수 있었다.

국내 고객 참여(Customer Engagement) 혁신 사례

네이버 웹툰은 독자들이 작품에 직접 참여할 수 있는 다양한 방식을 도입했다. 댓글 시스템, 별점 평가, 작가와의 실시간 소통, 팬아트 공모전 등을 통해 단순한 콘텐츠 소비를 넘어 적극적인 참여 문화를 조성했다. 또한 'BEST 도전' 코너를 통해 일반인도 웹툰 작가로 데뷔할 수 있는 기회를 제공해 사용자 생성 콘텐츠(UGC)를 활성화했다.

카카오톡은 메신저 기능을 넘어 고객 참여를 극대화하는 플랫폼으로 진화했다. 카카오톡 채널, 선물하기, 쇼핑하기, 게임, 이모티콘 스토어 등 다양한 서비스를 통해 사용자들이 플랫폼 내에서 더 많은 활동을 할 수 있게 했다.

마 도블린(Doblin) 프레임워크 활용 전략

도블린의 10가지 혁신 유형을 효과적으로 활용하려면 몇 가지 핵심 전략을 이해해야 한다.

첫째, 단일 영역의 혁신보다는 여러 유형을 조합한 통합적 혁신이 더 큰 효과를 낸다. 앞서 살펴본 삼성전자의 경우 제품 성능(갤럭시 AI), 제품 시스템(생태계 연동), 브랜드(프리미엄 포지셔닝)를 동시에 혁신하며 시장 지배력을 강화했다.

둘째, 기업의 현재 상황과 자원을 고려한 우선순위 설정이 중요하다. 초기 스타트업의 경우 구조나 프로세스 혁신보다는 제품 성능이나 고객 경험에 집중하는 것이 효과적이다. 반면 어느 정도 규모를 갖춘 기업은 수익 모델이나 네트워크 혁신을 통해 새로운 성장 동력을 찾을 수 있다.

셋째, 혁신의 임팩트와 실현 가능성을 동시에 고려해야 한다. 브랜드 혁신은 큰 임팩트를 가져올 수 있지만 상당한 시간과 자원이 필요하다. 반면 프로세스 혁신은 상대적으로 빠른 시간 내에 가시적 성과를 낼 수 있어 단기적 성과 창출에 적합하다.

기술창업을 준비하는 예비 창업자들은 도블린 프레임워크를 다음과 같이 활용할 수 있다:

1) 현재 비즈니스 모델 진단

자신의 기술이나 아이디어를 10가지 혁신 유형에 맞춰 분석해본다. 어느 영역에 강점이 있고 어느 부분이 부족한지 객관적으로 파악하는 것이 첫 걸음이다.

2) 경쟁사 혁신 패턴 분석

주요 경쟁사들이 어떤 유형의 혁신에 집중하고 있는지 분석한다. 이를 통해 시장의 혁신 트렌드를 파악하고 차별화 포인트를 발견할 수 있다.

3) 혁신 우선순위 설정

자원과 역량을 고려해 1-2개의 핵심 혁신 영역을 선정한다. 너무 많은 영역을 동시에 추진하면 자원이 분산되어 효과가 반감된다.

4) 단계적 실행 계획 수립

선정된 혁신 영역별로 구체적인 실행 계획을 수립한다. 단기(6개월), 중기(1년), 장기(2-3년) 목표를 설정하고 정기적으로 성과를 점검한다.

5) 혁신 효과 측정 및 조정

각 혁신 유형별로 적절한 KPI(핵심성과지표)를 설정하고 정기적으로 성과를 측정한다. 예상한 효과가 나타나지 않으면 접근 방식을 조정하거나 다른 혁신 유형으로 전환을 고려한다.

도블린의 10가지 혁신 프레임워크는 기술창업자들에게 체계적이고 전략적인 혁신 접근 방법을 제시한다. 단순히 기술적 우수성에만 의존하지 않고 비즈니스 모델 전반에 걸친 다각적 혁신을 통해 지속가능한 경쟁 우위를 확보할 수 있다. 특히 한국 기업들의 성공 사례를 통해 확인할 수 있듯이, 각 혁신 유형을 국내 시장 특성과 고객 니즈에 맞게 적절히 조합하고 활용하는 것이 성공의 핵심 전략이라고 볼 수 있다.

CHAPTER

07

시장진입을 위한 마케팅 전략의 수립

1 시장진입을 위한 외부환경 분석

성공적인 기술 창업을 위해 시장에서 살아남고 성장하려면 기업을 둘러싼 외부환경을 정확히 파악하고 이에 맞는 전략을 수립해야 한다. 특히 한국의 창업 생태계는 급격한 디지털 전환과 함께 정부 정책, 소비자 행동 변화, 글로벌 경쟁 심화 등 복합적인 요인들이 동시에 작용하고 있어 체계적인 외부환경 분석이 더욱 중요해졌다.

외부환경 분석은 단순히 경쟁사를 살펴보는 것이 아니라, 정치적 환경부터 기술적 변화까지 기업에 영향을 미치는 모든 외부 요소를 체계적으로 분석하는 과정이다. 이를 통해 예비 창업자는 시장의 기회 요소를 발견하고, 잠재적 위험을 사전에 파악하며, 경쟁사 대비 차별화된 전략을 수립할 수 있다.

가 기업경영과 마케팅 과정

기업의 경영활동은 단순히 재무적 성과를 추구하는 것을 넘어, 고객 가치(Customer Value, 고객이 제품이나 서비스를 통해 얻는 혜택의 총합)를 중심으로 한 시장 지향적 경영을 요구한다. 현대 시장은 변화의 속도가 매우 빠르고 고객의 요구와 경쟁의 양상이 끊임없이 다양화되고 있다. 이러한 상황에서 기업은 마케팅을 통해 고객의 숨겨진 필요(Needs)까지 정확히 파악하고, 이를 충족시키는 방식으로 지속적인 성장을 추구해야 한다.

경영의 본질은 제한된 자원(인력, 자본, 시간 등)을 효과적으로 활용하여 조직의 목표를 달성하는 데 있다. 기술 창업기업이 목표로 삼는 고객 만족과 시장 점유율 확대는 결국 마케팅 활동의 성공 여부에 크게 의존한다. 따라서 마케팅은 기업의 경영 전략과 분리될 수 없는 핵심 활동이며, 고객 중심의 사고방식을 기반으로 제품이나 서비스를 개발하고, 이를 효과적으로 전달하며, 고객 관계를 장기적으로 강화하는 데 결정적인 역할을 수행한다.

다음 그림은 기업경영의 차원에서 마케팅의 과정을 보여준다.

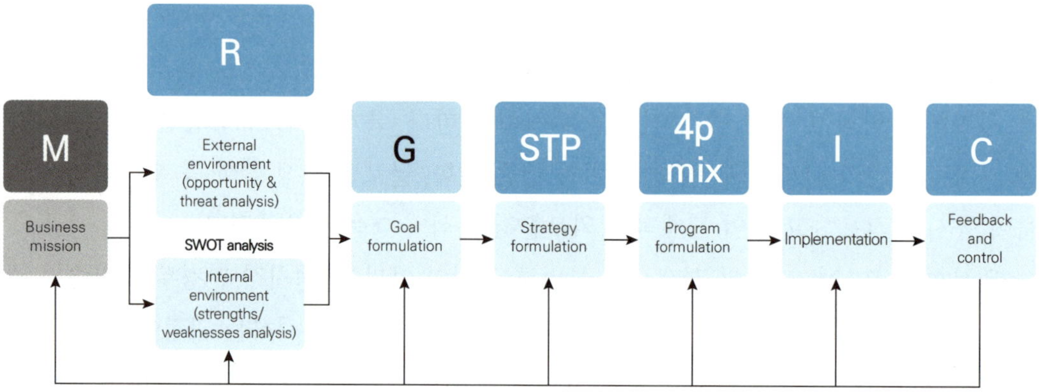

1) 비즈니스 미션 정의

비즈니스 미션(Business Mission)은 기업의 존재 이유와 장기적 비전을 명확히 설정하는 과정이다. 이는 '우리는 무엇을 위해 존재하는가?', '우리는 고객과 사회에 어떤 가치를 제공할 것인가?'에 대한 근본적인 답을 제시해야 한다. 예를 들어, 인공지능(AI) 기반 교육 솔루션을 개발하는 스타트업의 미션은 '개인 맞춤형 교육을 통해 모든 학생의 잠재력을 극대화한다'가 될 수 있다. 명확한 미션은 제품 설계에서부터 마케팅 전략, 조직 문화에 이르기까지 모든 의사결정과 활동에 일관된 방향성을 제공하는 나침반이 된다.

2) 외부환경과 내부환경에 대한 분석

성공적인 전략은 외부의 기회와 내부의 역량이 만나는 지점에서 탄생한다. 외부환경 분석은 기업이 통제할 수 없는 시장, 경쟁, 정책, 기술 등의 외부 요인을 분석하여 기회(Opportunities)와 위협(Threats) 요소를 파악하는 과정이다. 내부환경 분석은 기업이 보유한 자원, 기술 역량, 조직 문화, 재무 상태 등 통제 가능한 내부 요소를 평가하여 강점(Strengths)과 약점(Weaknesses)을 진단하는 과정이다. 이 단계는 현실을 냉철하게 직시하고 전략의 출발점을 설정하는 데 그 목적이 있다.

3) SWOT 분석

SWOT 분석(Strengths, Weaknesses, Opportunities, Threats Analysis)은 앞서 분석한 외

부환경(기회/위협)과 내부환경(강점/약점) 요인을 통합하여 전략적 대안을 도출하는 핵심 과정이다. 단순히 각 요소를 나열하는 데 그쳐서는 안 되며, 이들을 전략적으로 조합하여 구체적인 실행 방안을 모색해야 한다.

- SO 전략(강점-기회 전략): 강점을 활용해 기회를 극대화하는 공격적 전략(예: 뛰어난 AI 기술력(강점)을 활용해 급성장하는 비대면 교육 시장(기회)을 선점)
- ST 전략(강점-위협 전략): 강점을 활용해 위협을 회피하거나 최소화하는 전략(예: 높은 브랜드 인지도(강점)를 바탕으로 신규 경쟁사의 시장 진입(위협)을 방어)
- WO 전략(약점-기회 전략): 약점을 보완하여 기회를 활용하는 전략(예: 부족한 마케팅 인력(약점)을 외부 전문 파트너십(기회)으로 보강)
- WT 전략(약점-위협 전략): 약점을 최소화하고 위협을 회피하는 방어적 전략(예: 취약한 자금력(약점)과 시장 경쟁 심화(위협)를 고려해 틈새시장에 집중)

4) 마케팅 목표 설정

전략 실행의 기초가 되는 단계로, 추상적인 비전을 구체적인 행동 지표로 전환하는 과정이다. 목표는 SMART 원칙(Specific, Measurable, Achievable, Relevant, Time-bound)에 따라 설정되어야 한다.

- Specific(구체적으로): '시장 점유율 확대'가 아닌 '수도권 20대 대학생 시장 점유율 확대'
- Measurable(측정 가능하게): '점유율 확대'가 아닌 '시장 점유율 15% 달성'
- Achievable(달성 가능하게): 비현실적인 목표가 아닌, 현재 자원과 역량으로 달성 가능한 목표
- Relevant(적절하게): 기업의 비즈니스 미션 및 장기적 방향과 연관성이 있는 목표
- Time-bound(시간제한을 두어): '언젠가'가 아닌 '2026년 4분기까지'와 같이 명확한 기한 설정

예를 들어, "2026년 4분기까지 AI 기반 학습 앱의 유료 전환율을 5% 달성하고, 수도권 20대 대학생 시장에서 점유율 15%를 확보한다"와 같은 목표는 모든 구성원에게 명확한 가이드라인을 제공한다.

5) STP 및 4P 전략 수립

STP(Segmentation, Targeting, Positioning)는 누구에게(Targeting), 어떤 차별화된 가치로 다가갈 것인지(Positioning)를 결정하는 전략적 마케팅의 핵심이다.

- Segmentation(시장 세분화): 전체 시장을 인구통계학적, 지리적, 행동적, 심리적 요인에 따라 유사한 특성을 가진 동질적인 그룹으로 나누는 과정이다.
- Targeting(표적 시장 선정): 세분화된 시장 중 가장 수익성이 높고 자사의 역량으로 공략 가능한 매력적인 시장을 선택하는 과정이다.
- Positioning(포지셔닝): 표적 고객의 마음속에 경쟁사와 차별화되는 자사 제품이나 서비스의 명확한 이미지를 구축하는 과정이다. (예: 볼보의 '안전', 마켓컬리의 '샛별배송')

4P 전략(Marketing Mix, 마케팅 믹스)은 STP 결과를 바탕으로 마케팅 목표를 달성하기 위한 구체적인 전술적 실행 계획을 의미한다.

- Product(제품): 고객의 필요를 충족시키는 제품 또는 서비스의 핵심 기능, 디자인, 품질, 브랜드 등을 결정한다.
- Price(가격): 제품의 가치, 원가, 경쟁사 가격, 고객의 지불 능력을 고려하여 최적의 가격을 책정한다.
- Place(유통): 제품이나 서비스를 고객에게 전달하는 경로를 결정한다. (예: 온라인 스토어, 앱스토어, 오프라인 제휴 매장)
- Promotion(판매 촉진): 광고, 홍보(PR), 인적 판매, 판매 촉진 활동 등을 통해 고객과 소통하고 구매를 유도한다.

6) 실행 및 피드백

마케팅 계획의 실행은 실질적인 시장 활동을 통해 이루어지며, 설정된 목표를 달성하기 위한 행동 단계이다. 중요한 것은 실행 후에 반드시 성과를 측정하고 데이터를 기반으로 피드백(Feedback)을 수집해야 한다는 점이다. 예를 들어, 신제품 출시 후 초기 고객 반응이 기대에 미치지 못한다면, 고객 데이터를 분석하여 가격 정책을 조정하거나 프로모션 방식을 변경하는 등 계획을 유연하게 수정하고 개선해 나가야 한다. 이러한 순환 과정은 급변하는 시장 환경에 민첩하게 대응하는 핵심 역량이 된다.

나 외부 환경 분석 절차

외부 환경 분석은 기업이 시장에서 직면할 수 있는 다양한 기회와 위협 요소를 선제적으로 파악하기 위해 필수적인 과정이다. 현대 시장은 정치, 경제, 사회, 기술 요인들이 급격히 변화하고 상호 작용하면서 예측이 더욱 어려워지고 있다. 이러한 변화 속에서 전통적인 사업 방식만 고수하는 것은 도태를 의미하며, 외부 환경 분석은 변화에 민첩하게 대응할 전략적 기반을 마련하는 첫걸음이다.

외부 환경 분석은 시장 진입 전략을 수립하는 데 필수적인 정보와 통찰력을 제공한다. 이를 통해 시장의 리스크를 사전에 파악하고 대응 방안을 설계할 수 있다. 또한, 기업이 보유한 자원을 가장 효율적으로 활용하여 새로운 기회를 포착하고, 경쟁에서 우위를 확보하며, 궁극적으로 지속 가능한 성장을 도모하도록 돕는다. 시장진입을 위한 외부 환경 분석 절차는 일반적으로 다음과 같이 진행된다.

1) 1단계: 수요 분석

첫 번째 단계는 시장에서의 고객 수요를 철저히 파악하고 분석하여 전략적 의사결정의 기반을 마련하는 것이다. 여기서 수요(Demand)란 단순한 고객의 선호도(Wants)가 아니라, 지불 능력을 갖춘 고객이 특정 가격에 구매할 의사(Willingness to pay)가 있는 구체적인 욕구를 의미한다. 따라서 수요 분석은 고객의 구매 활동을 넘어, 그 이면에 있는 심리적 동기와 행동 패턴까지 깊이 있게 분석해야 한다.

주요 고객층 확인

고객을 B2B(Business-to-Business, 기업 고객)와 B2C(Business-to-Consumer, 일반 소비자)로 구분하고 각 집단의 세부 특성을 심층적으로 분석해야 한다.

B2B 고객의 경우, 대상 기업의 규모, 업종, 구매 의사결정 구조(예: 실무자, 부서장, 임원 등)와 핵심 구매 요인(예: 비용 절감, 생산성 향상, 규제 준수 등)을 분석해야 한다. 예를 들어, 클라우드 기반 협업 툴을 판매한다면, IT 스타트업은 '비용 효율성'을, 대기업은 '보안 및 안정성'을 더 중요한 구매 요인으로 고려할 것이다.

B2C 고객의 경우, 인구통계학적 특성(성별, 연령, 소득 수준, 거주 지역)뿐만 아니라 라이프스타일, 가치관, 관심사 등 심리적 요인(Psychographics)까지 고려하여 시장을 세분화해야 한다. 예를 들어, 친환경 세제를 판매한다면, 주 고객층은 '환경 보호에 관심이 많은

3040 여성'으로 구체화할 수 있다.

수요 행태 확인

구매 빈도, 1회 평균 구매 단가(객단가), 주로 이용하는 구매 경로(온라인, 오프라인, 모바일 앱 등), 선호 브랜드 등 정량적·정성적 데이터를 수집하여 고객 행동 패턴을 명확히 분석한다. 예를 들어, 특정 고객군이 반복 구매를 하는 이유가 가격 경쟁력 때문인지, 브랜드 충성도 때문인지 파악하면, 이를 바탕으로 가격 프로모션이나 멤버십 강화 프로그램을 설계할 수 있다. 온라인 쇼핑몰의 경우, 고객의 장바구니 데이터를 분석하여 연관 구매 상품을 추천하는 전략도 수요 행태 분석에서 출발한다.

만족도 및 불만족 요인 파악

고객이 어떤 지점(Touchpoint)에서 만족하고 불만족을 느끼는지 심층적으로 조사해야 한다. 제품 품질, 가격, 배송 시간, 고객 서비스(CS) 응대 태도 등 다양한 요인이 고객 경험에 영향을 미친다. 온라인 설문조사, 고객 리뷰 분석, 심층 인터뷰(In-depth Interview) 등을 통해 페인 포인트(Pain Point, 고객이 겪는 불편함)를 찾아내고 이를 개선하면 고객 이탈을 막고 충성도를 높일 수 있다. 반대로, 만족도가 높은 요인은 마케팅 메시지로 활용하여 브랜드 이미지를 강화해야 한다.

2) 2단계: 시장 규모 및 추이 분석

두 번째 단계는 진입하려는 시장의 현재 규모와 미래 성장 가능성을 객관적인 데이터로 평가하는 과정이다. 이는 기업이 자원을 효율적으로 배분하고 현실적인 사업 목표를 설정하는 데 중요한 근거를 제공한다.

시장 규모 및 추세 분석

목표 시장의 전체 매출 규모, 연평균 성장률(CAGR), 잠재 고객 수 등을 종합적으로 분석하여 현재 시장이 성장기, 성숙기, 쇠퇴기 중 어느 단계에 있는지 파악한다. 예를 들어, 국내 반려동물 관련 시장 규모가 2022년 8조 원에 달했으며, 2027년에는 15조 원 규모로 성장이 전망된다는 데이터('농림축산식품부', 2023)는 펫테크(Pet-tech) 스타트업에게 강력한 시장 진입의 근거가 된다. 빠르게 성장하는 시장에서는 공격적인 확장이, 정체된 시장에서는 점유율 확보를 위한 차별화 전략이 요구된다.

시장 라이프사이클 분석

시장이 도입기, 성장기, 성숙기, 쇠퇴기 중 어느 단계에 위치하는지 분석한다.

- 도입기: 기술이 생소하고 시장이 작아 소수의 혁신 소비자가 시장을 주도한다. 초기 시장 선점과 기술 표준화가 중요하다. (예: 초기 양자컴퓨팅 시장)
- 성장기: 시장이 급격히 팽창하고 경쟁이 심화된다. 브랜드 인지도 제고와 시장 점유율 확대가 핵심 목표이다. (예: 현재 전기차 및 충전 인프라 시장)
- 성숙기: 시장 성장이 둔화되고 경쟁이 안정화된다. 원가 절감, 기존 고객 유지, 차별화된 가치 제공이 중요하다. (예: 스마트폰 시장)
- 쇠퇴기: 대체 기술의 등장으로 시장 규모가 축소된다. 제품 다각화나 새로운 시장으로의 전환(Pivoting)을 고려해야 한다. (예: 필름 카메라 시장)

세부 세그먼트 분석

전체 시장이 아닌, 자사 제품이나 서비스가 직접적으로 경쟁하는 특정 세부 시장(Niche Market)의 크기와 성장성을 평가해야 한다. 예를 들어, 전체 교육 시장이 아닌 'AI 기반 코딩 교육' 시장, 그중에서도 '초등학생 대상' 시장으로 범위를 좁혀 분석하면 더 정확한 전략 수립이 가능하다. 해당 틈새시장에서의 경쟁 강도와 잠재 수익성을 분석하여 제한된 자원을 가장 효과적으로 집중할 수 있다.

3) 3단계: 정책 분석

정책 분석은 정부 규제, 법적 요건, 정책 변화가 기업 활동에 미치는 영향을 체계적으로 파악하는 중요한 과정이다. 특히 신기술 기반 스타트업은 기존에 없던 서비스를 제공하는 경우가 많아 규제 환경에 더 큰 영향을 받는다. 정책 변화는 때로 거대한 진입 장벽이 되기도 하지만, 새로운 시장 기회를 창출하는 촉매제가 되기도 한다.

정부 정책 및 제도 분석

산업별 인허가 요건, 세금 혜택, 보조금 정책, R&D 지원 사업 등을 조사하여 사업 운영에 유리하거나 불리한 요소를 식별한다. 예를 들어, 정부의 '디지털 뉴딜' 정책은 데이터, 네트워크, 인공지능(D.N.A.) 분야 스타트업에 대규모 자금 지원과 시장 창출 기회를 제공했다. 반면, 핀테크(Fintech) 기업은 금융소비자보호법과 같은 강력한 규제를 준수해야 하는 부담이 있다.

법적 환경 변화 모니터링

새로운 법률의 제정, 기존 규제의 완화 또는 강화가 시장 진입 및 운영에 미치는 영향을 평가해야 한다. 예를 들어, 2020년 데이터 3법(개인정보보호법, 정보통신망법, 신용정보법 개정안)의 통과는 가명정보의 활용을 허용하여 마이데이터(MyData) 산업과 같은 데이터 기반 비즈니스 모델의 성장을 촉진했다. 이처럼 법적 환경의 변화를 빠르게 인지하고 사업 모델에 반영하는 능력이 중요하다.

국제 정책 분석

글로벌 시장으로 확장을 계획하는 기업은 현지의 규제 요건과 국제 무역 정책을 반드시 검토해야 한다. 수출입 관련 관세 정책, 자유무역협정(FTA, Free Trade Agreement), 비관세 장벽 등은 해외 시장 진입의 성패를 좌우하는 핵심 변수이다. 예를 들어, 한-EU FTA는 유럽 시장에 진출하는 국내 기업의 관세 부담을 낮춰 가격 경쟁력을 높여주지만, 동시에 CE 인증(유럽공동체마크)과 같은 현지 기술 표준 및 인증을 획득해야 하는 과제가 있다.

4) 4단계: 경쟁사 분석

경쟁사 분석은 시장 내 주요 참여자들의 전략과 역량을 심층적으로 파악하여 자사의 차별화된 경쟁 우위를 확보하기 위한 전략적 도구이다. 이는 단순히 경쟁사를 모방하는 것이 아니라, 그들의 강점과 약점을 철저히 분석하여 시장의 빈틈을 찾아내기 위함이다.

주요 경쟁사 식별 및 분석

직접적인 경쟁사(동일한 제품/서비스 제공)와 간접적인 경쟁사(고객의 동일한 문제를 다른 방식으로 해결)를 모두 식별하고, 그들의 시장 점유율(Market Share), 주요 제품, 가격 정책, 유통 채널 등을 비교 분석하여 자사와의 차별점을 명확히 도출한다. 예를 들어, 배달 앱 시장에서 '배달의민족'의 직접 경쟁사는 '요기요'이지만, '쿠팡이츠'의 빠른 배송 서비스나 편의점의 간편식 또한 고객의 '식사 해결'이라는 문제를 해결하는 간접 경쟁사가 될 수 있다.

경쟁사의 히스토리와 강점 파악

경쟁사의 성공 및 실패 사례를 면밀히 조사하여 그들의 핵심 역량(Core Competency)과 약점을 평가한다. 예를 들어, 경쟁사가 강력한 고객 충성도를 구축한 배경(예: 탁월한 고객 서비스)이나, 실패한 신제품 라인의 원인(예: 시장 수요 예측 실패)을 분석함으로써 자사가 유사한 실수를 방지하고 성공 전략을 벤치마킹할 수 있다. 경쟁사가 보유한 독점 기술이나 특허, 강력한 브랜드 자산 등도 파악하여 이를 회피하거나 상쇄할 방안을 설계해야 한다.

경쟁사의 최신 동향 모니터링

경쟁사의 마케팅 캠페인, 신제품 출시, 기술 개발 동향, 주요 인력 이동, 투자 유치 현황 등 최신 활동을 지속적으로 추적해야 한다. 이를 통해 경쟁사가 시장에서 중점을 두는 영역과 향후 전략 방향을 예측할 수 있다. 예를 들어, 경쟁사가 특정 고객 세그먼트를 겨냥한 대규모 광고를 시작했다면, 자사는 상대적으로 간과된 다른 시장을 공략하는 '역포지셔닝' 전략을 수립할 수 있다.

차별화된 비즈니스 모델 개발

경쟁사 분석 결과를 바탕으로 모방 불가능한 독창적인 비즈니스 모델을 설계해야 한다. 경쟁사의 서비스 제공 방식, 운영 효율성, 수익 모델 등을 종합적으로 분석하여 자사만의 경쟁 우위를 창출할 수 있는 요소를 식별해야 한다. 예를 들어, 경쟁사가 오프라인 중심의 판매 전략을 고수한다면, 자사는 온라인 D2C(Direct-to-Consumer, 소비자 직접 판매) 모델을 통해 유통 비용을 절감하고 고객 데이터를 직접 확보하는 전략을 취할 수 있다.

5) 5단계: 채널 분석

채널 분석은 제품과 서비스가 고객에게 전달되는 모든 경로를 파악하여 유통 효율성을 극대화하고 고객 접근성을 향상시키는 중요한 과정이다. 기술 스타트업에게 채널은 단순한 판매 경로가 아니라 고객 경험을 설계하고 브랜드 가치를 전달하는 핵심 수단이다.

판매 경로 확인 및 최적화

온라인(자사몰, 오픈마켓, 소셜커머스)과 오프라인(직영점, 대리점, 제휴 매장) 유통 경로를 세부적으로 분석하여 각 채널의 효과성과 비용 구조를 평가한다. 예를 들어, 모바일 앱 서비스의 경우 구글 플레이스토어와 애플 앱스토어가 핵심 유통 채널이며, 각 스토어의 수수료 정책과 노출 알고리즘을 이해하는 것이 필수적이다. 고객의 구매 여정에 맞춰 온·오프라인 채널을 유기적으로 결합하는 옴니채널(Omni-Channel) 전략도 고려해야 한다.

주요 채널 파트너 확인

공급망에서 중요한 역할을 하는 유통업체, 리셀러(Reseller), 플랫폼 제공자 등을 식별하고 이들과의 협력 기회를 모색한다. B2B 소프트웨어 기업의 경우, 특정 산업군에 강력한 네트워크를 보유한 시스템 통합(SI) 업체와의 파트너십을 통해 시장에 효과적으로 침투할 수 있다.

신규 채널 개발 및 확보 전략

기존의 채널 외에 잠재적인 유통 채널을 지속적으로 탐색하고 그 효과성을 검증해야 한다. 라이브 커머스, 소셜 미디어 플랫폼, D2C(Direct-to-Consumer, 소비자와 직접 소통하고 판매하는 방식) 채널 등 새로운 채널을 통해 다양한 고객 세그먼트를 공략할 기회를 모색해야 한다. 예를 들어, 패션 스타트업이 인스타그램의 쇼핑 태그 기능을 활용하는 것은 젊은 소비층에게 효과적으로 도달하는 신규 채널 전략이다.

수출입 및 유통 네트워크 분석

글로벌 시장을 목표로 한다면, 해외 시장의 공급망 및 유통 네트워크를 분석하여 현지화된 진출 전략을 수립해야 한다. 국가별 관세, 물류 인프라, 현지 유통업체와의 협력 가능성 등을 종합적으로 고려하여 가장 효과적인 유통 방식을 설계해야 한다. 아마존(Amazon)과 같은 글로벌 이커머스 플랫폼을 활용하는 것도 초기 해외 진출의 효율적인 방법이 될 수 있다.

다 외부환경 분석 프레임워크

외부환경 분석 프레임워크(Framework)는 기업이 직면한 복잡한 외부 요인을 체계적으로 분석하고 전략적 시사점을 도출하기 위해 사용하는 사고의 틀이다. 다양한 프레임워크를 활용하면 누락 없이 다각적으로 환경을 분석하고, 이를 통해 시장 진입 전략과 경쟁 우위 확보 방안을 구체화할 수 있다.

1) PEST 분석

PEST 분석은 정치적(Political), 경제적(Economic), 사회적(Social), 기술적(Technological) 요인을 평가하여 거시환경이 기업 활동에 미치는 영향을 분석하는 방법론이다.

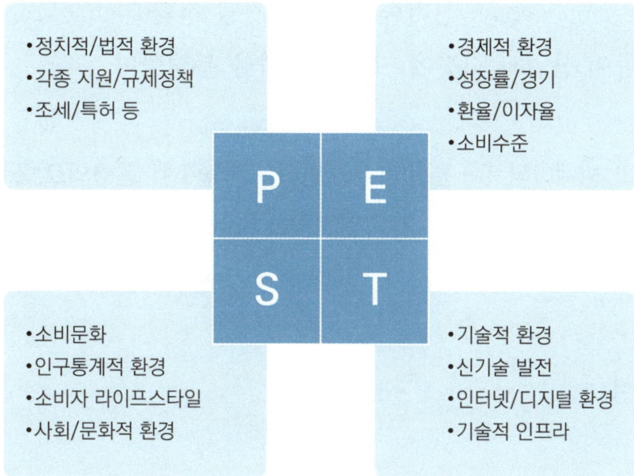

- 정치적 요인(Political) 정부의 규제, 법률, 조세 정책, 무역 협정, 정치적 안정성 등이 기업에 미치는 영향을 분석한다.

- 사례: 전기차 보조금 정책은 전기차 제조업체의 성장을 촉진하는 기회 요인이지만, 개인정보보호법 강화는 데이터를 활용하는 스타트업에게는 준수해야 할 규제라는 위협 요인이 된다.

- 경제적 요인(Economic) 경제 성장률, 금리, 환율, 실업률, 소비 심리 등 경제 환경의 변화가 기업의 수익성과 성장에 미치는 영향을 평가한다.

- 사례: 금리 인상은 스타트업의 자금 조달 비용을 증가시켜 투자 위축으로 이어질 수 있다. 반면, 환율 상승(원화 가치 하락)은 수출 중심 기업의 가격 경쟁력을 높이는 기회가 될 수 있다.

- 사회적 요인(Social) 인구 통계 변화, 소비자 라이프스타일, 가치관, 교육 수준, 문화적 트렌드 등을 분석하여 시장의 변화를 예측한다.

- 사례: 1인 가구의 증가는 소형 가전, 밀키트(Meal-kit), 소포장 제품 시장의 성장을 이끌었다. 또한, 환경과 사회적 책임을 중시하는 ESG(Environmental, Social, and Governance) 트렌드는 친환경 제품 및 서비스에 대한 수요를 증가시키는 중요한 사회적 요인이다.

• 기술적 요인(Technological) 신기술 개발, 디지털 전환(Digital Transformation), 기술 인프라 변화 등이 산업과 시장에 미치는 영향을 분석한다.

• 사례: 인공지능(AI), 빅데이터, 5G 통신 기술의 발전은 자율주행, 원격의료, 스마트 팩토리 등 새로운 산업을 창출하는 핵심 동력이다. 기술 창업가는 이러한 기술 변화의 흐름을 가장 민감하게 포착하고 사업 기회로 연결해야 한다.

2) 5 forces 분석

5 Forces 분석은 하버드 경영대학원의 마이클 포터(Michael Porter)가 제안한 산업 구조 분석 모델로, 산업 내의 경쟁 강도와 수익성을 결정하는 5가지 요소를 분석하여 기업의 전략적 위치를 파악하는 데 사용된다. 이 분석은 경쟁 환경의 다양한 요소를 종합적으로 이해하고 기업의 시장 포지셔닝을 강화하는 데 도움을 준다.

기존 경쟁자 간의 경쟁 강도

시장 내 경쟁사의 수, 규모, 시장 점유율 등을 분석하여 경쟁의 치열함을 평가한다. 경쟁 강도가 높을수록 가격 경쟁이 심화되고 수익성은 낮아진다. (예: 국내 배달 앱 시장은 소수의 대형 플랫폼 간의 경쟁이 매우 치열하다.)

잠재적 진입자의 위협

새로운 경쟁자가 시장에 진입할 가능성과 그 위협의 정도를 평가한다. 초기 자본, 기술적 장벽, 정부 규제 등 진입 장벽(Barriers to entry)이 낮을수록 신규 진입자의 위협은 커진다. (예: 온라인 쇼핑몰은 진입 장벽이 비교적 낮아 신규 진입 위협이 항상 존재한다.)

대체재의 위협

기존 제품이나 서비스를 대체할 수 있는 다른 제품이나 서비스의 존재 여부를 평가한다. 대체재가 많고 가격이 저렴할수록 기업은 가격 인하 압력을 받게 된다. (예: 커피 전문점의 대체재는 편의점 커피, 에너지 드링크 등이 될 수 있다.)

구매자의 교섭력

고객이 제품 가격과 품질에 영향을 미칠 수 있는 힘을 분석한다. 구매자의 정보력이 높고, 대체 구매처가 많을수록 교섭력은 강해진다. (예: 가격 비교 사이트의 활성화는 전자제품 시장에서 구매자의 교섭력을 크게 향상시켰다.)

공급자의 교섭력

원자재나 부품 공급자가 가격이나 품질에 영향을 미칠 수 있는 힘을 분석한다. 특정 공급자에 대한 의존도가 높고, 공급자를 바꾸기 어려울수록 공급자의 교섭력은 강해진다. (예: 반도체 산업에서 핵심 장비를 독점 공급하는 네덜란드의 ASML은 매우 강력한 공급자 교섭력을 가진다.)

3) 3C 분석

3C 분석은 고객(Customer), 경쟁사(Competitor), 기업(Company)의 3가지 요소를 중심으로 외부 환경을 평가하는 전략적 프레임워크이다.

고객(Customer)

고객의 니즈, 구매 행동, 세분화된 시장 요구 사항을 분석한다. 고객의 세그먼트를 명확히 정의하고, 각 세그먼트에 맞는 맞춤형 전략을 설계한다. 예를 들어, 프리미엄 고객을 대상으로 한 고가 전략과 대중 고객을 위한 경제적 전략을 병행할 수 있다. 고객 데이터 분석 도구를 활용하여 구매 패턴을 세분화하고, 각 세그먼트별로 적합한 마케팅 메시지를 설계함으로써 고객 충성도를 강화할 수 있다. 또한, 신기술을 적용한 맞춤형 고객 경험 제공이 점점 중요해지고 있는 상황에서 고객 세분화를 바탕으로 데이터 기반 전략을 실행해야 한다.

경쟁사(Competitor)

주요 경쟁사의 강점, 약점, 시장 점유율, 차별화 전략을 분석하여 경쟁 우위를 확보할 수 있는 요소를 도출한다. 경쟁사의 성공 사례와 실패 사례를 분석하여 차별화된 전략을 개발하는 데 활용할 수 있다. 예를 들어, 경쟁사의 주요 제품 특성과 가격 전략을 비교 분석함으로써 자사만의 차별화된 가치를 명확히 설정할 수 있다. 뿐만 아니라, 경쟁사의 마케팅 및 광고 활동을 추적하여 시장 내 변화에 신속하게 대응하는 전략적 유연성을 갖추는 것도 중요하다.

기업(Company)

기업 자체의 강점과 약점을 분석하여 고객의 요구를 충족하고 경쟁에서 우위를 점하기 위한 내부 역량을 평가한다. 이는 자사의 핵심 역량을 명확히 하고, 이를 기반으로 시장에서의 경쟁력을 강화하는 데 기여한다. 예를 들어, 내부 자원의 효율적 활용과 조직 내 혁신 문화를 조성함으로써 변화하는 시장 요구에 적응할 수 있는 유연한 구조를 구축할 수 있다. 또한, 자사의 제품 포트폴리오와 고객 서비스를 검토하여 시장에서의 포지셔닝을 강화하는 데 필요한 개선점을 지속적으로 식별해야 한다.

4) 벤치마킹 분석

벤치마킹(Benchmarking) 분석은 특정 분야에서 최고의 성과를 내고 있는 경쟁사나 선도 기업의 성공 사례를 분석하여, 자사의 성과를 향상시키고 경쟁력을 강화하는 전략을 도출하는 방법론이다.

내부 벤치마킹

동일 기업 내 다른 부서나 사업부의 성공 사례를 비교 분석하여 최적의 프로세스를 도출한다. 이를 통해 기업은 내부 효율성을 극대화할 수 있다. 예를 들어, 한 기업의 생산 부서가 도입한 자동화 기술이 생산성 향상에 기여한 경우, 이를 다른 부서에도 적용해 전반적인 운영 효율성을 향상시킬 수 있다. 내부적으로 우수한 관행을 확산시키는 것은 전체 조직의 역량 강화를 가능하게 한다.

경쟁 벤치마킹

경쟁사의 성공 사례를 분석하여 자사의 전략적 개선 방향을 설정한다. 예를 들어, 경쟁사가 특정 제품의 생산성을 높이기 위해 도입한 기술이나 운영 방식, 고객 서비스 전략을 분석하고 이를 자사에 맞게 최적화하여 도입하는 방안을 고려할 수 있다. 특히, 동일 산업 내 선도 기업의 혁신 사례를 분석함으로써 시장에서의 경쟁 우위를 확보할 수 있는 실행 가능한 전략을 수립할 수 있다. 예를 들어, 전자상거래 기업이 경쟁사의 AI 기반 추천 시스템을 분석하여 자사 플랫폼에 유사한 기술을 적용하는 사례를 들 수 있다.

기능 벤치마킹

산업 전반에 걸쳐 우수한 관행을 학습하고 이를 자사의 특정 기능에 적용한다. 예를 들어, 물류 산업에서 혁신적인 공급망 관리 방식을 학습하여 도입함으로써 비용 절감과 납기 단축을 실현할 수 있다. 또한, 다른 산업에서 사용된 성공적인 프로세스를 벤치마킹하여 새로운 아이디어를 창출하는 것도 가능한다. 예를 들어, 제조업에서 사용되는 린(Lean) 생산 방식이 서비스업에 도입되어 운영 효율성을 극대화한 사례가 이를 잘 보여준다.

벤치마킹의 추진절차

① 분석

타 사례의 주요 내용과 기술을 분석하는 단계이다. 벤치마킹 대상 기업의 잘하고 있는 점과 부족한 점을 분석한다.

② 비교

1단계에서 파악한 점과 우리의 서비스를 비교하는 단계이다. 우리 기업이 현재 운영하고 있는 또는 개발하려는 제품/서비스와 비교하여 장단점을 파악할 수 있다. 운영자 또는 개발자의 관점이 아니라 사용자의 관점에서 들여다보아야 한다.

③ 통찰

2단계의 비교 분석 과정을 통해 여러 가지 질문을 해보는 단계이다.

타 사례에서 어떤 점을 배우면 좋을지, 어떤 점은 따라 하면 안 되는지, 모방할 시 우려될 만한 부분이 있는지(법적 제약, 윤리적 문제 등) 고민해본다. 현재의 인력과 주어진 시간을 이용해 빠르게 실현 가능한 아이디어가 있을지, 만약 인력과 시간을 더 투자하여 만들 만한 가치가 있는 서비스가 있을지도 고려해야 한다.

2 TAM, SAM, SOM, LAM 분석

시장 진입 전략을 수립할 때, 진입하려는 시장의 규모를 구체적인 숫자로 파악하는 것은 사업 추진의 구체화에 유리하다. 이러한 수치화는사업의 잠재적 가치를 평가하고, 투자자에게 성장 가능성을 객관적으로 설득할 수 있는 근거가 되며, 한정된 자원을 어디에 집중해야 할지 결정하는 기준점이 되기 때문이다. 스타트업이 목표 시장의 규모를 단계별로 추정하기 위해 가장 널리 활용하는 방법이 바로 TAM, SAM, SOM, LAM 분석이다. 이 방법은 전체 시장의 거대한 그림부터 당장 공략해야 할 작은 목표까지 시장을 체계적으로 분류하고 접근 전략을 구체화하는 데 매우 효과적인 프레임워크(Framework)이다.

가 TAM, SAM, SOM, LAM의 개념

스타트업이 목표 시장을 식별하기 위한 방법으로 많이 활용되는 것이 TAM/SAM/SOM/ LAM 분석 방법이다. 이 방법은 창업초기에 비교적 간단한 분류로 목표시장을 그룹화 해볼 수 있다는 장점이 있다.

1) TAM(Total Addressable Market)

특정 제품이나 서비스가 접근할 수 있는 전체 시장 규모를 의미한다. TAM은 가장 넓은 시장 범위를 포함하며, 기업이 자원의 제약 없이 모든 고객을 대상으로 한다고 가정했을 때의 최대 시장 크기이다. 이는 시장의 총 잠재력을 평가하여 사업의 성장 가능성을 가늠하는 데 사용된다. 예를 들어, 글로벌 전기차 시장의 TAM은 전 세계 자동차 시장과 전기차 관련 인프라를 포함할 수 있다. TAM은 기업의 장기적 비전을 제시하며, 산업 내 기회와 위협을 식별하는 데 중요한 도구이다.

TAM을 추정하는 목적은 창업자가 도전하려는 시장의 궁극적인 잠재력과 성장 가능성을 가늠하고, 사업의 장기적인 비전을 설정하기 위함이다. 투자자들은 TAM의 크기를 통해 해당 스타트업이 미래에 유니콘 기업(기업가치 1조 원 이상의 비상장 기업)으로 성장할 수 있을지를 판단하는 초기 지표로 삼는다.

2) SAM(Serviceable Available Market)

TAM 중에서 자사의 제품이나 서비스가 현실적으로 공략 가능한 시장을 의미한다. 이는 기업의 비즈니스 모델, 기술적 제약, 지리적 범위, 언어 및 문화적 장벽 등을 고려하여 TAM의 범위를 좁힌 것이다. SAM은 기업의 지리적 범위, 제품 특징, 기술적 제약 등을 고려하여 도출된 시장 규모이다. 이는 기업이 자신의 역량과 자원을 동원하여 도달할 수 있는 고객층을 포함한다. 예를 들어, 전기차 기업이 한국 내 판매를 목표로 한다면, 한국 내 전기차 수요가 SAM에 해당된다. SAM은 TAM과 달리, 기업의 기술적 제약과 법적 규제를 반영하여 보다 구체적인 시장 크기를 제공할 수 있어야 한다.

3) SOM(Serviceable Obtainable Market)

SAM 중에서 기업이 현재 접근 가능한 시장을 나타낸다. 이는 기업이 단기적으로 점유할 수 있는 시장 크기를 평가하는 데 사용되며, 기업의 자원, 역량, 경쟁 상황 등을 고려하여 정의된다. 이는 '초기 목표 시장'이라고도 불리며, 창업 후 1-3년 내에 확보하고자 하는 구체적인 매출 목표나 고객 수를 나타낸다. SOM을 추정할 때는 경쟁사의 시장 점유율, 자사의 마케팅 예산, 영업 인력의 규모, 초기 브랜드 인지도 등 매우 현실적인 요소들을 고려해야 한다. 예를 들어, 신생 전기차 스타트업이 한국 내 전기차 시장에서 특정 도시를 대상으로 한 초기 목표 판매량이 SOM에 해당한다. SOM은 기업의 초기 사업 계획과 실행 가능성을 평가하는 데 핵심적인 역할을 한다.

4) LAM(Launched Available Market)

SOM 중에서도 제품이나 서비스의 시장 수용성을 검증하기 위해 진입하는 가장 작은 규모의 초기 테스트 시장을 의미한다. 이는 린 스타트업(Lean Startup) 방법론의 최소기능제품(MVP, Minimum Viable Product) 개념과 밀접하게 연결된다. 크라우드 펀딩(Crowd Funding), 소규모 베타 테스트, 특정 지역에서의 팝업 스토어(Pop-up Store) 운영 등이 LAM을 활용하는 대표적인 방법이다. 예를 들어, 신제품 스마트 워치를 개발한 스타트업이 양산에 들어가기 전, '와디즈' 같은 크라우드 펀딩 플랫폼에 제품을 먼저 선보여 초기 고객의 반응과 선주문량을 확인한다면, 이 펀딩에 참여하는 시장이 LAM이 된다. LAM을 통해 얻은 초기 시장의 피드백은 제품의 경쟁력과 시장 적합성(Product-Market Fit)을 평가하고, 실패 위험을 최소화하는 데 결정적인 역할을 한다.

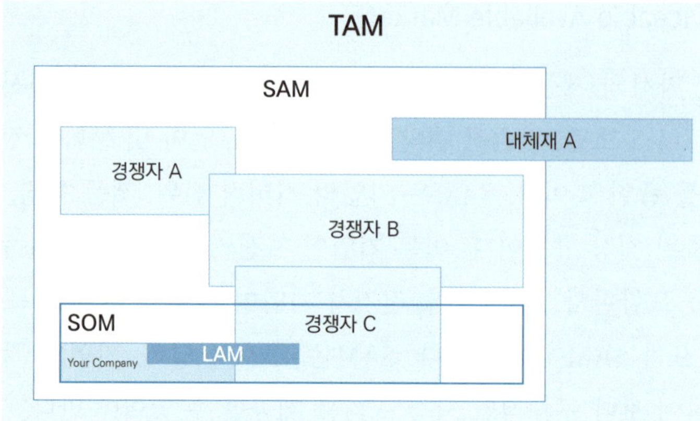

시장 내에서 TAM, SAM, SOM, LAM의 표지셔닝 예시

나 TAM, SAM, SOM, LAM의 도출 과정

시장의 규모를 추정하는 과정은 거대한 가설을 구체적인 숫자로 증명해나가는 과정이다. 각 단계는 논리적으로 연결되어야 하며, 주관적인 예상이 아닌 객관적인 데이터에 기반해야 한다.

1) 1단계: TAM 도출(Top-down & Bottom-up)

TAM은 하향식(Top-down) 접근과 상향식(Bottom-up) 접근을 통해 도출할 수 있다.

하향식 접근

공신력 있는 기관의 거시적인 시장 조사 데이터를 활용하는 방법이다. 정부 기관(예: 통계청 KOSIS), 국내외 리서치 기관(예: Gartner, Statista, 한국무역협회)의 산업 보고서에서 전체 시장 규모 데이터를 찾아 인용한다. 예를 들어, '국내 화장품 시장 규모는 2024년 기준 약 30조 원이다(출처: 대한화장품산업연구원, 2025)'와 같이 접근하는 방식이다.

상향식 접근

실제 판매 가능한 제품의 단가와 잠재 고객 수를 곱하여 시장 규모를 직접 계산하는 방식이다. 예를 들어, (월 구독료) X (서비스를 사용할 잠재 고객 수) X (12개월)과 같은 공식을 사용한다. 이 방식은 시장을 더 깊이 이해하게 해주며, 하향식 접근과 교차 검증하여 예측의 정확도를 높일 수 있다.

2) 2단계: SAM 도출(현실적 제약 적용)

SAM은 도출된 TAM에 기업의 현실적인 제약 조건을 필터처럼 적용하여 시장의 범위를 좁히는 단계이다. 자사의 비즈니스 모델이 특정 지역, 특정 언어, 특정 플랫폼(예: iOS 전용 앱)에 한정된다면 해당 요소를 기준으로 TAM을 걸러내야 한다. 예를 들어, TAM이 '글로벌 모바일 게임 시장'(약 200조 원)이더라도, 한국어로만 서비스되고 성인 등급을 받은 RPG 게임이라면 SAM은 '국내 성인 모바일 RPG 게임 시장'(약 5조 원)으로 구체화되어야 한다.

3) 3단계: SOM 도출(초기 자원과 역량 기반)

SOM은 SAM 내에서 자사의 초기 역량으로 현실적으로 얼마나 점유할 수 있는지를 계산하는 단계이다. 이는 '희망 사항'이 아닌 '실행 계획'에 기반해야 한다. 창업 초기 1-2년간의 마케팅 예산, 영업팀의 규모, 유통 채널 확보 능력, 경쟁사의 시장 점유율 등을 종합적으로 고려해야 한다. 예를 들어, 국내 성인 모바일 RPG 게임 시장(SAM)에서, 출시 첫해 마케팅 예산 10억 원과 20명의 개발 및 운영 인력을 투입하여 시장 점유율 0.5%를 목표로 한다면, SOM은 250억 원(5조 원 X 0.5%)이 된다. 이 수치는 투자자에게 단기적인 성장 목표와 자금 사용 계획의 타당성을 보여주는 핵심 근거가 된다.

4) 4단계: LAM 도출(검증 시장 설정)

LAM은 SOM을 달성하기 위한 첫 번째 실험 무대를 설정하는 단계이다. SOM의 목표 고객 중 가장 반응이 빠르고 피드백을 적극적으로 줄 것으로 예상되는 소규모 집단을 찾아야 한다. 이 시장에서 제품/서비스의 핵심 가설을 검증하고, 시장 반응을 데이터로 확인하는 것이 목적이다. 예를 들어, SOM 목표 고객이 '전국 20대 대학생'이라면, LAM은 '서울 소재 특정 대학교 재학생 1,000명 대상 베타 테스트' 또는 '대학생 커뮤니티 '에브리타임' 내 사전예약 이벤트' 등으로 구체화할 수 있다.

다 TAM, SAM, SOM, LAM 분석 사례

다음은 이러한 분석을 그룹화 하는 방법에 대한 분석 사례이다.

'도심 출퇴근 및 레저용 접이식 전기자전거'를 개발하여 제조·판매하는 스타트업의 시장 분석 사례는 다음과 같다.

1) TAM(전체 시장) 확인

- 정의: 국내에서 운행되는 모든 종류의 개인 이동 수단(자전거, 전기자전거, 전동 킥보드 등 포함)의 전체 시장 규모가 TAM에 해당한다.
- 추정: 한국스마트이모빌리티협회(KEMA) 자료에 따르면, 2024년 국내 퍼스널 모빌리티 시장 규모는 약 2조 원으로 추정된다. 이 시장 전체가 해당 스타트업이 장기적으로 확장할 수 있는 잠재 시장이다.
- 의미: 이는 전기자전거가 기존 자전거 및 다른 이동 수단을 대체할 수 있는 거대한 잠재력을 가졌음을 보여주는 지표이다.

2) SAM(유효 시장) 확인

- 정의: 전체 퍼스널 모빌리티 시장(TAM) 중, 자사 제품의 특성(전기자전거)과 가격대(150만 원 이상 중고가)를 고려했을 때, 현실적으로 접근 가능한 시장이다.
- 추정: 2조 원의 TAM 중 전기자전거 시장은 약 2,000억 원 규모(점유율 10%)를 차지한다. 그중에서도 150만 원 이상의 중고가 시장은 약 40%로 추정되므로, SAM은 800억 원(2,000억 원 X 40%)으로 계산된다.
- 의미: 이 스타트업은 국내 800억 원 규모의 프리미엄 전기자전거 시장에서 직접적인 경쟁을 펼쳐야 함을 의미한다.

3) SOM(수익 시장) 확인

- 정의: 800억 원 규모의 유효 시장(SAM) 내에서, 출시 초기 2년간 자사의 마케팅 역량과 온라인 D2C(소비자 직접 판매) 채널을 통해 확보 가능한 시장이다.
- 추정: 주요 타겟 고객을 '수도권에 거주하며 자전거로 출퇴근하는 3040 직장인'으로 설정한다. 경쟁사 시장 점유율 및 자사의 초기 마케팅 예산(연간 5억 원)을 고려하여, 초기 2년간 시장 점유율 5% 달성을 목표로 한다. 따라서 SOM은 40억 원(800억 원 X 5%)으로 추정된다.
- 의미: 창업 초기 2년간 40억 원의 매출을 달성하겠다는 구체적이고 측정 가능한 목표를 제시하며, 이를 위한 자원 배분 계획의 근거가 된다.

4) LAM(검증 시장) 확인

- 정의: 40억 원의 수익 시장(SOM)을 공략하기 전, 제품의 시장성을 검증할 초기 테스트 시장이다.
- 추정: 크라우드 펀딩 플랫폼 '와디즈'에서 IT 기기에 관심이 많은 3040 남성을 대상으로 300대 한정 선주문 펀딩을 진행한다. 목표 펀딩 금액은 5억 원(167만 원 X 300대)이다. 이 펀딩에 참여하는 얼리어답터(Early Adopter) 시장이 LAM이 된다.
- 의미: 5억 원의 펀딩 성공 여부를 통해 실제 시장의 수요를 예측하고, 참여 고객들의 피드백을 받아 정식 출시 전 제품을 개선할 기회를 확보한다. 이 데이터는 후속 투자 유치를 위한 중요한 실증 자료로 활용된다.

라 TAM, SAM, SOM, LAM 분석의 유의점과 한계

1) 유의점

데이터의 정확성의 확보

TAM, SAM, SOM, LAM 분석은 데이터에 의존하기 때문에 데이터의 신뢰성과 최신성을 확보해야 한다. 신뢰성 있는 데이터를 확보하기 위해서는 공신력 있는 기관의 데이터 활용하는 것이 유리하다. 정부 보고서, 업계 리서치 기관 학술 자료를 참고하여 최신 데이터에 접근해야 한다.

- 1차 데이터 수집: 설문조사, 인터뷰, 시장 테스트 등 직접 데이터를 수집하여 특정 시장과 관련된 최신 정보를 확보한다.
- 데이터 검증: 여러 소스에서 수집된 데이터를 비교 검토하여 신뢰성과 일관성을 평가한다.
- 데이터 업데이트: 시장 변화에 따라 데이터를 주기적으로 업데이트하여 분석의 정확도를 유지한다. 예를 들어, 매 분기별로 경쟁사 데이터와 시장 수요를 재평가할 수 있다.

부정확한 데이터는 잘못된 시장 규모 추정으로 이어질 수 있기 때문에, 이러한 접근 방식을 통해 데이터의 신뢰성과 최신성을 확보하는 것이 매우 중요하다.

현실적 고려 필요

TAM은 이상적인 상황을 기반으로 계산되므로 실제 시장 진입 시 반드시 현실적 제약을 고려해야 한다. 예를 들어, 경쟁 환경은 시장 진입을 저해하는 주요 요인 중 하나로, 이미 자리 잡은 경쟁자들의 브랜드 충성도와 유통망은 신생 기업의 시장 점유율 확대를 어렵게 만들 수 있다. 또한, 법적 규제는 특정 제품이나 서비스의 판매를 제한하거나 추가적인 인증 절차를 요구할 수 있어 초기 시장 진입 비용을 증가시킨다. 예를 들어, 전기차 시장의 경우 각 국가의 배터리 안전 기준이나 환경 규제가 제품 출시 시기를 결정짓는 중요한 요소로 작용할 수 있다.

목표 시장 세분화를 통한 구체적 타겟팅

SAM과 SOM을 정의할 때 고객 세그먼트의 명확한 정의와 타겟팅이 중요하다. 고객 세그먼트를 명확히 정의하기 위해 연령, 성별, 소득 수준, 구매 행동, 지역 등 다양한 기준을 활용할 수 있다. 예를 들어, 전기차 스타트업은 대도시 거주자이면서 환경에 민감한 20-40대 중산층을 주요 세그먼트로 정의할 수 있다. 이때, 과도하게 넓은 정의는 자원의 분산과 비효율을 초래할 수 있다. 예를 들어, 모든 연령대와 지역을 대상으로 마케팅을 진행할 경우, 예산 대비 낮은 반응률로 인해 비용이 급증할 수 있다. 반대로, 과도하게 좁은 정의는 시장 기회의 제한으로 이어질 수 있다. 예를 들어, 특정 도시의 20대 소비자만을 대상으로 할 경우, 전체 시장의 잠재력을 충분히 활용하지 못할 가능성이 있다.

구체적인 사례로, 한 식물 기반 대체 육류 스타트업은 초기에 '건강에 민감한 모든 연령대의 소비자'를 목표로 설정했으나, 너무 넓은 세그먼트로 인해 마케팅 효과가 미미했다. 이후 이들은 '도시 거주 30-40대 채식주의자와 건강을 중시하는 20대 여성'으로 타겟을 좁혀, 소셜 미디어 캠페인과 특정 도시의 소규모 테스트 매장을 통해 성공적인 초기 반응을 얻었을 수 있었다.

초기 시장 검증의 중요성

LAM을 활용해 초기 시장의 반응을 확인해야 제품이나 서비스의 시장 적합성을 판단할 수 있다. 이를 위한 실질적인 방법으로는 다음과 같은 전략이 있다.

① 크라우드 펀딩 플랫폼 활용

와디즈, 킥스타터와 같은 플랫폼에서 제품 론칭하여 초기 고객의 관심과 수요를 측정한다. 예를 들어, 한 스마트폰 액세서리 스타트업은 킥스타터에서 1,000명의 초기 고객을 확보를 목표로 하여 출시한 결과 2배에 달하는 제품의 수요를 성공적으로 검증할 수 있었다.

② 파일럿 프로그램 실행

특정 지역이나 소규모 고객 그룹을 대상으로 파일럿 프로그램을 운영하여 제품의 사용성을 테스트하고 초기 피드백을 수집한다. 예를 들어, 새로운 음식 배달 서비스를 런칭한 스타트업은 한 도시에서 파일럿 운영을 통해 고객 선호도와 개선점을 파악할 수 있었다.

③ 온라인 광고 테스트

구글 애드워즈나 페이스북 광고를 활용하여 제품에 대한 관심도를 테스트한다. 이를 통해 클릭률, 전환율 등을 분석하여 잠재 고객의 반응을 예측할 수 있다.

④ 소셜 미디어 설문조사

인스타그램, 트위터 등에서 설문조사를 진행하여 타겟 고객의 니즈를 빠르게 파악할 수 있다. 예를 들어, 한 의류 브랜드는 소셜 미디어 설문조사를 통해 고객들이 선호하는 디자인을 확인하고 이를 바탕으로 초기 제품 라인을 출시했다.

이와 같은 검증 전략을 통해 초기 시장의 반응을 수집하면, 제품 개선과 더불어 후속 마케팅 및 투자 전략을 최적화할 수 있다.

2) 한계점

미래 예측의 불확실성

모든 분석은 과거와 현재의 데이터를 기반으로 미래를 예측하는 것이므로 본질적인 불확실성을 내포한다. 급격한 기술 발전이나 예기치 못한 사회적 변화(예: 팬데믹)는 시장 규모 자체를 바꾸어 버릴 수 있다.

정적인 분석의 한계

TAM, SAM, SOM은 특정 시점의 시장을 스냅샷처럼 보여준다. 하지만 시장은 살아있는 생물처럼 계속해서 변화한다. 경쟁사의 전략 변화나 새로운 경쟁자의 등장은 예측치를 언제든 무의미하게 만들 수 있다.

신생 시장 분석의 어려움

세상에 없던 새로운 제품이나 서비스를 만드는 혁신적인 스타트업의 경우, 참고할 만한 시장 데이터가 존재하지 않아 TAM 자체를 추정하기가 매우 어렵다. 이 경우, 유사 시장이나 대체재 시장을 분석하여 유추해야 하는 한계가 있다.

결론적으로, TAM, SAM, SOM, LAM 분석은 시장의 기회와 제약을 체계적으로 이해하고, 전략적으로 자원을 배분하며, 현실적인 목표를 설정하는 데 매우 유용한 도구이다. 하지만 이 분석이 사업의 성공을 보장하는 절대적인 공식은 아니다. 데이터의 신뢰성과 분석의 현실성을 유지하고, 시장 변화를 지속적으로 모니터링하며 분석 결과를 끊임없이 수정하고 보완해나가는 노력이 동반되어야 한다. 이 분석은 단순히 숫자를 나열하는 작업이 아니라, 시장 속에서 기업의 위치와 성장 경로를 그려 나가는 전략적 사고 과정으로 보아야 한다.

3 STP(Segmentation, Targeting, Positioning) 전략 수립

성공적인 시장 진입은 단순히 좋은 제품을 만드는 것만으로 이루어지지 않는다. 한정된 자원을 가진 스타트업에게는 '누구에게, 어떤 가치를, 어떻게 인식시킬 것인가'에 대한 전략적 선택이 사업의 성패를 좌우한다. STP는 이러한 전략적 의사결정을 위한 가장 기본적이면서도 강력한 프레임워크로, 시장 세분화(Segmentation), 표적 시장 선정(Targeting), 포지셔닝(Positioning)의 세 단계를 통해 효과적인 마케팅 전략을 설계하는 체계적인 과정이다.

STP 전략은 기업이 자신에게 가장 적합한 고객층을 발견하고, 그들에게 맞춤형 가치를 제공하며, 치열한 경쟁 시장에서 자사만의 차별화된 이미지를 고객의 마음속에 각인시키도록 돕는다. 이는 자원 활용의 효율성을 극대화하고, 시장에서 지속 가능한 경쟁 우위를 확보하는 데 결정적인 역할을 한다.

국내의 대표적인 사례로 마켓컬리(Kurly)를 들 수 있다. 마켓컬리는 창업 초기, '모든 온라인 식료품 구매자'를 공략하는 대신 '수도권에 거주하며 품질 좋은 식자재에 대한 지불 의사가 있는 30-40대 맞벌이 가구'라는 구체적인 시장을 세분화(S)하고, 이들을 핵심 고객으로 선정(T)했다. 이후 '샛별배송'이라는 혁신적인 서비스를 통해 '가장 신선하고 믿을 수 있는 프리미엄 식료품 플랫폼'으로 포지셔닝(P)하는 데 성공했다. 이처럼 명확한

STP 전략은 마켓컬리가 대기업이 즐비한 유통 시장에서 독보적인 위치를 차지하게 만든 핵심 동력이었다.

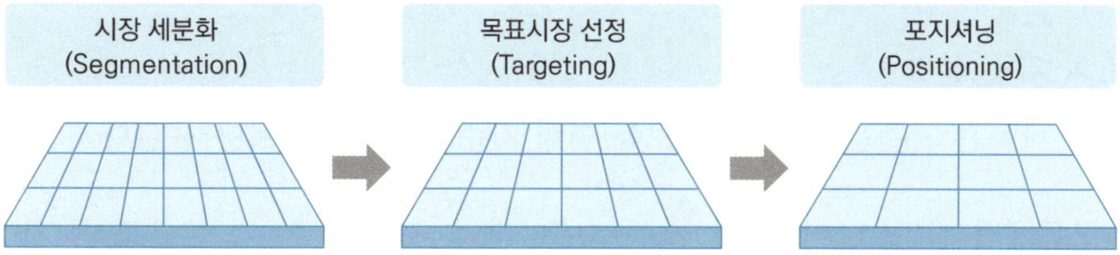

가 Segmentation(시장 세분화)

1) 개념

시장 세분화는 전체 시장을 공통된 특징이나 요구를 가진 소비자 집단으로 나누는 과정이다. 이를 통해 기업은 다양한 고객 집단의 특성을 명확히 이해하고, 각 세그먼트에 적합한 마케팅 전략을 설계할 수 있다. 세분화를 통해 고객의 니즈를 보다 구체적으로 파악할 수 있으며, 이는 고객 만족도를 높이는 데 필수적이다. 예를 들어, 한 글로벌 화장품 브랜드는 고객의 피부 타입과 관심사를 기반으로 시장을 세분화했다. 이를 통해 건조한 피부를 가진 고객에게는 보습 효과가 강조된 제품을, 민감성 피부를 가진 고객에게는 자극을 최소화한 제품을 각각 추천하여 높은 고객 만족도를 달성했다. 이러한 사례는 세분화의 실질적인 효과를 보여주는 좋은 예이다.

2) 실행방법

구체적인 세분화의 방법으로는 세분 시장 내 동질성을 극대화하고, 세분 시장 외 이질성을 극대화하는 방법을 활용할 수 있다. 이때, 시장 세분화의 요건은 다음과 같다.

- 측정 가능성: 시장 크기와 구매력을 명확히 측정할 수 있어야 한다.
- 유지 가능성: 세분화된 시장이 시간에 따라 지속적으로 존재할 수 있어야 한다.
- 접근 가능성: 세그먼트에 도달할 수 있는 실질적인 채널과 방법이 존재해야 한다.
- 실행 가능성: 기업의 자원과 역량 내에서 마케팅 실행이 가능해야 한다.
- 내부 동질성/외부 이질성: 세그먼트 내부의 고객은 공통된 요구와 특성을 공유하

며, 세그먼트 외부의 고객과는 명확히 구분되는 특징을 가져야 한다.

이 요건을 충족하면 효율적이고 효과적인 시장 세분화를 통해 고객 요구를 보다 정확히 반영할 수 있다.

세분화 기준 설정

시장을 나누는 기준은 다양하며, 보통 여러 기준을 복합적으로 사용한다.

- 인구통계적 기준: 나이, 성별, 소득 수준, 직업, 교육 수준, 가족 규모 등 가장 기본적이고 측정하기 쉬운 기준이다. (예: 20대 대학생, 월 소득 500만 원 이상의 30대 기혼 남성)
- 지리적 기준: 국가, 지역, 도시 규모, 인구 밀도, 기후 등 지리적 특성에 따라 시장을 나눈다. (예: 수도권 1인 가구, 제주도 관광객)
- 심리분석적 기준: 라이프스타일, 가치관, 성격, 사회 계층, 관심사(AIO) 등 고객의 내면적 특성을 기준으로 한다. (예: 환경 보호에 관심이 많은 '그린슈머', 미니멀리즘을 추구하는 소비자)
- 행동적 기준: 구매 패턴, 제품 사용량, 브랜드 충성도, 추구하는 편익(Benefit), 웹사이트 방문 빈도 등 고객의 실제 행동을 기반으로 한다. 기술 창업에서 가장 중요한 기준으로, 데이터 분석을 통해 가장 정교한 세분화가 가능하다. (예: 매일 아침 앱을 사용하는 헤비 유저, 할인 쿠폰에만 반응하는 고객)

데이터 수집 및 분석

설정한 기준에 따라 고객 데이터를 수집하고 분석하여 실제 세분시장을 도출한다. 고객 설문조사, 심층 인터뷰(FGI), 구매 이력 데이터, 웹 로그 분석, 소셜 미디어 데이터 등 다양한 출처를 활용해야 한다. 이때 고객 관계 관리(CRM, Customer Relationship Management) 시스템이나 구글 애널리틱스(Google Analytics)와 같은 데이터 분석 도구를 활용하면 잠재 고객의 행동 패턴을 과학적으로 분석할 수 있다.

세그먼트 프로파일링

구체적인 고객 세그먼트의 크기와 성장 가능성, 접근 가능성 및 실행 가능성 및 세그먼트가 기업 목표와 얼마나 부합하는지 평가한다.

이러한 분석을 통해 도출된 각 세분시장의 크기, 성장 가능성, 주요 니즈, 구매 결정 요인 등을 상세하게 기술하여 각 집단의 초상화(Persona)를 그린다. 예를 들어, '세그먼트

A: 가격 민감형 알뜰족', '세그먼트 B: 품질 우선형 가치소비족' 등으로 명명하고 구체적인 특성을 정의한다.

3) 고객 세분화 예시

한 음료 회사는 시장을 '청소년', '성인', '노년층'으로 세분화하고, 각 그룹의 선호도에 따라 에너지 음료, 건강 음료, 저당 음료를 각각 개발한다. 추가적으로 '환경을 중시하는 소비자'라는 심리적 기준을 활용해 지속 가능성 기반 제품을 타겟팅할 수 있다. 이러한 세분화를 통해 기업은 다양한 고객층의 니즈를 충족시킬 수 있다.

나 Targeting(타겟팅)

1) 개념

타겟팅은 세분화된 여러 시장 중에서 자사의 비전, 목표, 자원에 가장 부합하며 가장 높은 성공 가능성을 보이는 매력적인 시장을 선택하고 집중하는 과정이다. 모든 세분시장을 공략하는 것은 한정된 자원을 가진 스타트업에게는 비효율적이며 필패 전략에 가깝다. 타겟팅은 '선택과 집중'을 통해 마케팅 활동의 효율을 극대화하는 전략적 의사결정이다.

2) 실행방법

각 세분시장의 매력도를 평가하고, 자사의 역량과 적합성을 고려하여 최종 표적 시장을 결정한다.

세분시장 매력도 평가

- 시장 규모와 성장 가능성: 현재 시장의 크기는 물론, 향후 3-5년간의 예상 성장률을 평가한다. 통계청의 광업제조업조사나 각종 산업 보고서를 통해 관련 제품의 출하액, 기업 수 등의 데이터를 참고할 수 있다. 시장이 너무 작으면 수익성이 낮고, 성장이 정체되어 있으면 미래가 불투명하다.
- 경쟁 강도와 진입 장벽: 해당 시장에 얼마나 많은 경쟁자가 있으며, 그들의 시장 지배력은 어느 정도인지 분석한다. 기존 강자들이 확고히 자리 잡은 시장(Red Ocean)보다는 경쟁이 덜하거나 아직 충족되지 않은 니즈가 있는 시장(Blue Ocean)이 스타

트업에게 더 매력적이다.

- 세분시장의 수익성: 고객당 평균 매출(ARPU), 고객 획득 비용(CAC), 고객 유지 비용 등을 고려하여 장기적인 수익성을 평가한다.

기업 적합성 평가

- 기업 목표와의 부합성: 해당 시장 공략이 기업의 장기적인 비전과 목표에 부합하는지 평가한다.
- 자원 및 핵심 역량: 자사가 보유한 기술력, 자금, 인력, 특허 등의 내부 자원과 핵심 역량으로 해당 시장에서 경쟁 우위를 가질 수 있는지 냉철하게 판단해야 한다.

표적 시장 선정 전략

- 단일 세분시장 집중 전략(Concentrated Marketing): 하나의 특정 세분시장에 모든 자원을 집중하는 전략. 자원이 부족한 대부분의 스타트업에게 가장 권장되는 방식이다. 해당 시장에서 '작은 거인'이 되어 확고한 기반을 다진 후, 다른 시장으로 확장하는 발판을 마련할 수 있다. (예: 초기 마켓컬리)
- 선택적 전문화 전략(Selective Specialization): 기업의 역량에 맞는 여러 세분시장을 선택하여 각각 다른 제품이나 마케팅으로 공략하는 전략. 위험을 분산시킬 수 있지만, 단일 집중 전략보다 많은 자원이 필요하다.
- 제품 전문화 전략(Product Specialization): 다양한 고객 집단에게 하나의 특정 제품 유형을 집중적으로 판매하는 전략. 제품 자체의 기술력이나 전문성이 매우 뛰어날 때 효과적이다. (예: 전문가용 영상 편집 소프트웨어)
- 시장 전문화 전략(Market Specialization): 특정 고객 집단이 가진 다양한 니즈를 충족시키기 위해 여러 종류의 제품을 제공하는 전략. 고객과의 깊은 신뢰 관계가 형성되었을 때 가능하다. (예: 영유아 자녀를 둔 부모를 대상으로 기저귀, 분유, 장난감 등 다양한 제품을 판매)
- 전체 시장 공략 전략(Full Market Coverage): 모든 세분시장에 각기 다른 제품으로 접근하는 전략. 막대한 자본과 유통망을 가진 대기업(예: 삼성전자, 현대자동차)만이 구사할 수 있다.

3) 타겟팅의 유형

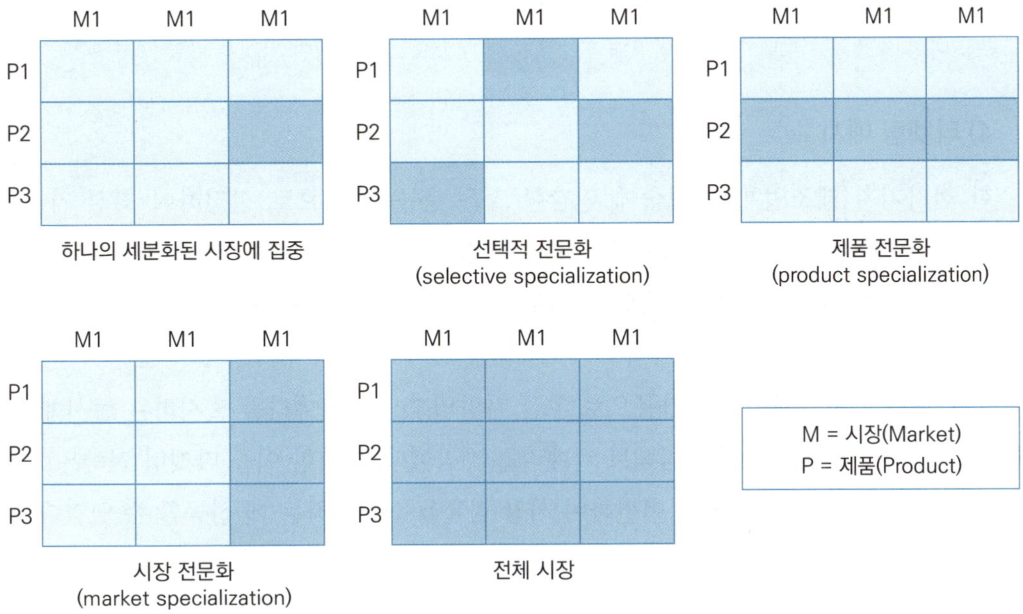

하나의 세분화된 시장에 집중

특정 시장과 제품의 조합에 집중하여 전문성을 극대화한다.

(예: 고급 패션 브랜드가 특정 고소득층을 대상으로 한 프리미엄 제품 라인을 운영).

선택적 전문화(Selective Specialization)

다양한 시장에 걸쳐 특정 제품을 선택적으로 제공하여 시장의 다변화를 추구한다.

(예: 한 IT 기업이 중소기업과 대기업을 대상으로 각각 적합한 클라우드 솔루션을 제공.)

제품 전문화(Product Specialization)

여러 시장에서 특정 제품을 집중적으로 제공하여 제품 차별화를 강조한다.

(예: DSLR 카메라 제조사가 사진 애호가와 전문가를 대상으로 한 고급 렌즈 제품군 제공.)

시장 전문화(Market Specialization)

특정 시장에서 다양한 제품을 제공하여 시장 내 입지를 강화한다.

(예: 친환경 소비자를 대상으로 에코백, 재사용 가능한 병 등 다양한 제품군을 제공.)

전체 시장(Target Market)

모든 시장에서 다양한 제품을 제공하여 시장 전체를 대상으로 한다.

(예: 대형 생활용품 브랜드가 전 연령대와 소득층을 대상으로 기본적인 가정용 제품을 제공.)

4) 타겟팅 예시

한 전자기기 제조업체는 '기술에 민감한 젊은 층'을 타겟으로 선정하여 최신 기술을 탑재한 프리미엄 스마트폰을 집중적으로 마케팅한다. 추가적으로, 타겟 세그먼트 내에서도 '전문가용'과 '대중용'으로 제품을 세분화해 각각의 니즈를 충족시키는 이중 타겟팅 전략을 적용할 수 있다.

한 카메라 제조업체는 전문가용으로 고급 사양의 DSLR 카메라를 출시하는 동시에, 대중용으로 쉽게 사용할 수 있는 콤팩트 카메라를 제공했다. 이러한 이중 타겟팅 전략은 전문 사진가와 일반 사용자 모두에게 어필하여 시장 점유율을 확대하는 데 성공할 수 있었다.

다 Positioning(포지셔닝)

1) 개념

포지셔닝은 선정된 표적 시장 고객의 마음속에 자사의 제품이나 브랜드가 경쟁사와 대비하여 독특하고 가치 있는 위치를 차지하도록 만드는 모든 활동을 의미한다. 포지셔닝의 전쟁터는 시장이 아니라 '고객의 인식' 속이다. 아무리 뛰어난 제품이라도 고객이 그 가치를 인식하지 못하면 무용지물이다.

따라서 포지셔닝은 단순히 제품의 특징을 나열하는 것이 아니라, '고객에게 전달하고자 하는 단 하나의 핵심 가치나 이미지'를 결정하고, 이를 모든 마케팅 활동을 통해 일관되게 전달하는 과정이다.

예를 들어, 나이키는 "Just Do It"이라는 간결한 메시지를 통해 도전과 열정을 상징하는 브랜드로 자리 잡았다. 이를 통해 소비자들은 단순히 운동화가 아니라 삶의 철학을 구매하는 느낌을 받으며, 나이키 제품을 선택하게 된다. 이처럼 포지셔닝은 단순히 제품을 판매하는 것을 넘어, 고객의 감정과 가치를 공감하는 데 중점을 둔다. 다시 말해 세분화된 목표 시장 내의 잠재 고객의 마음에 우리 기업의 제품과 이미지를 통해 경쟁 제품과 비교하여 차별화된 위치를 선점하는 전략을 의미하며, 제품에 어떠한 행동을 취한다기보다는 제품을 통해 고객에게 우리가 전달하고자 하는 가치를 심어주는 활동을 의미한다.

다음은 Positioning 전략의 대표적 유형들이다.

- 제품 속성에 의한 포지셔닝: 제품의 주요 특징이나 독특한 속성을 강조하여 차별화된 이미지를 구축하는 방법이다.
  (예: 다이슨은 강력한 흡입력을 가진 청소기로 기술 혁신과 고급 이미지를 포지셔닝하여 프리미엄 가전 시장에서 성공을 거두었다.)
- 이미지에 의한 포지셔닝: 제품 자체의 속성보다는 브랜드가 전달하고자 하는 감성적 이미지나 가치를 강조하는 방법이다.
  (예: 스타벅스는 단순한 커피 판매를 넘어 '세련된 라이프 스타일'을 상징하는 브랜드로 포지셔닝하여 전 세계적으로 충성 고객을 확보했다.)
- 사용상황/목적에 의한 포지셔닝: 제품이 사용되는 특정 상황이나 목적을 강조하여 타겟 고객에게 어필하는 방법이다.
  (예: 레드불은 '에너지가 필요한 순간'이라는 사용 상황을 포지셔닝하여 학생, 운동선수, 야근 직장인을 타겟으로 삼아 큰 성공을 이루었다.)

고객은 제품을 구매할 때, 경쟁 제품과 비교하여 기업의 제품이나 브랜드를 어떻게 인식하는지를 통해 구매의사를 결정한다. 예를 들어, 스마트폰 시장에서 삼성과 애플은 제품의 성능과 디자인에서 각기 다른 포지셔닝 전략을 통해 소비자들에게 차별화된 이미지를 제공한다. 애플은 '프리미엄과 혁신'의 이미지를, 삼성은 '다양성과 기술 선도'를 강조함으로써 소비자들이 브랜드 선택 시 각자의 강점을 고려하도록 유도하고 있다. 이러한 비교는 고객의 구매 결정에 직접적인 영향을 미치며, 브랜드 충성도를 형성하는 데 중요한 역할을 한다. 성공적인 포지셔닝은 소비자의 브랜드 충성도를 강화하고, 기업의 장기적 성공에 기여할 수 있어야 한다.

2) 실행 방법

포지셔닝 목표 설정

타겟 고객에게 제공하고자 하는 핵심 가치를 정의한다. 고객의 가장 중요한 니즈를 파악하고 이를 충족할 수 있는 기업의 핵심 강점을 분석하는 방식으로 진행한다. 예를 들어, 테슬라는 '지속 가능성'과 '혁신'을 핵심 가치로 정의하여 전기차 시장에서 독보적인 위치를 차지했다.

경쟁 제품과의 차별화 요소 도출

포지셔닝 맵(Positioning Map)과 같은 도구를 활용하여 주요 경쟁사들이 고객의 인식 속에서 어떤 위치를 차지하고 있는지 분석한다. 이후, 경쟁사가 차지하지 못한 빈 공간이나 우리가 더 우위를 가질 수 있는 지점을 찾아내어 차별화 요소를 도출해야 한다. (예: 애플은 단순한 사용성과 프리미엄 디자인을 강조하여 경쟁사와의 차별화를 성공적으로 만들었다.)

포지셔닝 메시지 개발

고객의 요구와 니즈를 충족시키는 간결하고 강력한 메시지 설계한다. 타겟 고객이 쉽게 이해하고 공감할 수 있는 간결한 메시지를 제작해야 한다. 예를 들어, 나이키의 'Just Do It'은 모든 고객층에게 도전과 영감을 전달하는 메시지로 자리 잡았다. 이러한 브랜드 슬로건, 광고 캠페인 등을 통해 메시지 전달한다. 일관된 메시지를 다양한 채널(광고, 소셜 미디어, 이벤트 등)을 통해 반복적으로 전달하여 고객의 기억에 남도록 해야 한다. 때문에 이러한 메시지는 간결하고 강력한 메시지나 슬로건으로 개발되어야 한다. 이 메시지는 브랜드의 정체성을 압축적으로 보여주어야 한다. (예: 에이스침대의 '침대는 가구가 아닙니다. 과학입니다.)

포지셔닝 실행

제품 디자인, 가격 정책, 유통 채널, 프로모션 전략 등을 통해 포지셔닝 전략 실행 한다. 고객이 포지셔닝 메시지를 실제로 경험할 수 있도록 모든 접점에서 전략을 실행해야 한다.

- Product(제품): 포지셔닝에 맞는 디자인, 기능, 품질을 갖추어야 한다.
- Price(가격): 프리미엄 포지셔닝이라면 고가 정책을, 가성비 포지셔닝이라면 저가 정책을 유지해야 한다.
- Place(유통): 고급 이미지를 원한다면 백화점이나 전문점에, 대중적 이미지를 원한다면 대형마트나 편의점에 입점해야 한다.
- Promotion(판매 촉진): 광고, 소셜 미디어, 이벤트 등 모든 커뮤니케이션 채널에서 일관된 메시지를 전달해야 한다.

지속적인 모니터링 및 리포지셔닝(Re-positioning)

고객의 인식, 경쟁사의 전략, 시장 트렌드는 계속 변한다. 따라서 정기적인 시장 조사를 통해 현재의 포지셔닝이 여전히 유효한지 지속적으로 평가하고, 필요하다면 시대의 변화에 맞게 리포지셔닝(기존의 포지션을 새롭게 수정하는 활동)을 과감하게 실행해야 한다.

3) 포지셔닝 예시

예를 들어, 자동차 산업에서 브랜드 포지셔닝은 소비자들에게 명확하고 차별화된 이미지를 전달하는 데 중요한 역할을 한다. 메르세데스-벤츠와 BMW는 '고급의'와 '스포티' 속성을 강조하며 프리미엄 시장에서 차별화된 위치를 구축하였다. 반면, 볼보와 랜드로버는 '전통적'이며 '실용적' 속성을 통해 가족 친화적이고 안전성을 중시하는 고객들에게 어필하는 전략을 구사하고 있다.

국내에서는 야놀자(Yanolja)가 국내 숙박 시장에서 포지셔닝 전략을 성공적으로 구사한 대표적 사례이다. 초기에 '모텔'이 가진 다소 부정적인 인식을 바꾸기 위해 '놀이와 숙박을 결합한 합리적인 여가 공간'이라는 새로운 가치를 제안했다. '잠깐 쉬어가도 괜찮아', '놀아보자'와 같은 캠페인을 통해 모텔을 젊은 세대가 부담 없이 즐길 수 있는 공간으로 리포지셔닝하는 데 성공했다. 이는 단순히 숙박 시설을 중개하는 것을 넘어, '여가(Leisure-tech)'라는 새로운 시장을 개척한 성공적인 포지셔닝 전략으로 평가받는다.

야놀자(Yanolja) 포지셔닝 맵

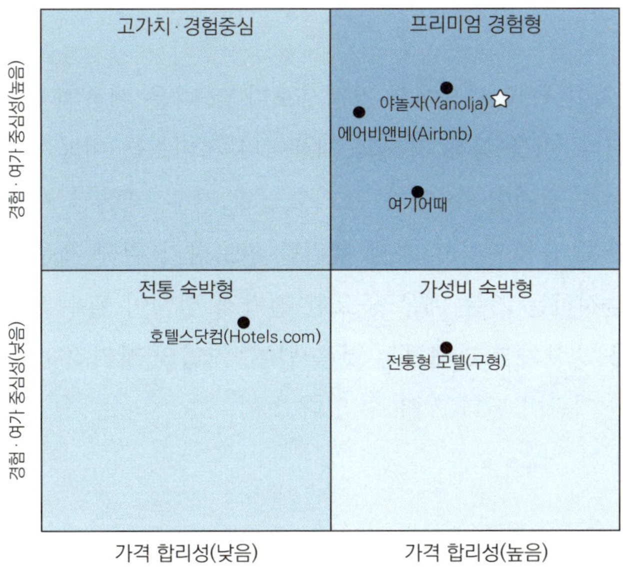

4 마케팅 믹스(4P) 전략 수립

4P 마케팅 믹스는 기업이 시장에서 제품이나 서비스를 효과적으로 제공하기 위해 사용하는 네 가지 주요 요소(Product, Price, Place, Promotion)를 조합하여 전략을 설계하는 틀을 의미한다. 1960년 마케팅 학자 제롬 맥카시(Jerome McCarthy)는 그의 저서 『Basic Marketing: A Managerial Approach』를 통해 마케팅 믹스의 4P 프레임워크를 처음 소개했다. 그는 마케팅 믹스를 기업이 통제 가능한 요소로 정의하고, 이러한 요소들을 효과적으로 조합하여 목표 시장에 제품이나 서비스를 효과적으로 전달해야 한다고 주장했다. 이후 4P 프레임워크는 여러 학자들에 의해 발전되고 수정되어 왔지만, 마케팅 전략 수립의 기본적인 틀로서 오늘날까지도 널리 활용되고 있다.

특히 자원이 제한된 기술 창업기업에게 4P 전략의 정교한 설계는 생존과 직결된 문제이다. 이는 제품 생산부터 최종 고객에게 전달되기까지의 모든 과정을 체계적으로 관리하고, 한정된 예산을 가장 효율적으로 배분하는 나침반 역할을 하기 때문이다. 일관성 있는 4P 전략은 소비자에게 명확한 브랜드 메시지를 각인시켜 초기 시장에서 인지도를 높이고, 충성 고객을 확보하는 가장 강력한 무기가 된다는 점에서 스타트업이 초기 시장에서 인지도를 높이고 충성 고객을 확보하는 데 중요한 기반이 된다.

가 제품(Product) 전략

1) 개념

제품 전략은 기업이 목표 시장에서 경쟁사보다 더 나은 제품의 포지셔닝을 구축하기 위한 전략적 과정이다. 이를 통해 자사의 제품이나 서비스를 어떻게 차별화할 것인지에 대한 전략적 방향성을 설정할 수 있다. 스타트업의 경우, 제한된 자원을 효율적으로 활용하여 고객의 니즈를 충족시키고 경쟁 우위를 확보하기 위해 제품과 서비스를 어떻게 개발하여 시장에 출시하는 가는 매우 중요한 전략적 선택이 될수 있다. 때문에 제품 전략은 단순히 상품을 생산하고 판매하는 것을 넘어, 기업의 장기적 성장과 고객 충성도를 확보하는 데 중요한 기반이 된다고 볼 수 있다.

2) 제품/서비스 차별화

제품 차별화 전략은 크게 물리적 차별화와 서비스 차별화로 나누어 생각해볼 수 있다.

물리적 차별화

물리적 차별화는 자사 제품이 경쟁사 제품과 비교하여 명확히 구분되는 물리적 특성을 부여하는 전략이다. 예를 들어, 스마트폰 시장에서 특정 모델은 고해상도 카메라, 세련된 디자인, 내구성 있는 소재를 통해 경쟁 제품과 차별화를 시도할 수 있다. 이러한 물리적 차별화의 주요 요소는 다음과 같다.

- 디자인: 독창적이고 고객의 감성을 자극할 수 있는 외형 설계. 예를 들어, 애플의 아이폰은 미니멀한 디자인과 사용자 친화적인 인터페이스로 차별화를 이루었다.
- 기능: 고객의 문제를 해결하거나 편의를 제공하는 제품의 기능적 특성. 이는 예를 들어, 전기자동차의 자율주행 기능이나 고속 충전 기술처럼 고객의 삶을 혁신적으로 변화시킬 수 있는 요소이다.
- 품질: 제품의 내구성과 신뢰성을 포함하여 고객이 인지하는 품질 수준. 고품질의 소재와 제조 공정을 통해 고객 신뢰를 확보할 수 있다.
- 포장: 제품을 보호하고 브랜드 이미지를 전달하는 패키징 전략. 이는 특히 소비재 제품에서 브랜드 가치를 전달하는 중요한 매개체가 될 수 있다.

서비스 차별화

서비스 차별화는 제품을 구매한 고객이 경험할 수 있는 무형의 부가적인 가치를 창출하는 전략이다. 이러한 서비스 차별화의 주요 요소는 다음과 같다.

- 품질보증 서비스: 제품의 품질을 보증하고 고객 신뢰를 높이는 프로그램. 예를 들어, 전자제품의 무상 수리 기간 연장은 고객에게 안심을 제공한다.
- 고객 상담 및 관리: 소비자의 피드백에 신속히 대응하여 고객 만족도를 향상. 이는 고객과의 지속적인 관계를 유지하는 데 중요한 역할을 한다.
- A/S 지원: 제품 사용 후 문제 발생 시 신속히 해결할 수 있는 사후 서비스. 예를 들어, 자동차 업계의 24시간 긴급 출동 서비스는 고객에게 큰 신뢰를 제공한다.
- 주문 용이성: 고객이 제품을 구매하기 쉽게 하는 사용자 친화적인 주문 시스템. 이는 특히 온라인 플랫폼에서 중요한 역할을 하며, 아마존의 '원클릭 구매' 기능이 대표적인 사례이다.

3) 새로운 제품 개발 전략

신제품이란 기업과 소비자 모두에게 새로운 제품이나 서비스를 의미한다. 신제품개발 전략은 기업과 소비자 측면에서 새로움의 정도에 따라 다음과 같이 분류될 수 있다.

기업 측면에서 새로움의 정도가 높은 경우

기업이 완전히 새로운 제품이나 서비스를 출시하는 것을 의미한다.

이러한 신제품은 소비자 측면에서도 새로움의 정도가 높게 인식되는 경우는 시장에 없는 새로운 제품, 즉 혁신적 제품으로 개발하는 경우이다. PDA나 폴라로이드 카메라처럼 이전에 없던 새로운 가치를 제공하는 제품이 이에 속한다. 소비자 측면에서 새로움의 정도가 중간 정도로 인식되는 것은 기존 제품의 생산 방법이나 원료를 변경하여 새로운 가치를 제공하는 제품으로 볼 수 있다. 그리고 소비자 측면에서 새로움의 정도가 낮은 것은 기업 입장에서는 새로운 제품이지만 소비자에게는 기존 제품과 유사하게 인식되는 제품계열확장에 해당한다. 세제를 생산하던 기업이 비누나 샴푸, 화장품, 구강 제품 등으로 제품 범위를 넓히는 것이 이에 해당한다.

기업 측면에서 새로움의 정도가 중간인 경우

기업이 기존 제품을 기반으로 개선하거나 변형을 가하는 것을 의미한다. 소비자 측면에서 인식할 때 새로움의 정도가 높게 느껴지는 것은 기존 제품의 포장을 새롭게 바꾸는 전략이 해당한다. 소비자 측면에서 새로움의 중간 정도로 인식되는 것은, 기존 제품 라인에 새로운 제품을 추가하는 제품 라인 추가하는 경우에 해당한다. 예를 들어, 버드와이저 맥주를 생산하는 기업에서 버드라이트 맥주를 새롭게 출시하는 경우이다. 소비자 측면에서 새로움의 정도가 낮은 경우는 기존 제품을 개선하여 제품 개선을 하는 경우로 볼 수 있다.

기업 측면에서 새로움의 정도가 낮은 경우

기존 제품을 활용하여 비용을 절감하거나 새로운 시장을 개척하는 등의 변화를 추구하는 것을 의미한다.

이러한 제품개발이 소비자 측면에서 새로움의 정도가 높은 경우는 기존 제품을 완전히 다른 시장에 출시하여 새로운 시장을 개척하는 경우이다. 소비자 측면에서 새로움의 정도가 중간 정도로 인식되는 것은 새로운 용도나 목표 고객을 설정하여 기존 제품을 재포지셔닝하는 제품 재포지셔닝에 해당한다. 일반 껌을 충치 예방 자일리톨 껌으로 재포지셔닝하여 새로운 시장을 공략하는 것이 그 예이다. 소비자 측면에서 새로움의 정도가 낮게 인식되는 것은 제품 생산 비용을 절감하는 비용 절감에 해당한다.

신제품 개발의 가장 이상적인 경우는 기업의 측면에서 새로움의 정도가 낮아 생산 및 원가 절감이 가능하면서도 소비자 측면에서는 새로움의 정도가 높아 혁신적으로 느껴질 수 있는 제품일 것이다. 이는 기업이 비용 효율성을 유지하면서도 소비자에게 강렬한 인상을 주어 시장 점유율을 확대할 수 있기 때문이다. 그러나 현실적으로 스타트업의 경우, 자원과 경험의 제약으로 인해 이러한 이상적인 시나리오를 달성하기 어렵다. 대신, 기존 시장에 존재하는 경쟁 제품에 새로움을 더하는 방식이 리스크를 줄일 수 있는 접근 방법으로 활용 될수 있다. 예를 들어, 기존 생산 방법에 변화를 주거나 새로운 원료를 사용하여 제품을 개선하거나, 동일한 제품을 재포지셔닝하여 새로운 소비자 집단을 타겟팅하는 전략은 상대적으로 낮은 리스크로 시장에서 경쟁력을 강화할 수 있는 현실적인 대안이 될 수 있다.

4) 장단기 전략의 실행

단기적 전략

단기적인 차원에서 제품전략은 빠른 시일 내 수익확보를 목표로 하는 것을 의미한다. 제품의 원가 절감을 위해 대량 생산을 통해 단위당 생산 비용을 줄이고, 자동화를 통해 반복적이고 비효율적인 작업을 줄여 인건비를 절감하는 효과를 추진하는 등의 전략도 제품화 전략의 한 부분이라고 볼 수 있다.

스타트업의 경우에는 제품의 개선을 통하여 원가를 절감하는 방안을 단기 전략으로 추진하기도 한다. MVP와 같이 고객가치분석(Value Analysis)을 기반으로 제품의 핵심 기능은 유지하면서도 불필요한 요소를 제거하여 비용 효율을 극대화할 수 있다.

장기적 전략

중장기적 차원에서 제품 전략은 지속적 수익 증대를 목표로 한다.

시장에 출시한 제품의 기존 제품의 변형 또는 새로운 제품 개발을 통해 다양한 소비자층을 공략한다. 이것을 제품의 계열 확대 전략이라고 한다. 예를 들어, 특정 전자기기 브랜드가 크기와 기능이 다양한 모델을 출시하여 다양한 소비자 니즈를 충족시키는 방식이다. 이러한 전략은 기존 고객을 유지하는 동시에 새로운 시장을 개척하는 데 도움이 될 수 있다.

스타트업의 경우에는 특정 소비자의 니즈에 맞춘 제품 개발로 차별화를 강화하는 맞춤/주문 제품화 전략도 추진할 수 있다. 예를 들어, 고객의 요구에 따라 맞춤 제작되는 고급 가구나 럭셔리 제품은 독창성과 개인화된 경험을 제공하여 고객 충성도를 높이는 데 효과적이다. 이는 특히 프리미엄 시장에서 유리하게 작용하며, 기업의 고부가가치 수익원을 창출할 수 있다.

5) 제품의 브랜드 전략

브랜드는 소비자가 특정 제품이나 서비스를 경쟁사와 구분할 수 있도록 돕는 중요한 요소이다. 또한, 브랜드는 소비자에게 신뢰와 감정적 연대를 제공하여 제품이나 서비스에 대한 애착을 형성하고, 반복 구매를 유도하는 정서적 가치를 창출할 수 있다. 브랜드는 이름, 로고, 상징물 등을 통해 법적으로 보호받을 수 있으며, 단순히 제품의 상징이 아니라, 소비자와의 정서적 연결고리로 작용하여 장기적인 고객 충성도를 구축할 수 있다는 점에서 중요한 제품전략의 요소이다.

다음은 브랜드 전략의 여러 가지 유형이다.

계열(라인) 확장

계열 확장은 기존 브랜드를 활용하여 동일 계열 내의 다양한 제품군에 적용하는 방식이다. 예를 들어, 현대자동차의 '소나타' 시리즈는 다양한 연식과 모델을 출시하여 소비자 선택의 폭을 넓히고 시장 내 점유율을 높였다. 이 전략은 브랜드 인지도를 높이고 소비자 충성도를 강화하는 데 유리하다. 또한, 제품군 간의 연관성을 강조함으로써 소비자에게 일관된 브랜드 경험을 제공한다.

또 다른 사례인 농심의 '신라면'은 강력한 브랜드를 기반으로 '신라면 블랙', '신라면 건면', '신라면 볶음면' 등 다양한 라인업을 출시하여 소비자 선택의 폭을 넓히고 시장 지배력을 강화했다.

브랜드 확장

브랜드 확장은 기존 브랜드를 새로운 계열의 제품에 적용하는 전략이다. 즉, 성공한 기존 브랜드의 이름을 완전히 다른 새로운 제품군에 적용하는 전략이다. 브랜드가 가진 긍정적 이미지를 활용하여 신제품의 시장 진입을 용이하게 한다.

카카오(Kakao)는 '카카오톡'이라는 메신저 브랜드의 막강한 영향력을 바탕으로 금융(카카오뱅크), 모빌리티(카카오 T), 콘텐츠(카카오페이지) 등 전혀 다른 산업으로 브랜드를 성공적으로 확장했다. 이러한 방식은 신제품 출시 초기의 시장 진입 장벽을 낮추는 동시에 마케팅 비용을 절감할 수 있다.

복수 브랜드 전략

복수 브랜드 전략은 동일 기업이 서로 다른 브랜드로 계열 내 제품을 제공하는 방식이다. 예를 들어, LG전자가 전자기기 브랜드로 'LG'를, LG화학이 화학 제품에 집중하는 브랜드 전략을 채택한 사례이다. 이를 통해 각 브랜드가 전문성을 강조할 수 있으며, 특정 시장 세분화에 효과적으로 대응할 수 있다.

신규 브랜드 전략

신규 브랜드 전략은 기존 브랜드와의 연계성을 배제하고 완전히 새로운 브랜드를 개발하여 신제품에 적용하는 방식이다. 이는 새로운 타겟 소비자층을 공략하거나 기존 브랜드 이미지와 무관한 혁신적 제품을 선보이는 데 적합하다. 예를 들어, 토요타가 고급 자동차 시장을 겨냥해 '렉서스(Lexus)'를 런칭한 사례가 이에 해당된다.

메가 브랜드 전략

메가 브랜드 전략은 경쟁력이 약한 브랜드를 철수시키고 주요 브랜드에 집중하는 방식이다. 예를 들어, P&G는 기존 브랜드 중 시장 점유율이 낮은 제품을 단종시키고 '타이드(Tide)'와 같은 주요 브랜드에 자원을 집중하여 글로벌 리더십을 강화했다. 이 전략은 자원의 효율적 배분과 브랜드 가치를 극대화하는 데 효과적이다.

글로벌 브랜드 전략

글로벌 브랜드 전략은 특정 브랜드를 전 세계적으로 확장하여 다양한 시장에서 통합된 이미지를 구축하는 방식이다. 예를 들어, 애플은 동일한 브랜드와 디자인 언어를 전 세계적으로 적용하여 글로벌 소비자들에게 일관된 브랜드 경험을 제공한다. 이 전략은 국제 시장 진출 시 소비자 신뢰를 확보하고 시장 다변화에 기여할 수 있다.

나 유통(Placement) 전략

1) 개념

유통 전략은 기업이 제품이나 서비스를 고객에게 전달하기 위해 사용하는 모든 경로와 방법을 설계하고 관리하는 과정이다. 이는 제품을 적절한 시간, 장소, 조건에서 소비자에게 전달하여 고객 만족을 극대화하고, 기업의 수익성을 증대시키는 것을 목표로 한다. 스타트업에게 유통 전략은 제한된 자원을 효과적으로 활용하여 시장진입을 위한 중요한 요소로 작용한다. 유통 전략은 단순히 물류와 운송을 의미하는 것이 아니라, 소비자의 구매 편의성을 높이고, 브랜드 인지도를 강화하며, 전체적인 비즈니스 효율성을 증진하는 포괄적인 시스템을 포함한다. 특히 디지털 전환 시대에서는 온라인 채널과 물리적 채널의 통합 관리가 중요하다. 유통 경로는 제품 유형, 시장의 특성, 소비자의 요구에 따라 다양하게 설계되며, 특정 시장에서 경쟁력을 확보하는 데 핵심 역할을 한다.

2) 유통경로 설계의 고려 요소

기술사업화를 추진하는 기업이나 스타트업이 유통 경로를 설계할 때는 다음과 같은 요소를 고려하여 최적의 유통경로를 설계해야 한다.

총 거래 수 최소화

유통 과정에서의 중간 단계를 줄여 경비를 절감하고 효율성을 높이기 위해서는 총 거래수를 최소화 시켜야 한다. 중간 단계를 최소화하면 물류와 관리 비용을 줄일 수 있으며, 직접 소비자와 연결되는 채널이 활성화된다. 이는 특히 소규모 스타트업이 초기 비용을 줄이고 시장 진입 속도를 높이는 데 유리한 방식이다. 또한, 거래 수가 줄어들수록 공급망 복잡성이 감소하여 예측 가능성이 높아진다.

시간 효율의 고려

제품이 소비자에게 적시에 도달할 수 있도록, 중간상이 필요한지 여부와 저장 기능의 역할을 면밀히 검토해야 한다. 예를 들어, 신선식품의 경우 냉장 유통 시스템을 활용해 신선도를 유지하고 배송 시간을 최소화해야 한다. 제한된 유통기한이 있는 제품에서는 공급망 전반의 시간 효율성이 중요하며, 디지털 트래킹 시스템을 통해 실시간으로 배송 상태를 확인할 수 있다.

장소 효율의 고려

생산지와 소비지 간의 거리를 최소화하거나, 수송 기능을 강화하여 적시성을 확보한다. 예를 들어, 물류 창고를 주요 소비지 인근에 배치하거나, 라스트 마일(Last Mile) 배송 전략을 활용해 소비자와의 거리를 최소화하는 방식이 있다. 이는 특히 대도시와 같은 고밀도 지역에서 효율적인 유통을 가능하게 한다.

생산자와 소비자의 불일치 제거

소비자는 다양한 제품을 원하는 반면, 생산자는 비용 절감을 위하여 특정 제품군에 집중하는 경향이 있다. 대형마트는 소비자의 욕구를 충족시키기 위해 다양한 브랜드와 제품을 제공하며, 고급 전문점은 특정 고객층의 니즈에 맞춘 선택적인 구색을 제공한다. 예를 들어, 소비자의 선택 폭을 넓히기 위해 다양한 패키지와 옵션을 제공하거나, 특정 소비자를 겨냥한 프리미엄 제품군을 추가할 수 있다. 스타트업은 고객군에 따라 유연한 어떠한 전략이 생산자와 소비자의 불일치를 해소할 수 있는 접점이 될수 있는지를 판단해야 한다.

3) 유통 경로의 범위 결정

소비자에게 제품을 인지시키기 위하여 어떠한 유통경로와 그 범위를 결정할 것인지는 스타트업이 유통망을 구축할 때 초기 투자 비용과 밀접한 관련을 갖게 된다. 사업화 제품 또는 서비스에 따라 최적의 노출 범위를 확보할 수 있는 유통 경로를 설계해야 한다.

개방적 유통경로

개방적 유통경로는 많은 소매점에 제품을 노출시켜 접근성을 극대화하는 전략이다. 이를 통해 소비자가 언제 어디서나 제품을 구매할 수 있도록 하는 것이다. 적합한 제품으로는 주로 생활필수품이나 저관여 제품들이 해당된다.

선택적 유통경로

선택적 유통경로란 제한된 소매점이나 중간상을 통해 특정 소비자층을 겨냥하는 전략이다. 중간상을 선택적으로 활용하여 브랜드 이미지를 유지하고 고객 충성도를 높일 수 있다. 적합 제품으로는 가전제품처럼 구매 전에 비교가 필요한 중간관여 제품에 적합하다. 예를 들어 지역별로 제한된 가전제품 판매점이나 A/S가 가능한 매장에서 판매되는 전자제품들이 있다. 스타트업이 특정 지역에서 테스트 마케팅을 수행할 때 적합한 전략이다.

독점적 유통경로

독점적 유통경로는 매우 제한된 유통 채널을 통해 제품을 제공하며, 고급스러움과 희소성을 강조한다. 이러한 전략은 브랜드 가치를 높이고 고급 소비자층을 타겟으로 할 때 효과적이다. 이러한 유통경로는 고급 소비재나 전문성이 요구되는 제품에 적합하다. 예를 들어 자동차, 유명 디자이너 브랜드, 스타트업의 경우 프리미엄 제품을 출시할 때 독점적 유통경로를 활용할 수 있다.

4) 온라인/오프라인/온오프라인 채널의 활용

최근 유통 전략은 기업은 다양한 채널을 활용하여 소비자와의 접점을 극대화하기 위하여 온라인, 오프라인, 온오프라인 통합 등 다양한 전략을 유통경로로 활용한다. 각각 고유한 특징과 장점을 가지며, 이를 효과적으로 활용하는 것이 중요하다.

온라인 채널

전자상거래 플랫폼, 소셜 미디어, 모바일 애플리케이션 등 디지털 공간에서 이루어지는 유통 방식이다. 지리적 한계를 극복하여 전 세계 소비자를 대상으로 제품을 판매할 수 있고 소비자 데이터 분석을 통해 맞춤형 마케팅이 가능하다는 장점이 있으며, 운영비용 절감과 신속한 시장 진입이 가능하다.

다음은 온라인 채널에 적합한 사업 아이템의 예시이다.

- 디지털 제품: 전자책, 소프트웨어, 온라인 강의 등은 물리적 배송이 필요하지 않아 전 세계 어디서나 즉시 구매 및 다운로드가 가능
- 패션 및 액세서리: 글로벌 마켓플레이스를 통해 다양한 소비자층을 대상으로 판매 가능하며, 맞춤형 추천 기능을 통해 매출증가 용이
- 구독 기반 서비스: OTT(예: 넷플릭스), 클라우드 서비스(예: 드롭박스) 등은 지속적인 사용자 참여를 유도하고 안정적인 수익을 창출
- 소규모 제조 제품: 맞춤형 상품(예: 개인화된 텀블러, 티셔츠)은 주문 생산 및 직접 배송이 가능

오프라인 채널

물리적 매장에서 소비자와 대면하는 전통적인 유통 방식으로 제품을 직접 경험하고 구매할 수 있는 기회를 제공하며, 소비자와의 대면 소통을 통해 피드백을 즉시 수집할 수 있는 장점이 있다.

다음은 온프라인 채널에 적합한 사업 아이템의 예시이다.

• 고급 소비재: 럭셔리 브랜드, 고가의 가구, 자동차 등은 소비자가 제품을 직접 경험하고 품질을 확인하는 과정을 중요시하기 때문에 오프라인 유통이 적합
• 신선 식품 및 농산물: 지역 기반 농산물, 정육, 수산물 등은 신선도를 유지하며 소비자에게 전달하기 위해 오프라인 매장 중심의 유통이 적합
• 전문 상담이 필요한 제품: 의료기기, 고가의 전자제품(예: 홈 엔터테인먼트 시스템)은 전문 판매원의 상담을 통해 소비자에게 제공되는 것이 효과적
• 지역 기반 서비스: 미용실, 헬스케어, 자동차 수리점 등 물리적 상호작용이 필수적인 서비스업은 오프라인 채널을 활용

온오프라인 통합 채널

온라인과 오프라인의 장점을 결합한 유통 전략으로, 소비자의 다양한 구매 경험을 지원한다. 멀티채널 접근성을 통해 구매 편의성 극대화 할수 있고 소비자 데이터와 피드백을 통합적으로 관리하기에 유희하며, 옴니채널(Omni-channel) 전략으로 소비자 경험을 개인화 할 수 있는 장점이 있다.

다음은 온프라인 통합채널에 적합한 사업 아이템의 예시이다.

• 패션 및 라이프스타일: 의류 브랜드는 온라인에서 주문을 받고 오프라인 매장에서 제품을 시착하거나 픽업할 수 있도록 함으로써 소비자 만족도를 높일 수 있음
• 전자제품: 온라인에서 소비자가 제품 사양을 비교하고 주문한 후 오프라인 매장에서 기술 지원 및 A/S를 받을 수 있는 구조가 적합
• 헬스 및 피트니스: 온라인으로 운동 프로그램이나 건강 보조제를 판매하면서, 오프라인에서 체험형 피트니스 센터를 운영하는 방식이 효과적임
• 식음료(F&B): 온라인으로 예약 및 주문을 받고, 오프라인에서 음식을 제공하거나 소비자가 픽업하도록 운영하는 하이브리드 방식이 점점 증가하고 있음

다 촉진(Promotion) 전략

1) 개념

기업이 제품이나 서비스를 소비자에게 알리고 구매를 유도하기 위해 사용하는 모든 활동을 말한다. 이는 소비자와 기업 간의 소통을 강화하고, 제품의 가치를 전달하며, 브

랜드 인지도를 높이는 데 핵심적인 역할을 한다. 스타트업에게 촉진 전략은 제한된 자원으로 최대의 효과를 내기 위한 전략적 활동으로, 창의적이고 비용 효율적인 방법이 요구된다. 특히 촉진 전략은 제품이나 서비스의 수명 주기(PLC, Product Life Cycle) 단계에 따라 다르게 접근해야 한다. 각 단계별로 적합한 촉진 활동을 통해 시장 점유율을 확보하고 고객 충성도를 강화할 수 있다. 특히, 촉진 전략은 소비자의 심리적 동기를 자극하여 구매 행동을 유도하기 때문에 기업의 생존과 성장에 있어 중요한 역할을 한다.

2) 제품 수명 주기(PLC)와 촉진 전략

제품 수명 주기(PLC, Product Life Cycle)는 제품이 시장에 도입되어 소멸되기까지의 단계를 나타내며, 이를 도입기, 성장기, 성숙기, 쇠퇴기의 네 단계로 나눌 수 있다. 각 단계는 시장에서의 제품 상태와 소비자 반응에 따라 다르며, 기업은 이를 기반으로 촉진 전략을 최적화해야 한다.

도입기

혁신적인 제품이 처음 시장에 진입하는 시점으로, 초기 소비자를 확보하고 제품의 존재를 알리는 것이 가장 중요한 목표이다. 광고 캠페인으로 시장 인지도를 높이거나, 제품 시연 및 무료 샘플 제공으로 소비자 관심 유도하고, PR(홍보)을 통한 신뢰 구축 및 초반 시장 분위기 형성, 얼리어답터를 타겟으로 한 커뮤니케이션 강화 등의 전략이 활용된다.

성장기

제품이 점차 소비자들에게 인기를 얻고, 시장 점유율이 빠르게 증가하는 단계로, 브랜드 충성도를 강화해야 하는 시기이다. 이 단계의 목표는 시장 점유율 확대 및 브랜드 충성도를 구축하는 것이다. 광고를 통한 제품 차별성 강조와 브랜드 이미지 강화, 프로모션(할인, 쿠폰) 제공으로 구매 촉진, 소셜 미디어 마케팅 및 입소문 확산 마케팅, 유통 채널 확대와 함께 포괄적인 촉진 활동 진행되어야 한다.

성숙기

시장이 안정되고 경쟁이 심화되는 시기로, 고객 유지와 매출 안정화가 주요 과제이다. 기존 고객 유지 및 매출 안정화를 위한 활동이 주로 진행되어야 한다. 충성 고객 프로그램(포인트 적립, 특별 혜택)을 통해 고객 만족 강화, 경쟁 제품 대비 우수성 홍보 및 브랜드 재포지셔닝 시도, 리패키징 및 계절별 프로모션 강화, 브랜드 커뮤니티 구축을 통해 소비자와의 관계 강화 등의 활동이 실행될 수 있다.

쇠퇴기

수요가 감소하고 제품이 시장에서 점차 사라지는 시기로, 재고를 정리하고 새로운 제품으로 대체하는 전략이 필요하다. 이 시기에는 재고 정리 및 비용 회수를 목표로 한 활동이 추진되어야 한다. 대대적인 할인 및 번들링 판매, 대량 구매 고객 대상 특별 조건 제공, 신제품 출시와 연계한 교환 프로그램 시행, 잔여 재고를 타깃 소비자층에 집중 판매 등이 좋은 전략으로 선택될 수 있다.

3) 촉진 활동의 유형

광고(Advertising)

다양한 매체를 통해 제품이나 서비스를 대중에게 알리는 활동을 말한다. 대규모 고객층을 대상으로 한 정보 전달이 용이하고 브랜드 이미지 구축과 장기적인 인지 효과를 구축할 수 있는 장점이 있다.

온라인에서는 소셜 미디어 광고, 검색 엔진 최적화(SEO), 배너 광고, 인플루언서 마케팅 등이 활용되며, 오프라인에서는 TV, 라디오, 신문, 잡지, 옥외광고, 지역 광고 등이 활용될 수 있다.

스타트업의 경우에는 소비자 참여형 광고 캠페인(예: 해시태그 챌린지), 지역 맞춤형 광고를 통해 현지 소비자 공략 등의 전략을 실행할 수 있다.

홍보(Public Relations)

기업의 이미지 및 신뢰도를 향상시키기 위한 대중과의 커뮤니케이션 활동을 의미한다. 비용 효율적이며 신뢰도가 높고 간접적인 제품 홍보 효과를 볼 수 있다는 장점이 있다.

보도자료 배포로 새로운 제품 소식을 언론에 알리거나, CSR(사회적 책임) 활동을 통한 브랜드 이미지 개선하고, 행사 및 스폰서십을 통해 소비자와의 접점 확대, 소셜 미디어를 통한 브랜드 스토리텔링 및 고객 경험 공유하는 등의 전략이 실행될 수 있다.

판매 촉진(Sales Promotion)

단기적인 판매 증가를 목적으로 한 프로모션 활동을 의미한다. 구매 의사 결정을 유도하기 유리하며, 단기적인 매출 증대를 위한 전략으로 활용될 수 있다. 할인, 쿠폰 제공 및 멤버십 혜택 강화, 무료 샘플, 경품 이벤트, 사은품 제공, 매장 내 POP(Point of

Purchase) 광고와 프로모션 같은 활동 들이 실행될 수 있다.

인적 판매(Personal Selling)

판매원이 직접 소비자와 소통하며 제품 정보를 제공하고 구매를 유도하는 활동을 의미한다. 고객의 개별적인 요구에 맞춘 상담 제공을 제공함으로써 신뢰도 높은 커뮤니케이션을 구축할 때 유리하다.

방문 판매 및 개인화된 상담 제공하거나 B2B 세일즈 상담을 통해 기업 고객 확보하기, 전시회 참가 및 현장에서의 제품 시연 등의 활동을 추진할 수 있다.

4) 채널별 촉진 전략

온라인 채널

디지털 공간에서 이루어지는 촉진 활동으로, 지리적 제약 없이 대규모 고객층에 접근 가능하다는 특징을 활용해야 한다. 기업 홈페이지, 소셜 미디어, 이메일 마케팅, 검색 엔진 광고(예: 구글 애드워즈)와 리타겟팅 광고, 라이브 커머스 및 유튜브 광고를 통한 소비자 직접 접근, 데이터 기반의 맞춤형 광고 제공 등의 전략이 활용 될수 있다.

오프라인 채널

물리적 공간에서 소비자와 대면하여 진행하는 촉진 활동에 유리하다. TV, 라디오, 신문, 잡지 광고와 같은 전통 매체 활용, 전단지 배포 및 옥외 광고를 통한 지역 공략, 전시회 및 박람회 참가를 통한 B2B 네트워킹, 체험형 매장 운영으로 소비자 경험 강화 등을 실행 할 수 있다.

온오프라인 통합 채널

온라인과 오프라인의 장점을 결합하여 소비자 경험을 극대화하는 촉진 활동 전략을 실행할 수 있다. 온라인에서 프로모션 정보를 제공하고, 오프라인에서 쿠폰 사용 가능하게 한다든지, 소셜 미디어 광고와 오프라인 이벤트 연계를 통한 브랜드 경험 제공하기, 온오프라인 통합 CRM(Customer Relationship Management) 시스템 구축으로 고객 데이터를 활용한 전략을 실행할 수 있다.

5) 디지털 시대의 촉진 활동 유형(POEM 미디어)

과거의 촉진 활동은 광고, PR, 판매 촉진, 인적 판매로 분류되었으나, 디지털 시대에는 POEM(Paid, Owned, Earned Media) 모델로 이해하는 것이 보다 효과적일 수 있다.

Paid Media(유료 미디어)

비용을 지불하고 사용하는 모든 광고 채널. 단기간에 넓은 도달 범위를 확보할 수 있다.

- 종류: 검색 광고(SEM), 소셜 미디어 광고(페이스북, 인스타그램), 디스플레이 광고(배너), 인플루언서 마케팅

Owned Media(보유 미디어)

기업이 직접 소유하고 통제하는 채널. 브랜드의 메시지를 자유롭게 전달하고 고객과 직접 소통할 수 있다.

- 종류: 자사 웹사이트/블로그, 소셜 미디어 계정(인스타그램, 유튜브), 이메일 뉴스레터, 자체 앱

Earned Media(획득 미디어)

자발적인 고객의 입소문이나 언론 보도를 통해 얻어지는 미디어 노출. 가장 신뢰도가 높다.

- 종류: 언론 기사, 고객 리뷰 및 추천, 소셜 미디어 공유 및 언급(바이럴), 온라인 커뮤니티 게시글
- 사례: 우아한형제들(배달의민족)은 '배민신춘문예'와 같은 재치 있는 Paid Media 광고 캠페인으로 대중의 주목을 받고, '배민다움' 브랜딩 블로그와 같은 Owned Media를 통해 기업 철학을 공유하며, 이를 통해 수많은 언론 보도와 SNS 공유라는 Earned Media 효과를 창출하는 선순환 구조를 만들었다.

라 가격(Pricing) 전략

1) 개념

가격 전략은 기업이 제품이나 서비스를 소비자에게 제공할 때, 이를 통해 얻고자 하는 가치를 정량적으로 표현하는 방법이다. 가격은 단순한 숫자가 아니라, 소비자와 기업 간의 교환 가치이자 기업의 수익성과 생존 가능성을 결정짓는 중요한 요소이다. 소비자는 제품의 가격을 통해 해당 제품의 품질과 가치를 평가하기도 하며, 기업은 가격 전략을 통해 소비자 행동에 직접적인 영향을 미칠 수 있다.

가격 전략은 원가 보상과 이윤 창출이라는 기업의 기본적인 목표를 달성하는 동시에, 소비자의 구매 욕구와 지불 의사를 최대한 활용하는 도구로 작용한다. 예를 들어, 저가 정책은 대량 구매를 유도하거나 시장 점유율을 확대하는 데 유리할 수 있으며, 고가 정책은 브랜드 이미지를 강화하거나 고급 고객층을 타겟팅하는 데 효과적일 수 있다. 특히 스타트업이나 중소기업은 가격 전략을 통해 제한된 자원을 효율적으로 활용하고, 초기 시장에서 경쟁력을 확보해야 하므로 이에 대한 전략적 접근이 필요하다.

가격 전략의 핵심은 고객이 인식하는 가치(Perceived Value, 고객이 제품이나 서비스로부터 얻는다고 생각하는 총 혜택)와 실제 지불하는 비용 간의 균형을 맞추는 것이다. 이는 단순히 원가에 마진을 더하는 것을 넘어, 시장 상황, 경쟁 환경, 고객의 지불 의사, 브랜드 포지셔닝 등을 종합적으로 고려한 전략적 의사결정 과정이라고 볼 수 있다.

2) 가격 전략의 특징

즉각적인 실행 가능성과 효과 검증

가격은 마케팅 도구 중에서도 가장 즉각적으로 실행 가능하며, 그 효과를 시장에서 바로 확인할 수 있는 요소이다. 광고 캠페인은 수주일에서 수개월에 걸쳐 반응을 관찰해야 하고, 유통망 확장은 오랜 시간과 투자가 필요하지만, 가격 변화는 시장에 즉각적으로 영향을 미치며 소비자의 구매 행동에 직접적인 변화를 유발한다.

예를 들어, 할인 프로모션을 통해 가격을 10% 낮췄을 때, 바로 매출 증가와 재고 회전율 개선 효과를 측정할 수 있다. 이처럼 가격 전략은 즉각적인 피드백과 데이터를 얻을 수 있어, 기업이 신속하게 의사 결정을 내리고 시장 상황에 대응할 수 있게 한다.

특히 디지털 환경에서는 A/B 테스트(A/B Testing, 두 가지 버전을 동시에 테스트하여 더 나은 결과를 도출하는 방법)를 통해 실시간으로 가격 효과를 측정하고 최적화할 수 있다. 국내 이커머스 업체들은 이러한 방식으로 시간대별, 요일별 최적 가격을 찾아내어 매출을 극대화하고 있다.

추가 비용 부담이 적음

가격 정책의 실행에는 별도의 광고비나 대규모 투자비용이 거의 발생하지 않는다. 예를 들어, 대대적인 광고 캠페인에는 막대한 예산이 필요하지만, 가격 변동은 단순히 내부 의사 결정과 시스템 변경만으로도 실행이 가능하다. 따라서 가격 전략은 비용 대비 효과가 매우 높은 전략으로 평가된다.

온라인 플랫폼의 경우 가격 변경이 더욱 간단하다. 웹사이트나 모바일 앱에서 몇 번의 클릭만으로 가격을 조정할 수 있으며, 이는 즉시 모든 고객에게 반영된다. 반면 오프라인 매장의 경우 가격표 교체나 POS 시스템 업데이트 등의 작업이 필요하지만, 여전히 다른 마케팅 활동에 비해 비용과 시간이 적게 든다.

소비자와 경쟁사가 가장 민감하게 반응

가격은 소비자가 제품을 평가하는 가장 직관적이고 즉각적인 기준이다. 소비자는 가격 변화를 통해 제품의 가치와 혜택을 판단하며, 경쟁사는 시장 내 가격 변화에 민감하게 대응한다. 따라서 가격 전략은 시장 내 경쟁 우위를 확보하거나, 경쟁사의 시장 점유율을 감소시키는 데 강력한 수단이 된다.

예를 들어, 대형 유통업체가 동일 제품의 가격을 일시적으로 인하하면, 경쟁 업체는 고객 유출을 방지하기 위해 즉각적인 가격 대응을 할 수밖에 없다. 이는 가격 전략이 단순한 소비자 대상의 도구가 아니라, 시장 경쟁 구도를 직접적으로 변화시키는 수단임을 보여준다.

한국 시장에서는 가격 비교 사이트와 모바일 앱의 발달로 소비자들의 가격 민감도가 더욱 높아졌다. '다나와', '에누리' 같은 가격 비교 플랫폼을 통해 소비자들은 실시간으로 최저가를 확인하고 구매 결정을 내리므로, 기업들은 경쟁사 가격 모니터링과 신속한 대응이 필수가 되었다.

기업의 수익과 직결된 요소

가격은 기업의 수익 구조와 가장 밀접하게 연결된다. 판매량이 일정하더라도 가격의 10% 상승은 바로 수익 증가로 이어지며, 반대로 가격의 10% 감소는 수익성을 약화시킬 수 있다. 특히 스타트업이나 중소기업의 경우, 자금이 한정되어 있으므로 가격 전략이 기업의 생존과 성장에 직접적인 영향을 미친다.

가격 탄력성(Price Elasticity, 가격 변화에 따른 수요량 변화의 정도)을 정확히 파악하는 것이 중요하다. 가격 탄력성이 낮은 제품(예: 필수재, 독점적 기술)의 경우 가격 인상이 수익 증대로 직결되지만, 가격 탄력성이 높은 제품(예: 사치재, 대체재가 많은 제품)의 경우 가격 인상이 오히려 매출 감소를 초래할 수 있다.

3) 가격 전략의 유형과 사례

가격 전략은 기업이 시장에서 원하는 목표를 달성하기 위해 다양한 상황과 요인을 고려하여 설계된다. 각 전략은 소비자 행동, 시장 특성, 경쟁 환경 등을 종합적으로 분석해 실행되며, 이는 기업의 수익성과 지속 가능성에 직접적인 영향을 미친다. 여기서는 가격 차별화 전략, 경쟁 기반 가격 전략, 원가 중심 가격 전략, 소비자 중심 가격 전략의 네 가지 주요 유형을 심층적으로 분석하고, 각각의 특징과 사례를 구체적으로 살펴본다.

가격 차별화 전략(Price Discrimination)

가격 차별화 전략은 소비자 집단을 세분화하여, 각 세그먼트의 특성과 구매력을 기반으로 서로 다른 가격을 설정하는 방식이다. 이는 기업이 소비자의 다양한 가격 민감도를 활용하여 수익을 극대화하려는 전략이다. 이 전략은 시장 상황에 따라 다양한 방식으로 적용되며, 크게 시간, 지역, 구매자 특성, 제품 속성에 따라 구분된다.

① 시간 기반 차별화

시간에 따라 가격을 차별화하여, 특정 시간대에 집중된 수요를 분산시키거나, 낮은 시간대의 수요를 창출하는 방법이다.

사례 1: 영화관의 조조 및 심야 할인

CGV, 롯데시네마 등 국내 주요 영화관 체인은 일반적으로 낮은 수요 시간대(오전 10시 이전 조조, 밤 10시 이후 심야)에 할인된 가격을 제공함으로써 빈 좌석을 최소화하고, 가동률을 최대화한다. 예를 들어, 조조 영화 티켓은 정가 대비 20-30% 할인된 가격으로 책정되어 아침 시간대 관객을 유도한다. 이는 고정비가 높은 영화관 업계에서 시설 활용률을 극대화하는 효과적인 전략이다.

사례 2: 배달 앱의 시간대별 할인

배달의민족, 요기요 등 국내 배달 앱들은 주문이 적은 오후 시간대(2-5시)에 '오후할인' 프로모션을 진행하여 수요를 분산시키고 있다. 또한 새벽 시간대(밤 12시-오전 6시)에는 '야식 할인'을 통해 새로운 수요를 창출하고 있다.

② 지역 기반 차별화

지역의 경제적 여건, 소비자 구매력, 물류비 등을 고려해 지역별로 가격을 다르게 설정하는 방식이다.

사례 1: 글로벌 브랜드의 국가별 가격

애플은 국가별 구매력을 고려하여 동일한 아이폰 모델의 가격을 다르게 책정한다. 예를 들어, 미국에서는 상대적으로 낮은 가격으로 제공되지만, 구매력이 높은 유럽에서는 더 높은 가격으로 책정된다.

사례 2: 온라인 쇼핑몰의 배송비 차등화

쿠팡, 11번가 등 이커머스 업체들은 수도권과 비수도권 간 물류비 차이를 반영하여 배송비를 차등화하거나, 제주도나 도서산간 지역에 추가 배송비를 부과한다. 이는 물류 인프라의 차이에 따른 실제 비용을 반영한 합리적인 가격 차별화 사례다.

③ 구매자 특성 기반 차별화

소비자의 특정 속성(연령, 회원 자격, 심리적 요인 등)을 활용해 가격을 다르게 설정하는 방식이다.

사례 1: 대중교통의 연령별 할인

서울지하철과 시내버스는 만 65세 이상 어르신과 만 18세 이하 청소년에게 할인 요금을 적용한다. 어르신의 경우 무료, 청소년의 경우 성인 요금의 약 70% 수준으로 책정하여 사회적 배려와 함께 대중교통 이용률을 높이고 있다.

사례 2: 멤버십 등급별 할인

신세계백화점, 롯데백화점 등은 VIP, 골드, 실버 등 멤버십 등급에 따라 할인율을 차등화한다. 연간 구매액이 높은 VIP 고객에게는 최대 10% 할인을 제공하여 고객 충성도를 강화하고 재구매를 유도한다.

④ 제품 속성 기반 차별화

제품의 기능, 사양, 디자인 등의 차이에 따라 가격을 차별화하는 방식이다.

사례 1: 스마트폰의 저장 용량 차별화

삼성전자 갤럭시 시리즈와 애플 아이폰은 동일한 모델이라도 저장 용량(128GB, 256GB, 512GB 등)에 따라 가격을 달리 설정한다. 용량이 두 배 증가할 때마다 가격은 10-15만 원씩 상승하여, 다양한 고객층의 지불 의사를 반영한다.

사례 2: 자동차의 옵션별 가격 차이

자동차 제조사는 기본 모델과 고급 사양 옵션(내비게이션, 열선 시트 등)을 추가한 모델의 가격을 차별화해 소비자가 원하는 수준에 맞춘 선택을 제공한다.

경쟁 기반 가격 전략

경쟁 기반 가격 전략은 시장에서의 주요 경쟁 제품이나 서비스의 가격을 기준으로 설정하는 방식이다. 이 전략은 기업이 경쟁사와의 직접적인 가격 경쟁을 통해 시장 점유율을 확보하거나, 차별화를 통해 소비자에게 더 나은 가치를 제공하는 데 중점을 둔다.

사례 1: 대형 할인점의 가격 경쟁

이마트, 롯데마트, 홈플러스는 소비자 유치를 위해 경쟁사의 가격보다 5-10% 낮은 가격 정책을 활용한다. 특히 생필품과 식료품 분야에서 '최저가 보장제'를 도입하여 경쟁사보다 비싼 가격이 발견되면 차액을 환불해주는 정책을 시행하고 있다. 이러한 저가 정책은 가격 민감도가 높은 고객층의 유입을 촉진한다.

사례 2: 통신사의 요금제 경쟁

SK텔레콤, KT, LG유플러스는 서로의 요금제를 벤치마킹하여 유사한 가격대의 상품을 출시한다. 한 통신사가 무제한 요금제를 5만 원에 출시하면, 다른 통신사들도 비슷한 가격대에서 경쟁 상품을 내놓는다. 이때 가격보다는 부가 서비스(OTT 제공, 로밍 혜택 등)로 차별화를 시도한다.

사례 3: 스타트업의 초기 시장 진입 전략

신규 진입 스타트업은 경쟁 제품보다 낮은 가격으로 초기 고객을 유치한다. 예를 들어, 쿠팡이츠는 기존 배달 앱들보다 낮은 배달료(1,900원 vs 3,000원)를 제시해 빠르게 시장 점유율을 확대했다. 이는 침투 가격 전략(Penetration Pricing, 낮은 가격으로 시장에 진입하여 점유율을 확보한 후 가격을 인상하는 전략)의 대표적인 사례다.

원가 중심 가격 전략

원가 중심 가격 전략은 제품의 제조 및 유통 과정에서 발생하는 원가에 일정한 이윤을 추가하여 가격을 설정하는 방식이다. 이 전략은 가격 산정이 단순하고, 목표 이익률을 쉽게 관리할 수 있다는 점에서 제조업 및 전통적인 비즈니스에서 널리 활용된다.

사례 1: 제조업의 원가 + 이윤 방식

공산품 제조업체는 생산 원가가 1,000원인 제품에 20%의 이익 마진을 추가하여 1,200원의 판매 가격을 설정한다.

사례 2: 프랜차이즈 음식점의 가격 결정

맘스터치, 교촌치킨 등 프랜차이즈 본사는 각 가맹점에서 사용되는 원재료비, 인건비, 임대료 등 운영비를 기반으로 권장 판매 가격을 설정한다. 예를 들어, 치킨 한 마리의 원가가 8,000원이라면 목표 이익률 40%를 적용하여 11,200원의 권장 판매가를 제시한다. 이는 가맹점 수익성과 시장 내 가격 경쟁력을 동시에 고려한 방식이다.

소비자 중심 가격 전략

소비자 중심 가격 전략은 소비자가 제품에서 느끼는 가치(지불 의사, 심리적 만족 등)에 따라 가격을 설정하는 방식이다. 이는 소비자의 심리적 요인을 기반으로, 제품이 제공하는 가치가 가격보다 더 크다는 인식을 심어주는 데 초점을 둔다.

사례 1: 프리미엄 브랜드 전략

루이비통, 샤넬 등 명품 브랜드는 희소성과 고급스러운 이미지를 통해 소비자가 높은 가격을 기꺼이 지불하도록 유도한다. 국내에서도 설화수, 후 등 프리미엄 화장품 브랜드들이 이러한 전략을 활용하여 일반 화장품 대비 3-5배 높은 가격을 책정하면서도 높은 매출을 기록하고 있다.

사례 2: 경험 가치 중심의 가격 책정

스타벅스는 단순한 커피가 아닌 '제3의 공간'이라는 경험 가치를 제공한다며 일반 커피숍 대비 2-3배 높은 가격을 책정한다. 아메리카노 한 잔이 4,500원이지만, 브랜드 이미지, 매장 분위기, 서비스 품질 등의 부가 가치를 인정받아 높은 가격을 유지하고 있다.

사례 3: 심리적 가격 책정

많은 소매업체들이 9,900원, 19,900원과 같이 끝자리를 9로 설정하는 심리적 가격 책정(Psychological Pricing)을 활용한다. 소비자들은 19,900원을 20,000원보다 훨씬 저렴하게 인식하는 경향이 있어, 실제로는 100원 차이임에도 불구하고 구매 의사결정에 큰 영향을 미친다.

가격 전략은 기업의 수익성, 소비자 만족도, 시장 경쟁력 등을 종합적으로 고려하여 설계되어야 한다. 특히 한국의 스타트업이나 중소기업은 제한된 자원으로 시장에서의 초기 입지를 다져야 하므로, 소비자의 반응과 경쟁사의 움직임을 면밀히 분석하여 적합한 가격 전략을 실행해야 한다. 성공적인 가격 전략은 단순히 기업의 수익을 창출하는 수단이 아니라, 소비자 가치를 극대화하고, 시장 내 입지를 공고히 하는 핵심 경영 도구로 활용될 수 있다.

CHAPTER

08

사업 타당성 분석, 성공 가능성 시뮬레이션

1 사업 타당성 분석 절차

2 시장 진입 타당성 분석

3 기술 개발 타당성 분석

4 재무적 타당성 분석

기술 기반 스타트업이 성공적인 기술 사업화를 추진하기 위하여 최종적으로 분석해야 할 과정은 '사업 타당성' 분석이다. 사업 타당성 분석이란 기술적, 시장적, 재무적 측면에서 사업 아이디어의 실행 가능성을 평가하고, 성공 가능성을 높이기 위한 전략적 결정을 내리는 과정이기 때문이다. 이 같은 사업 타당성 분석은 기술 아이디어가 시장에서 실질적인 가치를 창출할 수 있는지를 검토하고, 이를 기반으로 자원 배분과 투자 결정을 내리는 데 중요한 근거를 제공한다.

기술이 아무리 혁신적이라 하더라도, 사업이 지속적인 시장수요에 기반하지 않거나, 이익을 회수할 수 있는 기간이 불확실하다면 사업의 지속성이 어려울 수밖에 없다.

사업 타당성 분석의 핵심 유용성은 성공 가능성 시뮬레이션과 리스크 관리 체계를 구축할 수 있다는 점이다. 창업 초기 스타트업은 불확실성이 극도로 높은 환경에서 운영되기 때문에, 다양한 가정과 변수를 기반으로 사업의 미래 결과를 예측하고 잠재적 위험 요소와 기회를 시뮬레이션하는 과정이 필수적이다.

구체적인 예를 들어보자. 인공지능 기반 의료진단 솔루션을 개발하는 스타트업의 경우, 기술 개발이 예상보다 6개월 지연될 경우 시장 진입 시점이 늦어지면서 발생할 수 있는 매출 손실을 사전에 계산할 수 있다. 또한 초기 투자 유치에 실패할 경우의 대안 시나리오를 마련하여, 정부 R&D 지원사업 활용이나 전략적 파트너십 구축 등의 대안을 준비할 수 있다. 이러한 시뮬레이션 결과는 투자자 설득, 내부 자원 할당, 위험 관리 계획 수립 등 다양한 의사결정 과정에서 핵심 자료로 활용된다.

사업 타당성 평가는 크게 시장성 평가, 기술적 타당성 평가, 재무적 타당성 평가의 3대 축으로 구성된다. 첫째, 시장성 평가(Market Feasibility Analysis)는 개발하려는 기술이 실제 시장에서 성공적으로 수용될 가능성을 종합적으로 분석하는 과정이다. 이는 시장의 규모와 성장 가능성, 소비자 수요 패턴, 경쟁 환경의 역학관계 등을 다각도로 평가하여 시장 진입의 타당성을 검토한다. 이 과정을 통해 기술 기반 스타트업은 목표 시장을 명확히 설정하고, 시장 진입을 위한 최적의 전략을 수립할 수 있다.

둘째, 기술적 타당성 평가(Technical Feasibility Analysis)는 보유 기술 자체의 혁신성과 차별성, 상용화 실현 가능성, 개발에 소요되는 비용과 기간 등을 체계적으로 분석한다. 특히 기술의 독창성과 기존 기술 대비 경쟁 우위, 그리고 기술 개발 과정에서 예상되는 기술적 난제들을 사전에 파악함으로써 효율적인 자원 배분과 연구개발(R&D, Research and Development) 전략 수립에 기여한다.

셋째, 재무적 타당성 평가(Financial Feasibility Analysis)는 예상 매출액 추정, 손익분기점(Break-Even Point) 분석, 자금 조달 계획 등을 통해 사업이 경제적으로 지속 가능한 수익을 창출할 수 있는지를 평가한다. 이는 투자자의 신뢰를 확보하는 데 핵심적인 역할을 하며, 안정적인 재무 구조를 바탕으로 지속 가능한 사업 모델 구축을 가능하게 한다.

이러한 재무적 타당성을 분석하고 평가하는 것은 사업추진의 여러가지 다양한 요소를 기업경영의 성과창출 가능성 측면에서 분석하고 평가하는 종합적이고 최종적인 단계라고 볼 수 있다.

1 사업 타당성 분석 절차

사업 타당성 분석은 체계적이고 단계적인 접근이 필요한 복합적 과정이다. 전체적인 분석 프레임워크는 크게 사업화 주체의 사업계획 실행능력 평가, 기술성 분석 단계, 시장성 분석 단계, 그리고 최종적으로 재무 타당성 분석 단계로 구성되어 순차적으로 추진된다. 각 단계는 상호 연관성을 가지며, 이전 단계의 분석 결과가 다음 단계의 분석 기준과 방향성을 결정하는 구조로 설계되어 있다.

가 사업실행 능력 평가

사업 실행능력 평가는 사업화를 추진하는 주체의 역량을 평가하는 가장 기초적 단계라고 볼 수 있다. 창업자가 사업을 성공적으로 추진할 수 있는 역량과 자원을 보유하고 있는지를 평가하는 과정으로, 다음의 핵심 항목을 평가하여 타당성을 점검하게 된다.

1) 적성과 자질 분석

창업자가 보유한 기술적 역량의 깊이와 폭, 팀을 이끌어갈 수 있는 리더십 역량, 그리고 불확실한 환경에서 사업을 추진할 수 있는 추진력과 의사결정 능력을 종합적으로 평가한다. 예를 들어, 바이오테크 분야 창업자의 경우 해당 분야의 전문 지식뿐만 아니라 규제 환경에 대한 이해도, 장기간의 개발 과정을 견딜 수 있는 인내력 등이 중요한 평가 요소가 된다.

2) 경험과 지식 분석

사업 운영 및 해당 기술 분야에서의 과거 경험과 축적된 전문 지식을 면밀히 검토한다. 단순히 학력이나 경력의 양적 측면뿐만 아니라, 실제 사업화 경험이나 관련 업계에서의 네트워크, 실패 경험을 통한 학습 능력 등을 종합적으로 평가한다. 특히 한국의 기술 창업 환경에서는 대기업이나 연구소 출신 창업자들이 많은데, 이들의 조직 경험이 스타트업 환경에 얼마나 적합하게 전환될 수 있는지도 중요한 평가 포인트다.

3) 업종 선택의 적합성 분석

보유한 기술과 창업자의 경험 및 가용 자원이 선택한 산업군과 얼마나 부합하는지를 검토한다. 예를 들어, 반도체 설계 경험을 가진 창업자가 IoT(Internet of Things, 사물인터넷) 디바이스 사업을 추진하는 경우, 기술적 연관성은 있지만 시장 접근 방식이나 고객층이 완전히 다를 수 있다. 이러한 간극을 사전에 파악하고 보완 방안을 마련하는 것이 중요하다.

4) 창업자의 경영능력 평가

재무 관리 능력, 인적 자원 관리 역량, 생산 계획 수립 및 운영 능력 등 전반적인 경영 역량을 평가한다. 특히 기술 중심의 창업자들이 상대적으로 약한 부분인 마케팅, 영업, 재무 관리 등의 영역에서 어떤 보완책을 가지고 있는지, 또는 이를 담당할 수 있는 공동 창업자나 핵심 인력을 확보할 계획이 있는지를 점검한다.

나 시장성 분석 단계

시장성 분석 단계는 개발하려는 기술의 상용화 가능성을 시장의 관점에서 다각도로 평가하는 핵심 과정이다. 이 단계에서는 시장 규모와 성장성, 소비자 니즈의 구체성, 경쟁 환경의 역학관계 등을 체계적으로 분석하여 사업 아이디어의 시장 진입 가능성과 성공 확률을 객관적으로 검토한다.

1) 시장조사

해당 기술이 속한 시장의 현재 규모와 향후 성장 가능성, 그리고 산업 구조의 특성을 면밀히 분석하는 과정이다. 국내 시장의 경우 한국표준산업분류(KSIC)를 기준으로 시장을 정의하고, 통계청의 경제총조사나 각 산업별 협회의 통계 자료를 활용하여 정량적 분석을 수행한다. 예를 들어, 핀테크 분야의 경우 금융감독원의 '금융업 통계'와 한국핀테크지원센터의 '핀테크 산업 현황' 자료를 종합하여 시장 규모를 추정할 수 있다.

2) 소비자 조사

잠재 고객층의 구체적인 요구 사항과 구매 동기, 실제 구매력을 다층적으로 조사하여 제품의 목표 소비자를 명확히 정의한다. 이 과정에서는 단순한 설문조사를 넘어서 심층 인터뷰(In-depth Interview), 포커스 그룹 인터뷰(Focus Group Interview), 사용자 관찰 조사 등 다양한 정성적 조사 방법을 활용한다. 특히 B2B(Business to Business) 기술의 경우 의사결정 과정이 복잡하므로, 구매 결정권자와 실제 사용자, 그리고 영향을 미치는 이해관계자들을 구분하여 각각의 니즈를 파악해야 한다.

시장세분화(Market Segmentation)는 전체 시장을 동질적인 특성을 가진 여러 세부 시장으로 나누어, 자사의 기술과 역량에 가장 적합한 타겟시장을 선정하는 과정이다. 지리적 세분화, 인구통계학적 세분화, 심리적 세분화, 행동적 세분화 등 다양한 기준을 적용하여 시장을 세분화하고, 각 세그먼트의 매력도와 접근 가능성을 평가한다.

제품 포지셔닝(Product Positioning)은 경쟁 제품 대비 자사의 기술 또는 제품이 제공하는 고유한 가치와 차별성을 명확히 정의하고, 시장 내에서의 위치를 전략적으로 설정하는 과정이다. 이를 위해 경쟁사 분석, 가격 대비 성능 분석, 브랜드 인지도 조사 등을 종합적으로 수행한다.

3) 제품수급조사

공급망 관리(Supply Chain Management) 측면에서 원자재나 핵심 부품의 공급 안정성과 조달 비용을 검토한다. 특히 글로벌 공급망 불안정성이 증가하고 있는 현 상황에서, 대체 공급업체 확보 방안이나 공급 중단 시의 대응 계획도 함께 수립해야 한다.

4) 동종업계 조사

유사한 기술이나 제품을 제공하는 직접 경쟁사와 간접 경쟁사들의 강점과 약점을 체계적으로 분석하여 경쟁 우위 확보 방안을 도출한다. 이 과정에서는 경쟁사의 기술 수준, 시장 점유율, 가격 정책, 마케팅 전략, 재무 상황 등을 종합적으로 분석한다.

5) 총수요 및 점유율 예측

앞서 수행한 시장 분석 결과를 바탕으로 해당 시장의 총 수요를 예측하고, 자사가 현실적으로 확보할 수 있는 시장 점유율을 보수적으로 추정한다. 이때 시장 진입 시기, 마케팅 투자 규모, 경쟁 강도 등을 종합적으로 고려해야 한다.

6) 가격결정 및 매출액 추정

비용 기반 가격 책정(Cost-based Pricing), 경쟁 기반 가격 책정(Competition-based Pricing), 가치 기반 가격 책정(Value-based Pricing) 등 다양한 가격 전략을 검토하고, 최적의 가격 수준을 결정한다. 이를 바탕으로 연차별 매출 예측을 수행하여 사업의 성장 궤도를 그려본다.

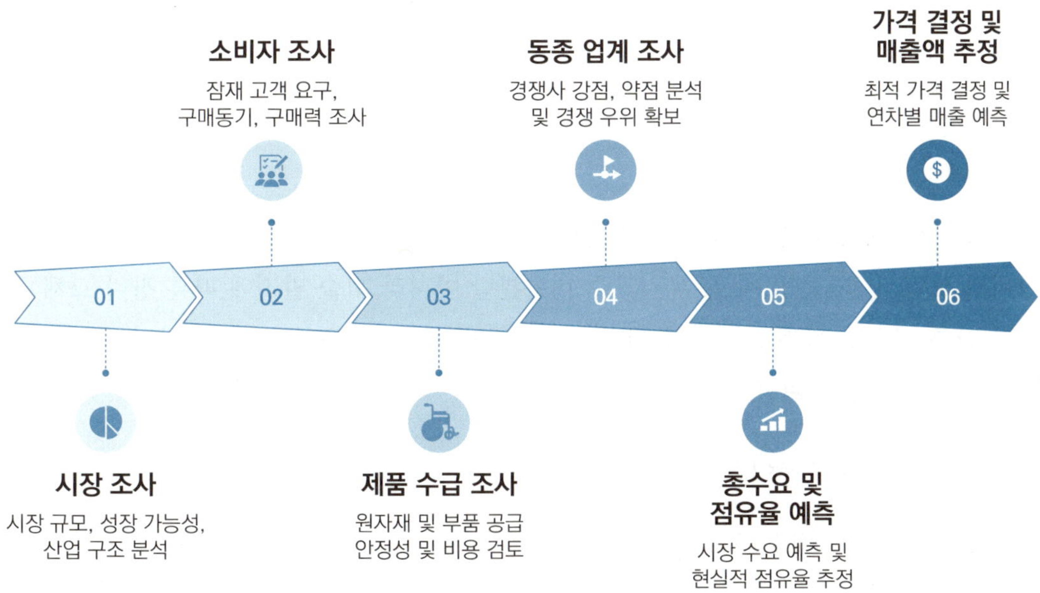

다 기술성 분석 단계

기술성 분석은 사업화하려는 제품이나 기술이 기술적으로 실현 가능하며 상업적으로 성공할 수 있는 수준의 완성도를 갖출 수 있는지와 이러한 기술의 구현을 생산 서비스화 시킬 수 있는 역량을 종합적으로 검토하는 단계이다. 이 과정에서는 기술 자체의 우수성뿐만 아니라 실제 생산과 상용화에 필요한 제반 요소들을 체계적으로 점검한다.

1) 제품의 기술적 특성 평가

개발하려는 제품 또는 기술의 차별성과 혁신성을 객관적으로 평가한다. 이를 위해 기존 기술 대비 성능 향상 정도, 기술의 독창성 수준, 특허 확보 가능성, 기술적 진입장벽의 높이 등을 종합적으로 분석한다. 예를 들어, 차세대 배터리 기술의 경우 에너지 밀도, 충전 속도, 수명, 안전성 등의 핵심 성능 지표를 기존 기술과 비교 분석하여 기술적 우위를 정량화한다.

2) 공장입지의 적합성 분석

생산 설비와 공장이 필요한 자원 및 목표 시장과의 접근성 측면에서 최적화되어 있는지를 다각도로 검토한다. 원자재 조달의 용이성, 숙련된 인력 확보 가능성, 물류비 최적화, 정부 지원 정책 활용 가능성 등을 종합적으로 고려한다. 특히 한국의 경우 산업단지별 특화 분야와 지원 정책이 다르므로, 해당 기술의 특성에 가장 적합한 입지를 선정하는 것이 중요하다.

3) 생산 설비와 장비 평가

기술 구현에 필요한 핵심 장비의 신뢰성, 효율성, 그리고 경제성을 면밀히 검토한다. 장비의 도입 비용, 운영 비용, 유지보수 비용뿐만 아니라 기술 발전에 따른 장비 교체 주기와 잔존 가치도 함께 고려해야 한다. 또한 해외 의존도가 높은 핵심 장비의 경우 공급 안정성과 기술 종속 위험도 평가해야 한다.

4) 생산공법과 공정의 적합성

선택한 생산 방식이 기술적으로 안정적이고 경제적으로 효율적인지를 검토한다. 생산 수율, 품질 안정성, 공정 복잡도, 자동화 가능성 등을 종합적으로 평가하여 최적의 생산 공정을 설계한다. 특히 스케일업(Scale-up) 과정에서 발생할 수 있는 기술적 문제점들을 사전에 파악하고 대응 방안을 마련하는 것이 중요하다.

5) 생산 자원에 대한 검토

원자재, 에너지, 인력 등 생산 과정에 필요한 모든 자원의 확보 가능성과 비용 안정성을 평가한다. 특히 핵심 원자재의 경우 공급업체 다변화 방안, 가격 변동성 대응 전략, 품질 관리 체계 등을 구체적으로 검토해야 한다.

6) 공장 규모와 건설계획

예상 수요에 적합한 생산 규모를 설정하고, 단계적 확장 계획을 수립한다. 초기 투자비 최소화와 향후 확장성을 동시에 고려하여 최적의 공장 규모를 결정하고, 건설에 필요한 시간과 비용을 정확히 산출한다.

7) 시설 소요 자금의 검토

시설 투자와 관련된 초기 자본 소요량을 정확히 산출하고, 자금 조달 계획의 현실성을 평가한다. 토지 구입비, 건설비, 장비 도입비, 시운전비 등을 세부적으로 산출하고, 예비비까지 포함한 총 투자 규모를 산정한다.

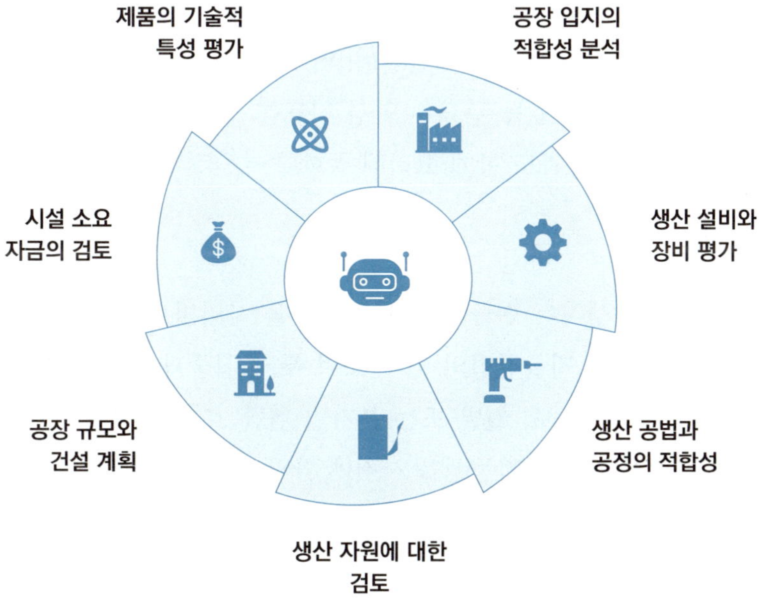

라 재무 타당성 분석 단계

재무적 타당성 분석은 사업의 경제적 실행 가능성을 정량적으로 평가하여 투자 대비 수익성과 재무적 지속 가능성을 종합적으로 검토하는 최종 단계이다. 이 과정에서는 앞서 수행한 시장성 분석과 기술성 분석에서 도출된 데이터를 바탕으로, 사업의 수익성, 재무적 안정성, 그리고 장기적 성장 가능성을 다각도로 분석한다. 재무적 타당성 분석의 세부 항목으로, 연차별 매출 추정부터 최종 시뮬레이션까지를 포함한다고 볼 수 있다.

1) 연차별 예상 매출 추정

시장 조사와 경쟁 분석 결과를 기반으로 제품의 예상 판매량과 단가를 설정하여 향후 5-10년간의 매출을 체계적으로 추정하는 과정이다. 이는 시장 수요 추정 → 시장 점유율 설정 → 판매량 추정 → 단가 결정 → 매출 계산의 순서로 진행된다. 특히 기술 제품의 경우 시장 도입 초기의 느린 성장과 이후 급속한 확산 패턴을 고려한 S-커브 모델을 적용하는 것이 일반적이다.

2) 손익계산 추정

연차별 예상 매출을 기반으로 변동비, 고정비 등의 비용 구조를 반영하여 손익분기점과 목표 수익을 분석한다. 매출원가, 판매관리비, 연구개발비 등을 세부적으로 산출하고, 영업이익, 세전이익, 당기순이익 등 주요 수익성 지표를 도출한다. 이 과정에서 비용 구조의 변동성과 규모의 경제 효과도 함께 고려해야 한다.

3) 현금 흐름 추정

사업 운영 과정에서 발생하는 현금의 유입과 유출을 시기별로 분석하여 유동성 상황을 예측하는 과정이다. 특히 기술창업의 경우 초기 투자 집중과 매출 발생 지연으로 인한 현금 부족 현상이 빈번하므로, 월별 또는 분기별 현금 흐름을 세밀하게 분석해야 한다. 순현금 흐름이 음수로 전환될 가능성을 사전에 파악하고, 유동성 위기를 방지하기 위한 자금 조달 계획을 수립한다.

4) 수익률 추정

사업 투자 대비 수익성을 평가하는 핵심 재무 지표들을 도출하는 과정이다. 내부수익률(IRR, Internal Rate of Return), 순현재가치(NPV, Net Present Value), 투자회수기간(Payback Period), 수익성지수(PI, Profitability Index) 등의 분석 기법을 활용하여 투자의 경제적 타당성을 객관적으로 평가한다. 특히 할인율 설정 시에는 해당 업종의 위험도와 시장 금리 수준을 반영해야 한다.

5) 자금 조달 계획 검토

사업 추진에 필요한 총 자본을 산출하고, 이를 효율적으로 조달하기 위한 구체적인 계획을 수립하는 과정이다. 자기자본과 타인자본의 최적 비율을 결정하고, 정부 지원사업, 벤처캐피탈, 은행 대출 등 다양한 자금 조달 방법의 장단점을 비교 분석한다. 또한 자금 조달에 따른 이자 비용, 상환 일정, 지분 희석 등의 부대 효과도 종합적으로 고려해야 한다.

6) 최종 시뮬레이션

앞서 도출한 모든 데이터를 종합하여 사업의 재무적 성공 가능성을 다각도로 검토하는 마지막 단계이다. 낙관적, 현실적, 비관적 시나리오를 설정하여 각 상황에서의 재무 결과를 분석하고, 핵심 변수들의 민감도 분석(Sensitivity Analysis)을 통해 사업 성공에 가장 큰 영향을 미치는 요인들을 파악한다. 이러한 시뮬레이션 결과는 투자 의사결정, 리스크 관리 전략 수립, 그리고 사업 계획 수정을 위한 핵심 근거 자료로 활용된다.

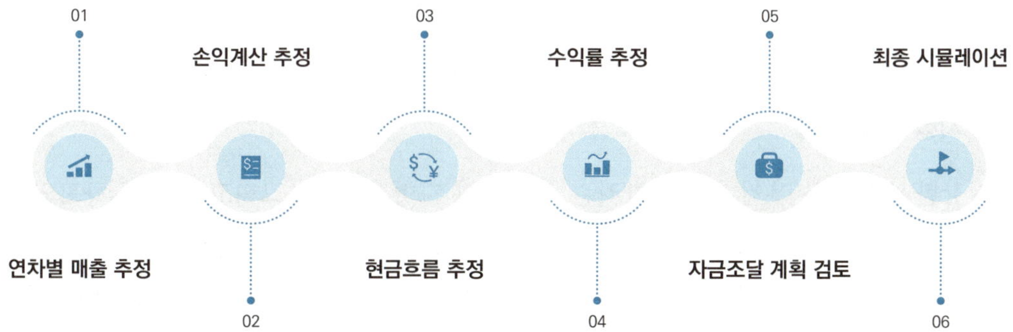

2 시장 진입 타당성 분석

가 시장진입 타당성 분석의 중요성과 목적

시장 진입 타당성 분석은 개발된 기술이나 제품이 목표 시장에서 성공적으로 자리 잡을 수 있는지를 객관적인 데이터에 근거하여 평가하는 체계적인 과정이다. 이는 단순한 시장 조사를 넘어, 창업 아이템의 사업성을 검증하고 구체적인 실행 전략을 수립하기 위한 필수적인 단계이다. 특히 제한된 자원으로 최대의 효과를 거두어야 하는 기술 기반 스타트업에게 이 분석은 사업의 성패를 가르는 나침반과 같은 역할을 한다.

아무리 혁신적인 기술이라 할지라도 시장의 외면을 받는다면 기업의 생존을 보장할 수 없다. 목표 시장의 실질적인 수요를 충족시키지 못하거나, 이미 강력한 경쟁자가 장악한 시장에서 차별점을 제시하지 못한다면 성공 가능성은 희박해진다. 따라서 시장 진입 타당성 분석은 시장의 전체 규모와 성장 잠재력, 경쟁 환경의 강도, 그리고 목표 고객의 구체적인 수요를 면밀히 분석하여, 기술 사업화의 성공 확률을 과학적으로 예측하는 것을 궁극적인 목적으로 삼아야 한다.

이 분석 과정은 일반적으로 ① 시장환경 분석, ② 시장수요 예측, ③ 생산능력 및 시장 점유율 예측, ④ 판매가능량 도출, ⑤ 매출액 추정의 다섯 단계로 구성된다. 각 단계는 독립적으로 수행되는 것이 아니라, 앞선 단계의 결과가 다음 단계의 입력값이 되는 유기적인 연결 구조를 가진다. 이 과정을 통해 도출된 객관적인 데이터는 9장에서 다룰 사업계획서의 신뢰도를 높이고 투자 유치를 위한 핵심 근거 자료로 활용된다.

나 시장진입 타당성 분석의 단계

1) 시장환경 분석

시장환경 분석은 우리가 진입하려는 전쟁터의 지형과 기후, 그리고 적군의 규모와 배치를 파악하는 것과 같다. 즉, 목표 시장의 거시적, 미시적 특성과 동향을 파악하여 사업의 기회 요인을 발굴하고 잠재적 위협 요인을 사전에 식별하는 단계이다. 이때 활용할 수 있는 대표적인 분석 도구로는 PEST 분석(Political, Economic, Social, Technological Analysis)과 마이클 포터의 5 Forces 모델(Michael Porter's 5 Forces Model)이 있다.

거시 환경 및 수급 상황 분석

시장의 전체 파이를 측정하고 성장 가능성을 가늠하는 단계이다. PEST 분석을 통해 정부 정책 및 규제(Political), 경제 성장률 및 환율 변동(Economic), 인구 구조 및 라이프스타일 변화(Social), 신기술 동향(Technological) 등을 종합적으로 검토해야 한다.

사례: AI 기반 원격 의료 솔루션을 개발하는 헬스케어 스타트업이라면, '비대면 진료의 법적 허용 범위 확대(P)'는 기회 요인이며, '고령 인구의 급증(S)'은 잠재 수요 증가를 의미한다. 반면, '경기 침체로 인한 가계의 의료비 지출 감소(E)'는 위협 요인이 될 수 있다. 이러한 분석을 통해 시장의 전반적인 흐름과 고객의 소비 패턴을 파악해야 한다.

시장 구조 및 경쟁 분석

시장 내 경쟁의 강도를 파악하는 단계이다. 마이클 포터의 5 Forces 모델을 활용하여 ① 기존 경쟁사 간의 경쟁 강도, ② 신규 진입자의 위협, ③ 대체재의 위협, ④ 구매자의 교섭력, ⑤ 공급자의 교섭력을 분석한다.

사례: 국내 구독형 밀키트(Meal-kit) 시장에 진입하려는 푸드테크 스타트업의 경우, '프레시지', '마이셰프' 등 다수의 강력한 경쟁 기업이 존재하므로 '기존 경쟁사 간의 경쟁 강도'가 매우 높다. 또한, 대형 유통사가 자체 브랜드(PB) 상품으로 언제든 시장에 진입할 수 있으므로 '신규 진입자의 위협'도 크다고 분석할 수 있다.

기술 및 생산 요인 분석

제품 생산에 필요한 핵심 자원의 조달 가능성과 리스크를 검토하는 단계이다. 특히 기술 제품의 경우, 핵심 부품이나 원자재의 안정적인 공급망 확보 여부가 사업의 연속성을 좌우한다.

사례: 전기차용 배터리팩을 제조하는 스타트업은 핵심 원자재인 리튬과 니켈의 대부분을 수입에 의존한다. 따라서 '글로벌 원자재 가격 변동성'과 '특정 국가에 대한 높은 공급 의존도'는 심각한 리스크 요인이며, 이를 완화하기 위한 공급망 다변화 전략을 사전에 수립해야 한다.

2) 시장 수요 예측

시장 수요 예측은 우리 제품이나 서비스를 구매할 잠재 고객이 얼마나 되는지를 구체적인 숫자로 산출하는 과정이다. 이는 사업의 전체 매출 규모를 결정하는 가장 기본적인 데이터로, 정성적 방법과 정량적 방법을 병행하여 예측의 정확도를 높여야 한다.

정성적 수요 예측

수치화하기 어려운 시장의 반응이나 고객의 인식을 파악하는 방법이다. 주로 전문가 집단의 의견을 수렴하는 델파이 기법(Delphi Method), 잠재 고객을 대상으로 심층 인터뷰를 진행하는 FGI(Focus Group Interview, 표적집단면접), 설문조사 등이 활용된다.

> 사례: 시니어 세대를 위한 스마트워치 출시를 앞둔 스타트업이 50-60대 사용자 그룹을 대상으로 FGI를 진행하여, '글자 크기', '조작 편의성', '필수 건강 측정 기능' 등에 대한 구체적인 니즈를 파악하고 구매 의향을 측정하는 활동이 이에 해당한다.

정량적 수요 예측

과거의 데이터를 기반으로 미래 수요를 통계적으로 예측하는 방법이다. 과거 판매 데이터의 추세를 분석하는 시계열 분석(Time Series Analysis)이나, 특정 변수(예: 소득 수준)가 수요에 미치는 영향을 분석하는 회귀 분석(Regression Analysis) 등이 사용된다.

> 사례: 교육용 소프트웨어 스타트업이 지난 5년간의 '국내 사교육 시장 규모'와 '연령대별 교육용 앱 다운로드 수' 데이터를 활용하여, 향후 3년간의 시장 성장률과 자사 앱의 예상 판매량을 수치적으로 추정하는 것이 대표적인 예시이다.

3) 생산능력 및 시장 점유율 예측

이 단계는 회사의 생산 역량을 객관적으로 평가하고, 치열한 시장 경쟁 속에서 현실적으로 확보 가능한 영토가 어느 정도인지를 예측하는 과정이다. 특히 7장에서 학습한 TAM/SAM/SOM(전체 시장/유효 시장/수익 시장) 개념과 직접적으로 연결되며, 우리의 목표는 달성 가능한 수익 시장(SOM)의 크기를 구체적으로 산출하는 것이다.

생산능력 평가

보유한 생산 설비, 인력, 기술력을 기반으로 일정 기간 동안 생산할 수 있는 최대 생산량을 산출한다. 제조 스타트업의 경우 공장의 'Capa(Capacity, 생산능력)'가 될 것이고, 소프트웨어 기업이라면 서버가 감당할 수 있는 '최대 동시 접속자 수'나 개발팀이 유지보수 가능한 '고객사 수'가 될 수 있다.

경쟁사 분석 및 목표 시장점유율 설정

주요 경쟁사의 제품, 가격, 품질, 마케팅 전략을 면밀히 분석하여 자사의 상대적 경쟁 우위를 평가한다. 이를 바탕으로 진입 초기 단계에서 달성 가능한 현실적인 시장점유율 목표를 설정해야 한다. 막연한 기대가 아닌, "경쟁사 A 제품 대비 우리의 가격은 10% 저렴하고, 성능은 20% 우수하므로, 유효 시장(SAM)의 1%를 목표로 한다"와 같이 구체적이고 논리적인 근거를 제시해야 한다.

예를 들어, 연간 1만 대의 생산 가능성을 가진 기업이 목표 시장에서 5%의 점유율을 목표로 한다면, 연간 판매 가능량은 500대가 된다.

4) 판매가능량 도출

판매가능량은 시장이 원하는 양(시장 수요)과 우리가 공급할 수 있는 양(생산능력)을 비교하여, 둘 중 더 작은 값을 기준으로 실제 판매 가능한 수량을 결정하는 과정이다. 아무리 시장 수요가 10만 개에 달하더라도, 우리 공장의 최대 생산능력이 연간 1만 개라면 판매가능량은 1만 개가 된다. 반대로, 생산능력은 10만 개지만 우리가 목표로 하는 시장(SOM)의 수요가 1만 개라면 판매가능량 역시 1만 개로 책정된다. 이처럼 판매가능량은 사업의 현실적인 상한선을 설정하는 중요한 기준이 된다.

생산능력과 시장수요의 비교

기업의 생산능력이 시장의 수요를 충족시킬 수 있는지 분석하고, 시장 수요와 생산 가능량 중 낮은 값을 판매 가능량으로 설정한다.

지역별 또는 고객별 판매 계획

지역별 또는 고객별 수요 데이터를 기반으로 판매 가능량을 세분화하여 지역별 전략을 수립한다. 판매가능량 도출은 매출액 추정 및 자원 배분의 기초 자료로 활용된다.

5) 매출액 추정

매출액 추정은 앞선 단계에서 도출된 판매가능량에 제품의 판매 단가를 곱하여, 미래의 수익을 구체적인 금액으로 환산하는 사업 타당성 분석의 최종 단계이다.

단가 설정

판매 단가는 생산 원가, 마케팅 및 유통 비용, 그리고 목표 이익률을 종합적으로 고려하여 결정된다. 또한, 경쟁 제품의 가격과 고객이 우리 제품에 대해 느끼는 가치(Perceived Value) 역시 중요한 결정 요인이다. 예를 들어, 생산 원가가 10만 원인 제품의 경우, 50%의 마진을 적용하여 소비자 가격을 15만 원으로 설정할 수 있다.

매출 계산

예상 매출액 = 판매가능량 × 단위당 판매 가격이라는 기본 공식을 통해 연도별 예상 매출액을 계산한다. 예를 들어, 연간 판매가능량이 5,000개이고 제품 단가가 150,000원으로 책정되었다면, 1차 연도 예상 매출액은 7억 5천만 원이 된다.

다 창업기업의 매출액 추정 영향 요인

특별히 창업기업이 경우 매출액을 추정한다는 것은 시장규모와 점유율 등에 대한 다양한 가정을 전제로 한다. 창업기업의 매출액 추정은 수많은 가정 위에 세워진 예측치에 불과하다. 따라서 어떤 변수들을 고려하여 가정을 세웠는지, 그 근거가 얼마나 합리적인지에 따라 추정 결과의 신뢰도가 크게 달라진다. 일반적으로 다음 네 가지 범주의 요인을 종합적으로 고려해야 한다.

1) 상품 요인

성능 및 품질

제품의 기술적 우수성과 성능은 소비자 구매 결정에 큰 영향을 미친다. 예를 들어, IT 제품의 경우 처리 속도, 저장 용량, 사용 편의성이 주요 경쟁 요소로 작용한다. 제품 성능이 경쟁사보다 우수할수록 시장에서 높은 가격으로 판매할 가능성이 커지고, 이는 매출액 추정에 영향을 미치는 요소가 된다.

제품 수명 주기(Product Life Cycle)

기술 기반 제품은 수명 주기가 짧고 시장 변화가 빠르다. 도입기에는 매출이 완만하게 시작되어 성장기에는 급격히 증가하지만, 성숙기에 접어들면 성장세가 둔화하고 쇠퇴기에는 감소한다. 따라서 제품이 현재 어느 주기에 위치해 있는지를 고려하여 매출 성장률을 차등 적용해야 한다.

설치 기반 및 교체율

이미 시장에 보급된 제품의 총량(설치 기반)과 교체 주기는 안정적인 추가 매출을 예측하는 중요한 단서이다. 예를 들어, 기업용 소프트웨어의 라이선스 갱신 주기가 평균 3년이라면, 3년마다 기존 고객으로부터 일정한 수준의 반복 매출이 발생할 것을 예측할 수 있다.

2) 고객 요인

고객 인식 및 브랜드

소비자들이 제품이나 브랜드를 얼마나 긍정적으로 인식하는지는 매출과 직결된다. 높은 품질에 대한 신뢰, 혁신적인 이미지 등은 강력한 구매 동기가 되며, 이는 객관적인 성능 지표만큼이나 중요한 변수이다.

고객 분포

잠재 고객이 지리적으로 어디에 분포하는지, 어떤 인구통계학적 특성(연령, 성별, 소득 등)을 가지는지는 매우 중요한 분석 요소이다. 예를 들어, 고가의 유아용 스마트 기기를 판매한다면, '신혼부부 및 영유아 자녀를 둔 가구의 소득 수준 및 지역별 분포 현황(출처: 통계청, 인구주택총조사)'과 같은 데이터를 활용하여 핵심 타겟 시장을 구체화해야 한다.

3) 시장 요인

시장 잠재력 및 성장률

시장잠재력은 해당 시장에서 제품 또는 서비스가 창출할 수 있는 최대 수익 규모를 의미한다. 이는 시장의 성장 가능성과도 밀접하게 연결되며, 시장 크기와 성장률 데이터를 기반으로 평가된다.

"국내 스마트 헬스케어 시장 규모는 2023년 기준 약 14조 원에 달하며, 연평균 18%의 고성장이 예상된다(출처: 한국보건산업진흥원, 2024)"와 같이 공신력 있는 기관의 데이터를 근거로 제시해야 한다.

시장 규모는 매출액 추정의 기본이 되는 요소이다. 예를 들어, 스마트폰 사용률이 80%이고 모바일 앱 사용 비율이 70%라면, 전체 시장 규모는 인구의 약 56%에 해당하는 사용자 수로 추정될 수 있다. 시장 성장률은 추가 매출 가능성을 평가하는 데 사용된다.

시장 포화도

시장이 얼마나 성숙했는지를 나타내는 지표로, 신규 고객 확보의 난이도를 가늠하게 한다. 스마트폰 시장처럼 포화도가 매우 높은 시장에서는 신규 고객 유치보다는 기존 고객의 교체 수요를 공략하는 전략이 유효하며, 이는 매출 성장률 예측에 반영되어야 한다.

4) 경쟁 요인

가격 경쟁력

가격은 시장에서 제품의 수요와 경쟁력을 결정하는 주요 변수이다. 지나치게 낮은 가격은 매출 총액을 감소시킬 수 있으며, 반대로 너무 높은 가격은 수요를 제한할 수 있다. 경쟁사의 가격 전략과 자사의 가격 대비 성능을 비교하여 적정 가격을 설정하는 것이 중요하다.

가성비(제품의 가격 대비 성능)은 소비자의 구매 결정에 중요한 역할을 한다. 동일한 가격에서 더 높은 성능을 제공하는 제품은 시장 점유율 확대에 유리하며, 이는 매출 증가로 이어질 수 있다.

시장 점유율 및 집중도

현재 시장에서의 점유율은 미래 매출액을 예측하는 데 중요한 지표이다. 점유율이 높은 기업은 브랜드 충성도와 네트워크 효과를 통해 지속적인 매출을 창출할 가능성이 높다.

시장 내 특정 기업이나 제품에 매출이 집중되어 있는 경우, 경쟁 구도가 치열해질 수 있다. 이 경우, 독창적인 제품 포지셔닝과 차별화 전략이 필요하다. 시장 내 소수 기업에 매출이 집중되어 있다면, 틈새시장을 공략하거나 파괴적인 혁신을 통한 차별화 전략 없이는 의미 있는 매출을 기대하기 힘들다.

라 창업기업의 매출액 추정 방법

창업 초기 기업은 제품 인지도가 낮고 제조 및 공급 능력이 불안정하여 매출 예측의 불확실성이 매우 크다. 따라서 추정 과정에서 사용된 근거 데이터와 산출 방식이 얼마나 객관적이고 논리적인지에 따라 예측의 설득력이 결정된다. 대표적으로 활용되는 두 가지 접근 방식은 다음과 같다.

1) 시장 점유율법(Top Down 방식)

시장 점유율법은 특정 상품이나 서비스의 미래 매출액을 예측하기 위해 사용되는 방법으로, 전체 시장 규모에 대한 예상 점유율을 곱하여 계산하는 산출 방식을 말한다. 간단히 말하면, '내 제품이 시장에서 얼마나 차지할 수 있을까?'를 예측하여 매출액을 추정하는 방법이다.

이 같은 시장 점유율법은 시장 규모와 점유율이라는 두 가지 요소만 고려하면 되므로 계산이 간편하고 이해하기 쉽고, 시장 규모 데이터와 예상 점유율만 있다면 빠르게 매출액을 추정할 수 있는 장점이 있다. 하지만, 정확한 시장 규모 예측이 어려워 신뢰성이 낮다는 단점이 있다. 특히 새로운 시장이나 빠르게 변화하는 시장에서는 정확한 시장 규모를 예측하기가 어렵고, 특정 사업화 아이템의 시장 점유율 자체에 대한 데이터 확보의 어려움이 있다.

때문에 시장 점유율법은 매우 단순화된 모델로 시장 규모와 점유율 이외의 요소들을 고려하지 않기 때문에 실제 매출액과 차이가 발생할 수 있다는 것에 유의해야 한다.

시장규모 및 시장점유율 추정

① 시장규모 분석

시장의 전체 규모를 평가하기 위해 인구 통계학적 자료, 산업 보고서, 시장조사 데이터를 활용한다. 예를 들어, 모바일 앱 시장에서는 스마트폰 보급률과 앱 사용자의 비율을 통해 전체 시장규모를 추정할 수 있다.

② 시장점유율 추정

신뢰할 수 있는 외부 기관의 산업 보고서, 정부 통계자료(예: KOSIS 국가통계포털) 등을 활용하여 사업과 관련된 전체 시장(TAM)과 유효 시장(SAM)의 규모를 정의한다. 그리고 목표시장 점유율(SOM)을 설정한다. 목표시장 점유율은 경쟁 환경, 자사의 기술력, 마케팅 역량 등을 종합적으로 고려하여 현실적으로 달성 가능한 초기 시장점유율을 설정한다. 이때 '1%의 법칙'과 같은 막연한 가정을 피해야 한다. "경쟁사 대비 15% 저렴한 가격과 차별화된 기능을 바탕으로, 출시 첫해 유효 시장의 0.5%를 점유하고, 3년 차까지 2%로 확대한다"와 같이 구체적인 근거를 제시하는 방식이 더 객관적인 설득력을 갖출 수 있다.

예상 판매량 산출

우선 시장규모와 시장점유율을 기반으로 예상 판매량을 계산한다.

예상 판매량 = 시장규모(수량) × 시장점유율

예를 들어, 시장규모가 1,00만 명이고 목표 시장점유율이 2%라면, 예상 판매량은 2만 개이다.

제품 단가 설정

제품 단가는 소비자의 구매력, 경쟁사의 가격, 생산 원가 등을 고려하여 책정된다. 이때 단가 설정의 주요 요소는 다음 사항이 고려될 수 있다.

- 생산원가: 직접 원가와 간접 원가를 포함한다.
- 경쟁사 가격: 동일한 시장 내 유사 제품의 평균 가격을 분석한다.
- 소비자 가치: 소비자가 제품 또는 서비스에서 기대하는 가치를 반영한다.

매출액 추정 예시

매출액 추정은 기술창업에서 사업 타당성을 검증하는 핵심 과정이다. 정확한 매출액 추정을 위해서는 체계적인 접근 방법과 다양한 변수를 고려해야 한다.

매출액 추정의 기본 공식은 다음과 같다:

매출액 = 예상 판매량 × 제품 단가

이 공식을 적용하기 위해서는 단계별 접근이 필요하다. 먼저 시장 규모를 수량 차원에서 정량화해야 한다. 예를 들어, 모바일 앱 시장을 분석할 때 한국의 스마트폰 보급률 95.1%(2023년 정보통신실태조사, 과학기술정보통신부, 2024)와 모바일 앱 사용률 85%를 적용하면, 전체 인구 5,174만 명 기준으로 약 4,182만 명(5,174만 명 × 95.1% × 85%)의 잠재 사용자가 존재한다고 볼 수 있다.

시장 점유율 적용 단계에서는 경쟁 환경 분석이 중요하다. 동일한 기능을 제공하는 경쟁 앱이 15개 존재하고 시장이 균등하게 분할되어 있다면, 각 앱의 평균 점유율은 약 6.7%가 된다. 하지만 신규 진입 기업의 경우 초기 목표 점유율을 보수적으로 1-2% 수준으로 설정하는 것이 현실적이다.

단가 설정에서는 시장 조사와 경쟁사 분석을 통해 적정 가격을 결정해야 한다. 국내 모바일 앱 시장에서 유료 앱의 평균 가격은 2,000-5,000원 수준이며, 구독형 서비스의 경우 월 1,000-3,000원 범위에서 형성되고 있다(모바일 앱 시장 동향 보고서, 한국인터넷진흥원, 2024).

구체적인 계산 예시를 살펴보면, 잠재 사용자 4,182만 명에서 목표 점유율 2%를 적용하면 예상 사용자는 836,400명(4,182만 명 × 2%)이 된다. 월 구독료를 1,700원으로 설정할 경우, 연간 매출액은 다음과 같이 계산된다.

연간 매출액 = 836,400명 × 1,700원 × 12 = 17,063백만 원

이러한 계산에서 중요한 점은 실제 전환율(Conversion Rate)을 고려해야 한다는 것이다. 일반적으로 무료 앱에서 유료 서비스로의 전환율은 2-5% 수준이므로, 이를 반영하면 실제 매출액은 상당히 달라질 수 있다.

추가 요소 반영

매출액 추정의 정확성을 높이기 위해서는 단순한 판매량 계산을 넘어 다양한 추가 요소를 반영해야 한다.

기술창업 기업의 경우 초기 시장 점유율이 낮더라도 시간이 지나면서 점진적으로 성장하는 패턴을 보인다. 국내 스타트업의 평균 성장률을 보면, 국내 창업기업의 평균적인 매출 증가율은 7.0%로 조사된 바 있다(창업기업실태조사, 2022).

이를 반영한 매출액 추정 예시는 다음과 같다.

- 1년 차: 목표 점유율 1.5% → 매출액 12,796백만 원
- 2년 차: 전년대비 7% 성장 → 매출액 13,693백만 원
- 3년 차: 전년대비 7% 성장 → 매출액 14,651백만 원

산출식: n차년도 매출액 × (1+성장율)

실제 사업 현실에서는 모바일 앱 시장에서 단일 수익 모델보다는 복합적인 수익 구조를 갖추는 것이 일반적이다. 구독형 모델(월 정기 결제를 통한 안정적 수익 확보), 광고 수익 모델(사용자당 월평균 광고 수익은 업종에 따라 200-800원 수준, 게임 앱의 경우 더 높은 수익률을 보이며, 사용자당 월평균 1,200원의 광고 수익을 창출), 인앱 구매(모델: 기본 서비스는 무료로 제공하고 추가 기능이나 콘텐츠를 유료로 판매하는 방식)들이 모두 수익다각화를 위해 고려되어야 한다.

일반적으로 평균 전환율은 3-7% 수준이며, 구매 고객의 월평균 지출액은 8,000-15,000원 범위에서 형성된다는 점도 고려되어야 한다.

연습 예제

모바일 애플리케이션 스타트업

실제 사례를 통해 매출액 추정 과정을 단계별로 살펴보자.

1. 시장 규모 분석

대한민국의 모바일 앱 시장 분석을 위해 다음과 같은 데이터를 활용한다.

총인구: 약 5,174만 명(2024년 주민등록인구통계, 행정안전부, 2024)

스마트폰 보급률: 95.1%

모바일 앱 활성 사용자 비율: 85%

따라서 잠재 시장 규모는 5,174만 × 0.951 × 0.85 = 4,180만 명으로 계산된다.

2. 경쟁 환경 및 시장 점유율 분석

동일 카테고리 내 경쟁 앱 분석 결과, 주요 경쟁사 10개가 시장의 80%를 점유하고 있으며, 나머지 20%를 중소 앱들이 분할하고 있다. 신규 진입 기업으로서 현실적인 목표 점유율을 1.5%로 설정한다.

예상 사용자 수 = 4,180만 명 × 1.5% = 627,000명

3. 수익 모델별 매출 계산

- 기본 앱 이용료: 월 1,000원
  연간 수익 = 627,000명 × 1,000원 × 12개월 = 7,524백만 원
- 인앱 구매: 평균 월 500원 (전환율 30% 적용)
  연간 수익 = 627,000명 × 0.3 × 500원 × 12개월 = 1,129백만 원
- 광고 수익: 사용자당 월 200원
  연간 수익 = 627,000명 × 200원 × 12개월 = 1,505백만 원
- 총 연간 매출액 = 7,524 + 1,129 + 1,505 = 10,158백만 원

이러한 계산은 이상적인 상황을 가정한 것이므로, 실제로는 사용자 이탈률, 시장 변동성, 경쟁 심화 등의 요인을 추가로 고려해야 한다.

시장 점유율법 활용 시 유의사항

시장 점유율법을 통한 매출액 추정은 상대적으로 간단하고 직관적인 방법이지만, 정확성을 확보하기 위해서는 몇 가지 중요한 유의사항을 반드시 고려해야 한다.

① 시장 규모의 정확한 예측

시장 규모 예측의 정확성은 전체 매출액 추정의 신뢰도를 좌우하는 핵심 요소다. 단순히 통계청 자료나 해외 시장 데이터를 그대로 적용하는 것은 위험하다. 국내 시장의 특수성과 최신 트렌드를 반영해야 한다.

예를 들어, 한국의 모바일 결제 시장은 2019년 164조 원에서 2023년 350조 원으로 급성장했다(국내 간편결제 통계, 한국은행 2024). 이러한 급격한 성장률을 단순히 과거 데이터로 예측하기는 어렵다. 따라서 업계 전문가 인터뷰, 정부 정책 방향, 기술 발전 속도 등을 종합적으로 고려한 시장 규모 예측이 필요하다.

시장 조사 기관별로도 예측치가 상이할 수 있다. 한국인터넷진흥원과 과학기술정보통신부의 모바일 앱 시장 규모 예측치가 최대 15% 차이를 보이는 경우도 있으므로, 복수의 신뢰할 만한 출처를 교차 검증하는 과정이 중요하다.

② 시장 점유율 예측의 근거 명확화

시장 점유율 예측에서 가장 흔한 오류는 희망적 사고(Wishful Thinking)에 기반한 과도한 낙관론이다. 현실적인 시장 점유율 예측을 위해서는 다음과 같은 요소들을 체계적으로 분석해야 한다.

- 경쟁사 분석: 기존 시장 참여자들의 점유율 분포, 진입 장벽의 높이, 고객 충성도 수준을 파악해야 한다. 예를 들어, 국내 배달 앱 시장에서 배달의민족이 60% 이상의 점유율을 유지하는 것은 네트워크 효과와 높은 전환 비용 때문이다.
- 자사 제품의 차별화 요소: 기술적 우위, 가격 경쟁력, 사용자 경험(UX) 등에서의 명확한 차별점이 있어야 한다. 단순히 '더 좋은 제품'이라는 추상적 표현이 아닌, 정량적으로 측정 가능한 우위 요소를 제시해야 한다.
- 마케팅 역량과 자원: 시장 점유율 확보를 위해서는 상당한 마케팅 투자가 필요하다. 국내 스타트업의 평균 고객 획득 비용(CAC, Customer Acquisition Cost)은 업종에 따라 큰 차이를 보일 수 있다는 점을 고려해야 한다.

③ 추정 방법의 한계 인식과 보완책

시장 점유율법은 비교적 단순한 계산 방식으로 인해 빠른 매출액 추정이 가능하지만, 다음과 같은 한계점들이 존재한다.

- 시장 변동성 미반영: 기술 시장의 경우 급격한 변화가 일어날 수 있다. 예를 들어, ChatGPT의 등장으로 AI 관련 앱 시장이 6개월 만에 300% 성장하는 등 예측하기 어려운 변화가 발생한다.
- 고객 행동 패턴의 복잡성: 실제 고객들의 구매 결정은 단순한 시장 점유율 논리를 따르지 않는다. 계절성, 경제 상황, 사회적 트렌드 등이 복합적으로 작용한다.
- 경쟁 반응 미고려: 신규 진입자의 시장 점유율 확대에 대해 기존 경쟁사들이 가격 인하, 기능 개선, 마케팅 강화 등으로 대응할 가능성을 간과하기 쉽다.

이러한 한계를 보완하기 위해서는 다음과 같은 추가적인 분석 방법을 병행해야 한다.

- 시나리오 분석: 낙관적, 현실적, 비관적 시나리오를 각각 설정하여 매출액 추정 범위를 제시한다. 일반적으로 현실적 시나리오 대비 낙관적 시나리오는 +50%, 비관적 시나리오는 -30% 수준으로 설정한다.
- 민감도 분석: 주요 변수(시장 규모, 점유율, 단가)의 변화가 최종 매출액에 미치는 영향을 분석한다. 이를 통해 어떤 요소가 매출액에 가장 큰 영향을 미치는지 파악할 수 있다.
- 단계적 검증: 초기에는 작은 규모의 테스트 마케팅을 통해 실제 시장 반응을 확인하고, 이를 바탕으로 매출액 추정치를 지속적으로 수정해 나가는 것이 중요하다.

결론적으로, 시장 점유율법을 활용한 매출액 추정은 유용한 도구이지만, 이를 맹신하기보다는 다양한 분석 방법과 실제 시장 데이터를 종합적으로 활용하여 보다 정확하고 현실적인 매출 예측을 수행해야 한다.

매출액 추정 연습 예시

구독형 AI 영어 학습 앱 스타트업

(공식) 매출액 = 유효 시장 규모(SAM) × 목표 시장점유율(SOM) × 평균 판매 단가

① 유효 시장 규모(SAM) 추정: 대한민국 전체 인구: 약 5,100만 명

경제활동인구(15-64세): 약 3,600만 명 (통계청 경제활동인구조사, 2024)

이 중, 자기계발 목적의 영어 학습 수요층: 20%로 가정 (약 720만 명)

유료 앱 사용 의향이 있는 잠재고객: 15%로 가정 (약 108만 명)

따라서 유효 시장(SAM)은 약 108만 명으로 추정할 수 있다.

② 목표 시장점유율(SOM) 설정

경쟁 앱(10여 개) 및 시장 상황 분석 결과, 공격적인 초기 마케팅을 통해 출시 1차 연도에 유효 시장의 1% 점유를 목표로 설정한다.

목표 고객 수 = 1,080,000명 × 1% = 10,800명

③ 평균 판매 단가 설정: 월 구독료: 19,900원

연간 매출액 = 10,800명 × 19,900원/월 × 12개월 = 약 25억 7,900만 원

2) 고객 기반 추정법(Bottom Up 방식)

고객 기반 매출액 추정법(Bottom-Up Approach)은 창업기업이 실제 확보 가능한 고객군과 구체적인 거래 규모를 기준으로 연간 매출액을 추정하는 방식이다. 이 방법은 실제 잠재 고객 데이터를 기반으로 구체적인 매출 목표를 설정하며, 고객 세분화와 각 고객의 구매 가능성을 상세히 분석함으로써 신뢰성 있는 매출 예측이 가능한다. 특히 고객 기반 매출액 추정법은 실제 영업 현장의 데이터를 기반으로 하므로 Top-Down 방식보다 훨씬 구체적이고 신뢰도가 높다. 특히 B2B(기업 간 거래) 사업 모델에 매우 효과적이다. 다음은 고객 기반 추정법에 의해 작성된 표의 예시이다.

구분	고객	1차년도 목표고객 (거래처명)	현재 연평균 거래규모 (천원)	자사 목표 점유율	목표 매출액 (천원)	자사 제품단가 (천원)	1차년도 목표 생산량 (개)	추정 근거
핵심 고객	A		500,000	20%	100,000	1,000	100	
	B							
	C							
	소계		500,000		100,000		100	
잠재 고객	A		1,000,000	5%	50,000	800	63	
	B							
	C							
	소계		1,000,000		50,000		63	
확장 고객	A		200,000	2%	4,000	1,200	3	
	B							
	C							
	소계		200,000		4,000		3	
총계			1,700,000		154,000		166	

고객 기반 추정법(Bottom Up 방식) 예시

목표 고객 세분화 및 정의

고객을 여러 그룹으로 나누고, 각 그룹의 특징과 구매 패턴을 분석하여 미래 매출액을 예측한다. 예를 들어 고객을 핵심 고객, 잠재 고객, 확장 고객 세 그룹으로 나누어 분석할 수 있다.

- 핵심 고객(Core Customers): 이미 제품이나 서비스에 대한 구체적인 관심을 표명했거나, 베타 테스트에 참여하는 등 도입 가능성이 매우 높은 고객군이다. 이들은 높은 충성도를 바탕으로 안정적인 매출을 기대할 수 있으며, 일반적으로 계약 성사율이 80-100% 수준에 달한다. 국내 B2B SaaS(Software as a Service, 서비스형 소프트웨어) 기업의 경우 평균 5-10개의 핵심 고객을 확보한 상태에서 본격적인 사업화에 나서는 것이 일반적이다.
- 잠재 고객(Potential Customers): 아직 계약을 체결하지는 않았지만, 제품 데모를 요청했거나 구체적인 도입 문의를 한 고객군이다. 이들은 적극적인 영업 활동을 통해 핵심 고객으로 전환될 가능성이 있으며, 계약 성사율은 보통 30-60% 수준이다. 잠재 고객의 규모는 핵심 고객 대비 3-5배 정도로 형성되는 것이 일반적이다.
- 확장 고객(Expansion Customers): 새로운 시장 영역이나 고객층으로 확장 가능성이

있는 고객군이다. 이들은 현재 직접적인 접촉이 없더라도 시장 조사나 업계 분석을 통해 잠재적 수요가 확인된 고객들이다. 계약 성사율은 상대적으로 낮은 5-15% 수준이지만, 성공적으로 진입할 경우 사업 규모의 급격한 확장이 가능하다.

고객별 정보 수집 및 분석

각 고객 그룹에 대해 체계적인 정보 수집이 필요하다. 이 과정에서 수집해야 할 핵심 정보는 다음과 같다.

- 현재 연평균 거래 규모: 각 고객이 해당 분야에서 연간 얼마나 지출하는지 파악해야 한다. 예를 들어, 중소 제조업체가 ERP(Enterprise Resource Planning, 전사적 자원 관리) 시스템에 연간 5,000만 원을 지출한다면, 이것이 해당 고객의 현재 연평균 거래 규모가 된다. 이 정보는 고객사의 공개된 재무 정보, 업계 평균 데이터, 또는 직접적인 고객 인터뷰를 통해 수집할 수 있다.
- 자사 목표 점유율: 각 고객의 총 지출 중에서 자사 제품이나 서비스가 차지할 것으로 예상되는 비율이다. 이는 제품의 경쟁력, 고객의 기존 솔루션 교체 의향, 예산 제약 등을 종합적으로 고려하여 결정해야 한다. 신규 진입 기업의 경우 기존 솔루션을 완전히 대체하기보다는 부분적 도입부터 시작하는 경우가 많으므로, 초기 목표 점유율을 10-30% 수준으로 보수적으로 설정하는 것이 현실적이다.
- 자사 제품 단가: 시장 경쟁 상황과 원가 구조를 고려한 적정 가격 수준이다. 국내 B2B 시장에서는 고객의 가격 민감도가 높으므로, 경쟁사 대비 10-20% 이내의 가격 차이를 유지하는 것이 유효하다.

매출액과 목표 판매량 계산

수집된 정보를 바탕으로 구체적인 매출액 계산을 수행한다. 계산 공식은 다음과 같다.

목표 매출액 = 현재 연평균 거래규모 × 자사 목표 점유율

실제 계산 예시를 살펴보면, 핵심고객 A사의 현재 연평균 거래규모가 5억 원이고 자사 목표 점유율이 20%라면, 목표 매출액은 5억 원 × 20% = 1억 원이 된다.

목표 판매량 = 목표 매출액 ÷ 자사 제품 단가

앞의 예시에서 자사 제품 단가가 1,000만 원이라면, 목표 판매량은 1억 원 ÷ 1,000만 원 = 10개가 된다.

전체 목표 매출액 계산

이러한 계산을 모든 고객군에 대해 수행한 후, 각 그룹별 목표 매출액을 합산하여 전체 매출액을 도출한다. 중요한 점은 계산된 목표 생산량이 창업기업의 실제 생산 능력이나 서비스 제공 역량을 초과하지 않아야 한다는 것이다. 만약 목표 생산량이 현실적 생산 능력을 크게 상회한다면, 인력 충원이나 설비 투자 계획을 함께 수립해야 한다.

고객 기반 추정법(bottom up 방식) 예시 표에서는 1,700,000 천 원의 현재 연평균 거래규모를 기반으로 154,000 천 원의 1차년도 전체 목표 매출액을 추정하였다.

이때 1차년도 생산량 166개는 창업기업의 생산능력을 초과하지 않아야 타당성이 있는 매출액 추정이라고 할 수 있다.

실제 적용 사례 분석

국내 B2B 스타트업의 실제 사례를 통해 고객 기반 매출액 추정법의 적용 과정을 살펴보자. 다음은 클라우드 기반 재고 관리 솔루션을 개발하는 스타트업의 매출액 추정 사례다.

- 핵심 고객군: 베타 테스트에 참여한 5개 중소 제조업체

• 잠재 고객 수: 5개사

• 평균 연간 계약 금액: 1,200만 원

• 예상 계약 성사율: 100%

• 1차 연도 예상 매출액: 5개사 × 1,200만 원 × 100% = 6,000만 원

- 잠재 고객군: 제품 데모를 완료한 20개 기업

• 잠재 고객 수: 20개사

• 평균 연간 계약 금액: 1,000만 원

• 예상 계약 성사율: 50%

1차 연도 예상 매출액: 20개사 × 1,000만 원 × 50% = 1억 원

- 신규 고객군: 온라인 마케팅을 통한 신규 고객 확보 목표

• 잠재 고객 수: 100개사

• 평균 연간 계약 금액: 800만 원

• 예상 계약 성사율: 10%

• 1차 연도 예상 매출액: 100개사 × 800만 원 × 10% = 8,000만 원

- 총 1차 연도 예상 매출액: 6,000만 원 + 1억 원 + 8,000만 원 = 2억 4,000만 원

이 사례에서 주목할 점은 고객군별로 계약 성사율을 차별화하여 적용했다는 것이다. 핵심 고객의 경우 이미 베타 테스트를 통해 제품 가치를 검증받았으므로 100%의 성사율을 적용했지만, 신규 고객의 경우 일반적인 B2B 영업 전환율인 10% 수준을 적용했다.

고객 기반 매출액 추정법의 장점과 유의사항

고객 기반 매출액 추정법은 여러 장점을 갖고 있다. 가장 큰 장점은 실제 영업 현장의 데이터를 기반으로 하므로 예측의 정확도가 높다는 것이다. 창업자가 각 고객별 영업 상황을 구체적으로 파악하고 있어야 하므로, 자연스럽게 시장에 대한 깊이 있는 이해가 형성된다.

또한 투자자나 금융기관에 대한 설득력이 강하다는 장점도 있다. 막연한 시장 점유율 가정보다는 구체적인 고객 리스트와 거래 조건을 제시할 수 있어, 사업 계획의 실현 가능성을 보다 명확하게 보여줄 수 있다. 실제로 국내의 많은 투자사들이 B2B 스타트업 투자 심사 시 고객 기반 매출 추정 자료를 긍정적 평가 요소로 활용하고 있다는 것을 참고할 필요가 있다.

하지만 몇 가지 한계점도 존재한다. 우선 고객 데이터 수집 및 분석에 상당한 시간과 노력이 필요하다. 특히 초기 창업 단계에서는 충분한 고객 접촉 데이터가 부족할 수 있어, 추정의 기반이 되는 정보 자체가 제한적일 수 있다.

또한 창업자의 주관적 판단에 의존하는 부분이 크다는 한계가 있다. 계약 성사율이나 목표 점유율 설정에서 과도한 낙관론이나 비관론이 개입될 수 있으며, 이는 매출 추정의 정확도를 떨어뜨릴 수 있다.

새로운 고객 확보나 시장 변화에 대한 예측 능력도 제한적이다. 기존 고객 데이터에 기반하므로, 급격한 시장 변화나 새로운 경쟁자 등장 등의 외부 변수를 충분히 반영하기 어렵다는 점도 고려해야 한다.

3 기술 개발 타당성 분석

가 기술 개발 타당성 분석의 필요성과 목적

기술개발 타당성 분석은 기술 개발의 실현 가능성을 검토하는 동시에, 해당 기술이 경제적 가치와 사업적 잠재력을 충분히 갖추고 있는지를 종합적으로 평가하는 과정으로 볼 수 있다. 이 과정은 기술적 가능성과 기술이 적용된 제품의 시장 잠재력을 모두 고려하는 중요한 단계로, 기술적 가능성, 시장 수요와의 부합 여부, 자원 투입 대비 예상 성과를 종합적으로 분석한다.

1) 기술 개발 타당성 분석의 필요성

기술 개발 과정은 고도의 전문성과 자본이 요구되는 복잡한 활동으로, 사업화를 추진하는 초기 스타트업은 기술 개발의 각 단계마다 성공 가능성을 예측하고 리스크를 줄이는 것이 중요하다. 기술개발 타당성 분석이 필요한 주요 이유는 다음과 같다.

시장 요구와의 부합성 확인

기술이 제품과 서비스에 적용되어 출시된 결과 시장에서 요구하는 문제를 해결할 수 있는지를 검토해야 한다. 예를 들어, 인공지능 기반 의료진단 기술을 개발하는 스타트업의 경우, 기술적으로는 95% 이상의 정확도를 달성했지만 의료진의 실제 업무 프로세스와 맞지 않아 도입이 지연되는 사례가 빈번하다. 이러한 문제를 사전에 방지하기 위해서는 기술 개발 초기부터 실제 사용자의 요구사항과 업무 환경을 면밀히 분석해야 한다.

자원 투입의 최적화

창업 초기에는 전략적으로 자원을 배분함으로써 사업화 진행 속도와 품질을 모두 향상시킬 수 있다. 특히 기술개발을 위한 인력과 자원을 어느 시기에 어느 부분에 집중 투입할 것인가는 불필요한 낭비를 방지하기 위한 중요한 의사결정이라고 볼 수 있다.

기술경쟁력 확보

기술을 기반으로 사업화를 추진하는 스타트업은 지속적으로 차별화된 기술을 개발하고 권리화하며, 기술 혁신 등을 통해 경쟁력을 강화해야 할 필요가 있다.

2) 기술 개발 타당성 분석의 목적

기술 개발 타당성 분석의 목적은 계획된 사업을 추진하기 위해 진행중인 기술개발이 다양한 측면에서 사업적 타당성을 확보할 수 있는지를 검토하고, 예상되는 잠재적 문제점을 식별하여 합리적 대안을 제시하는 데 있다.

기술적 측면

개발하고자 하는 기술이 제품의 용도와 소비처, 기능, 품질, 경쟁성 등 다양한 요인에 부합하는지를 종합적으로 검토함으로써 기술 개발 방향설정을 명확히 할 필요가 있다. 예를 들어, 해당 기술이 경쟁 제품과 비교했을 때 더 나은 성능이나 차별점을 제공할 수 있는지를 확인한다. 실제 사례로, 국내 한 바이오 스타트업은 신약 개발 초기 단계에서 기존 치료제 대비 효능이 20% 향상된 기술을 개발했지만, 임상시험 과정에서 부작용 발생률이 높아 개발 방향을 전환한 경우가 있다. 이처럼 기술적 우수성만으로는 충분하지 않으며, 실제 적용 환경에서의 종합적 성능을 고려해야 한다.

제조 능력 측면

기술 상용화를 위해서는 필요한 공정 기술과 이를 실행하기 위한 제조 생산 시설(기계 및 장비, 자재) 및 투입 노동력의 적정성을 평가할 필요가 있다. 또한, 입지와 시설이 생산 공정을 최적화할 수 있는 조건을 갖추었는지 검토가 필요하다. 이를 통해 생산 효율성을 극대화하고, 비용을 절감할 수 있는 방안을 모색해야 하기 때문이다.

독점적 권리화를 통한 이익 창출 가능성 측면

기술은 배타적 권리를 확보함으로써 시장에서 경쟁우위를 가질 수 있다. 따라서 개발된 기술이 특허로 보호될 수 있는지를 평가하며, 이를 기반으로 독점적인 시장 지위를 확보할 가능성을 검토해야 한다. 예를 들어, 예를 들어, 생산 공정의 자동화를 통해 원가를 절감하고, 기술 혁신으로 경쟁사 진입을 방어하는 전략을 수립할 수 있다.

나 주요 점검 사항

1) 기술 개발 능력을 실질적으로 보유하고 있는가?

기술 개발 역량에 대한 점검은 기업이 보유한 연구개발 인력의 전문성과 경험을 평가하는 데 중점을 둔다. 이러한 인력들이 기술적 난관을 해결하고 목표를 달성할 수 있는 능력을 갖추었는지 검토하는 것이 중요하다.

핵심 연구인력의 전문성 평가 기준
- 해당 기술 분야 관련 학위 및 경력 보유 여부
- 유사 기술 개발 프로젝트 수행 경험
- 관련 분야 논문 발표 및 특허 출원 실적
- 기술적 문제 해결 능력 및 창의성

또한, 외부 연구기관이나 기업과의 협력을 통해 기술 개발을 가속화하거나 부족한 자원을 보완할 수 있는 가능성을 확인한다. 국내 기술창업 기업 중 약 70%가 대학이나 연구소와의 협력을 통해 기술 개발을 진행하고 있으며, 이러한 협력을 통해 개발 기간을 평균 30% 단축하는 효과를 얻고 있다.

마지막으로, 연구개발 일정은 설정된 계획에 따라 현실적으로 실행 가능한지, 각 단계가 명확히 정의되고 필요한 자원과 기간이 적절히 배정되었는지를 종합적으로 평가한다.

2) 권리화가 가능한 기술인가?

기술의 경제적 권리화, 즉 산업재산권(Industrial Property Rights) 확보 가능성은 개발된 기술이 신규성(Novelty)과 차별성을 바탕으로 특허로 보호받을 수 있는 가능성을 평가하는 것을 의미한다. 이를 통해 해당 기술이 독점적 권리를 확보하고 경쟁사의 모방을 방지할 수 있는지를 확인한다.

특허 출원 가능성 평가 요소
- 기술의 신규성: 기존 기술과의 차별점이 명확한가?
- 진보성: 기존 기술 대비 현저한 개선이 있는가?
- 산업상 이용가능성: 실제 산업에서 활용 가능한가?
- 명세서 작성 가능성: 기술 내용을 명확히 기술할 수 있는가?

또한, 기술이 상업적으로 수익을 창출할 가능성을 분석하여 경제적 이익 창출 측면을 고려한다. 예를 들어, 기술이 생산 비용을 절감하거나 새로운 시장을 개척할 수 있는 기회를 제공한다면 이는 사업적 잠재력이 크다. 마지막으로, 기술의 적용성을 검토하여 응용 범위와 잠재적 고객층을 파악하고, 기술이 시장에서 실질적인 가치를 제공할 수 있는지를 종합적으로 분석한다.

3) 공정기술을 확보했는가?

공정기술 확보는 생산 공정에서 발생할 수 있는 문제를 사전에 예측하고 이를 해결하기 위한 대안을 마련하는 것을 의미한다. 이를 통해 생산 과정을 안정적으로 운영하며, 제품 품질과 생산성을 동시에 유지할 수 있다. 또한, 공급 안정성은 자재 및 부품 공급망의 연속성을 평가하는 중요한 요소로, 공급망이 중단 없이 원활하게 작동할 수 있는지 검토한다.

공정기술 확보 점검 항목

- 핵심 공정의 표준화 및 매뉴얼화 완료 여부
- 품질관리 시스템(QMS, Quality Management System) 구축 현황
- 생산 설비의 안정성 및 유지보수 체계
- 공정 개선을 위한 지속적 모니터링 시스템

마지막으로, 생산 효율성은 생산 비용, 생산율, 품질 간의 균형을 맞추기 위한 종합적인 분석으로, 이를 통해 기업은 생산 과정의 최적화를 이루고 경쟁력을 강화할 수 있다.

다 기술개발의 타당성 분석의 세부 내용

1) 제품 개발 가능성 및 기술 능력

기술 인력 역량은 기업이 보유한 연구개발 인력의 전문성과 협력 가능성을 평가하는 과정을 포함한다. 연구개발 인력은 기술 개발의 핵심 동력으로, 이들의 전문성과 문제 해결 능력은 사업화 성공에 직결된다.

- 핵심 기술진 분석: 최고기술책임자(CTO, Chief Technology Officer) 또는 핵심 연구책임자의 해당 분야 전문성, 기술 리더십, 프로젝트 관리 능력을 종합적으로 평가한다.
- 연구팀 구성의 적절성: 기술 개발에 필요한 다양한 전문 분야의 인력이 균형있게 구성되어 있는지 확인한다. 예를 들어, AI 기술 개발의 경우 알고리즘 개발자, 데이터

사이언티스트, 소프트웨어 엔지니어 등이 적절히 배치되어야 한다.

핵심 기술의 내용에서는 개발하려는 기술의 정의와 현재 진척 수준, 그리고 미래 전망을 심층적으로 분석한다. 이 과정에서 기술의 차별성과 상용화 가능성을 판단할 수 있다.

기술 개발 현황 분석 기준

- 기술 성숙도(TRL, Technology Readiness Level): 1-9단계 중 현재 위치
- 핵심 기술의 완성도: 목표 성능 대비 달성률
- 기술적 리스크 요소: 해결해야 할 주요 기술적 과제
- 개발 일정의 현실성: 각 단계별 소요 시간의 적절성

또한, 기술 도입 및 협력 가능성을 검토하여 외부 기술 이전이나 협력을 통해 개발 속도를 가속화하고 부족한 자원을 보완하는 방법을 모색한다. 마지막으로, 연구개발 과정과 일정은 단계별로 명확하게 계획되고, 현실적으로 실행 가능하며, 필요한 자원과 기간이 적절히 배정되었는지를 종합적으로 점검한다.

2) 제품의 특성 및 경쟁력

유사 제품과의 비교는 계획 제품의 기술적 우수성을 평가하는 데 중점을 둔다. 이를 통해 해당 제품이 경쟁 제품 대비 어떤 차별성과 강점을 가지고 있는지를 명확히 파악할 수 있다.

- 성능 비교 분석: 핵심 성능 지표에서 경쟁 제품 대비 우위 정도를 정량적으로 측정한다. 예를 들어, 배터리 기술의 경우 에너지 밀도, 충전 속도, 수명 등의 지표를 비교 분석한다.
- 기술적 차별화 요소: 경쟁사가 쉽게 모방하기 어려운 고유 기술이나 노하우를 보유하고 있는지 평가한다. 국내 기술창업 기업 중 독자적인 핵심 기술을 보유한 기업의 생존율이 일반 기업 대비 2.3배 높은 것으로 나타나고 있다.

가격 경쟁력은 제품이 시장에서 경쟁력을 갖추기 위해 얼마나 효율적인 비용 구조를 가지고 있으며, 시장 가격과 비교해 소비자에게 매력적인지를 분석한다.

가격 경쟁력 평가 요소

- 원가 구조의 효율성: 주요 비용 요소의 최적화 가능성
- 규모의 경제 달성 가능성: 생산량 증가에 따른 단위 비용 절감 효과
- 가격 대비 성능(Price-Performance Ratio): 동일 가격대 제품 대비 성능 우위

대체기술의 출현 가능성은 기술 변화 주기와 혁신 주기를 분석함으로써, 시장 내에서 기술적 지속 가능성을 확보할 수 있는 전략을 마련하는 데 필요하다. 특히 ICT 분야의 경우 기술 변화 속도가 빨라 지속적인 기술 혁신이 필수적이다.

또한, 기존의 특허 현황을 분석하여 관련 특허 동향을 파악하고, 법적 리스크를 줄이며, 기술의 독창성을 보호할 수 있는 방안도 모색해야 한다. 마지막으로, 해외기술 도입 가능성은 글로벌 기술 동향을 평가하고 이를 기업 내에서 어떻게 활용할 수 있을지 구체적인 계획을 수립하는 데 초점을 맞춘다.

3) 생산능력 및 계획

생산 시설 확보 및 계획은 투입된 설비 배치가 효율적이고 생산 공정에 적합하게 이루어졌는지를 검토하는 데 중점을 둔다. 이를 통해 생산 공간의 최적화를 이루고 자원의 낭비를 방지할 수 있다.

- 생산 규모 결정: 시장 수요 예측을 바탕으로 적정 생산 규모를 설정한다. 과도한 설비 투자는 초기 자금 부담을 가중시키고, 과소 투자는 시장 기회를 놓칠 수 있다.
- 설비 선정 및 배치: 생산 효율성을 극대화할 수 있는 설비를 선정하고, 작업 동선을 최소화하는 배치 계획을 수립한다.
- 원부자재 조달의 안정성: 주요 자재와 부품의 공급망이 중단 없이 안정적으로 운영될 수 있는지를 평가하며, 예기치 못한 공급 중단 상황에 대비한 대안을 마련하는 과정도 포함된다.

공급망 안정성 확보 방안

- 주요 원자재별 복수 공급업체 확보
- 전략적 재고 관리: 안전재고와 비용 효율성의 균형
- 공급업체와의 장기 계약 체결을 통한 가격 안정성 확보
- 대체 원자재 개발 및 검증

또한, 원부자재 가격의 안정성은 장기적인 원가 관리를 가능하게 하는 요소로, 시장 가격 변동에 따른 리스크를 최소화하기 위한 전략을 수립하는 데 활용된다. 마지막으로, 생산 인력 조달은 숙련된 인력을 적시에 확보하고 생산 일정에 맞는 인력 배치를 계획함으로써 안정적인 생산 환경을 구축할 수 있다.

라 기술 개발 세부 분석 항목

1) 원재료의 수급 분석

원재료의 특성과 수급 관계는 안정적인 수급체계를 구축하는 데 중점을 둔다. 이를 위해 주요 원재료의 특성을 분석하고, 공급망의 안정성을 확보하여 중단 없는 자재 공급을 보장할 수 있는지를 점검해야 한다.

- 핵심 원재료 식별: 제품 생산에 필수적이며 대체가 어려운 핵심 원재료를 식별한다. 일반적으로 전체 원재료 비용의 80%를 차지하는 20%의 핵심 원재료에 집중하여 관리한다(파레토 법칙 적용).
- 공급 시장 분석: 해당 원재료의 글로벌 및 국내 공급 시장 현황, 주요 공급업체, 가격 동향을 종합적으로 분석한다. 국내 제조업체의 경우 핵심 원재료의 60% 이상을 수입에 의존하고 있어 환율 변동 리스크도 고려해야 한다.
- 조달 가능성을 평가: 효율적인 자원 조달 방법을 모색하고, 원재료 비용과 품질 간의 균형을 맞춘다. 공급망 확보는 장기적으로 지속 가능한 대안을 마련하고, 예상치 못한 공급망 중단에 대비한 유연성을 확보하기 위함이다.

공급망 리스크 관리 전략

- 지역별 공급업체 다변화: 특정 지역 의존도 최소화
- 공급업체 재무 건전성 모니터링: 공급 중단 리스크 사전 감지
- 대체 원재료 개발: 핵심 원재료의 공급 중단에 대비한 대안 확보
- 전략적 파트너십 구축: 주요 공급업체와의 장기적 협력 관계 구축

마지막으로, 제조를 위해 투입에 필요한 노동력의 수준을 점검하여 원활한 원재료 조달과 생산 공정을 지원할 수 있는 적절한 인력 배치를 계획한다.

2) 생산 및 제조 공정 분석

생산 일정 및 공장 규모는 기업이 목표로 하는 생산 일정과 공장의 규모가 실제 생산 요구에 부합하는지를 평가하는 과정이다. 이 과정에서는 생산 과정의 효율성과 운영비 절감이 중요한 고려사항이다.

- 수량 계획 수립: 시장 수요 예측을 바탕으로 월별, 분기별 생산 목표를 설정한다. 국내 기술창업 기업의 경우 초기 생산 계획 대비 실제 생산량이 평균 70% 수준에 그치는 경우가 많아, 현실적인 목표 설정이 중요하다.
- 생산 일정 최적화: 주문 접수부터 제품 출하까지의 전체 리드타임(Lead Time)을 최소화하는 생산 일정을 수립한다. 이를 위해 병목 공정을 식별하고 개선 방안을 마련해야 한다.
- 유연성 확보: 시장 수요 변화에 대응할 수 있는 생산 계획의 유연성을 확보한다. 특히 기술창업 기업의 경우 시장 반응에 따라 제품 사양이나 생산량이 급변할 수 있어 이에 대한 대비가 필요하다.
- 생산 기계 및 장비 선정: 제품의 특성과 생산량 목표에 적합한 기계와 장비를 선택하는 데 초점을 맞추며, 이를 통해 생산성을 극대화하고 생산 공정을 최적화해야 한다.

설비 선정 기준

- 생산 능력: 목표 생산량 달성 가능 여부
- 품질 안정성: 일정한 품질의 제품 생산 가능성
- 운영 비용: 전력비, 유지보수비 등 운영 비용의 경제성
- 확장성: 향후 생산량 증가에 대응 가능한 확장성
- 기술 지원: 설비 업체의 기술 지원 및 A/S 체계

또한, 공장 위치 선정 및 설비 배치는 공장의 입지가 물류 비용 절감과 경제적 운영에 기여할 수 있는지 평가하고, 내부 설비의 배치가 작업 동선을 최소화하고 생산 효율을 높일 수 있도록 계획한다.

입지 선정 고려 요소

- 교통 접근성: 원자재 반입 및 제품 출하의 편의성
- 인력 확보: 필요한 기술 인력 및 생산 인력 확보 가능성
- 인프라: 전력, 용수, 통신 등 기본 인프라의 안정성
- 정부 지원: 산업단지 입주 시 받을 수 있는 각종 혜택
- 확장 가능성: 향후 사업 확장 시 추가 부지 확보 가능성

마지막으로, 생산 지원 체계 검토는 물류, 공급망, IT 시스템 등의 지원 체계가 생산 공정 전반에서 효율적으로 작동하여 생산 차질을 최소화할 수 있는지를 점검한다.

3) 제품의 품질관리 능력 분석

예상 불량률 및 개선 가능성은 생산 과정에서 발생할 수 있는 품질 문제를 사전에 파악하고, 이를 최소화하기 위한 개선 방안을 도출하는 것을 목표로 한다. 이를 통해 제품 불량으로 인한 손실을 줄이고, 전반적인 생산 품질을 향상시킬 수 있다.

- 품질 기준 설정: 제품별 품질 기준을 명확히 정의하고, 이를 측정할 수 있는 구체적인 지표를 설정한다. 국내 제조업체의 평균 불량률은 2-5% 수준이지만, 기술창업 기업의 경우 초기에는 10% 이상의 높은 불량률을 보이는 경우가 많다.
- 품질 검사 체계: 원자재 입고부터 완제품 출하까지 각 단계별 품질 검사 체계를 구

축한다. 특히 핵심 공정에서는 실시간 품질 모니터링 시스템을 도입하여 불량품 발생을 사전에 방지해야 한다.

- 불량 원인 분석 및 개선: 발생한 불량에 대해 체계적인 원인 분석을 실시하고, 재발 방지를 위한 개선 조치를 수립한다. 이를 위해 PDCA(Plan-Do-Check-Act) 사이클을 활용한 지속적 개선 체계를 구축한다.
- 기술 및 기능 인력 확보 전망: 품질 관리에 필요한 전문 인력과 숙련된 기능 인력을 안정적으로 확보할 수 있는지를 평가하며, 이는 품질 관리 체계의 핵심 요소로 작용한다.

품질관리 인력 확보 전략

- 품질관리 전문가 채용: 품질경영 자격증 보유자 우선 채용
- 생산 인력 교육 훈련: 정기적인 품질 교육 및 기능 향상 프로그램 운영
- 외부 전문기관 활용: 품질관리 컨설팅 및 교육 서비스 활용
- 품질 문화 조성: 전 직원이 품질 향상에 참여하는 조직 문화 구축

또한, 제품의 기술적 특성은 품질 기준에 부합하는지를 면밀히 검토하여 시장에서 경쟁력을 갖춘 제품을 제공할 수 있도록 한다. 기존 제품과의 비교 우위성을 분석하여 해당 제품이 기술적 및 품질적 측면에서 경쟁 제품보다 우위에 있는지를 확인하고, 이를 바탕으로 차별화된 경쟁 전략을 수립한다. 마지막으로, 기업 기술 역량 평가는 품질 관리를 지속 가능하게 유지하기 위한 체계적 접근을 검토하며, 이를 통해 기업은 품질 혁신과 장기적인 경쟁력을 확보할 수 있다.

4) 신제품 개발 능력 분석

기술 혁신 가능성은 기업이 보유한 연구개발 투자 비율, 조직문화, 외부 협력 가능성을 종합적으로 분석하여 평가한다. 연구개발 투자 비율은 기업이 혁신을 위해 할당하는 자원의 양을 나타내며, 이는 신기술 개발과 기존 기술 개선의 기반이 된다.

- 투자 규모의 적정성: 업종별 평균 R&D 투자 비율과 비교하여 자사의 투자 수준이 적정한지 평가한다. 과도한 투자는 단기 현금 흐름에 부담을 주고, 과소 투자는 기술 경쟁력 저하를 초래할 수 있다.
- 투자 효율성: R&D 투자 대비 특허 출원, 기술 이전, 제품 개발 성과 등을 종합적으

로 평가하여 투자 효율성을 측정한다.

- 조직문화는 혁신을 촉진하거나 저해할 수 있는 내부 환경을 말하며, 창의성과 협업을 장려하는 문화가 있을 경우 기술 혁신 가능성이 높아질 수 있다.

혁신 친화적 조직문화 요소

- 실패 허용 문화: 혁신 과정에서 발생하는 실패를 학습 기회로 인식
- 수평적 소통: 계층 간 자유로운 아이디어 교환이 가능한 조직 구조
- 외부 개방성: 외부 기술 동향 및 시장 변화에 대한 적극적 관심
- 지속적 학습: 직원들의 역량 개발을 지원하는 교육 체계

외부 협력 가능성은 연구기관, 대학, 타 기업 등과의 협력을 통해 기술 개발을 가속화할 수 있는지를 나타낸다.

외부 협력 유형별 특징

- 대학 연구소 협력: 기초 연구 및 원천 기술 개발에 유리
- 정부출연연구소 협력: 응용 연구 및 기술 실용화에 강점
- 대기업 협력: 상용화 및 시장 진출에 도움
- 해외 기관 협력: 글로벌 기술 동향 파악 및 해외 진출 기반 마련

또한, 연구개발 투자 및 자금 조달 계획은 투자 규모와 자금 조달 경로를 검토하여 프로젝트를 실행하는 데 필요한 재무적 기반을 마련하는 데 초점을 맞추어 점검한다.

- R&D 자금 조달 방안을 구체적으로 점검한다. 일반적으로 R&D 자금은 정부 R&D 지원사업(TIPS, 창업성장기술개발사업 등 활용), 민간 투자 유치(벤처캐피탈, 엔젤투자자로부터 R&D 자금 확보), 기술보증기금(R&D 담보 대출 및 보증 서비스 활용), 크라우드펀딩(소액 다수 투자자로부터 R&D 자금 조달)등의 방안이 있다.

R&D 투자 계획 수립 시 고려사항

- 단계별 투자 계획: 기술개발 단계별 필요 자금 및 조달 계획
- 리스크 관리: 기술개발 실패 시 대안 및 손실 최소화 방안
- 성과 측정: R&D 투자 성과를 측정할 수 있는 KPI(Key Performance Indicator) 설정
- 지속가능성: 장기적인 R&D 투자를 위한 재무 계획 수립

이러한 종합적인 기술 개발 타당성 분석을 통해 기술창업 기업은 한정된 자원을 효율적으로 활용하여 성공적인 기술 사업화를 달성할 수 있다. 특히 국내 기술창업 생태계의 특성을 고려한 체계적인 접근이 중요하며, 정부 정책 및 지원제도를 적극 활용하는 전략이 필요하다.

4 재무적 타당성 분석

가 재무적 타당성 분석의 목적

스타트업의 재무적 타당성 분석은 투자자와 경영진에게 사업 아이디어의 경제적 생존 가능성에 대한 객관적인 평가를 제공하는 것을 목적으로 한다. 쉽게 말해 창업자의 비즈니스 모델이 수익성이 있고 지속 가능한지 여부를 판단하는 것이라고 볼 수 있다.

따라서 재무적 타당성 분석은 기술 개발과 사업화 과정에서 발생하는 모든 재무적 요소를 체계적으로 평가하여, 프로젝트가 경제적 측면에서 실행 가능하고 지속 가능한지를 판단하는 중요한 과정으로 볼 수 있다. 이는 투자자와 경영진에게 명확한 의사결정 근거를 제공하며, 사업 성공 가능성을 높이는 데 중요한 역할을 한다. 또한 재무적 타당성 분석은 기업이 재무적 안정성을 확보하고, 자원을 효율적으로 활용하며, 지속 가능한 성장을 실현할 수 있도록 지원하는 데 목적이 있다.

재무적 타당성 분석은 기술 개발부터 사업화까지의 전 과정에서 발생하는 모든 재무적 요소를 체계적으로 평가한다. 여기에는 초기 투자비용, 운영비용, 예상 매출, 현금 흐름, 투자회수 기간 등이 포함된다. 이러한 분석을 통해 창업자는 자신의 사업 모델이 현실적으로 실행 가능한지를 판단할 수 있고, 투자자들은 투자 결정을 위한 객관적 근거를 확보할 수 있다.

기술창업을 추진하는 스타트업에게 재무적 타당성 분석이 필요한 이유는 다음과 같다.

1) 투자 의사결정의 객관적 근거 제공

재무적 타당성 분석은 투자자들에게 사업 아이디어의 경제적 생존 가능성에 대한 객관적인 평가 기준을 제공한다. 투자자들은 이를 통해 감정이나 주관적 판단을 배제하고, 객관적 데이터에 기반하여 투자 여부를 결정할 수 있다. 또한, 잠재적 리스크를 사전에 파악하고 예상 수익률과 비교하여 투자 리스크를 최소화할 수 있는 근거를 마련한다. 투자자들은 재무적 타당성 분석을 통해 다음과 같은 핵심 정보를 얻는다. 먼저 예상 수익률과 투자 리스크를 정량적으로 비교 분석할 수 있다. 예를 들어, 인공지능 기반 의료진단 솔루션을 개발하는 스타트업의 경우, 기술 개발비, 임상시험 비용, 인허가 비용 등을 종합적으로 고려하여 투자회수 기간을 산정할 수 있다. 또한 시장 진입 시점, 경쟁사 대비 우위 요소, 규제 환경 변화 등의 외부 변수가 재무 성과에 미치는 영향을 시뮬레이션할 수 있다.

투자 조건 협상에서도 재무적 타당성 분석 결과가 핵심 자료로 활용된다. 투자 규모, 지분율, 기업가치 평가, 투자회수 방안 등이 모두 이 분석을 바탕으로 결정된다. 실제로 국내 주요 액셀러레이터들은 투자 심사 시 재무 모델링(Financial Modeling) 결과를 필수 검토 항목으로 요구하고 있다.

2) 사업화 주체의 전략적 경영 계획 수립 및 개선

재무적 타당성 분석은 창업자가 현실적이고 실행 가능한 사업 계획을 수립하는 데 핵심적인 역할을 한다. 이 과정에서 창업자는 자신의 비즈니스 모델을 숫자로 구체화하면서 사업의 실현 가능성을 객관적으로 검토하게 된다.

경영 전략 수립 측면에서 재무적 타당성 분석은 여러 중요한 의사결정을 지원한다. 제품 가격 전략의 경우, 원가 분석과 시장 수용성을 종합적으로 고려하여 최적 가격대를 설정할 수 있다. 예를 들어, 친환경 포장재를 개발하는 기술창업 기업이 기존 플라스틱 포장재 대비 30% 높은 가격을 책정하더라도, 환경 규제 강화와 ESG 경영 확산으로 인한 시장 수요 증가를 고려할 때 충분한 수익성을 확보할 수 있다는 분석 결과를 도출할 수 있다.

생산 계획과 운영 전략에서도 재무적 분석이 중요하다. 초기 생산량, 설비 투자 규모, 인력 채용 계획 등을 재무적 관점에서 최적화할 수 있다. 또한 마케팅 예산 배분, 연구개발 투자 우선순위, 해외 진출 시점 등의 전략적 의사결정에 필요한 정량적 근거를 제공한다.

3) 자금 조달 전략의 효율성 극대화

기술창업에서 자금 조달은 사업 성공의 핵심 요소다. 재무적 타당성 분석을 통해 창업자는 필요한 자금 규모를 정확히 산정하고, 가장 효율적인 조달 방안을 선택할 수 있다.

자금 조달 계획 수립 시 고려해야 할 요소들은 다음과 같다.

시설자금(CAPEX, Capital Expenditure)의 경우 연구개발 장비, 생산 설비, 사무공간 등에 필요한 초기 투자비를 정확히 산정해야 한다.

운전자금(Working Capital)은 원재료 구매, 인건비, 마케팅비 등 일상적인 운영에 필요한 자금을 의미한다. 특히 기술창업의 경우 매출 발생까지 상당한 시간이 소요되므로, 이 기간 동안의 운전자금을 충분히 확보하는 것이 중요하다.

한국의 기술창업 기업들이 활용할 수 있는 자금 조달 방식은 매우 다양하다. 정부 지원사업의 경우 중소벤처기업부의 창업도약패키지, 과학기술정보통신부의 K-스타트업 등이 있으며, 민간 투자의 경우 엔젤투자, 벤처캐피탈, 크라우드펀딩 등의 옵션을 활용할 수도 있다.

재무적 타당성 분석은 금융기관 대출 승인 가능성을 높이는 데도 중요한 역할을 한다. 은행이나 정책금융기관은 대출 심사 시 사업의 안정성과 상환 능력을 중점적으로 검토하는데, 체계적인 재무 분석 자료가 이를 입증하는 핵심 근거가 된다.

4) 경제적 수익성의 정량적 검증

재무적 타당성 분석의 핵심은 사업의 경제적 수익성을 객관적으로 평가하는 것이다. 이를 위해 다양한 재무 지표와 분석 기법이 활용된다.

순현재가치(NPV, Net Present Value)는 미래 현금 흐름을 현재 가치로 환산하여 투자의 경제적 가치를 평가하는 지표다.

내부수익률(IRR, Internal Rate of Return)은 NPV를 0으로 만드는 할인율로, 투자 프로젝트의 수익률을 백분율로 나타낸다. 일반적으로 IRR이 자본비용보다 높으면 투자 가치가 있다고 판단한다.

투자수익률(ROI, Return on Investment)은 투자 대비 수익의 비율을 나타내는 가장 직관적인 지표다.

손익분기점(Break-Even Point) 분석도 중요한 도구다. 이는 총수익과 총비용이 같아지는 지점으로, 최소한 달성해야 할 매출 목표를 설정하는 데 활용된다.

5) 재무적 안정성과 리스크 관리

기술창업은 본질적으로 높은 불확실성을 내포하고 있다. 재무적 타당성 분석을 통해 이러한 리스크를 사전에 식별하고 관리 방안을 마련할 수 있다.

재무 안정성 평가에는 여러 핵심 지표가 활용된다. 부채비율(Debt Ratio)은 총부채를 총자산으로 나눈 값으로, 기업의 재무 레버리지 정도를 나타낸다. 일반적으로 부채비율이 200%를 초과하면 재무구조가 취약하다고 평가한다. 유동비율(Current Ratio)은 유동자산을 유동부채로 나눈 값으로, 단기 채무 상환 능력을 측정한다. 통상 150% 이상이면 양호한 수준으로 평가된다.

시나리오 분석(Scenario Analysis)을 통해 다양한 상황에서의 재무 성과를 예측할 수 있다. 낙관적 시나리오, 기본 시나리오, 비관적 시나리오를 설정하여 각각의 상황에서 기업이 어떤 재무적 성과를 보일지 분석한다. 예를 들어, 전기차 충전 솔루션을 개발하는 스타트업의 경우, 정부의 전기차 보급 정책 변화, 경쟁사의 시장 진입, 원자재 가격 변동 등을 고려한 다양한 시나리오를 분석할 수 있다.

민감도 분석(Sensitivity Analysis)은 주요 변수의 변화가 재무 성과에 미치는 영향을 정량적으로 평가하는 기법이다. 매출 성장률, 원가율, 할인율 등의 핵심 변수가 10% 변동할 때 NPV나 IRR이 어떻게 변화하는지 분석하여, 어떤 요소가 사업 성과에 가장 큰 영향을 미치는지 파악할 수 있다.

나 재무적 타당성 분석의 절차

재무적 타당성 분석은 기술창업의 경제적 실행 가능성을 체계적으로 검토하는 단계적 분석 과정이다. 이는 창업자의 주관적 판단이나 감정적 접근을 배제하고, 객관적 데이터와 검증된 분석 기법을 활용하여 사업의 재무적 건전성을 평가하는 과정이다. 특히 한국의 기술창업 환경에서는 정부 지원사업 신청, 투자 유치, 금융기관 대출 등 모든 자금조달 과정에서 체계적인 재무적 타당성 분석이 필수 요구사항으로 자리잡고 있다.

1) 초기 데이터 수집 및 기초 자료 구축

재무적 타당성 분석의 첫 번째 단계는 분석에 필요한 모든 기초 데이터를 체계적으로 수집하는 것이다. 이 과정에서는 시장 분석, 경쟁사 분석, 기술적 타당성 분석에서 도출된 정보를 종합하여 재무 분석의 기반을 마련한다.

시장 데이터 수집에서는 목표 시장의 규모와 성장률을 정확히 파악해야 한다. 예를 들어, 인공지능 기반 의료진단 솔루션을 개발하는 스타트업의 경우, 국내 의료 AI 시장 규모가 연평균 50% 성장할 것으로 예상된다는 데이터를 활용할 수 있다(국내 AI헬스케어 시장 전망, 삼정KPMG, 2024).

경쟁사 분석을 통해서는 유사 기업의 매출 구조, 수익률, 성장 패턴 등을 파악한다. 국내 상장 기업의 경우 금융감독원 전자공시시스템(DART)을 통해 상세한 재무 정보를 확인할 수 있으며, 비상장 기업의 경우 업계 보고서나 전문 조사기관 자료를 활용한다.

기술 개발 비용 산정에서는 연구개발비, 특허 출원비, 시제품 제작비, 임상시험비(의료기기의 경우) 등을 구체적으로 계산한다.

데이터 수집 과정에서는 정보의 신뢰성을 확보하기 위해 다양한 출처를 교차 검증해야 한다. 1차 자료(설문조사, 인터뷰)와 2차 자료(통계청, 업계 보고서)를 균형있게 활용하고, 필요시 현장 방문이나 전문가 자문을 통해 데이터의 정확성을 높여야 한다.

2) 핵심 가정 설정 및 전제 조건 수립

분석의 신뢰성을 높이기 위해 가정에 대한 명확한 기준을 설정한다.

재무적 타당성 분석의 신뢰성은 분석에 사용되는 가정의 합리성에 크게 좌우된다. 이 단계에서는 분석 전반에 걸쳐 적용될 핵심 가정들을 명확히 정의하고, 각 가정의 근거를 체계적으로 문서화한다.

매출 성장률 가정은 가장 중요한 요소 중 하나다. 비용 증가율 가정에서는 인건비 상승률, 원자재 가격 변동률, 임대료 인상률 등을 고려한다. 통계청의 '2024년 소비자물가동향' 등의 자료를 참고하여 이를 비용 증가율 산정에 반영해야 한다.

시장 점유율 가정은 경쟁 환경과 자사의 경쟁력을 종합적으로 고려하여 설정한다. 신규 진입 기업의 경우 초기 1-2년간은 0.1-0.5%의 낮은 점유율에서 시작하여 점진적으로 확대하는 것이 현실적이다.

할인율 설정은 투자 위험도를 반영하는 핵심 요소다. 국내 기술창업 분야에서는 일반적으로 10-15%의 할인율을 적용하며, 업종별 위험도에 따라 조정한다. 바이오 분야는 높은 불확실성으로 인해 15-20%, IT 서비스 분야는 상대적으로 낮은 10-12%를 적용하는 것이 일반적이다.

3) 연차별 매출 계획 수립

매출 계획 수립은 재무적 타당성 분석의 핵심이다. 이 단계에서는 단순한 희망적 추정이 아닌, 시장 데이터와 사업 전략에 기반한 현실적인 매출 목표를 설정한다. 이는 시장 수요 분석, 경쟁사 분석, 가격 정책 등을 종합적으로 고려하여 가급적 현실적인 매출 목표를 설정한다. 이 같은 매출 목표는 재무 분석에서 가장 중요한 근거가 되기 때문에 가급적 객관적이고 보수적 관점으로 설정해보는 것이 좋다. 과거 매출 데이터의 트렌드 분석, 경쟁사의 매출 구조 비교, 고객 설문조사 및 수요 예측 모델링 등도 활용될 수 있다. 다양한 방법으로 매출액을 추정할 수 있으며, 판매량, 시장 점유율, 수요예측 등을 근거로 분석한다.

수익 모델의 다각화도 중요하다. 초기 제품 판매 수익에서 시작하여 유지보수 서비스, 데이터 분석 서비스, 라이선싱 등으로 수익원을 확대하는 전략을 수립한다. 이는 매출의 안정성을 높이고 고객 생애가치(Customer Lifetime Value)를 극대화하는 효과가 있다.

계절성 및 주기성 반영도 필수적이다. 농업 관련 기술의 경우 계절적 요인을, B2B 솔루션의 경우 기업의 예산 집행 주기를 고려해야 한다. 일반적으로 국내 기업들은 4분기에 예산 집행이 집중되므로, 이를 매출 계획에 반영해야 한다.

4) 비용 추정(매출원가 및 판관비 등 추정)

제품의 생산에 소요되는 제조원가와 판매 및 관리 활동에 필요한 비용을 분석한다. 매출원가는 재료비, 노무비, 직접경비 또는 외주용역비 등으로 구성되며, 제품 생산 과정에서 발생하는 모든 비용을 구체적으로 계산한다. 판관비는 영업사원 인건비, 판촉비, 접대비, 연구개발비 등으로 구성되며, 제품 판매와 사업 유지에 필요한 비용을 포함한다. 그런데, 초기 창업기업의 경우에는 아직 본격적인 제조를 시작하지 않은 단계이기 때문에 매출원가 및 판관비 추정 단계에서 어려움이 발생할 수 있다. 만약 창업아이템의 대상기술 제품 제조에 투입되는 비용의 구조와 세부 내역을 알고 있는 경우에는 매출원가와 판관비를 직접 추정하면 된다. 그러나 그렇지 못한 경우에는 사업주체가 대상기술제품과 유사한 사업을 하고 있는 동종업계의 매출원가율과 판관비율을 참고하여 추정할 수 있다. 필요시 경영지도사와 같은 사업 타당성 분야 전문가 도움을 받아 각 비용 항목을 검증하거나, 유사 프로젝트 데이터를 적극 활용함으로써 추정의 신뢰성을 높일 수 있다.

5) 추정 재무제표 작성 및 재무 모델링

수집된 데이터와 설정된 가정을 바탕으로 향후 3-5년간의 추정 재무제표를 작성한다. 이는 사업의 재무적 성과를 종합적으로 평가할 수 있는 핵심 도구다.

추정 손익계산서 작성에서는 매출액, 매출원가, 매출총이익, 판매관리비, 영업이익, 영업외손익, 법인세비용, 당기순이익을 순서대로 계산한다. 각 항목별로 월별 또는 분기별 세부 계획을 수립하여 현금 흐름 관리에 활용한다.

추정 재무상태표 작성에서는 자산, 부채, 자본의 구성을 명확히 한다. 특히 운전자본(매출채권 + 재고자산 - 매입채무) 변동이 현금 흐름에 미치는 영향을 정확히 반영해야 한다. 일반적으로 매출 증가 시 운전자본도 함께 증가하여 현금 흐름에 부정적 영향을 미친다.

추정 현금 흐름표 작성은 가장 중요한 부분이다. 영업활동 현금 흐름, 투자활동 현금 흐름, 재무활동 현금 흐름을 구분하여 작성하며, 각 연도별 순현금 흐름과 누적현금 흐름을 계산한다. 이러한 재무 모델링 도구 활용에서는 Excel 기반의 동적 모델을 구축하여 주요 변수 변경 시 전체 재무제표가 자동으로 업데이트되도록 한다. 이를 통해 다양한 시나리오 분석이 가능하다.

6) 수익성 분석

추정된 재무제표를 활용하여 순현재가치(NPV), 내부수익률(IRR), 투자수익률(ROI) 등의 지표를 계산한다. 이러한 지표는 사업화를 통하여 얼마나 수익성을 확보할 수 있는지를 경제적 수익성 차원에서 판단하는 데 사용된다. 예를 들어, 순현재가치(NPV) 분석에서는 미래 현금 흐름을 현재가치로 환산하여 투자의 경제적 가치를 평가한다. NPV = Σ(CFt/(1+r)^t) - 초기투자액으로 계산되며, NPV 〉 0이면 투자 타당성이 있다고 판단한다.

초기 투자액 50억 원, 할인율 12%를 적용한 핀테크 스타트업의 NPV 계산

- 1년 차 현금 흐름: -10억 원 ÷ (1.12)^1 = -8.9억 원
- 2년 차 현금 흐름: 5억 원 ÷ (1.12)^2 = 4.0억 원
- 3년 차 현금 흐름: 15억 원 ÷ (1.12)^3 = 10.7억 원
- 4년 차 현금 흐름: 25억 원 ÷ (1.12)^4 = 15.9억 원
- 5년 차 현금 흐름: 35억 원 ÷ (1.12)^5 = 19.9억 원

NPV = (-8.9 + 4.0 + 10.7 + 15.9 + 19.9) - 50 = -8.4억 원

결론: 투자 타당성이 없음

7) 리스크 평가 및 시나리오 분석

재무적 타당성 분석에서 리스크 평가는 불확실한 미래 환경에서 사업의 안정성을 검증하는 핵심 과정이다.

민감도 분석(Sensitivity Analysis)에서는 주요 변수의 변화가 재무 성과에 미치는 영향을 정량적으로 평가한다. 일반적으로 매출 성장률, 매출원가율, 할인율을 ±10%, ±20% 변동시켜 NPV와 IRR의 변화를 분석한다.

스마트팩토리 솔루션 개발 기업의 민감도 분석

- 매출 성장률 +10% → NPV +25% 증가
- 매출원가율 +10% → NPV -15% 감소
- 할인율 +2%p → NPV -12% 감소

시나리오 분석(Scenario Analysis)에서는 낙관적, 기본, 비관적 시나리오를 설정하여 각각의 상황에서 재무 성과를 예측한다. 각 시나리오별 발생 확률을 고려하여 기댓값을 계산할 수 있다.

- 낙관적 시나리오(확률 30%): 시장 성장률 +50%, NPV 120억 원
- 기본 시나리오(확률 50%): 시장 성장률 기준, NPV 80억 원
- 비관적 시나리오(확률 20%): 시장 성장률 -30%, NPV 20억 원
- 기댓값 NPV = 120×0.3 + 80×0.5 + 20×0.2 = 80억 원

8) 자금 조달 계획 수립

이상의 과정을 통하여 사업화를 추진하기 위해 필요한 자금을 조달하는 구체적인 계획을 수립한다. 자금 소요 계획 수립에서는 시설자금과 운전자금을 구분하여 계산한다. 시설자금은 연구개발 장비, 생산 설비, 사무공간 등에 필요한 일회성 투자비용이고, 운전자금은 일상적인 사업 운영에 필요한 자금이다.

이러한 분석결과를 활용하여 장기 대출로 초기 투자 비용을 충당하거나, 정부 보조금을 통해 운영 비용을 절감할 수 있는 방안을 마련할 수 있다. 즉, 금융기관 대출, 투자 유

치, 정부 지원금 등의 다양한 자금 조달 경로를 평가하고, 가장 적합한 방안을 선택함으로써, 자본 수지 균형과 차입 규모, 자기자본 규모 차원에서 재무적 안정성을 검토할 수 있는 것이다.

재무적 타당성 분석의 성공을 위해서는 다음과 같은 요인들이 중요하다. 첫째, 현실적이고 보수적인 가정 설정이다. 과도한 낙관론보다는 달성 가능한 목표를 설정하는 것이 중요하다. 둘째, 지속적인 모니터링과 업데이트다. 시장 환경 변화에 따라 정기적으로 분석을 재검토하고 수정해야 한다. 셋째, 전문가 자문 활용이다. 회계사, 재무 컨설턴트 등 전문가의 도움을 받아 분석의 정확성을 높여야 한다.

이러한 체계적인 절차를 통해 재무적 타당성 분석은 기술창업 기업의 사업화 성공 가능성을 높이고, 투자자와 이해관계자들에게 신뢰할 수 있는 의사결정 근거를 제공하는 핵심 도구로 활용될 수 있다.

다 재무적 타당성 검토 기법

1) ROI 분석법

개념 및 의의

ROI(Return on Investment)는 투자 수익률을 계산하여 특정 프로젝트나 투자에 대해 얻을 수 있는 경제적 이익을 평가하는 지표이다. 투자에 따른 수익을 투자 비용으로 나눈 백분율로 나타낸다. ROI는 간단하면서도 직관적으로 투자 성과를 평가할 수 있는 기본적인 방법이다. ROI가 높을수록 기업이 효율적인 경영(투자)을 할 수 있다는 것을 나타낸다.

분석 방법

ROI는 다음 공식을 통해 계산한다.

$$\text{ROI} = (\text{순이익} \div \text{투자 비용}) \times 100$$

여기서 순이익은 매출에서 모든 비용(매출원가, 판매관리비, 세금 등)을 차감한 최종 이익을 의미한다. 투자 비용은 프로젝트 수행을 위해 투입된 모든 자본을 포함한다.

실제 계산 사례

AI 기반 의료진단 솔루션을 개발하는 스타트업이 연구개발 및 사업화에 총 10억 원을 투자하고, 첫해 순이익이 3억 원을 기록했다고 가정하자.

• 순이익: 3억 원

• 투자 비용: 10억 원

• ROI = (3억 원 ÷ 10억 원) × 100 = 30%

이는 투자한 자본 대비 30%의 수익률을 달성했음을 의미한다.

장점 및 및 단점

ROI의 가장 큰 장점은 계산이 간단하고 직관적이라는 점이다. 다양한 투자 옵션을 직접 비교할 수 있는 도구로 사용되며, 복잡한 분석 과정을 거치지 않고도 투자 효율성을 빠르게 판단할 수 있다. 특히 단기적인 투자 성과를 평가하는 데 적합하여, 기업이 자원을 효율적으로 배분하거나 투자의 우선순위를 설정할 때 중요한 역할을 한다.

반면 ROI의 가장 큰 한계는 화폐의 시간가치를 반영하지 못한다는 점이다. 1년 후 받는 100만 원과 5년 후 받는 100만 원을 동일하게 평가하여, 장기 투자 프로젝트의 경제적 가치를 정확히 측정하기 어렵다. 예를 들어, 두 프로젝트가 모두 20%의 ROI를 보인다 하더라도, 한 프로젝트는 1년, 다른 프로젝트는 3년에 걸쳐 달성된 성과라면 실제 경제적 가치는 크게 다르다.

또한 ROI는 투자 위험도를 고려하지 않는다. 높은 ROI를 보이는 투자라도 그에 따른 위험이 클 수 있으며, 이러한 위험-수익 관계를 ROI만으로는 평가할 수 없다. 따라서 ROI를 활용할 때는 투자 기간, 위험도, 현금 흐름 패턴 등을 종합적으로 고려한 보완적 분석이 필요하다.

2) 순현가법(NPV)

개념

NPV(순현재가치, Net Present Value)는 미래에 얻을 수 있는 돈의 가치를 현재의 가치로 환산하여 평가하는 방법이다.

투자를 하면, 미래에 돈이 들어오거나 나가게 되는데 돈은 시간이 지날수록 그 가치가 변하기 때문에 현재가치로 환산이 필요하게 된다. 예를 들어, 지금 100만 원은 10년 후의 100만 원보다 더 큰 가치가 있다고 볼 수 있다. 왜냐하면, 지금 100만 원을 투자하면 이자를 받거나 다른 이익을 얻을 수 있기 때문이다.

NPV는 이런 시간의 가치를 고려해서, 미래에 들어오고 나갈 돈을 현재 가치로 환산한 다음, 그걸 모두 합친 값을 계산하여 타당성을 분석하는 방식을 말한다. 투자로 인해 발생하는 '현금 흐름의 총 유입액의 현재가치'에서 '총 유출액의 현재가치'를 차감한 값을 보고 타당성을 보자는 것이다.

일반적으로 NPV가 '0'보다 크면 사업이 타당하며, '0'보다 작으면 사업의 타당성이 부족하다고 평가한다.

예를 들어, 특정 사업이 매년 일정 금액의 현금을 창출할 것으로 예상되는 경우, 이 금액을 현재 시점으로 할인하여 경제적 타당성을 분석할 수 있다. 이렇게 산출한 NPV가 0보다 크다면 프로젝트는 경제적으로 타당성이 있다고 판단할 수 있다.

분석 방법

NPV는 다음 공식을 통해 계산된다.

NPV = Σ(t=1 to n) [현금 흐름(t) / (1 + 할인율)^t] - 초기 투자 비용

- 현금 흐름(t): t 시점의 현금 흐름(현금유입-현금유출)
- 할인율: 시간 가치를 반영하는 비율(=투자 위험도를 반영한 요구수익율)
- n: 투자기간
- 초기 투자 비용: 프로젝트 시작 시 투입되는 비용

장단점 및 의사결정 기준

NPV는 투자 평가에서 시간 가치를 반영하여 장기적인 투자 의사결정을 내리는 데 적합하다. 이는 모든 미래 현금 흐름을 현재 가치로 할인하여 비교 가능하게 하며, 명확한 의사결정 기준을 제공한다. 또한, 투자 규모와 이익의 절대적인 크기를 모두 반영하므로 프로젝트 간 경제적 타당성을 객관적으로 평가할 수 있다. 이러한 특성 덕분에 NPV는 장기적인 투자 프로젝트의 수익성과 리스크를 종합적으로 검토하는 데 유용한 도구로 활용된다.

NVP를 통한 의사결정

- NPV > 0: 투자 타당성 있음 (투자 승인)
- NPV = 0: 투자 무차별점 (추가 검토 필요)
- NPV < 0: 투자 타당성 없음 (투자 기각)

NPV기법은 할인율 설정에 매우 민감하게 반응한다. 이는 할인율이 증가하면 미래 현금 흐름의 현재 가치가 감소하여 NPV가 낮아질 수 있음을 의미한다. 또한, 모든 현금 흐름을 정확히 예측하는 것이 현실적으로 어렵기 때문에 예상치 못한 변수가 결과에 큰 영향을 미칠 수 있다. 초기 투자 비용 대비 낮은 수익률을 가진 프로젝트는 과소평가될 가능성이 있어, NPV가 낮아도 장기적인 전략적 가치가 있는 프로젝트를 놓칠 위험이 존재한다. 따라서 NPV를 활용할 때는 할인율과 현금 흐름 예측의 신뢰성을 높이고, 다른 평가 기법과 함께 사용하여 보다 균형 잡힌 결정을 내리는 것이 중요하다.

간단한 예시

초기 투자 비용이 1억 원이고, 매년 3천만 원의 현금 흐름이 5년 동안 발생한다고 가정한다. 할인율이 10%인 경우, NPV는 다음과 같이 계산된다.

① 초기 투자비용(C_0)

- 금액: 1억 원
- 의미: 프로젝트를 시작하는 현재(0년 차) 시점에 지출되는 비용이다. 현재 시점의 돈이므로 가치를 할인할 필요 없이 액면가 그대로 사용된다.

② 현금 흐름(Cash Flow, CF)

- 금액: 매년 3천만 원 (5년간)
- 의미: 프로젝트를 통해 미래에 벌어들일 것으로 예상되는 순수 현금 유입액이다(순현금 흐름 = 매출 - 운영비용비용 - 세금- 자보적지출 +감가상각). 이것은 단순한 회계상 이익이 아니라, 실제 기업에 들어오는 현금을 의미하기 때문에 매우 중요하다.

③ 할인율(Discount Rate, r)

- 비율: 10%
- 의미: 미래 현금 흐름을 현재가치로 환산하기 위해 사용하는 이자율이다. 할인율은

NPV 분석에서 가장 중요하다. 참고로 다음과 같은 의미를 복합적으로 가진다.

- 기회비용(Opportunity Cost): 이 프로젝트에 1억 원을 투자하지 않고, 다른 곳(예: 정기예금, 채권, 다른 사업)에 투자했을 때 얻을 수 있는 최소한의 기대수익률이다. 즉, '최소한 이 정도는 벌어야 본전이다'라는 기준이 된다.
- 자본비용(Cost of Capital): 투자를 위해 자금을 조달하는 데 드는 비용이다. 예를 들어, 은행에서 연 5% 금리로 대출을 받았다면 할인율은 최소 5% 이상이어야 한다.
- 불확실성(위험): 프로젝트의 위험이 클수록 투자자는 더 높은 수익률을 요구한다. 따라서 고위험 프로젝트일수록 높은 할인율을 적용하여 미래 수익의 가치를 더 많이 깎아내린다. (예: 안정적인 임대 사업의 할인율은 5%일 수 있지만, 성공 여부가 불투명한 신기술 스타트업의 할인율은 20% 이상이 될 수도 있다.)

④ 현재가치 (Present Value, PV) 계산

각 연도의 현금 흐름을 현재가치로 바꾸는 계산은 다음 공식을 따른다.

$$PV_t = \frac{CF_t}{(1+r)^t}$$

- CF: t년 차의 현금 흐름(Cash Flow)
- r: 할인율(rate)
- t: 기간(time, 연도)

이 공식에 따라 예시를 계산해보면, 다음과 같다.

1년 차 현재가치: ₩30,000,000 / $(1 + 0.10)^1$ = ₩27,272,727

2년 차 현재가치: ₩30,000,000 / $(1 + 0.10)^2$ = ₩24,793,388

...

5년 차 현재가치: ₩30,000,000 / $(1 + 0.10)^5$ = ₩18,627,640

보는 바와 같이, 같은 3천만 원이라도 먼 미래에 발생할수록 현재가치는 기하급수적으로 낮아진다.

⑤ 최종 NPV 계산 및 의사결정

- 미래 현금 흐름의 현재가치 총합 계산: 각 연도의 현재가치를 모두 더한다.

₩27,272,727 + ₩24,793,388 + ₩22,539,444 + ₩20,490,404 + ₩18,627,640 = ₩113,683,593

• 초기 투자 비용 차감: 위 총합에서 초기 투자 비용을 뺀다.

₩113,683,593 - ₩100,000,000 = ₩13,683,593

최종 의사결정

- NPV > 0: 프로젝트가 창출하는 가치가 양수이고 기회비용(할인율 10%)을 넘어서므로, 투자를 채택한다. 이 스타트업 1억 원을 투자하여 최소 기대치인 연 10%의 수익을 내고도, 현재가치 기준으로 13,683,593원의 추가적인 부(　)를 창출함을 의미한다.
- NPV < 0: 프로젝트가 기회비용만큼의 가치도 창출하지 못하므로, 투자를 기각해야 한다. 이 경우 투자를 하면 오히려 손해라는 의미다.
- NPV = 0: 프로젝트가 딱 기대 수익률만큼의 가치를 창출한다. 이 경우, 투자 여부는 다른 비재무적 요소를 고려하여 결정할 수 있다.

3) 내부수익률법(IRR)

개념

IRR(Internal Rate of Return)은 NPV를 0으로 만드는 할인율을 구하여 수익성을 평가하는 방식이다. 이때, IRR의 '현금 흐름을 0으로 만든다'는 개념이 다소 이해하기 어렵게 느껴질 수 있다. 쉽게 말해서 투자를 하면 처음에 돈을 투자하고, 시간이 지나면서 이익이 생겨 현금이 유입된다. 이것을 현금 흐름으로 보면 현금 흐름이 처음에는 마이너스(투자)였다가, 나중에는 플러스(이익)로 변하는 것을 의미한다. IRR은 이런 현금 흐름의 시점을 모두 고려해서, 이 투자에서 얻는 총 이익을 현재 가치로 환산한 다음 그 현재 가치를 0으로 만드는 수익률을 찾는 것으로 이 수익률이 바로 IRR이다.

쉽게 말해, IRR은 투자로 인한 모든 현금 유입과 유출의 현재가치가 정확히 균형을 이루는 수익률이다. 따라서 IRR은 투자로 인한 현금 흐름이 결국에는 본전치기, 즉 0이 되는 수익률이 얼마인가를 따져서 수익 타당성을 분석하는 것이라고 볼 수 있다.

예를 들어, 5천만 원을 투자하여 향후 3년간 매년 2천만 원의 수익을 얻는다면, IRR은 다음 공식을 만족하는 r값이다.

$$-50,000,000+ (20,000,000/(1+r)^1+ 20,000,000/(1+r)^2+ 20,000,000/(1+r)^3) = 0$$

IRR은 투자 기간 동안 발생하는 모든 현금 흐름을 고려해 계산하는데, 그 기간은 투자가 실제로 진행되는 기간을 의미하므로 투자 기간을 마음대로 정할 수 있는 건 아니고, 실제로 현금이 들어오고 나가는 기간에 따라 IRR을 계산해야 한다.

어떤 투자계획에서 발생하는 비용과 편익의 흐름이 있을 때, 해당 투자계획의 현재가치를 '0'으로 만들어주는 할인율은 투자자가 얻을 수 있는 연간 수익률의 개념과 같다고 볼 수 있다. 일반적으로 IRR이 투자자들의 기대 수익율(흔히 WACC를 최소 요구 수익률로 활용한다)보다 높아야 투자에 유리하다고 볼 수 있다. 이때 WACC란 Weighted Average Cost of Capital의 약자이며, 가중평균자본비용이라고 한다.

WACC는 회사가 돈을 빌리거나 투자를 받을 때 드는 평균적인 비용을 의미하는 것으로 예를 들어, 회사가 은행에서 돈을 빌리면 이자를 내야 하고, 주주들에게 투자를 받으면 그에 대한 보상을 해줘야 하므로 이 모든 비용을 가중 평균한 것이 WACC이다.

투자 가치가 있다는 건, 그 사업이 회사에 돈을 빌리거나 투자를 받을 때 드는 비용보다 더 많은 수익을 낼 수 있다는 뜻이므로 IRR이 WACC보다 높으면, 그 사업은 투자 가치가 있는 거라고 판단하게 되는 원리이다. 즉 IRR이 높다는 건, 투자한 돈 대비 수익이 크다 것을 의미하기 때문이다.

분석 방법

NPV 공식을 활용하여 0이 되는 할인율, 즉 현금유입의 현재가치와 현금유출의 현재가치를 같아지게 하는 할인율을 찾는다.

$$\sum_{n=0}^{n} \frac{CF_t}{(1+rRR)^t} = 0$$

*CF_t*는 *t*시점의 현금 흐름, n은 투자기간을 의미

수학적으로는 반복 계산(iteration)이나 엑셀함수와 같은 소프트웨어를 활용하여 IRR을 계산한다. 타당성을 판단하는 기준은 다음과 같다.

- 평가기준: IRR=0=PV(현금유입)-PV(현금유출)
- IRR 〉 자본비용 ⇒ 투자안 선택
- IRR 〈 자본비용 ⇒ 투자안 기각

장점 및 단점

IRR은 투자 수익률을 직관적으로 이해할 수 있는 도구로, 투자 의사결정을 내리는 데

유용하다. 이를 통해 프로젝트가 기업의 최소 요구 수익률을 초과하는지 여부를 명확히 파악할 수 있으며, NPV와 함께 사용하면 보완적인 결과를 제공한다. 예를 들어, IRR은 프로젝트의 수익성을 비율로 표현하여 NPV보다 쉽게 해석할 수 있으며, 서로 다른 투자 대안 간 비교를 효과적으로 할 수 있다. 예를 들어, A 프로젝트의 IRR이 15%, B 프로젝트의 IRR이 12%라면, 단순히 수치만으로도 A 프로젝트가 더 수익성이 높다는 것을 알 수 있다.

따라서 IRR은 투자 수익률을 명확히 제시하고, NPV와 결합하여 특정 프로젝트의 경제적 타당성을 다각도로 평가하는 데 적합한 지표이다.

그러나 IRR은 여러 IRR 값이 발생할 수 있는 경우 해석이 어려울 수 있다. 이는 프로젝트의 현금 흐름이 복잡하거나 비정상적으로 변화하는 경우 IRR 계산이 다중 해를 가질 수 있음을 의미한다. 또한, 할인율이 변화하면 IRR의 결과가 민감하게 달라질 수 있어 정확도가 떨어질 가능성이 있다. 예를 들어, 동일한 프로젝트라도 할인율 설정 방식에 따라 수익률 계산이 달라질 수 있으며, 이는 투자자에게 혼란을 초래할 수 있다.

간단한 예시

스마트팩토리 솔루션 스타트업 A사가 신규 생산설비 도입을 검토하는 상황을 가정해 보자.

- 초기 투자비용: 5억 원
- 연간 예상 현금 흐름: 1년차 1.2억 원, 2년차 1.5억 원, 3년차 1.8억 원, 4년차 2.0억 원
- 엑셀 계산 과정

  A1셀: -500,000,000(초기투자)

  A2셀: 120,000,000(1년 차 현금 흐름)

  A3셀: 150,000,000(2년 차 현금 흐름)

  A4셀: 180,000,000(3년 차 현금 흐름)

  A5셀: 200,000,000(4년 차 현금 흐름)

  B1셀: =IRR(A1)

계산 결과 IRR은 약 18.7%로 나타난다. A사의 WACC가 12%라면, IRR(18.7%) 〉 WACC(12%)이므로 투자 타당성이 있다고 판단할 수 있다.

4) 회수기간법(Payback Period)

개념

회수기간법은 초기 투자 비용을 회수하는 데 걸리는 시간을 계산하는 방법을 말한다. 투자 비용의 회수기간이 짧을 수록 유리한 것으로 판단한다는 의미이다.

분석 방법

초기 투자 비용을 연간 현금 흐름으로 나누어 회수 기간을 계산한다. 현금 흐름이 일정하지 않은 경우, 연도별 누적 현금 흐름을 계산하여 회수 시점을 파악한다.

장점 및 단점

회수기간법은 계산이 간단하며, 투자 비용을 회수하는 데 걸리는 시간을 빠르게 계산할 수 있어 단기 투자 평가에 유용한다. 특히 유동성이 중요한 프로젝트에 적합하며, 회수 기간이 짧을수록 투자 리스크가 낮고 자금 회수가 빠르게 이루어진다는 점에서 투자자들에게 매력적인 도구로 활용된다.

그러나 회수기간법은 시간 가치를 고려하지 않기 때문에 장기적인 투자 평가에는 한계가 있다. 이는 현재와 미래의 현금 흐름을 동일한 가치를 가진 것으로 간주하여 회수 시점만을 강조하기 때문이다. 또한, 초기 투자 비용을 회수한 이후 발생하는 추가적인 현금 흐름을 평가하지 않아 프로젝트의 전체적인 수익성을 간과할 가능성이 있다. 결과적으로, 이러한 단점들은 장기적인 투자 의사결정에 적합하지 않으며, 다른 분석 도구와 결합하여 사용하는 것이 바람직하다.

간단한 예시

예를 들어, 초기 투자 비용이 1억 원이고, 첫해에 3천만 원, 둘째 해에 4천만 원, 셋째 해에 5천만 원의 현금 흐름이 발생한다고 가정한다.

- 초기 상태(0년 차)
  - 투자: -1억 원
  - 누적 현금 흐름: -1억 원

아직 회수가 시작되지 않은 상태이다.

• 1년 차 말
 - 당해 현금 흐름: +3천만 원
 - 누적 현금 흐름: -1억 원 + 3천만 원 = -7천만 원

여전히 7천만 원이 미회수 상태이다. (회수기간: 1년 초과)

• 2년 차 말
 - 당해 현금 흐름: +4천만 원
 - 누적 현금 흐름: -7천만 원 + 4천만 원 = -3천만 원

이제 3천만 원만 더 회수하면 원금에 도달한다. (회수기간: 2년 초과)

• 3년 차 중
 - 목표: 2년 차 말까지 미회수된 3천만 원을 회수해야 한다.
 - 3년 차 예상 현금 흐름: 5천만 원

여기서 핵심 가정은 '3년 차의 현금 흐름(5천만 원)이 1년 동안 균등하게 발생한다'는 것이다. 따라서 3년 차 전체(1년)가 필요한 것이 아니라, 3천만 원을 회수하는 데 필요한 기간만 계산하면 된다.

• 필요 기간 계산: 미회수 금액 ÷ 해당 연도 총 현금 흐름 = 3천만 원 / 5천만 원 = 0.6년
• 최종 회수기간 계산: 원금 회수에 온전히 걸린 기간(2년)과 추가로 소요된 기간(0.6년)을 더한다. 총 회수기간 = 2년 + 0.6년 = 2.6년
 - 첫 해의 현금 흐름: 3천만 원(누적 현금 흐름 = 3천만 원)
 - 둘째 해의 현금 흐름: 4천만 원(누적 현금 흐름 = 7천만 원)
 - 셋째 해의 현금 흐름: 5천만 원(누적 현금 흐름 = 1억 2천만 원)

CHAPTER

09

사업 계획서 작성, 성공의 청사진

1 PSST 사업계획서

2 사업개요 T.V.P 명료화

3 PSST 사업 계획서의 구성 요소 및 작성 팁

1 PSST 사업계획서

일반적으로 사업계획서(Business Plan)는 창업, 자금 조달, 신규사업, 투자 유치, 신년도의 사업계획 등 특정 사업을 추진함에 있어 사업의 내용을 정리하고 계획을 수립하는 문서로 정의된다. 이는 단순히 아이디어를 정리하는 수준을 넘어, 사업 아이디어의 실현 가능성과 시장 적합성을 면밀히 검토하고, 이를 실행하기 위한 구체적인 전략과 자원을 체계적으로 계획하는 데 중요한 역할을 한다. 특히 사업계획서는 창업자가 자신의 비전을 구체화하고, 투자자와 이해관계자들에게 명확한 메시지를 전달할 수 있는 강력한 도구로 활용된다.

가 사업계획서 작성의 목적

1) 사업 방향성의 명확화와 전략적 사고의 체계화

사업계획서 작성 과정은 창업자가 막연한 아이디어를 구체적인 사업 모델로 발전시키는 것을 의미한다. 창업자는 이 과정에서 자신의 비전을 명확히 정의하고, 목표 달성을 위한 구체적인 실행 전략을 수립하게 된다. 예를 들어, 인공지능 기반 헬스케어 서비스를 개발하려는 창업자라면, 단순히 'AI로 건강관리를 돕겠다'는 아이디어에서 시작해 '당뇨병 환자를 대상으로 한 개인 맞춤형 식단 관리 AI 서비스'라는 구체적인 사업 모델로 발전시켜야 한다.

이러한 과정에서 창업자는 자신의 사업이 해결하고자 하는 문제의 본질을 깊이 이해하게 되고, 이를 바탕으로 차별화된 해결책을 제시할 수 있게 된다. 또한 팀원들과 공유할 수 있는 명확한 비전을 수립함으로써 조직 내부의 방향성을 통일하고, 효율적인 협업 체계를 구축할 수 있다.

2) 자금 조달의 수단

사업계획서는 투자자나 금융기관에게 사업의 매력도와 수익성을 명확히 전달하여 필요한 자금을 확보하는 데 중요한 역할을 한다. 투자자들은 제한된 시간 내에 수많은 투자 제안을 검토해야 하므로, 명확하고 설득력 있는 사업계획서는 투자자의 관심을 끌고 심층 검토 단계로 진입하는 데 결정적인 역할을 한다. 특히 초기 창업 단계에서는 실제

성과나 매출 데이터가 부족하기 때문에, 사업계획서를 통해 비즈니스 모델의 타당성과 팀의 실행 능력을 입증해야 한다.

3) 시장 검증과 고객 니즈 분석의 체계화

사업계획서 작성 과정에서 창업자는 목표 시장을 구체적으로 분석하고, 잠재 고객의 니즈를 깊이 있게 파악하게 된다. 이는 단순한 시장 조사를 넘어서 실질적인 시장 검증 계획을 수립하는 과정이다. 예를 들어, 배달음식 플랫폼을 개발하려는 창업자라면 단순히 '배달 시장이 크다'는 일반적인 분석이 아니라, '20-30대 직장인 중 주 3회 이상 배달음식을 주문하는 고객층의 불만 사항과 개선 요구사항'을 구체적으로 분석해야 한다.

이러한 분석을 통해 창업자는 자신의 제품이나 서비스가 실제로 시장에서 받아들여질 가능성을 객관적으로 평가할 수 있고, 필요에 따라 사업 모델을 조정하거나 타깃 고객을 재정의할 수 있다.

4) 내부 조직 관리와 자원 배분의 최적화

사업계획서는 창업팀 내부의 역할 분담과 자원 배분을 체계화하는 중요한 도구다. 명확한 사업계획을 바탕으로 각 팀원의 역할과 책임을 정의하고, 한정된 자원을 효율적으로 배분할 수 있다. 또한 핵심 파트너와의 협력 방안을 구체화함으로써 외부 자원을 효과적으로 활용할 수 있는 기반을 마련한다.

창업 초기에는 모든 것이 부족한 상황에서 우선순위를 정하고 집중해야 할 영역을 선택하는 것이 매우 중요하다. 체계적인 사업계획서는 이러한 의사결정 과정에서 명확한 기준을 제공하고, 팀 전체가 동일한 목표를 향해 나아갈 수 있도록 돕는다.

나 PSST 사업계획서란?

PSST 사업계획서는 특히 우리나라 공공기관에서 창업 지원 및 기술 사업화를 위한 표준 사업계획서의 형식으로 널리 활용하는 프레임워크를 말한다. PSST는 Problem(문제인식) - Solution(해결방안) - Scaleup(성장전략) - Team(사업역량)의 네 가지 핵심 요소의 앞글자를 딴 것이다. 기존에는 다양한 공공기관의 창업지원 사업에서 각기 다른 양식과 평가 기준을 요구했기 때문에 창업자들은 각 사업마다 별도의 계획서를 작성해야 하는 비효율성이 있었다. 이러한 문제를 해결하기 위해 중소벤처기업부 산하 창업진흥원에서는 PSST 사업계획서의 표준 양식을 마련하여 활용하고 있다. 이 양식은 미국 투자 제안서 평가 기준 및 국내 창업환경의 특성을 반영하여 설계되었으며, 창업자 스스로 자신의 사업 아이디어를 객관적으로 평가하고 체계적으로 발전시키는 도구로 활용할 수 있다. PSST 사업계획서의 주요 구성 내용은 다음과 같다.

1) 문제인식(Problem)

PSST의 첫 번째 요소인 문제인식은 창업자가 해결하고자 하는 시장의 구체적인 문제를 명확히 정의하는 단계다. 이는 단순한 불편함이나 개인적 경험을 넘어서, 시장에서 실제로 존재하는 구조적 문제를 객관적 데이터와 함께 제시해야 한다.

효과적인 문제인식을 위해서는 문제의 심각성, 현재 해결책의 한계, 그리고 문제 해결이 가져올 경제적·사회적 파급효과를 구체적으로 분석해야 한다. 예를 들어, '중소 제조업체의 품질관리 시스템 부재로 인한 불량률 증가 문제'를 다룬다면, 단순히 '품질관리가 어렵다'는 수준이 아니라 '국내 중소 제조업체의 평균 불량률이 대기업 대비 2.3배 높으며, 이로 인한 연간 손실 규모가 업체당 평균 1억 2천만 원에 달한다'는 구체적인 데이터를 제시해야 한다.

2) 해결방안(Solution)

해결방안 단계에서는 앞서 정의한 문제를 해결하기 위한 구체적이고 실현 가능한 방안을 제시한다. 이때 중요한 것은 기존 해결책과의 차별점을 명확히 하고, 제안하는 솔루션의 기술적 우위나 서비스적 혁신을 구체적으로 설명하는 것이다.

해결방안은 단순히 아이디어 수준에 머물러서는 안 되며, 실제 구현 가능성을 뒷받침하는 기술적 근거나 프로토타입, 파일럿 테스트 결과 등을 포함해야 한다. 예를 들어, AI 기반 품질관리 시스템을 제안한다면 "딥러닝 알고리즘을 활용한 실시간 불량품 검출 시스템으로 기존 육안 검사 대비 정확도를 95%에서 99.2%로 향상시키며, 검사 시간을 70% 단축한다"는 구체적인 성능 지표를 제시해야 한다.

3) 성장전략(Scaleup)

성장전략은 초기 시장 진입부터 장기적인 사업 확장까지의 구체적인 로드맵을 제시하는 단계다. 이는 단순한 매출 목표 제시를 넘어서, 시장 점유율 확대를 위한 구체적인 전략과 실행 계획을 포함해야 한다.

효과적인 성장전략을 위해서는 TAM(Total Addressable Market), SAM(Serviceable Addressable Market), SOM(Serviceable Obtainable Market) 분석을 통한 시장 규모 추정, 단계별 고객 확보 전략, 그리고 각 단계별 예상 매출과 손익분기점 분석이 필요하다. 예를 들어, '1차년도에 수도권 중소 제조업체 50개사 확보를 통해 월 매출 2억 원 달성, 2차년도에 전국 확장으로 200개사 확보 및 월 매출 8억 원 달성, 3차년도에 해외 진출을 통한 월 매출 20억 원 달성'과 같은 구체적인 단계별 목표를 제시해야 한다.

4) 팀 구성(Team)

팀 구성은 제시된 사업 계획을 실제로 실행할 수 있는 역량을 보유한 팀임을 입증하는 단계다. 이는 단순한 팀원 소개를 넘어서, 각 구성원의 전문성이 사업 성공에 어떻게 기여할 수 있는지를 구체적으로 설명해야 한다.

효과적인 팀 구성 설명을 위해서는 핵심 팀원들의 관련 경력과 전문성, 팀 내 역할 분담과 협업 체계, 그리고 부족한 역량을 보완하기 위한 외부 자문단이나 파트너십 계획을 포함해야 한다. 예를 들어, 'CEO는 제조업 품질관리 분야 15년 경력의 전문가로 삼성전자에서 6시그마 블랙벨트 자격을 취득했으며, CTO는 KAIST 박사 출신으로 AI 기반 이미지 인식 분야 특허 3건을 보유하고 있다'는 식으로 구체적인 역량을 제시해야 한다.

다 비즈니스 모델 캔버스와 PSST 사업계획서의 연계성

비즈니스 모델 캔버스는 사업 아이디어를 체계적으로 정리하고 검증하는 도구로, PSST 사업계획서 작성의 기초가 되는 중요한 프레임워크다. 두 도구는 서로 다른 목적을 가지고 있지만, 상호 보완적인 관계를 형성한다. 비즈니스 모델 캔버스가 사업 모델의 전체적인 구조를 시각적으로 정리하는 도구라면, PSST 사업계획서는 이를 바탕으로 투자자나 지원기관에게 설득력 있는 스토리를 전달하는 문서다.

1) 문제인식(Problem)과 가치제안·고객 세분화의 연계

PSST의 문제인식 단계는 비즈니스 모델 캔버스의 가치제안(Value Proposition)과 고객 세분화(Customer Segments) 요소와 직접적으로 연결된다. 가치제안은 고객이 느끼는 문제나 니즈를 해결하기 위해 제공하는 가치를 의미하며, 고객 세분화는 이러한 가치를 필요로 하는 구체적인 고객군을 정의한다.

창업자는 비즈니스 모델 캔버스 작성 과정에서 '우리의 타겟 고객은 누구인가?'와 '이들이 느끼는 핵심적인 문제는 무엇인가?'를 명확히 정의하게 되고, 이는 PSST 사업계획서의 문제인식 부분에서 더욱 구체적이고 설득력 있는 형태로 발전된다. 예를 들어, 캔버스에서 '소상공인'이라고 정의된 고객 세분화는 사업계획서에서 '연 매출 10억 원 이하의 음식점 사장으로, 평균 연령 45세, 디지털 기술 활용에 어려움을 겪는 자영업자'로 구체화된다.

2) 해결방안(Solution)과 핵심활동·채널·고객관계의 통합

PSST의 해결방안은 비즈니스 모델 캔버스의 핵심활동(Key Activities), 채널(Channels), 고객관계(Customer Relationships) 요소들을 종합적으로 반영한다. 핵심활동은 가치를 창출하기 위해 수행해야 하는 주요 활동들을 의미하며, 채널은 고객에게 가치를 전달하는 방법, 고객관계는 고객과의 지속적인 관계를 유지하는 방식을 나타낸다.

창업자는 이 세 요소를 통합하여 문제 해결을 위한 종합적인 솔루션을 설계해야 한다. 예를 들어, 소상공인을 위한 디지털 마케팅 솔루션을 제공한다면, 핵심활동은 '맞춤형 마케팅 콘텐츠 제작', 채널은 '모바일 앱과 웹 플랫폼', 고객관계는 '24시간 챗봇 상담과 월 1회 전문가 컨설팅'으로 정의될 수 있으며, 이들이 통합되어 PSST의 해결방안으로 제시된다.

3) 성장전략(Scale-up)과 수익모델·비용구조의 연계

PSST의 성장전략은 비즈니스 모델 캔버스의 수익흐름(Revenue Streams)과 비용구조(Cost Structure) 요소와 밀접한 관련이 있다. 지속가능한 성장을 위해서는 명확한 수익 모델과 효율적인 비용 구조가 뒷받침되어야 하기 때문이다.

창업자는 캔버스에서 정의한 수익 모델(구독료, 수수료, 광고료 등)과 주요 비용 요소(인건비, 마케팅비, 기술개발비 등)를 바탕으로 단계별 성장 시나리오를 구체화해야 한다. 예를 들어, SaaS(Software as a Service) 모델의 경우 '월 구독료 기반 수익 모델로 1차년도 고객 1,000명 확보 시 월 매출 5,000만 원, 고객 유지율 85% 달성을 통해 2차년도 월 매출 1억 2,000만 원 목표'와 같이 구체적인 성장 계획을 제시할 수 있다.

4) 팀 구성(Team)과 핵심자원·핵심파트너의 활용

PSST의 팀 구성은 비즈니스 모델 캔버스의 핵심자원(Key Resources)과 핵심파트너(Key Partners) 요소를 인적 자원 관점에서 구체화한 것이다. 핵심자원은 사업 성공을 위해 필요한 핵심적인 자산(기술, 자금, 인력, 브랜드 등)을 의미하며, 핵심파트너는 사업 성공을 위해 협력해야 하는 외부 조직이나 개인을 나타낸다.

창업팀은 내부 역량만으로는 모든 핵심자원을 확보하기 어렵기 때문에, 전략적 파트너십을 통해 부족한 자원을 보완해야 한다. 예를 들어, AI 기술 스타트업의 경우 '내부적으로는 AI 알고리즘 개발 전문가와 제품 기획자를 보유하고 있으며, 외부적으로는 대학 연구소와의 기술 협력, 대기업과의 시장 진입 파트너십, 법무법인과의 지식재산권 관리 협력'을 통해 종합적인 사업 역량을 구축할 수 있다.

이러한 연계성을 이해하고 활용하면, 창업자는 비즈니스 모델 캔버스를 통해 사업 아이디어를 체계적으로 정리한 후, 이를 바탕으로 더욱 설득력 있고 완성도 높은 PSST 사업계획서를 작성할 수 있다. 두 도구의 유기적 활용은 창업자의 사고 과정을 체계화하고, 투자자나 지원기관에게 명확하고 논리적인 사업 계획을 전달하는 데 큰 도움이 된다.

2 사업개요 T.V.P 명료화

가 사업개요의 정리

사업개요는 창업자가 추진하려는 기술사업화의 핵심을 한눈에 파악할 수 있도록 정리한 핵심 요약문이다. 이는 사업계획서를 읽는 투자자나 정책 지원 평가위원이 가장 먼저 접하게 되는 부분으로, 전체 사업에 대한 첫인상을 결정하는 매우 중요한 요소다.

이를 흔히 '엘리베이터 스피치'에 비유할 수 있다. 엘리베이터 스피치는 엘리베이터를 타고 이동하는 짧은 시간(30초-1분) 내에 상대방에게 자신이나 자신의 아이디어, 제품 등을 효과적으로 설명하는 것을 말한다. 이러한 엘리베이터 스피치는 간결하고 명확한 메시지로 흥미로운 스토리텔링 이나 설득력 있는 강력한 마무리를 하는 것이 핵심이다.

많은 창업자가 자신의 비즈니스에 대한 질문을 받으면 상대방이 확실히 이해할 수 있는 간결하지만 쉽게 설명하지 못하는 문제를 겪고 있다. 사업계획서에서 명확하고 설득력 있는 사업개요를 작성하는 것은 평가나 심사에 있어서도 중요한 요소이다. 창업자나 스타트업이 제공하려는 기술, 해결하려는 문제, 그리고 최종적으로 달성하고자 하는 목표를 명확히 정의하는 훈련이 필요한 이유이다. 사업 개요는 단순한 아이디어 수준의 설명이 아니라, 사업의 핵심 가치와 전략적 방향성을 포함해야 한다. 이를 통해 독자는 사업이 추구하는 목표와 비전을 빠르게 전달할 수 있어야 한다.

사업개요 작성 시에는 다음과 같은 핵심 요소들이 균형 있게 포함되어야 한다. 첫째, 해결하고자 하는 문제의 명확한 정의다. 이때 문제는 구체적이고 측정 가능한 형태로 제시되어야 한다. 예를 들어, '물류 효율성 개선'이라는 모호한 표현보다는 '중소 제조업체의 재고관리 비용을 평균 30% 절감'과 같이 구체적인 수치와 함께 제시하는 것이 효과적이다.

둘째, 핵심 기술이나 솔루션의 차별점을 명확히 해야 한다. 기술적 우위를 설명할 때는 전문용어보다는 그 기술이 가져오는 실질적 효과에 초점을 맞춰야 한다. 셋째, 목표 고객과 시장의 특성을 간략하지만 구체적으로 서술해야 한다. 넷째, 고객에게 제공되는 경제적·사회적 가치를 정량적으로 제시해야 한다. 마지막으로, 사업화를 통해 달성하고자 하는 최종 목표를 명확히 제시해야 한다.

단순한 정보 나열을 넘어서 논리적인 스토리 구조를 갖춘 사업개요는 독자의 관심을 끌고 기억에 남는 효과를 가져온다. 효과적인 사업개요는 '문제 제기 → 해결책 제시 → 가치 창출 → 실현 방안'의 논리적 흐름을 따라야 한다. 이러한 구조는 독자가 창업자의 사고 과정을 자연스럽게 따라갈 수 있도록 돕는다.

예를 들어, 의료진단 AI 기술을 개발하는 창업자라면 '현재 의료진단 과정에서 발생하는 오진율 문제(문제 제기) → AI 기반 진단 보조 시스템 개발(해결책) → 진단 정확도 향상과 의료비 절감(가치 창출) → 병원 대상 SaaS 서비스 제공(실현 방안)'의 흐름으로 사업개요를 구성할 수 있다.

논리적으로 사업개요를 설명하는 Tip

- 문제 정의: 사업이 해결하고자 하는 문제를 명확히 기술한다.
- 핵심 기술: 사업의 기반이 되는 기술적 역량이나 솔루션을 요약한다.
- 고객과 시장: 목표로 하는 고객군과 시장의 특성을 간략히 서술한다.
- 경제적 가치: 고객에게 제공될 경제적·사회적 가치를 강조한다.
- 최종 목표: 기술의 상용화와 이를 통한 궁극적인 비즈니스 목표를 제시한다.

나 T.V.P기법의 활용

T.V.P 기법은 Technology(기술), Value(가치), Production(생산물)의 세 요소를 체계적으로 연결하여 사업개요를 작성하는 프레임워크다. 이 기법은 기술사업화 전문가 백종일 박사가 2019년 제안한 것으로, 현재 국내 많은 창업 지원기관에서 사업계획서 작성 교육에 활용되고 있다. 이 기법은 기술 개발의 방향성을 제시하고, 시장 진입 전략을 함의하며, 제품/서비스의 제공 형태를 효과적으로 요약하여 효과적으로 설명하는 데 도움이 된다. T.V.P 기법은 특히 초기 스타트업이 자신들의 기술적 강점과 시장에서의 위치를 명확히 전달할 수 있는 장점이 있다.

1) T.V.P 정의란?

T.V.P 정의란 기술(Technology)과 가치(Value) 그리고 사업화의 결과 제공하는 생산물(Production 생산물 / Performance 성과물)로 정의하여 표현하는 것을 말한다.

> " ~기술(T)을 활용하여 ~에게 ~가치(Value)를 제공하는 ~형태(Production 또는 Performance)의 사업"

이러한 문장구조는 창업자로 하여금 자신의 사업을 기술 중심이 아닌 고객 가치 중심으로 사고하도록 유도한다.

2) Technology(기술) 요소의 정의

기술 요소를 정의할 때는 단순히 기술명을 나열하는 것이 아니라, 그 기술이 문제 해결에 어떻게 기여하는지를 명확히 해야 한다. 기술을 설명할 때는 전문용어보다는 일반인도 이해할 수 있는 표현을 사용하되, 기술의 핵심적 특징과 차별점은 명확히 드러내야 한다.

예를 들어, '딥러닝 기반 컴퓨터 비전 기술'이라고 단순히 표현하기보다는 '실시간 이미지 분석을 통해 제품 불량을 자동으로 검출하는 인공지능 기술'과 같이 기술의 구체적 기능과 효과를 함께 제시하는 것이 효과적이다. 또한 기존 기술 대비 성능 향상이나 비용 절감 효과가 있다면 구체적인 수치와 함께 제시해야 한다.

3) Value(가치) 요소의 구체화

비즈니스 모델에서 가치란 기술 자체를 의미하는 것이 아니라, 기술이 탑재된 제품이나 서비스가 고객의 문제를 해결함으로써 발생하는 것이다. 때문에 가치를 정의할 때는 기술을 통해 고객에게 제공되는 경제적, 사회적, 또는 환경적 가치의 형태로 설명해야 한다. 이를 위해 창업자가 보유한 기술이 적용된 결과 고객이 얻을 수 있는 경제적 효용의 형태로 가치를 작성하는 것이 더욱 효과적이다. 예를 들어, 고객의 비용 절감, 시간 효율성 증대, 또는 새로운 고객 경험 제공과 같은 사례를 들 수 있다. 예를 들어 '기존 육안 검사 대비 불량 검출 정확도 15% 향상으로 연간 품질 비용 2억 원 절감'과 같은 방식으로 표현하면 설득력을 높일 수 있다.

4) Production / Performance(제공하는 생산물)

사업화를 추진한 결과 고객에게 제공하는 최종 생산물이 무엇인지를 정의한다. 생산물은 제품과 같이 유형의 형태일 수도 있고 서비스와 같이 무형의 형태일 수도 있으며, 사회적 가치와 같이 성과물(Performance)의 형태일 수도 있다. 이러한 생산물을 명확히 정의해야 하는 이유는 사업화의 추진에 따른 생산 가능성과 비용 구조, 인허가 사항 등을 추정하게 함으로써 창업자가 사업화를 위해 주로 어떤 활동을 해야하는가를 명확히 할 수 있기 때문이다. 예를 들어, '인공지능 기반 진단 보조 소프트웨어를 클라우드 플랫폼 형태로 제공하여 의료진의 진단 과정을 간소화하고 정확도를 높이는 구독 서비스'처럼 구체적이고 실질적인 예시를 포함하면 설득력을 더욱 높일 수 있다.

5) 사업개요의 작성

T.V.P의 각요소들에 대한 정의가 요약되면 이제 한 문장 또는 한 문단의 형태로 창업과제명이나 사업개요를 정리해야 한다. 예를 들어, '인공지능 기반 이미지 분석 기술을 활용하여 병원의 의료 진단기기의 정확성을 향상시킴으로써 의료비 절감 및 환자 만족도를 향상시키는 구독형 서비스의 사업화'와 같이 정리해본다.

다 T.V.P 정의 예시

다음은 T.V.P 기법을 활용하여 정부 창업지원사업의 PSST 사업계획서에 사업개요를 적용한 다양한 사례들이다.

사례 1 스마트 농업 플랫폼

이 플랫폼은 IoT 및 머신러닝 기반의 기술을 활용하여 농민들에게 실시간으로 토양 상태와 기후 데이터를 제공함으로써 농업 활동의 최적화를 돕는다. 이를 통해 생산성을 25% 이상 높이고 비용을 15% 절감하였으며, 초기 고객 테스트에서 수익 증가율이 18%에 달하는 성과를 기록했다. 이는 'IoT 및 머신러닝 기술을 활용하여 농민들에게 자원 효율성과 생산성이라는 가치를 제공하는 스마트 농업 플랫폼' 형태로 사업화되었다. 또한 지역 농민 조합과의 협력을 통해 빠르게 시장에 진입하였으며, 현재 1,000여 농가에서 사용 중이다.

- Technology: IoT 및 머신러닝 기반의 농업 데이터 분석 기술
- Value: 농작물 수확량 예측 정확도 20% 향상 및 농업 자원 절감
- Production: 농작물 데이터 수집 및 관리 플랫폼
- 사업개요: IoT 및 머신러닝 기술을 활용하여 농민들에게 자원 효율성과 생산성이라는 가치를 제공하는 스마트 농업 플랫폼

사례 2 의약 소재 제조

창업자는 생명공학을 전공하였으며, 특히 미생물 생명전환 공법의 새로운 기술개발하였다. 관련 기술은 미생물의 발효기술을 통하여 핵심 지표물질을 높은 순도를 가지는 추출물로 분리 정제함으로써 유효성을 가지는 성분만을 추출하는 기술이다. 창업자에 따르면 이 같은 기술이 의약품 원료를 만드는 데 적용된다면 천연물을 이용하는 것이므로 인체 적합도가 높고 상대적으로 화학물에 비해 면역 거부반응이 줄어드는 의약품을 만들 수 있을 뿐만 아니라, 기존의 생물학적 제재를 생산할 때 드는 제조비용을 획기적으로 줄일 수 있는 장점이 있다고 한다. 따라서 창업자는 이러한 장점을 활용하여 장기이식환자들이 평생 면역 억제재로 복용하여야 하는 의약품에 생물학적 소재인 Tacrolimus(FK506)를 생산하여 판매하고자 한다.

- Technology: 단위 기술: 미생물 유전자 발효 기술, 고순도 정제기술(요소 기술: PCR 스크리닝기술, 분리 정제 기술)
- Value: 제약사의 원가 절감, 품질 향상
- Production: 천연물 의약품 원료 'Tacrolimus(FK506)' 의 제공
- 사업개요: 미생물 유전자원 발효기술과 고순도 정제 기술을 활용하여, 장기 이

식 환자를 위한 고품질, 저생산비용의 인체 면역거부억제재 천연물 의약품 원료 'Tacrolimus(FK506)'를 제조 사업화

이상의 두 사례 모두에서 공통적인 특징은 첫째 기술을 설명할 때 전문용어를 최소화하고 그 기술이 가져오는 실질적 효과에 초점을 맞췄다는 점과, 가치를 정의할 때 고객의 관점에서 구체적이고 측정 가능한 지표를 제시했다는 점, 최종적인 사업화 형태를 제조인지, 서비스인지를 명확히 했다는 점에 주목할 필요가 있다.

사업 개요를 정의하는 것은 단순히 사업아이템에 대한 요약이나 정보를 나열하는 작업이 아니라, 사업의 핵심 가치와 실행 전략을 명확히 전달하는 도구로 활용될 수 있으므로 많은 연습이 필요하다.

3 PSST 사업계획서의 구성 요소 및 작성 팁

가 PSST 사업계획서 평가의 핵심 요소

PSST 사업계획서는 기술 창업 및 사업화 지원을 위해 공공기관에서 널리 활용되는 표준 사업계획서 형식으로, 특히 공공기관이 창업지원사업의 지원대상 창업자를 선정할 때 필수적으로 평가하는 첫 번째 서면 평가 자료이다. 이 사업계획서는 창업자의 아이템이 단순히 시장에 도입되는 것을 넘어, 지속적으로 개선되고 고도화되어 기업 성과를 증대시키는 데 필요한 핵심 역량을 보유하고 있는지를 평가하는 도구이다.

평가의 핵심은 창업자가 보유하고 있는 사업 아이템의 개선·고도화를 통해 창업기업의 성장과 성과를 확대할 수 있는 역량을 확인하는 데 있다. 이러한 평가 요소는 창업 아이템의 실현 가능성, 시장성, 그리고 이를 구현할 수 있는 팀의 역량까지 종합적으로 검토함으로써 사업의 성공 가능성을 분석한다. 즉, PSST 사업계획서는 창업자의 비즈니스 모델이 얼마나 탄탄하고 실행 가능한지를 판단하는 기준 역할을 한다.

핵심 평가 요소는 다음 네 가지로 구분된다. 각 요소는 창업 아이템이 문제를 어떻게 해결하며, 이를 통해 얼마나 지속 가능한 가치를 창출할 수 있는지를 체계적으로 검토한다.

1) 문제인식(Problem)

문제 발굴의 적절성

시장에서 창업 아이템이 경제적 교환가치를 창출하고 구매로 이어지기 위해서는, 고객이 겪고 있는 문제의 심각성과 이를 해결하기 위한 솔루션의 타당성을 명확히 제시하는 것이 중요하다. 창업자는 자신이 사업화하고자 하는 아이템이 시장 및 고객의 문제를 어떻게 발견하고, 그 문제를 해결할 가치가 있는지를 설득력 있게 보여줘야 한다. 이를 위해 객관적 데이터, 시장 조사, 경쟁 분석 등을 활용한 근거가 뒷받침되어야 하며, 다음과 같은 질문에 답할 필요가 있다.

- 창업 아이템은 구체적으로 어떤 고객 문제를 해결하기 위해 기획되었는가?
- 고객이 경험하는 문제의 강도는 경제적 비용을 지불해서라도 해결하려는 수준인가?
- 이러한 문제를 해결하기 위한 시장의 요구는 얼마나 시급하며, 그 해결이 기업 및 고객에게 가져올 가치는 무엇인가?

정의된 시장 내 목표 고객 설정의 적정성과 구체성

창업 아이템은 궁극적으로 정의된 시장(고객)의 문제를 해결하기 위한 솔루션이어야 한다. 바꾸어 말하면 창업아이템에 제공하고자 하는 가치에 문제를 느끼고 있는 대상이 바로 목표 고객인 것이다. 이러한 목표 고객을 찾아가는 과정에서 시장 및 고객 세분화(Segmentation)는 중요한 도구로 작용한다. 목표 고객 세분화를 통해 타깃 시장을 명확히 정의하고, 그 시장의 크기와 성장 가능성을 정확히 평가할 수 있는 것이다. 이는 사업 아이템이 실질적인 수요를 창출하고, 시장에서 지속 가능한 경쟁력을 갖추는 데도 핵심적인 역할을 한다.

창업자는 PSST 사업계획서를 통하여 다음 질문에 대해 답해야 한다.

- 시장 크기 및 성장 가능성: 타겟 시장의 규모를 파악하고, 해당 시장이 지속적으로 성장할 수 있는지 객관적으로 분석하였는가?
- 고객군의 명확한 정의: 연령, 지역, 산업군 등 고객군의 특성을 세밀하게 정의하여, 이들이 아이템의 주요 소비자가 될 가능성을 논리적으로 탐색하였는가?
- 타겟 고객의 문제와 해결 필요성: 타겟 고객이 겪고 있는 문제의 심각성과 이를 해결하려는 의지, 그리고 아이템이 제공할 수 있는 구체적인 가치를 명확하게 정의하였는가?

이를 위해 TAM(Total Addressable Market, 전체 시장 규모), SAM(Serviceable Available Market, 실제 서비스 가능한 시장 규모), SOM(Serviceable Obtainable Market, 목표로 삼는 시장 점유율)과 같은 시장 분석 모델을 활용하기도 한다. 이러한 모델은 창업자가 제안하는 솔루션이 시장 내에서 어떤 위치를 차지할 수 있는지에 대한 설득력 있는 데이터를 제공하여 사업계획서의 신뢰성을 높일 수 있다.

시장 수요와 성장 가능성 확인

사업화를 성공적으로 추진하기 위해서는 적절한 규모의 시장이 존재하고, 해당 시장이 지속적인 성장 가능성을 갖추고 있어야 한다. 고객이 문제를 느끼고 있다고 하더라도, 그 규모가 시장 수요(Market Demand)에 도달하지 못한다면 사업화가 어려울 수 있다. 따라서 사업계획서에는 다음과 같은 주요 내용을 포함하여 시장의 확대 가능성을 구체적으로 제시해야 한다.

- 시장 현재 상황과 성숙도: 시장이 얼마나 활성화되어 있는지, 성숙 단계에 도달했는지 또는 초기 단계에 있는지를 확인하였는가?
- 잠재적 고객군과 문제 인식 수준: 시장 내 고객군의 특성과 그들이 직면한 문제를 구체적으로 정의하고, 해당 문제를 얼마나 심각하게 인식하고 있는지를 분석하였는가?
- 시장 성장세와 트렌드: 시장이 성장하고 있는 추세와 새로운 기술, 소비자 행동, 산업 동향 등 미래 트렌드를 객관적 자료를 통하여 수집하고 분석하고 제시하였는가?

예를 들어, AI 기반 재활 솔루션을 개발하는 스타트업의 경우, 고령화 사회에서 재활 서비스의 수요 증가를 데이터로 입증하고, 관련 시장의 성장 가능성과 트렌드를 강조함으로써 투자자와 평가자에게 설득력 있는 계획을 제시할 수 있다. 이러한 분석은 사업계획서의 신뢰성을 높이고, 시장에 대한 창업자의 구체적 이해도를 효과적으로 보여준다.

2) 실현 가능성 (Solution)

구체적인 솔루션

정의된 시장(고객)의 문제를 해결하기 위해 창업자는 구체적인 해결방안을 제시해야 한다. 솔루션 설명에서는 기술적 접근 방법, 구현 과정, 그리고 예상되는 성과를 구체적으로 제시해야 한다. 단순한 아이디어 수준을 넘어서 프로토타입 개발, 파일럿 테스트,

고객 검증 등의 실질적 진행 상황을 포함해야 한다.

- 어떤 기술적 솔루션을 적용하여 어떻게 문제를 해결할 수 있는가?
- 솔루션에 기여하고 있는 창업자의 보유기술과 그 기술적 타당성(기술 구현 가능성 및 기존 기술과의 차별성)
- 테스트 또는 파일럿 실험 등 솔루션의 효과성 입증하였는가?

국내 자율주행 기술 스타트업 모빌아이의 사례를 보면, 기존 카메라 기반 인식 시스템의 한계를 극복하기 위해 라이다(LiDAR)와 AI 융합 기술을 적용했다고 구체적으로 설명했다. 또한 실제 도로 환경에서 10만 km 이상의 테스트 주행을 통해 인식 정확도 99.7%를 달성했다는 검증 데이터를 제시했다.

기술 솔루션을 설명할 때는 다음 요소들을 포함해야 한다. 첫째, 핵심 기술의 작동 원리와 차별점, 둘째, 기술 구현을 위한 구체적 방법론, 셋째, 기술의 효과성을 입증하는 테스트 결과나 검증 데이터, 넷째, 기술 도입에 따른 비용 분석과 리스크 관리 방안이다.

3) 성장전략 (Scale-up Strategy)

시장 확대 가능성

아이템 개선 및 고도화를 통해 산출된 제품(서비스)이 얼마나 더 큰 시장에서 성장할 가능성이 있는지를 제시해야 한다. 이를 위해 다음과 같은 질문을 고려해야 한다.

- 제시된 해결방안이 기존 시장뿐만 아니라 새로운 시장에 어떻게 적용될 수 있는가?
- 글로벌 진출 가능성은 어떠한가?
- 목표 시장에서의 시장 점유율은 지속적으로 확대될 수 있는가?

예를 들어, 로컬 시장에 특화된 모바일 앱이라면, 추가 기능 개발을 통해 글로벌 플랫폼으로 성장할 가능성을 제시해야 한다. 글로벌화 과정에서의 잠재적인 규제 장벽과 문화적 차이를 극복하기 위한 전략도 포함하면 더욱 바람직하다.

추진 전략의 적정성

시장 확대를 위해 필요한 구체적인 실행 계획을 제시해야 한다. 이를 위해 마케팅 전략, 파트너십 계획, 자금 조달 방안 등을 상세히 설명해야 한다. 단계별 로드맵을 통해 사업 확대의 현실성을 강조하는 것도 중요하다. 특히, 전략의 구체성과 실현 가능성을 입증할 수 있는 예산확보 계획, 자원 배분 전략, 리스크 관리 계획을 명확히 제시해야 한다.

4) 기업 구성(Team Competence)

핵심 팀 역량

앞선 단계를 실현하기 위해 필수적인 것은 팀의 역량이다. 팀 구성원의 전문성, 경험, 기술적 능력 등을 구체적으로 설명하고, 필요 시 외부 협력 파트너와의 연계를 언급해야 한다.

- 창업자를 포함하여 핵심 기술 개발 구성원은 전문성을 보유하고 있는가?
- 창업자는 기업 또는 조직을 운영할수 있는 관리 역량을 보유하고 있는가?
- 외부 협력 네트워크(기술 이전 기관, 공동 연구개발 파트너 등)

예를 들어, AI 기반 솔루션을 개발하는 스타트업이라면, 팀에 머신러닝 전문가와 클라우드 아키텍트가 포함되어 있음을 강조하며 평가자에게 신뢰를 줄 수 있다. 팀 구성원 각각의 경력과 전문성을 구체적으로 제시하고, 이를 통해 아이템의 성공 가능성을 증명해야 한다.

자원 활용 능력

마지막으로, 제한된 자원으로 최대의 성과를 낼 수 있는 운영 효율성을 강조해야 한다. 정부 지원금, 벤처 투자, 연구개발비 등 다양한 자원을 얼마나 효과적으로 활용할 수 있는지를 설득력 있게 제시해야 한다. 이를 위해 과거 프로젝트에서 자원을 효율적으로 활용한 성공 사례나 비용 절감 전략을 포함시키면 더욱 설득력을 얻을 수 있다.

나 PSST 사업계획서 세부 항목별 작성 노하우

1) '문제의 발견' 부분의 작성 Tips

창업아이템 개발동기 및 추진경과 작성 노하우

① 외적 동기 작성

외적 동기를 작성할 때는 현재 사회적, 경제적 트렌드와 맞닿아 있는 문제를 구체적으로 명시해야 한다. 예를 들어, 최근 이슈화된 문제나 산업적 변화에 대한 통찰을 포함시켜야 한다. 특히 기사, 리포트, 뉴스 등의 객관적 자료를 활용하여 문제의 심각성과 시장에서 이를 해결하려는 니즈를 강조해야 한다.

작성자는 문제를 발견하게 된 계기를 구체적으로 서술하며 독자가 창업자가 문제 해결을 위해 노력한 진정성을 느낄 수 있도록 해야 한다.

예를 들어, '코로나19로 인한 비대면 서비스 수요 급증으로 O2O 플랫폼 시장이 전년 대비 150% 성장했다'는 식으로 구체적 데이터를 제시 해야한다.

② 내적 동기 작성

내적 동기는 창업자의 개인적 경험, 전문지식, 경력 등을 기반으로 작성한다. 특히, 문제를 해결하고자 하는 창업자의 열정과 비전을 강조하는 것이 중요하다. 예를 들어, 본인의 경력이나 삶의 경험이 해당 문제와 어떻게 연결되었는지를 구체적으로 설명하며 독자가 창업자가 해당 문제를 누구보다 잘 이해하고 있다고 느끼게 만들어야 한다.

'10년간 물류업계에서 근무하며 직접 경험한 재고 관리의 비효율성 문제를 AI 기술로 해결하고자 한다'와 같이 개인적 경험과 전문성을 연결하여 설명하는 것이 효과적이다.

창업아이템의 개발 목적 작성 노하우

① 개발 필요성 작성

이 항목에서는 시장에서의 구체적인 문제를 정의하고 이를 해결하지 않으면 발생할 수 있는 부정적인 결과를 서술한다. 또한, 이 문제를 해결했을 때 얻을 수 있는 경제적, 사회적 가치를 정량적 또는 정성적으로 서술하여 창업 아이템의 사업할 필요성을 강조한다.

통계자료나 사례를 인용하여 문제의 크기와 심각성을 보여주는 것이 효과적이다. 예를 들어, '국내 50% 이상의 소비자가 이 문제로 불편을 겪고 있으며, 이를 해결할 경우 연간 ○○억 원의 시장 창출이 기대됩니다'와 같은 구체적 데이터 활용이 유리하다.

② 개발 목적 작성

이 항목에서는 창업아이템이 궁극적으로 달성하고자 하는 목표를 명확히 제시한다. 제품/서비스가 해결하려는 문제와 고객에게 제공할 가치가 무엇인지 구체적으로 서술해야 한다.

독자가 창업자가 제공하려는 가치와 방향성을 쉽게 이해할 수 있도록 간결하고 명료하게 작성하며, '어떤 문제를 해결하고, 어떤 고객에게, 어떤 방식으로 가치를 제공할 것인가?'라는 세 가지 질문에 답을 제시해야 한다.

③ 개발 방향 작성

개발 방향은 기술적 구현과 마케팅 전략의 방향성을 포함해야 한다. 어떤 기술적 접근법이 사용될 것인지, 이를 통해 시장에서 어떤 포지셔닝을 할 것인지 구체적으로 서술해야 한다.

예를 들어, 'AI 기술을 활용하여 고객 맞춤형 솔루션을 제공하고, 초기에는 B2B 시장을 타겟으로 하여 점진적으로 B2C로 확장할 계획입니다'와 같이 구체적인 전략과 단계적 계획을 제시해야 신뢰를 줄 수 있다.

창업아이템의 목표시장 분석 작성 노하우

① 시장규모 작성

시장규모를 작성할 때는 타겟 시장의 크기를 수치로 출처가 있는 자료에 근거하여 명확히 표현해야 한다. 또한 국내 시장 규모와 함께 글로벌 시장 규모도 함께 제시하면 평가자에게 더 큰 가능성을 보여줄 수 있다. 예를 들어, 공신력 있는 자료를 활용하여 '2025년까지 ○○억 원 규모로 성장할 것으로 예상된다'와 같이 근거 기반의 데이터를 제공해야 한다. 이 과정에서 명확한 데이터 출처를 밝히는 것도 중요하다.

② 경쟁 현황 작성

경쟁현황은 현재 시장에서 존재하는 주요 경쟁자를 분석하는 것으로 시작한다. 경쟁사의 강점과 약점을 비교하며, 창업아이템이 이들보다 우위에 설 수 있는 차별화 포인트를 명확히 제시해야 한다.

'경쟁사는 기존 기술에 의존하지만, 우리는 ○○ 기술을 도입하여 ○○% 더 높은 효율성을 제공합니다'와 같은 구체적인 차별화 전략이 포함되어야 한다.

③ 고객 특성 작성

고객 특성을 서술할 때는 목표 고객군의 세부적인 프로파일(연령, 성별, 소득수준, 라이프스타일 등)을 구체적으로 작성한다. 이를 통해 창업자가 타겟 고객에 대해 얼마나 깊이 이해하고 있는지를 보여줄 수 있다. 예를 들어, '30-40대 직장인을 주요 고객으로 하며, 이들은 시간 절약을 중요하게 생각한다. 우리의 서비스는 이러한 니즈를 충족시킬 수 있습니다'와 같은 방식으로 구체적으로 작성하는 것이 좋다.

2) '실현 가능성(해결 방안)' 부분의 작성 Tips

창업 아이템의 개발 방안/진행 정도 작성 노하우

① 보유기술 작성

보유기술을 서술할 때는 아이템 개발에 필수적인 핵심 기술과 이를 구성하는 단위 기술들을 명확히 구분하여 제시해야 한다. 기술의 구체적인 명칭과 용도를 설명하면서, 해당 기술이 아이템의 경쟁력을 어떻게 강화하는지 서술해야 한다.

예를 들어, '기술 A는 데이터를 수집하는 역할을, 기술 B는 이를 분석하는 역할을 한다. 이러한 기술 조합은 ○○%의 효율성을 제공합니다'와 같이 작성하여 기술의 활용성을 강조하는 것이 중요하다. 또는 AI 기반 의료진단 시스템의 경우 '핵심 기술: 딥러닝 기반 의료영상 분석 기술, 단위 기술: 영상 전처리 기술, 패턴 인식 알고리즘, 진단 결과 시각화 기술'과 같이 구조화하여 제시하는 것도 좋은 방안이다.

② 개발 방법 작성

개발 방법은 아이템을 구현하기 위해 진행한 주요 절차와 계획을 단계별로 서술한다. 여기에는 초기 연구단계, 프로토타입 제작, 테스트 과정 등이 포함되어야 하며, 각 단계에서 사용된 방법론과 도구를 구체적으로 언급하는 것이 좋다.

특히, 신뢰를 주기 위해 협력 기관이나 전문가와의 협업이 있었다면 이를 추가로 설명하여 기술 개발의 전문성과 진행 과정을 명확히 보여주어야 한다.

③ 최종산출물 작성

최종산출물은 아이템이 완성된 이후의 구체적인 모습과 예상되는 결과물을 서술해야 한다. 제품의 디자인, 기능적 특징, 예상 판매가격 등을 시각적으로 이해하기 쉽게 정리하면 효과적이다.

예를 들어, '최종적으로 고객은 ○○ 형태의 제품을 경험하게 될 것이며, 가격은 ○○원 수준으로 책정될 예정입니다. 이에 따라 KC인증을 받은 시제품 1종, 관련특허 1건, 시제품 매출 1000만 원이 기대됩니다'와 같은 방식으로 구체적이고 현실적으로 작성해야 한다.

④ 기술보호 작성

기술보호 전략을 작성할 때는 현재 확보한 지적재산권(특허, 상표, 저작권 등)과 향후 계획을 명확히 제시해야 한다. 이미 등록된 특허는 번호와 등록일을 포함하고, 추가적으로 출원 예정인 기술에 대한 정보를 포함하면 신뢰를 높일 수 있다.

또한, 기술보호를 위해 내부적으로 시행하고 있는 보안조치나 외부 협력 계약에서의 비밀유지 조항 등을 언급하는 것도 효과적이다.

창업아이템 차별화 방안 작성 노하우

① 차별화 방향 작성

차별화 방향은 기존 제품 및 경쟁사 제품과의 비교를 통해 창업 아이템의 독창성을 명확히 설명해야 한다. 핵심은 타사 제품이 해결하지 못한 문제를 자사 아이템이 어떻게 해결할 수 있는지를 경쟁우위 확보차원에서 구체적으로 서술하는 것이다.

예를 들어, '기존 제품은 ○○ 문제를 해결하지 못했으나, 우리는 기술 A를 통해 ○○ 문제를 해결함으로써 고객의 만족도를 ○○% 향상시킬 수 있습니다'와 같은 데이터 기반의 비교를 통해 설득력을 높이는 것이 중요하다.

② 차별화 비교표 작성

비교표는 기능, 성능, 가격, 장점 등 주요 항목별로 경쟁사와 창업 아이템을 체계적으로 비교해야 한다. 가독성을 높이기 위해 표 형식으로 제시하는 것이 바람직하며, 각 항목의 데이터는 구체적이고 객관적인 근거를 기반으로 작성해야 한다.

예를 들어, '우리 제품은 ○○ 기능이 추가되어 경쟁사 대비 ○○% 더 높은 효율성을 자랑합니다'와 같은 내용을 포함시켜 차별성을 강조해야 한다.

3) '성장 전략' 부분의 작성 Tips

창업아이템 사업화 방안 작성 노하우

① 비즈니스 모델 작성

비즈니스 모델은 창업아이템의 수익 구조와 가치를 제공하는 방식에 대한 핵심 정보를 간결하고 명확하게 서술해야 한다. 이를 위해 비즈니스 모델 캔버스와 같은 도구를 활용해 9개 구성 요소(고객 세그먼트, 가치 제안, 채널, 고객 관계, 수익 흐름, 핵심 자원, 핵심 활동, 핵심 파트너, 비용 구조)를 체계적으로 작성하면 효과적이다.

또한, 수익을 창출하는 주요 방식(예: 구독 모델, 1회성 판매, 광고 기반 모델 등)을 수익모델 차원에서 구체적으로 설명하며, 이 모델이 기존 시장에서 얼마나 차별화되는지를 강조해야 한다.

② 목표시장 진출방안 작성

목표시장 진출방안은 TAM(전체 시장 규모), SAM(잠재적 서비스 가능한 시장), SOM(실질적으로 접근 가능한 시장)의 3단계 분석을 기반으로 작성해야 한다. 각 시장 규모를 구체적인 데이터와 통계로 뒷받침하고, 해당 데이터를 활용해 우선적으로 진출할 세부 시장을 선정해야 한다. 진출 전략은 제품/서비스의 특성과 고객 세그먼트에 맞춘 4P 전략(제품, 가격, 장소, 프로모션)을 중심으로 작성하며, 시장 점유율 확보를 위한 단계적 로드맵을 포함해야 신뢰를 높일 수 있다.

사업 추진일정 작성 노하우

① 사업전체 로드맵 작성

로드맵은 창업 초기 단계부터 목표 달성까지의 주요 활동과 일정을 시각적으로 제시하면 유리하다. 기술 개발, 시제품 제작, 인증 획득, 시장 출시, 판매 확대 등 각 단계의 목표와 기간을 구체적으로 나열하며, 이를 통해 사업의 체계성과 실현 가능성을 강조해야 한다.

도표나 간트 차트 형식을 사용하여 가독성을 높이고, 주요 단계의 마일스톤을 명확히 표시하는 것이 중요하다.

② 협약기관내 목표 및 달성방안 작성

창업지원 사업에 최종 선정되었을 경우, 지원 기관과의 협약 내용을 기반으로 가정하여 작성하며, 1차년도 목표 시장의 매출목표와 최종 산출물로서의 성과물들이 정량적인 내용으로 구체적으로 제시되어야 한다. 특히, 목표 시장에서의 매출 또는 점유율 달성을 위한 세부적인 활동 계획을 포함하여 사업 진행의 성과물이 협약기간 내 가능함을 강조해야 한다.

③ 추정 매출액 작성

추정 매출액은 시장 분석 데이터를 기반으로 합리적이고 근거 있는 수치를 제시해야 한다. 과도하게 낙관적인 전망을 피하고, 현실적인 판매량과 시장 반응을 고려한 계산으로 신뢰성을 높이는 것이 중요하다. 일반적으로 5개년간 추정 손익계산서를 표로 작성하고 산출근거를 제시함으로써 표현하기도 한다.

예를 들어, '1차년도 목표 시장에서 예상 판매량은 xx개이며, 이를 통해 xx억 원의 매출이 발생할 것으로 기대됩니다'와 같이 구체적인 수치와 근거를 명시해야 한다.

자금 소요 및 조달 계획 작성 노하우

① 자금 조달 개요 작성

자금 조달 개요는 사업을 추진하기 위해 필요한 전체 자금의 규모와 세부 항목별 분배를 상세히 설명해야 한다. 전체적인 측면에서는 고정비, 변동비와 자본적 지출 항목을 소요항목으로 추정하고, 전체 필요경비를 조달하기 위한 대략적인 조달 계획을 융자금, 정책자금, 자기자본, 투자 유치 등의 항목으로 제시한다.

이때, 소요자금과 조달 계획의 합계금액은 일치해야 함에 유의한다.

② 사업비 집행계획 작성

사업비 집행계획은 사업계획서를 통하여 창업지원사업에 선정되었을 경우, 창업지원 정책자금으로 지원되는 경비(사업비)에 대한 집행 계획을 작성하는 것을 말한다. 대부분 세부 집행항목은 별도의 비목으로 계상기준을 가지고 있다. 중요한 것은 각 단계에서 사용할 사업지 자금의 항목별 배분 비중을 적절히 고려해야 한다는 것이다. 예를 들어, 초기 단계에서는 연구개발비와 시제품 제작에 ○○%를, 마케팅과 판매 활동에는 ○○%를 배정한다고 구체적으로 제시한다.

특히 자산을 구입하는 경비가 지나치게 많거나, 인건비 지원경비 등으로 지나치게 편중된 사업비 집행계획이 작성되지 않도록 유의해야 한다.

③ 기타 자금 조달 계획 작성

기타 자금 조달 계획에서는 전체 필요경비(소요자금) 중에서 사업비로 충당되는 금액을 제외하고 년차별로 매출이 증가함에 따라 필요한 자금을 어떻게 조달하겠느냐는 부분에 대한 계획을 의미한다. 창업지원기관 외 다른 정책자금을 차입하기도 하며, 유상증자를 통해 투자 유치로 자금을 확보할 계획을 제시하기도 한다. 예를 들어, '○○ 정부지원 사업에 참여하여 xx억 원의 지원금을 받을 계획이며, 이는 초기 R&D 비용의 ○○%를 충당할 것입니다'와 같이 작성하면 신뢰를 높일 수 있다.

4) '기업구성 / 팀구성' 부분의 작성 Tips

대표자 현황 및 보유역량 작성 노하우

① 대표자 역량 작성

대표자의 역량을 작성할 때는 창업아이템과 직접적으로 연관된 기술적, 경영적, 그리고 리더십 측면의 역량을 구체적으로 서술해야 한다. 대표자의 학력, 경력, 수상 이력, 관련 프로젝트 경험 등을 포함하여 신뢰성을 높이는 것이 중요하다.

특히, 창업아이템의 성공 가능성을 뒷받침할 수 있는 전문성(예: "10년간 AI 기술 연구 경험")과 리더십 사례(예: "이전 프로젝트에서 팀을 이끌어 성공적으로 완수한 경험")를 강조하는 것이 좋다.

팀 현황 및 보유역량 작성 노하우

창업팀 구성방안에서는 현재 팀원의 역할과 역량을 구체적으로 나열하며, 향후 채용 계획까지 포함하여 팀의 발전 가능성을 제시해야 한다. 예를 들어, 'CTO는 ○○년간의 R&D 경험을 보유하고 있으며, CMO는 ○○ 분야에서 마케팅 전략을 담당'과 같은 방식으로 역할과 전문성을 명확히 드러내야 한다.

또한, 향후 필요한 인재(예: UI/UX 디자이너, 데이터 분석가)와 그들이 회사 성장에 기여할 부분을 설명하며 팀의 구성을 전략적으로 접근했음을 보여주는 것이 중요하다.

파트너 현황 작성 노하우

협업 파트너에 대해서는 외주 기업, 원자재 공급업체, 연구개발 협력 기관 등 구체적인 파트너십 현황을 가급적 상세히 기술해야 한다. 각 파트너의 역할과 중요성을 강조하며, 파트너십이 창업아이템 개발과 실행에 어떻게 기여하는지를 서술해야 한다.

예를 들어, '원자재 공급업체인 xx사와 장기 계약을 체결하여 안정적인 생산 기반을 확보했다'와 같은 구체적 내용으로 독자가 신뢰할 수 있는 협력 관계를 입증해야 한다.

ESG 경영 실천 계획 작성 노하우

최근 들어 스타트업의 지속가능한 비즈니스 모델에 대한 관심이 높아지면서 ESG 부분에 대해서도 세심히 작성해야 한다. 막연하게 친환경 제품을 사용하겠다든가, 자원을 재활용하겠다, 지역사회 기여하겠다는 식의 미사어구로 추상적인 형태로 제안을 하기보다는 창업자가 ESG경영 체계를 충분히 이해하고 있으며 구체적 추진계획을 가지고 있다는 점을 어필해야 한다. ESG 경영 실천 계획에서는 환경(Environment), 사회(Social), 지배구조(Governance) 각각의 목표 설정과 이를 달성하기 위한 구체적인 활동 계획을 포함해야 한다. 예를 들어, '환경: 탄소 배출량 xx% 감축 목표, 사회: 공정채용, 인권보호 및 소비자 정보 보호, 투명 경영: 법령위반사항 제로, 지속경영보고서 공시'와 같은 구체적 목표를 제시하면 좋은 평가를 받을 수 있다. 이때 중요한 것은 이렇게 제시된 목표에는 가급적 ESG 이니시어티브의 글로벌 규범으로부터 설정된 지표를 반영하고 있어야 하며, 창업기업의 업종특성이 고려되어야 한다는 것이다. 스타트업의 경우 K-ESG 가이드라인의 지표를 활용할 수 있고 K-SDGs를 활용할 수도 있다. 이러한 지표 설정이 창업자가 임의로 만들어낸 것이 아니라 이해관계자들로부터 도출된 업종지표나 글로벌 지표로부터 기반한 것임을 나타내기 위해 ESG경영 목표로 제시된 지표에는 규범의 지표번호(코드)를 함께 기재하는 것이 좋다. 이를 위하여 GRI(Global Reporting Initiative), SASB(Sustainability Accounting Standards Board) 등 국제적으로 인정받는 ESG 지표를 참고할 수 있으며 중장기적으로 글로벌 지표의 데이터를 관리하고 보고하겠다는 계획을 포함해야 신뢰를 얻을 수 있다.

CHAPTER

10

자금 조달 및 투자 유치, 성공의 날개

1 다양한 자금 조달 방식

2 투자 유치를 위한 사전 점검 사항

3 창업자가 반드시 알아야 할 투자 관련 용어와 개념

4 투자 유치 프로세스

5 투자 계약 시 유의 사항

1 다양한 자금 조달 방식

가 초기 창업기업과 스타트업의 자금 조달 필요성

초기 창업기업과 스타트업은 혁신적인 아이디어와 불굴의 열정으로 무장하고 세상에 뛰어들지만, 꿈을 현실로 만들고 지속적인 성장을 이루기 위해서는 넘어야 할 산이 많다. 그중에서도 가장 높고 험난한 산 중 하나는 바로 자금 조달이다. 마치 척박한 땅에 뿌려진 씨앗이 싹을 틔우고 성장하기 위해 물과 영양분이 필수적인 것처럼, 초기 창업기업에게 자금은 생존과 성장을 위한 필수적인 요소이다.

1) 사업 기반 다지기 위한 초기 재원 확보

초기 창업기업은 아이디어를 구체화하고 제품 또는 서비스를 개발하는 단계에서부터 자금이 필요하다. 시제품 제작, 시장 조사, 마케팅, 인력 채용, 사무실 임대 등 사업의 기반을 다지기 위한 모든 활동에는 자금이 소요된다. 특히, 초기에는 수익 창출이 어려운 경우가 많아 외부 자금 조달의 중요성이 더욱 커진다.

2) 성장 가속화를 위해 자금 필요

자금 조달의 필요성은 단순히 생존을 위한 것만은 아니다. 충분한 자금은 스타트업의 성장을 가속화하는 강력한 엔진 역할을 한다. 경쟁이 치열한 시장에서 빠르게 성장하고 시장 점유율을 확보하기 위해서는 적극적인 투자와 마케팅 활동이 필수적인데, 이는 곧 자금력으로 이어진다. 예를 들어, 혁신적인 기술을 개발한 스타트업이 있다고 가정해보자. 이 스타트업은 기술력을 바탕으로 시장을 선점하고 빠르게 성장할 잠재력을 가지고 있다. 하지만, 자금 부족으로 인해 마케팅 활동에 제약을 받고, 인력 채용에 어려움을 겪으며, 생산 설비 확충에 차질을 빚는다면, 경쟁사에 뒤처져 성장의 기회를 놓칠 수 있다. 반면, 충분한 자금을 확보한 스타트업은 적극적인 마케팅을 통해 브랜드 인지도를 높이고, 우수한 인재를 영입하여 기술력을 더욱 발전시키며, 생산 설비를 확충하여 시장 수요에 빠르게 대응할 수 있다.

3) 예측 불가능한 리스크 대비

초기 창업기업은 예상치 못한 난관에 직면할 수 있다. 갑작스러운 시장 변화, 기술적인 문제 발생, 경쟁사의 등장, 예상치 못한 소송 등 다양한 위험 요소들이 도사리고 있다. 충분한 자금 확보는 이러한 위험에 대비하고 어려움을 극복할 수 있는 안전망을 제공한다. 마치 험난한 바다를 항해하는 배에 튼튼한 돛과 노, 그리고 충분한 식량과 물이 필요하듯, 초기 창업기업에게 자금은 미래를 향해 나아갈 수 있는 힘을 제공한다.

4) 투자 유치, 성장 가능성을 인정받는 기회(신뢰도 향상)

자금 조달은 단순히 돈을 모으는 행위를 넘어, 스타트업의 성장 가능성을 보여주는 중요한 지표이기도 하다. 투자자들은 자금을 투입할 때, 스타트업의 아이디어, 사업 모델, 팀 역량, 시장 경쟁력 등을 종합적으로 평가한다. 따라서 성공적인 자금 조달은 스타트업의 가치와 성장 가능성을 인정받았다는 것을 의미하며, 이는 기업의 신뢰도를 높이고 더 큰 성장을 위한 발판이 된다. 투자 유치 과정에서 투자자들은 스타트업에게 사업 전략, 재무 관리, 조직 운영 등에 대한 전문적인 조언과 네트워크를 제공하기도 한다. 이는 스타트업의 성장을 가속화하는 데 큰 도움이 된다.

나 자금 조달 방식의 종류

스타트업은 상황에 맞는 자금 조달 방식을 선택해야 한다. 크게 나누어 부채 기반, 자기자본 기반, 그리고 정책 지원 이렇게 세 가지 방식으로 나누어 볼 수 있으며, 각각의 특징과 장단점을 이해하고 최적의 자금 조달 방안을 선택해야 한다.

1) 부채 기반 자금 조달

부채, 즉 빌린 돈으로 사업 자금을 마련하는 방식이다. 필요한 자금을 빌려 쓰고 정해진 기간 내에 이자와 원금을 함께 갚아야 한다.

부채를 기반으로 한 자금 조달이 무조건 불리한 것만은 아니다. 이 같은 방식은 지분을 희석하지 않고 경영권을 유지할 수 있으며, 사업이 잘되어 높은 수익을 창출하면, 이자 비용을 제외한 이익을 온전히 가져갈 수 있어 유리하다. 무엇보다 스타트업에 대한 금융권의 심사 과정이 비교적 간단하여 신속하게 자금을 확보할 수 있다.

부채 기반 자금 조달은 불리한 점도 있다. 정해진 기간 내에 원금과 이자를 상환해야 하므로 재정적인 부담이 발생한다. 대출금 상환이 어려워지면 신용 등급이 하락하고, 향후 자금 조달에 어려움을 겪을 수 있다. 또한 대출 규모가 클 경우, 담보를 제공해야 하는 경우가 발생할 수도 있다.

부채를 기반으로 한 자금 조달은 은행, 신용보증기금, 기술보증기금 등 금융기관에서 사업 자금을 대출받는 방식이 일반적이다. 때때로 기업은 사채 발행하는 경우도 있는데, 기업이 일반 투자자들에게 채권을 발행하여 자금을 조달하는 방식으로 이 역시 부채 기반 자금 조달로 볼 수 있다.

2) 자기자본 기반 자금 조달

창업자가 기업의 지분을 투자자에게 판매하여 자금을 확보하는 방식을 의미하며 흔히 투자 유치라고 말하기도 한다. 기업이 지분을 투자자에게 판매를 하는 것을 유상증자라고 하며, 유상증자를 하려면 창업자가 적정한 지분을 보유(경영권을 유지하기 위한 지분율)하고 있음을 전제로 해야는 등 여러 가지 검토해야 할 사항들이 있다. 무엇보다 투자를 할 의사를 가진 투자자를 발굴하는 것부터 투자자를 설득하는 일련의 과정과 절차가 필요하다. 이 같은 자기자본을 통한 자금 조달은 투자금의 형태이므로, 상환할 의무가 없어 재정적인 부담이 적다. 뿐만 아니라 단계적인 투자 유치를 통해 기업 가치를 높이고, 후속 투자 유치에 유리한 환경을 조성할 수 있다. 하지만, 지분을 투자자에게 판매함으로써 경영권이 희석될 수 있고, 투자자의 의견을 반영해야 하므로 독립적인 의사 결정이 어려워질 수 있다. 또한 투자자는 높은 수익률을 기대하기 때문에, 빠른 성장과 수익 창출에 대한 압박이 커질 수 있다.

자기자본을 기반으로한 자금 조달의 대표적인 방법으로는 개인 투자자가 초기 창업기업에 투자하는 방식인 엔젤 투자, 전문 투자 기관이 성장 가능성이 높은 기업에 투자하는 방식인 벤처 캐피탈 투자, 온라인 플랫폼을 통해 다수의 개인으로부터 소액 투자를 받는 방식입인 크라우드 펀딩 등 다양한 형태로 추진될 수 있다.

3) 정부 지원금 및 정책 지원을 통한 자금 조달

스타트업의 경우 정부 또는 지방자치단체에서 제공하는 창업 지원 정책, R&D 지원 사업 등을 통해 자금을 조달하는 방식을 많이 활용하기도 한다. 대부분의 정부 지원금은 상환 의무가 없어 재정적 부담이 적고, 정부 지원 사업 선정은 기업의 기술력과 사업성을 인정받았다는 것을 의미하므로 기업 이미지 제고에 도움이 된다. 또한 정책자금을 지원받을 경우, 창업 단계, 기술 분야, 사업 규모 등에 따라 다양한 지원 프로그램을 연계하여 활용할 수 있다.

하지만 이러한 정책지원금을 활용하기 위해서는 지원자들과 경쟁하여 선정되는 과정을 거쳐야 하며, 사업 계획의 타당성, 기술력, 시장 경쟁력 등 엄격한 심사 기준을 통과해야 한다. 공적 자금을 받기 위해서는 필연적으로 지원금 신청, 사업계획서 작성, 결과 보고 등 복잡한 행정 절차를 감수해야 하는 단점도 있다.

정책지원을 통한 자금 조달의 대표적인 예로는 창업지원 사업을 활용할 수 있다. 크게 예비창업자 또는 초기 창업기업에게 사업화 자금, 컨설팅, 교육 등을 지원하는 프로그램과 기술 개발, 시제품 제작, 연구 인력 채용 등 기술 개발 활동에 필요한 자금을 지원하는 프로그램으로 나누어 볼 수 있다. 뿐만 아니라 지역 경제 활성화를 위해 지방자치단체에서 제공하는 창업 지원금, 투자 유치 지원 등 다양한 프로그램을 활용할 수도 있다.

다 자금 조달 방식의 선택 기준

부채 기반, 자기자본 기반, 정책 지원, 이 세 가지 자금 조달 방식은 각각 장단점을 가지고 있으며, 어떤 방식이 더 유리하다고 단정할 수 없다. 스타트업은 현재 상황, 성장 단계, 사업 모델, 자금 규모, 경영권 유지 여부 등 다양한 요소를 고려하여 최적의 방식을 선택해야 한다. 이때 고려해야 하는 요소는 다음과 같다.

1) 자금 조달 목적과 규모의 명확화

자금 조달의 구체적 목적을 명확히 정의하는 것이 첫 번째 단계다. 연구개발비, 마케팅비, 인건비, 설비투자비 등 용도별로 필요 자금을 세분화하여 산정해야 한다.

예를 들어, AI 스타트업이 기술 개발을 위해 10억 원이 필요한 경우와 마케팅 확대를 위해 5억 원이 필요한 경우는 적합한 자금 조달 방식이 다르다. 전자는 정부 R&D 지원사업이나 기술 특화 VC 투자가, 후자는 일반적인 성장 투자나 대출이 더 적합할 수 있다.

2) 자금 조달 비용과 위험 요소 분석

각 자금 조달 방식의 실질적 비용을 정확히 계산해야 한다. 부채의 경우 이자율뿐만 아니라 보증료, 수수료 등을 포함한 총 자금 조달 비용을 산정해야 한다. 자기자본의 경우 지분 희석률과 향후 기업 가치 상승 시 기회비용을 고려해야 한다. 특히, 자금 조달 비용이 사업의 수익성을 저해하지 않도록 주의해야 한다. 이를 위해 자금 조달 비용을 재무적 관점에서 검토해 보아야 한다.

3) 기업 성장 단계별 적합성 검토

스타트업의 성장 단계에 따라 적합한 자금 조달 방식을 선택해야 한다. 예를 들어, 초기 단계에는 엔젤 투자나 정부 지원금이, 성장 단계에서는 벤처 캐피탈이 적합할 수 있다. 이를 통해 스타트업의 자금 조달이 보다 전략적으로 이루어질 수 있다.

2 투자 유치를 위한 사전 점검 사항

투자 유치는 스타트업의 성장을 위한 필수 과정이지만, 성공적인 투자 유치를 위해서는 철저한 사전 준비가 선행되어야 한다. 이는 투자자들이 매우 까다로운 기준으로 기업을 평가한다는 것을 의미하며, 따라서 체계적인 사전 준비가 투자 유치 성공의 핵심 요소가 된다.

가 투자 유치의 의미를 명확히 이해하기

스타트업이 투자 유치를 진행하기 전, 투자 유치의 목적과 의미를 명확히 정의하는 것이 중요하다. 단순히 당장의 자금 부족을 해결하는 수단이 아니라, 장기적인 관점에서 기업의 비전 달성에 기여할 수 있는 투자 유치 전략을 수립해야 한다. 투자 유치는 기업의 현재 상황을 점검하고, 미래 성장의 청사진을 구체화하는 과정이기도 한다.

점검해야 할 핵심 사항

- 자금을 통해 달성하고자 하는 주요 목표는 무엇인가? (신제품 개발, 시장 확장, 인력 충원, 마케팅 강화 등)
- 투자 유치를 통한 자금은 구체적으로 어떻게 활용될 것인가?
- 예상되는 자금 소요 기간 및 규모는?

- 자금 집행 계획과 이에 따른 예상 성과는?
- 투자자와의 파트너십이 기업의 비전과 전략에 부합하는가?
- 이번 투자 라운드에서 지분 희석을 어느 정도로 허용할 수 있는가?

투자 유치를 진행하기 전에 이러한 질문에 대한 명확한 답을 준비하는 것은 투자자와의 협상에서 중요한 기반을 제공한다. 이를 통해 창업자는 자신의 비전과 계획에 대한 신뢰를 투자자에게 심어줄 수 있다.

나 투자자에 대한 이해

투자자는 단순히 자금을 제공하는 주체가 아니라, 기업의 성장을 함께 이끌어갈 파트너이다. 따라서 투자 유치 과정에서 투자자의 유형, 기대 사항, 투자 철학 등을 면밀히 분석하고 이해하는 것은 매우 중요하다. 투자자는 재무적 수익뿐만 아니라, 창업자의 비전과 실행 능력을 중요하게 평가한다. 따라서 투자자가 선호하는 방향성과 자신들의 사업모델이 얼마나 일치하는지를 면밀히 분석해야 한다.

1) 투자자 유형 분석

엔젤 투자자(Angel Investor):

- 개인 자격으로 초기 스타트업에 투자하는 개인 투자자
- 투자 규모: 일반적으로 1억-10억 원 수준
- 특징: 빠른 의사결정, 창업자 개인에 대한 신뢰 중시
- 국내 대표 사례: 본엔젤스, 프라이머 등

벤처캐피탈(VC, Venture Capital):

- 전문 투자기관으로 성장 가능성이 높은 기업에 투자
- 투자 규모: 시리즈A 10억-50억 원, 시리즈B 이후 100억 원 이상
- 특징: 체계적인 실사(Due Diligence) 과정, 포트폴리오 관리
- 국내 대표 사례: 알토스벤처스, 스톤브릿지벤처스, 캡스톤파트너스 등

전략적 투자자(SI, Strategic Investor):

- 대기업이나 관련 업계 기업이 전략적 목적으로 투자
- 특징: 사업 시너지 중시, 장기적 파트너십 지향
- 국내 사례: 삼성벤처투자, LG테크놀로지벤처스, 현대자동차 제로원 등

2) 투자 포트폴리오 분석

투자자의 과거 투자 경험과 투자 포트폴리오를 분석하여 투자 선호 분야, 투자 전략, 성공 사례 등을 파악한다. 이를 통해 투자자의 관심사와 투자 기준을 예측하고, 효과적인 투자 유치 전략을 수립할 수 있다.

3) 투자 기준 및 조건

투자자가 중점적으로 평가하는 기준, 예상하는 투자 회수 기간, 요구하는 지분율, 경영 참여 수준 등을 미리 파악해야 한다.

4) 네트워크 및 평판

투자자의 업계 네트워크, 평판, 의사 결정 프로세스 등을 파악하여 투자 유치 과정을 효율적으로 관리해야 한다.

예를 들어, 초기 단계의 스타트업이라면 엔젤 투자자나 시드 투자자를, 성장 단계의 기업이라면 벤처 캐피탈이나 사모펀드 등 적합한 투자자를 찾아야 한다. 또한 투자자의 네트워크와 전문성이 자신의 사업 성장에 어떻게 기여할 수 있을지도 평가해야 한다.

다 현 단계의 투자 유치 요건 충족 여부 점검

투자 유치를 위한 준비는 단순히 사업계획서 작성이나 IR 자료 준비에 그치지 않는다. 기업의 내외부적인 요소들을 객관적으로 평가하고 투자자가 요구하는 기준에 부합하는지를 우선 점검해야 한다.

주요 점검 항목은 다음과 같다.

1) 비즈니스 모델의 타당성

- 명확한 가치 제안(Value Proposition)이 있는가?

- 수익 모델이 검증되었는가?
- 시장에서의 차별화 요소가 명확한가?

2) 시장 진입 전략 및 경쟁 우위

- 목표 시장이 구체적으로 정의되어 있는가?
- 경쟁사 대비 명확한 우위 요소가 있는가?
- 시장 진입 전략이 실현 가능한가?

3) 초기 고객 확보 및 시장 검증

- 실제 고객이 확보되어 있는가?
- 고객의 피드백이 긍정적인가?
- 반복 구매나 재사용률이 높은가?

이를 통해 투자자가 느끼는 불확실성을 최소화하고, 기업의 가치를 명확히 전달할 수 있다.

라 회계/세무/법무적 준비

투자 유치 과정에서 투자자들은 기업의 재무 상태와 법적 안정성을 매우 중요하게 평가한다. 특히 실사(Due Diligence) 단계에서는 회계, 세무, 법무 관련 서류들이 집중적으로 검토되므로, 사전에 철저한 준비가 필요하다.

1) 필수 준비 사항

- 회사 정관 및 주요 법적 문서의 정비 여부 확인
- 법인등기사항 및 주주총회 의사록 등 관련 서류 준비
- 회계상 문제 여부 점검(특히 가지급금, 가수금 등)

2) 세부 준비 사항

- 정관, 주주총회 의사록, 이사회 의사록 등 법률 문서 검토 및 정비
- 계약서, 지식 재산권 등 법적 분쟁 요소 사전 점검
- 지적 재산권 및 기술 특허 관련 서류 정비
- 주요 계약서 및 근로계약서의 체계적 관리

3) 유의사항

가지급금 및 가수금은 불투명한 자금 흐름으로 인식되어 투자 유치에 부정적인 영향을 미칠 수 있으므로 사전에 정리해야 한다. 미처리된 법적 분쟁의 소지가 있는 소송, 분쟁, 채무 등 법적 문제는 투자 유치의 걸림돌이 될 수 있으므로 사전에 해결 방안을 마련해야 한다. 또한 지식 재산권 관련 분쟁 발생 시 사업에 큰 타격을 줄 수 있으므로, 불분명한 지식재산권의 권리관계를 명료하게 정리해두어야 한다.

마 소요 필요 자금 계산

투자 유치의 성공 여부는 적정한 투자 규모를 산정하고, 투자금 사용 계획을 구체적으로 제시하는 것에서 시작된다. 투자자들은 투자금이 어떻게 사용되어 어떤 성과를 창출할 것인지에 대한 명확한 근거를 요구하기 때문이다.

1) 자금 소요 계획 수립

런웨이(Financial Runway)는 현재 보유 자금으로 얼마나 오래 사업을 지속할 수 있는지를 나타내는 지표다. 월평균 현금 소모액(Monthly Burn Rate)을 기준으로 계산하며, 일반적으로 18-24개월의 런웨이를 확보하는 것이 안전하다고 여겨진다.

계산 예시

- 월평균 현금 소모액: 2억 원
- 현재 보유 현금: 10억 원
- 현재 런웨이: 5개월 (10억 ÷ 2억)
- 목표 런웨이: 24개월
- 필요 투자금: 38억 원 (2억 × 24개월 - 10억)

2) 자금 사용 계획 세분화

투자금 사용 계획을 구체적으로 세분화하여 제시해야 한다.

- 인건비(40-50%): 핵심 인력 채용 계획, 조직 확장 로드맵, 인건비 상승률 고려
- 마케팅비(20-30%): 고객 획득 비용(CAC, Customer Acquisition Cost), 마케팅 채널별

예산 배분, 브랜딩 및 PR 활동

- 연구개발비(15-25%): 제품/서비스 개발 계획, 기술 고도화 투자, 특허 출원 및 IP 확보
- 운영비(10-15%): 사무실 임대료, 유지비, 시스템 운영비, 기타 관리비용

3) 재무 모델링 및 성과 예측

투자자들에게 제공할 재무 모델을 시뮬레이션하여 투자 수익률(ROI, Return on Investment)을 예측해야 한다. 이는 보수적, 기본적, 낙관적 시나리오로 구분하여 제시하는 것이 일반적이다.

- 매출 성장률 및 예상 매출 규모
- 손익분기점(Break-even Point) 달성 시점
- 고객생애가치(LTV, Life Time Value) 대비 고객획득비용(CAC) 비율
- 월간 반복 수익(MRR, Monthly Recurring Revenue) 성장률

4) 위험 관리 및 대안 시나리오

투자금 확보가 지연되거나 목표 성과 달성이 어려운 상황에 대비한 대안 시나리오도 준비해야 한다.

- 자금 조달 대안: 정부 지원사업 활용 계획, 매출 기반 자금 조달 방안, 전략적 파트너십을 통한 자금 확보
- 비용 절감 계획: 고정비 절감 방안, 운영 효율성 개선 계획, 핵심 사업 집중 전략

이처럼 투자 유치를 위한 사전 점검은 단순한 준비 과정이 아니라, 기업의 현재 상태를 객관적으로 진단하고 미래 성장 전략을 구체화하는 종합적인 과정이다.

3 창업자가 반드시 알아야 할 투자 관련 용어와 개념

성공적으로 사업계획서를 작성하여 잠재 투자자의 관심을 끄는 데 성공했다면, 다음 단계는 본격적인 투자 협상이다. 이 과정에서 창업자는 마치 외국어를 배우듯 생소한 금

융 및 법률 용어들을 마주하게 된다. 이 용어들은 단순히 어려운 단어가 아니라, 투자자와 창업자 간의 권리와 의무, 그리고 미래의 부와 통제권을 결정하는 '게임의 규칙'이다. 따라서 성공적인 투자 유치를 위해서는 이 개념들을 명확히 이해하고 협상에 임해야 한다.

가 투자사와 펀드 구조의 이해

1) 투자사의 유형과 펀드 구조

투자사는 펀드를 통해 기업에 자금을 제공하며, 성장 가능성이 높은 기업을 발굴하고 지원하는 역할을 수행한다. 각 투자사는 고유의 특성과 투자 전략을 가지며, 기업 성장 단계별로 적합한 투자 방식을 채택한다.

창업투자회사(창투사)

흔히 '창투사'라고 하는 중소기업 창업투자회사는 벤처투자 촉진에 관한 법률(약칭:벤처투자법)에 따라 설립된 주식회사로 주된 업무가 벤처투자이다. 주된 업무가 벤처투자이기 때문에 다른 유형의 벤처캐피탈과는 달리 등록 후 3년 이내에 운용자금의 40%이상 창업자 및 벤처기업에투자해야 하는 의무가 법률에 규정되어 있다.

초기 및 성장 단계의 기업에 투자하며, 기술력과 시장성을 중심으로 유망 기업을 발굴한다. 창투사는 주로 중소기업의 성장을 지원하며, 기술 기반 스타트업에 투자하는 경우가 많다. 이들은 장기적인 관점에서 기업 성장 가능성을 평가하고 자금을 제공한다. 이러한 창투사의 투자규모는 대개 5억원 이상을 투자하는 경우가 많다.

신기술 사업 금융회사(신기사)

통상 신기사라고 부르는 신기술 사업 금융전문회사는 여신전문금융업법에 따라 설립된 주식회사로 신기술을 개발하거나 이를 응용하여 사업화하는 중소기업에게 투자 또는 융자를 해주는 금융회사를 의미한다. 투자만 가능한 창투사나 LLC와 달리 융자업무도 가능하고, 투자운용기구도 벤처투자조합뿐만 아니라 신기술사업투자조합을 결성할 수 있기 때문에 창투사보다 다양한 투자가 가능한다.

주로 기술 기반 기업을 대상으로 하며, 특히 신기술을 활용한 혁신 기업에 중점 투자한다. 신기술 사업금융회사는 혁신 기술의 상용화 가능성을 평가하여 자금을 제공하며, 대규모 자금 투입이 필요한 프로젝트에 적합하다. 대표적인 신기사로는 포스코기술투자, 삼성벤처투자, 롯데액셀러레이터, NH벤처투자, 미래에셋캐피탈, 하나벤처스 등이 있다

LLC(Limited Liability Company)형 창투사(유한책임회사)

창투사와 마찬가지로 벤처투자법에 따라 설립되지만, 주식회사 형태로 설립되는 창투사와 달리 상법상 유한회사 또는 유한책임회사 형태로 설립되는 벤처캐피탈을 유한(책임)회사라고 한다. 해외에서 설립하는 LLC(Limited Liability Company) 형태의 투자회사와 유사하기 때문에 LLC형 창투사(또는 LLC)라고도 한다.

특정 산업이나 기술에 집중 투자하는 독립적인 투자회사 형태로 LLC 구조는 유연한 의사결정과 전문성을 바탕으로 특정 분야에 특화된 투자를 진행한다. 특히 초기 스타트업에 대한 소규모 투자를 진행하며, 장기적인 성장 가능성을 중심으로 평가한다.

구분	중소기업창업투자회사 (창투사)	유한(책임)회사 (LLC형 창투사)	신기술 사업 금융전문회사(신기사)
근거법률	벤처투자법	벤처투자법	여신전문금융업법
설립요건	- 상법상 주식회사 - 납입자본금 20억 원 이상 - 차입금이 납입자본금의 20% 미만 - 상근 전문인력 2인 이상 보유	- 상법상 유한회사 또는 유한책임회사 - 자본금 요건 없음(조합 지분1% 이상 보유) - 전문인력 보유	- 상법상 주식회사 - 납입자본금 100억 원 이상
투자운용기구	벤처투자조합	벤처투자조합	신기술사업투자조합 벤처투자조합
소관 부처	중소벤처기업부	중소벤처기업부	금융위원회

2) 펀드의 구조와 운영

펀드는 투자자의 자본을 모아 특정 목적에 따라 운영되며, 투자 단계와 규모에 따라 다양한 유형으로 구성된다.

엔젤 펀드 및 개인 투자조합

엔젤 펀드는 소규모 투자자들을 중심으로 결성되며, 주로 창업 초기 단계의 스타트업에 초점을 맞춘 투자 방식이다. 초기 스타트업은 자금 확보가 어렵고 리스크가 높은 상황에 처해있기 때문에, 엔젤 펀드는 이러한 기업들에게 필요한 초기 자금을 제공하며, 기업이 첫걸음을 내딛을 수 있도록 지원한다. 보통 3천만 원에서 5억 원 이하의 금액이 투자되며, 이 과정에서 개인 투자자들의 네트워크와 전문성이 활용된다. 엔젤 투자자들은 초기 기업의 위험을 감수하는 대신, 기업의 잠재적인 높은 성장 가능성에 주목하여 투자를 결정한다. 이를 통해 초기 스타트업은 필요한 자금을 확보할 뿐만 아니라, 투자자들로부터 멘토링과 조언을 받아 기업 운영 및 성장 전략을 수립하는 데 도움을 받게 된다.

벤처캐피탈 펀드

벤처캐피탈 펀드는 전문 투자자인 유한책임파트너(LP, Limited Partner, 펀드에 자본을 제공하는 투자자)와 펀드를 실제로 운용하며 투자 결정을 내리는 일반파트너(GP, General Partner, 펀드를 관리하고 투자 결정을 내리는 주체)로 구성된다. 이들은 주로 성장 가능성이 높은 기업을 대상으로 대규모 투자를 진행한다. 벤처캐피탈은 기업의 성장 단계에 따라 Series A, B, C 등 다양한 투자 라운드에서 자금을 지원하며, 이를 통해 기업이 시장을 확대하고 사업을 확장할 수 있도록 돕는다. 특히 IPO(기업공개)나 M&A(인수합병)와 같은 투자 회수 전략을 통해 수익을 실현하는 것을 목표로 한다. 보통 벤처캐피탈은 성장 단계에 있는 기업을 대상으로 하며, 투자 규모는 일반적으로 5억 원 이상이 된다. 이를 통해 기업은 운영 자금을 확보하고, 새로운 시장 진출이나 대규모 프로젝트를 실행할 수 있는 기회를 가지게 된다.

크라우드 펀딩

크라우드펀딩은 다수의 개인으로부터 소액의 자금을 모아 특정 기업에 투자하는 방식으로, 창업 초기 단계의 기업이 자금 조달과 시장 검증을 동시에 진행할 수 있는 효과적인 방법이다. 크라우드 펀딩에는 리워드형과 지분형 두 가지 주요 형태가 있다. 리워드형은 후원자에게 제품이나 서비스를 보상으로 제공하는 방식으로, 보통 0.5억 원 이하의 자금 조달에 적합한다. 반면, 지분형은 투자자에게 기업의 지분을 제공하며, 2억 원에서 5억 원 규모의 자금을 유치할 때 활용된다. 이러한 크라우드 펀딩은 초기 창업자가 제품이나 서비스를 시장에 선보이며 소비자의 반응을 확인할 수 있는 기회를 제공한다. 또한 투자자와의 신뢰를 구축하고 기업의 브랜드 인지도를 높이는 데 기여한다. 크라우드 펀딩은 창업자가 초기 자금 부족 문제를 해결하면서도 시장에서의 가능성을 증명할 수 있는 효과적인 도구로 자리 잡고 있다.

정책 펀드

정책 펀드는 정부 및 공공기관이 창업 기업과 초기 단계 기업을 지원하기 위해 제공하는 자금이다. 이러한 펀드는 주로 기술보증기금, 신용보증기금, 중소벤처기업진흥공단 등 공공기관을 통해 운영되며, 창업 초기의 리스크가 높은 기업들이 자금을 확보할 수 있도록 설계되어 있다. 정책 펀드는 특히 초기 단계(3억-5억 원)와 성장 단계의 기업을 대상으로 하며, 고위험 기술 기반 기업에도 과감히 투자하여 기술 혁신과 상용화를 지원한다. 창업자는 보증 연계 투자를 통해 필요한 자금을 유치하면서도 부담을 덜 수 있다. 예를 들어, 기술보증기금은 기업의 기술력을 평가해 보증서를 발급하고, 이를 바탕으로 창업 기업이 금융기관에서 자금을 대출받을 수 있도록 도와준다. 이는 창업자가 자신의 자금 부담을 줄이고 안정적으로 사업을 시작하거나 확장할 수 있는 중요한 기반이 된다. 따라서 정책 펀드는 단순히 자금을 지원하는 것을 넘어 창업 생태계를 활성화하고 기술 혁신을 촉진하는 역할을 하고 있다.

나 투자자 유형별 특성

1) 엔젤 투자자

개인 투자자로, 창업 초기 단계에서 소규모 자금을 제공하는 경우가 많다. 엔젤 투자자는 매칭펀드를 통해 추가 자금을 확보할 수 있다(엔젤투자지원센터(kban.or.kr)를 통해 매칭 지원 가능). 엔젤 투자자는 초기 투자 후에도 창업자에게 조언과 네트워킹을 제공하여 사업 성공 가능성을 높이는 역할을 한다.

2) 엑셀러레이터(Accelerator, Micro VC)

창업 초기 기업에 소규모 자금과 함께 전문적인 사업화를 지원하는 역할을 하며, 법률적 용어로는 '창업기획자'라고 한다. 시드머니 성격의 비교적 규모가 작은 투자를 하는 경우가 많으나, 단순 자금 지원뿐만 아니라 교육, 네트워킹, 데모데이 프로그램도 운영하여 도움을 받을 수 있는 장점이 있다.

국내 대표적인 엑셀러레이터로는 프라이머, 스파크랩, 퓨처플레이, 블루포인트파트너스 등이 있으며, 이들은 3-6개월간의 집중적인 프로그램을 통해 스타트업의 성장을 지원한다.

3) 벤처캐피탈(VC: Venture Capital)

성장 단계에 도달한 창업기업 및 중소기업을 대상으로 비교적 규모가 큰 자금을 투자한다. Series A-C 라운드 투자로 기업 성장과 시장 확대를 지원하는 경우가 많고, 글로벌 시장 진출과 대규모 확장을 목표로 하는 기업에 적합하다고 볼 수 있다.

4) 크라우드 펀딩

다수의 개인으로부터 소규모 자금을 모으는 방식의 투자를 말하는 것으로 리워드형(제품 제공)과 지분형(투자 제공)으로 구분한다. 예컨대 와디즈(Wadiz)와 같은 플랫폼을 통해 진행하는 경우가 많다. 이러한 크라우드 펀딩은 특히 초기 소비자와의 관계 형성 및 브랜드 인지도 제고에 효과적이다. 투자 규모는 일반적으로 리워드형 0.5억 원 이하, 지분형 2-5억 원인 경우가 많다. 스타트업 입장에서는 시장 검증과 동시에 초기 자금 확보 가능하다는 큰 장점이 있다.

다 투자 관련 용어 및 주요 개념

1) 기업가치와 지분 희석율

기업가치(Valuation)란 기업의 현재 또는 미래 가치를 금전적으로 평가한 것을 말한다. 특히 초기 스타트업의 가치 평가는 매출이나 이익 같은 명확한 재무 지표가 없는 경우가 많아, 팀의 역량, 기술의 혁신성, 시장의 성장 잠재력 등을 종합적으로 고려하여 결정된다. 이는 마치 완성된 건물의 가격이 아닌, 최고의 입지에 지어질 미래의 랜드마크에 대한 설계도의 가치를 평가하는 것과 같다.

투자를 유치할 때 기업가치는 투자 유치 시점을 기준으로 두 가지로 나뉜다.

- 투자 전 기업가치(Pre-money Valuation): 외부 투자금이 들어오기 직전의 기업가치를 의미한다.
- 투자 후 기업가치(Post-money Valuation): 투자금을 받은 후의 기업가치이다.
- 계산식: 투자 후 기업가치 = 투자 전 기업가치 + 신규 투자금

창업기업이 신규 주식을 발행하면 기존 주주가 보유한 회사의 지분 비율이 줄어드는 현상이 발생한다. 이것을 지분 희석률(Equity Dilution)이라고 한다. 예를 들어, 한 회사가 총 10만 주의 주식을 발행하고 있는데, 추가로 2만 주를 발행한다고 가정해보자. 기존 주주가 보유한 지분은 총 10만 주 중 자신이 소유한 주식 수에 따라 계산되는데, 신규 발행 주식이 포함된 총 주식 수는 12만 주로 증가한다. 따라서 기존 주주의 지분 비율은 줄어들게 된다.

- 계산식: 희석 후 지분율 = 기존 보유 주식 수 ÷ (기존 발행 주식 수 + 신규 발행 주식 수)
- 예시: 기존 주식 수 10만 주 + 신규 발행 주식 수 2만 주 = 총 12만 주 이므로 지분 희석율 = (2만 주 / 12만 주) = 약 16.67%.

지분 희석은 창업자의 지배력 약화로 이어질 수 있어 부정적으로 보일 수 있다. 하지만 이는 '더 큰 파이의 작은 조각'을 갖는 전략적인 선택이다. 10억 원 가치 회사의 100% 지분(10억 원)보다, 100억 원 가치 회사의 50% 지분(50억 원)이 훨씬 더 큰 가치를 가지기 때문이다. 창업자는 지분 희석의 불가피성을 인정하되, 적정한 기업가치를 인정받아 희석률을 최소화하는 현명한 협상 전략을 구사해야 한다.

2) 초기 스타트업의 기업가치 계산 방법

그렇다면 아직 매출이 없는 초기 스타트업의 기업가치는 어떻게 계산하는가? 정해진 공식은 없으며, 주로 시장 상황과 협상에 의해 결정된다.

주식 가치 기반 계산(가장 기본적인 방식)

사례: 창업팀이 발행한 주식이 총 10만 주이고, 투자자가 주당 5,000원의 가치를 인정하여 1억 원을 투자하기로 합의했다고 가정하자.

- 투자 전 기업가치: 10만 주 × 5,000원 = 5억 원
- 신규 발행 주식 수: 1억 원 ÷ 5,000원 = 2만 주
- 투자 후 기업가치: 5억 원(Pre-money) + 1억 원(투자금) = 6억 원
- 투자 후 총주식 수: 10만 주 + 2만 주 = 12만

EBITDA 기반 계산

EBITDA(Earnings Before Interest, Taxes, Depreciation, and Amortization, 법인세·이자·감가상각비 차감 전 영업이익)에 특정 배수를 곱하는 방식도 있다. 이는 주로 안정적인 수익이 발생하는 성숙한 기업의 가치를 평가할 때 사용된다. 예를 들어, 연간 EBITDA가 5억 원이고 고성장 산업의 특성을 반영해 20배수를 적용하면 기업가치는 100억 원으로 계산될 수 있다. 하지만 매출이 없는 초기 스타트업에게는 적용하기 어려운 방식임을 알아두어야 한다.

- 잠재 EBITDA × 배수 / 기대수익률 = 기업가치
- 무성장 기업: 10배, 고성장 기업: 30-60배, 초성장 기업: 100배 이상 적용 가능
- 예: 연간 EBITDA 5억 원, 배수 20배 적용 시 기업가치는 100억 원

3) 투자 형태와 개념

보통주(Common Stock)

기업이 발행하는 가장 기본적인 형태의 주식이다. 보통주는 주주에게 의결권을 부여하며, 회사의 이익이 배당 형태로 지급될 경우 이에 참여할 권리를 가진다. 창업자는 보통주를 통해 회사의 경영권을 유지하면서도 자금을 유치할 수 있다.

우선주(Preferred Stock)

보통주보다 우선적인 권리를 가진 주식이다. 우선주는 청산 시 투자금을 우선 회수하거나, 배당금을 먼저 받을 수 있는 권리를 포함한다. 다만, 일반적으로 의결권은 제한적이다.

상환전환우선주(RCPS; Redeemable Convertible Preferred Stock)

대한민국 벤처캐피탈(VC) 투자의 표준 방식으로, 투자자에게 매우 유리한 옵션을 제공한다. 이는 상환권(Redeemable, 만기 시 투자 원금을 돌려달라고 요구할 권리), 전환권(Convertible, 약정한 조건에 따라 우선주를 보통주로 전환할 권리), 그리고 우선주의 성격을 모두 가진 주식이다. 투자자 입장에서는 회사가 잘 성장하면 보통주로 전환해 큰 수익을 얻고, 성장이 부진하면 원금을 회수할 수 있는 안전장치를 확보하는 셈이다.

전환사채(CB;Convertible Bond)

회사가 발행하는 채권 중 주식으로 전환 가능한 형태이다. 투자자는 만기 시 원금을 상환받거나, 일정 조건에 따라 주식으로 전환하여 회사의 지분을 확보할 수 있다. 전환사채는 회사가 초기에 높은 금리를 부담하지 않고 자금을 조달할 수 있는 장점이 있다.

상환권(Liquidation Preference)

회사가 청산되거나 매각될 경우, 투자자가 다른 주주보다 우선적으로 투자금을 회수할 수 있는 권리이다. 상환권은 투자자의 위험을 줄여주는 안전장치로 작용한다.

동반매도권(Tag-Along Right)

대주주(주로 창업자)가 자신의 지분을 제3자에게 매각할 때, 소수주주(주로 투자자)가 '나도 같은 조건으로 함께 팔겠다'고 요구할 수 있는 권리이다. 이는 창업자가 경영권을 넘기고 떠날 때 소수 투자자가 불리한 상황에 남겨지는 것을 방지한다

우선매수권(First Refusal Right)

기존 주주가 자신의 주식을 외부에 매각하려고 할 때, 다른 기존 주주들에게 '동일한 조건으로 먼저 살 수 있는' 우선권을 부여하는 조항이다. 이는 외부의 낯선 주주가 경영에 참여하는 것을 막고 기존 주주들의 경영권을 안정적으로 보호하는 역할을 한다.

조건부 지분인수 계약 SAFE(Simple Agreement for Future Equity)

미국 실리콘밸리에서 시작되어 국내에서도 확산 중인 초기 투자 방식이다. 복잡한 기업가치 산정 없이 우선 투자를 집행하고, 다음 대규모 투자(보통 Series A)가 이루어질 때의 기업가치에 연동하여 지분율을 결정하는 계약이다. 복잡한 계약 절차를 생략하고 신속하게 시드(Seed) 자금을 확보할 수 있어 초기 스타트업에 유리하다.

4 투자 유치 프로세스

투자 유치는 단순히 자금을 확보하는 과정이 아니라, 회사의 비전을 공유하고 함께 성장할 장기적인 파트너를 찾는 중요한 여정이다. 이는 마치 여러 단계의 심층 면접을 거쳐 최고의 인재를 영입하는 과정과 유사하며, 각 단계마다 명확한 목표와 전략을 가지고 체계적으로 접근해야 한다. 투자 유치 프로세스는 일반적으로 ① 투자자 발굴, ② IR 미팅 및 실사, ③ 투자 계약 및 자금 납입의 세 가지 큰 흐름으로 진행된다. 이 험난하지만 중요한 여정의 각 단계를 상세히 살펴보자.

가 우리 회사와 '결(Fit)'이 맞는 투자자 찾기(투자후보 발굴)

모든 투자자가 우리 회사에 적합한 파트너는 아니다. 투자 유치의 첫 단추는 우리 사업의 성장 단계, 산업 분야, 그리고 비전에 공감하고 전문성을 더해줄 수 있는 최적의 투

자자를 선별하여 목록을 만드는 것이다.

1) 네트워킹을 통한 기회 확대

투자 컨퍼런스, 산업별 포럼, 데모데이(Demoday) 등은 잠재 투자자를 직접 만날 수 있는 가장 좋은 기회이다. 특히 디캠프(D-Camp), 마루180(Maru180)과 같은 스타트업 지원 기관의 네트워크 행사에 적극적으로 참여하여 안면을 트고 관계를 형성해야 한다. 단순한 명함 교환을 넘어, 투자자의 전문 분야와 관심사를 미리 파악하고 다가가는 전략이 필요하다.

2) 엑셀러레이터와의 협력

액셀러레이터는 초기 창업팀에게 종잣돈(Seed Money), 사무공간, 멘토링을 제공하며 성장을 가속하는 역할을 한다. 이들의 가장 큰 가치 중 하나는 졸업 심사 단계인 데모데이를 통해 검증된 후속 투자자들과 자연스럽게 연결해주는 것이다. 프로그램에 참여하는 것만으로도 투자자 목록을 확보하고 신뢰도를 높이는 효과가 있다.

3) 온라인 플랫폼 활용

벤처투자종합포털(www.vcs.go.kr), 엔젤투자지원센터(www.kban.or.kr), KVIC(한국벤처투자 http://fundfinder.k-vic.co.kr)와 같은 온라인 플랫폼을 통해 투자자를 찾을 수 있다. 이러한 플랫폼에서는 투자마켓이나 온라인 매칭서비스를 통하여 창업자가 사업 계획을 업로드하고 투자자와 직접 소통할 수 있는 기회를 제공하기도 한다.

이를 통해 각 투자사가 어떤 분야에, 어떤 단계의 기업에 주로 투자하는지(투자 포트폴리오)를 분석할 수 있다. 우리 회사와 유사한 포트폴리오를 가진 투자사를 중심으로 '잠재 투자자 목록(Target Investor List)'을 작성하고, 우선순위를 정해 접근해야 한다.

4) 투자자 맞춤형 리서치

투자자를 발굴할 때, 각 투자사의 포트폴리오를 분석하여 자신의 사업과 적합한 투자자를 선정하는 것이 중요하다. 예를 들어, 기술 기반 스타트업은 기술 중심의 투자사에, 소비자 제품 기업은 관련 경험이 풍부한 투자사에 접근하는 것이 효과적이다.

이 단계에서는 투자자의 과거 투자 사례를 검토하고 회사의 목표와 전략에 부합하는지 판단해야 한다. 적합한 투자자를 발굴하면 다음 단계인 사전 미팅으로 이어질 수 있다.

나 상호 간의 가능성을 탐색하는 사전 미팅

잠재 투자자 목록이 준비되면, 본격적인 사전 미팅을 진행한다. 이 단계는 우리가 투자자를 설득하는 시간이기도 하지만, 동시에 우리가 투자자의 철학과 전문성을 검증하는 시간이기도 하다. 회사의 비전, 해결하려는 문제, 그리고 시장 기회를 15-30분 내외로 간결하고 설득력 있게 설명해야 한다. 이 단계의 목표는 당장 투자를 결정받는 것이 아니라, 투자자의 흥미를 유발하여 다음 단계인 'IR 피칭' 기회를 확보하는 것임을 기억해야 한다.

다 마음을 움직이는 스토리텔링, IR 피칭

IIR(Investor Relations, 투자자 대상 홍보 활동) 피칭은 투자자를 최종적으로 설득하기 위해 사업의 핵심 내용을 공식적으로 발표하는 가장 중요한 단계이다. 이는 단순히 정보를 나열하는 것이 아니라, 논리적인 근거와 뜨거운 비전을 담아 한 편의 완결된 '스토리'를 전달하는 과정이다. IR 자료(Pitch Deck)는 일반적으로 다음의 10가지 핵심 요소로 구성되어야 한다.

- 기업의 미션: 우리 회사가 존재하는 이유를 한 문장으로 정의한다. (예: "우리는 소외된 이들을 위한 기술을 만듭니다.")
- 문제(Pain Point): 고객이 겪는 문제가 얼마나 심각하고 절실한지 공감대를 형성한다.
- 솔루션(Solution): 우리의 제품/서비스가 그 문제를 얼마나 효과적이고 차별화된 방식으로 해결하는지 보여준다.
- 왜 지금인가(Why Now): 기술, 시장, 정책의 변화를 근거로 지금이 사업을 시작할 최적의 타이밍(Right Time to Market)임을 증명한다.
- 시장 규모(Market Size): TAM(전체 시장) - SAM(유효 시장) - SOM(초기 공략 시장)의 논리로 우리가 공략할 시장이 충분히 크고 성장 가능성이 높다는 것을 데이터로 입증한다.
- 경쟁 우위(Competitive Advantage): 경쟁사를 명확히 정의하고, 우리가 가진 '해자(Moat, 경쟁자가 쉽게 따라올 수 없는 진입장벽)'가 무엇인지 설명한다.
- 비즈니스 모델(Business Model): '누구에게, 무엇을 팔아, 어떻게 돈을 벌 것인가'에 대한 명확한 수익 구조를 제시한다.

- 팀 구성(Team): 왜 우리 팀이 이 문제를 해결할 최고의 '선수들'인지 각 멤버의 전문성과 경험을 통해 증명한다.
- 재무 계획(Financial Projection): 향후 3-5년간의 현실적인 매출 추정과 자금 사용 계획을 제시하여 성장성과 안정성을 보여준다.
- 중장기 비전(Vision & Ask): 투자금을 통해 5년 후 어떤 위대한 기업으로 성장할 것인지 비전을 제시하고, 필요한 투자금액을 명확히 요청한다.

IR 피칭은 단순히 회사의 정보를 나열하는 것이 아니라, 투자자에게 회사의 성장 가능성과 비전을 효과적으로 전달하는 과정이다. 각 요소를 시각적으로 간결하고 이해하기 쉽게 구성하며, 예상 질문에 대한 답변을 철저히 준비하는 것이 성공적인 IR 피칭의 핵심이다.

라 투자심사 보고서 작성(투자사 내부 프로세스)

창업자의 IR에 대해 투자자가 관심을 보이면, 투자사의 내부 프로세스가 시작된다. 투자심사팀은 회사의 재무 상태, 시장 분석, 경쟁력, 기술력, 그리고 리스크를 종합적으로 평가하여 투자심사 보고서를 작성한다. 이 보고서는 투자 결정의 중요한 자료로 활용되며, 창업자는 투자사의 요청에 따라 필요한 데이터를 제공하고 협력해야 한다.

마 예비 투자심사위원회(투자사 내부 프로세스)

투자심사 보고서가 작성된 후, 투자사 내부적으로 예비투자심사위원회가 열린다. 예비 투심위에는 IR 피칭과 달리 스타트업은 빠지고 담당 투자자가 발표한다. 이 단계에서 투자사는 투자 가능성을 검토하고 주요 리스크와 예상 수익률을 논의한다. 창업자는 예비심사를 통과하기 위해 정확하고 신뢰할 수 있는 데이터를 제공하고, 투자사의 추가 질문에 명확히 답변을 할 수 있도록 준비하고 있어야 한다.

사 기업 현장 실사(Due Diligence, DD) (투자사가 진행)

기업 실사(DD)는 투자사가 회사의 법률, 재무, 기술, 영업 등 경영 전반의 내용을 실질적으로 검증하여 잠재적 위험을 최소화하는 과정이다. 이는 마치 종합 건강검진처럼 회사의 속살을 깊숙이 들여다보는 단계이다. 이 과정에서는 회사의 전반적인 상태와 운영 구조를 현장 실증을 통해 확인하고 심층적으로 검토하게 된다. 실사를 통해 확인하는 사항들은 다음과 같다.

1) 일반 서류

사업자 등록증, 법인 등기부 등본, 정관, 주총 및 이사회 의사록 등 회사의 기본적인 법적 문서를 검토한다. 이를 통해 회사의 합법적인 설립과 운영 상태를 확인한다.

2) 재무/회계 관련

재무제표, 부채 현황, 세금 납부 증명서, 부가세 신고서, 세무 조정 계산서 등을 검토한다. 이를 통해 회사의 재정 상태와 세금 관련 문제를 확인하고, 재무 건전성을 평가한다.

3) 사업 관련

주요 계약서(협업 계약서, 외주 계약서 등), 적법한 인허가 상태 등을 검토하여 사업 운영에 필요한 필수 조건이 충족되었는지 확인한다.

4) 지식 재산권

상표권, 특허 등록/출원 현황, 프로그램 소스 코드, 저작권 등 회사가 보유한 지적 재산권을 확인한다. 이는 회사의 기술적 강점과 차별화를 평가하는 데 필수적인 단계이다.

5) 투자 관련

주주명부, 기존 투자 계약서, 주주 간 합의서, 스톡옵션 부여 명세 등 투자자와 관련된 문서를 검토한다. 이를 통해 기존 투자 구조와 신규 투자 시의 잠재적 리스크를 파악한다.

6) 조직 관련

조직도, 인사 계약서, 급여 체계, 4대 보험 가입 서류 등을 확인하여 인적 자원의 안정성과 효율성을 평가한다. 이는 회사의 내부 운영 역량과 지속 가능성을 판단하는 데 중요하다.

7) 기타 사항

현재 소송 중인 안건, 규제로 인한 사업 중단 가능성, 법적 리스크 등을 검토한다. 필요 시 변호사 의견서를 통해 법적 문제를 사전에 파악하고 해결 방안을 준비한다.

기업 실사 과정에서 창업자는 요청된 자료를 신속하고 정확하게 제공해야 하며, 투자자가 제기하는 질문에 성실히 답변해야 한다. 기업 실사는 투자자에게 회사의 신뢰도를 제공하고, 협상 과정에서 불확실성을 줄이는 중요한 단계이다.

아 본 투자심사위원회

기업 실사가 완료된 후, 투자사 내부적으로 본 투자심사위원회가 열린다. 이 단계에서 투자사 내부의 최종 투자 결정이 이루어지며, 투자 조건과 세부 사항이 확정된다. 창업자는 본 심사 단계에서도 투자자와의 원활한 소통을 유지하고 협상에 적극적으로 임해야 한다. 경우에 따라 창업자가 직접 참석하여 경영진의 비전과 의지를 최종적으로 피력하는 질의응답 시간을 갖기도 한다.

자 계약서 검토와 협상

본 심사를 통과한 후, 투자 조건을 정리한 Term Sheet(투자 조건 합의서)가 작성된다. Term Sheet는 투자자와 창업자 간의 주요 합의 사항을 문서화한 것으로, 계약의 기반이 되는 중요한 문서이다. 이 문서에는 다음과 같은 주요 항목이 포함된다.

- 투자자: 투자자와 회사 간의 투자 관계를 명시한다. 여기에는 투자자가 개인인지 기관인지, 혹은 컨소시엄 형태인지 등이 포함된다.
- 이해 관계인: 대표, 공동창업자, 핵심 임원 등의 권한과 의무를 정의한다. 이는 투자 이후 회사 운영과 의사결정 구조에 영향을 미칠 수 있으므로 명확히 기술해야 한다.
- 발행 주식의 종류: 발행할 주식의 유형(예: 상환전환우선주(RCPS), 보통주 등)을 구체적으로 명시한다. 이 조항은 투자자와 창업자 간의 권리와 의무를 결정짓는 핵심 요소이다.
- 총 투자 금액: 투자 금액의 총액과 납입 방식을 기재한다. 예를 들어, '총 10억 원'과 같은 방식으로 구체적으로 기술된다.

- 투자 기업가치: 투자 전 기업가치(Pre-Valuation)와 투자 후 기업가치(Post-Valuation)를 정의한다.
- 납입 기일: 계약 체결 후 투자금 납입 기한을 명시한다. 예를 들어, '계약서 서명 후 2주 이내'와 같이 기재된다.

Term Sheet는 법적 구속력이 없는 경우가 많지만, 초기 협상의 기준을 제공하며 계약서 작성의 토대가 된다. 따라서 창업자는 이 단계에서 모든 조건을 신중히 검토하고 동의해야 한다.

계약 검토 단계에서는 법률 전문가의 도움을 받아 계약서를 면밀히 검토하는 것이 권고된다. 투자 계약서에는 투자 금액, 지분율, 우선주 조건, 상환 조항, 동반매도권(Tag-Along Right), 우선매수권(First Refusal Right) 등 중요한 조항이 포함된다.

창업자는 협상 과정에서 회사의 장기적인 비전과 이익을 보호할 수 있는 조건을 확보해야 하며, 투자자와의 원활한 협력을 위해 상호 이해를 바탕으로 협상에 임해야 한다. 계약 내용에 대한 최종 합의가 이루어지면 다음 단계인 법적 절차로 이어진다.

차 계약체결과 법무 처리

계약 검토와 협상이 완료되면 계약서에 서명을 하고 법적 절차를 진행한다. 이 단계에서는 공증이나 등기와 같은 법적 절차를 완료하며, 투자 계약이 공식적으로 발효된다. 창업자는 이 과정에서 실수가 발생하지 않도록 주의하고, 법무 전문가의 도움을 받아 모든 절차를 정확히 이행해야 한다.

카 투자금 입금

투자 계약이 체결된 후, 투자자는 약정된 자금을 회사 계좌로 납입하게 된다. 이 단계는 투자 유치 과정의 마지막이자 중요한 단계로, 투자자와 창업자 간의 신뢰를 바탕으로 원활하게 진행되어야 한다. 다음과 같은 사항이 포함된다.

- 투자금 납입 기한: 계약 체결 후 3-5영업일 이내에 투자금 납입이 완료된다. 이는 계약서에 명시된 기일을 엄격히 준수해야 하며, 창업자는 자금이 납입되었는지 확인하는 절차를 진행해야 한다.

- 공식 문서 작성: 투자금 납입 완료 후 투자사는 공식적인 문서를 통해 납입 사실을 증명한다. 이는 회사의 자금 관리 및 투자자 보고에 중요한 자료로 활용된다.
- 신주/우선주 발행 및 등기 처리: 투자금이 납입된 후, 회사는 계약 조건에 따라 신주나 우선주를 발행한다. 주식 발행 절차는 전자 등기를 통해 진행되며, 법적으로 주주로 등록하기 위한 절차를 완료해야 한다. 일반적으로 주금 납입 완료 후 14일 이내에 등기를 신청하는 것이 필수적이다.
- 주주 및 구성원의 권리와 의무 행사: 투자금 납입 이후 주주 및 구성원들은 정기 주주총회와 재무 결산 공고 등 회사 운영에 필요한 의무를 이행해야 한다. 또한, 주요 이벤트 협의(신규 투자자 유치, 자금 사용 계획 등)에 대한 사전 협의가 이루어져야 하며, 투자 보고를 위한 주요 데이터를 투자자와 공유한다.
- 임시적 회계처리 금지: 가수금이나 투자금을 회사 운영과 무관하게 사용하는 것을 방지해야 하며, 자금의 투명성을 유지하기 위해 특수 관계인 간의 자금 거래를 제한한다.

창업자는 투자금을 받은 이후 이를 사업 계획에 따라 효율적으로 사용하고, 투자자와 약속한 목표를 달성하기 위해 노력해야 한다. 이 단계에서 자금 관리와 의사소통의 투명성을 유지하는 것이 회사의 신뢰도와 향후 추가 투자 유치 성공 가능성을 높일 수 있다.

5 투자 계약 시 유의 사항

투자 계약서에 서명하는 순간은 창업자에게 가장 가슴 벅찬 순간 중 하나이다. 하지만 이는 단순히 자금이 오가는 거래가 아니라, 회사의 미래 방향성과 창업자의 권리에 지대한 영향을 미치는 법적·재정적 '파트너십 계약'이다. 투자 계약서는 미래의 성공을 함께 나눌 동반자와의 약속인 동시에, 얘기치 못한 위기 상황에서 각자의 권리와 책임을 규정하는 중요한 문서이다. 따라서 처음 투자 계약을 진행하는 창업자는 아래의 사항들을 반드시 숙지하고 신중하게 접근해야 한다.

가 계약서 검토 전 준비사항

1) 법률 전문가를 선임한다

계약서에는 전문적인 법률 용어와 조건이 포함되어 있으므로, 만약 창업자가 법률적인 용어가 투자관련 용어, 개념에 익숙하지 않다면 관련 전문가의 도움을 받아 계약서를 검토하는 것을 권고한다. 계약서의 각 조항이 창업자와 회사에 미칠 영향을 명확히 이해해야 하기 때문이다. 법률 전문가를 고용하는 데 비용이 들 수 있지만, 이를 통해 창업자는 불리한 조건을 사전에 방지할 수 있다.

2) 텀 시트(Term Sheet)와 계약서의 일치 여부를 확인한다.

텀 시트(Term Sheet, 투자 조건 합의서)는 본 계약에 앞서 투자자와 창업자가 핵심 조건에 대해 합의한 요약 문서이다. 실질적인 협상은 대부분 이 텀 시트 단계에서 이루어진다. 따라서 최종 계약서의 내용이 이전에 합의한 텀 시트의 내용(지분율, 기업가치, 주요 권리 등)과 일치하는지, 혹은 텀 시트에는 없던 불리한 조항이 추가되지는 않았는지 꼼꼼하게 교차 확인해야 한다. 만약 차이가 있다면 반드시 그 이유를 명확히 확인하고 재협상해야 한다.

3) 구체적인 자금 사용 계획을 수립한다

투자금을 '어디에, 얼마를, 왜' 사용할 것인지에 대한 구체적인 계획은 투자자에게 신뢰를 주는 핵심 요소이다. 연구개발(R&D), 인재 채용, 마케팅 집행 등 세부 항목과 예상 비용을 정리하여 투자자와 공유해야 한다. 이는 단순히 보여주기 위한 자료가 아니라, 투자 이후 회사가 나아갈 방향을 제시하는 중요한 로드맵(Roadmap)이다.

4) 회사 내부 준비

계약 전 회사 내부 문서(재무제표, 주주명부, 주요 계약서 등)를 정리하여 투자자의 요청에 신속히 대응할 준비를 한다. 회사의 조직 구조, 주요 인사와의 계약, 그리고 지적 재산권 상태를 검토하여 실사 과정에서 문제가 발생하지 않도록 해야 한다.

나 독소 조항과 기회 조항: 계약서 속 핵심 쟁점 파헤치기

1) 지배구조와 경영권 방어 조항

지분율 및 의결권

투자로 인한 지분 희석은 불가피하지만, 이로 인해 창업자의 경영권이 과도하게 흔들려서는 안 된다. 특히 여러 투자자를 유치하며 창업자의 지분이 50% 미만으로 내려갈 경우, 주요 의사결정을 위해 이사회 구성 및 의결 정족수 등을 신중하게 설계해야 한다. 투자자의 이사 추천 권한 등을 확인하고, 창업자가 이사회 의장직을 유지하는 등의 경영권 보호 장치를 고려해야 한다.

창업자 거부권(Veto Right) 및 주요 의사결정 사항

신규 투자 유치, M&A, 대표이사 해임 등 회사의 명운을 가를 수 있는 핵심적인 의사결정 사항에 대해 창업자가 거부권을 행사할 수 있는 조항을 포함시키는 것이 유리하다.

2) 투자금 회수(Exit)와 관련된 조항

우선주 조건

국내 VC 투자는 대부분 상환전환우선주(RCPS, Redeemable Convertible Preferred Stock)로 이루어진다. 이 주식에 포함된 아래의 권리들은 회사의 미래에 큰 영향을 미치므로 각 조건을 명확히 이해해야 한다.

- 상환권: 투자자가 일정 기간 후 투자 원금과 이자를 돌려달라고 요구할 수 있는 권리
- 전환권: 투자자가 보유한 우선주를 보통주로 전환할 수 있는 권리
- 청산 우선권(Liquidation Preference): 회사가 M&A 되거나 청산될 때, 투자자가 다른 주주보다 '먼저' 투자 원금의 특정 배수(보통 1배수)를 회수해 갈 수 있는 권리. 만약 회사가 투자받을 때의 기업가치보다 낮은 가격에 매각되면, 이 조항 때문에 창업자와 임직원은 한 푼도 받지 못하는 상황이 발생할 수 있으므로 반드시 그 조건을 이해하고 협상해야 한다.

3) 투자자 권리 조항

- 동반매도권(Tag-Along Right): 창업자가 지분을 매각할 때 투자자도 같은 조건으로 함께 팔 수 있는 권리

- 우선매수권(First Refusal Right): 창업자가 지분을 팔려 할 때, 외부에 팔기 전에 기존 투자자가 먼저 살 수 있는 권리
- 정보제공 의무: 투자자가 요구하는 경영 정보(분기별 재무제표, 주요 사업 현황 등)를 제공해야 할 의무. 보고의 범위와 주기를 합리적인 수준으로 협상해야 한다.

4) 투자금 납입 조건

투자금 납입 시기를 명확히 확인하고, 계약 체결 후 납입 기한을 확인한다. 투자금 납입이 조건부(예: 기업 실사 완료, 특정 목표 달성 등)라면 이를 명확히 이해해야 한다. 투자금이 언제, 어떤 방식으로 지급되는지를 계약서에 명확히 명시해야 한다.

5) 비경쟁 조항 및 전속 의무

창업자가 유사한 사업을 추가적으로 운영하지 못하도록 제한하는 조항이 있는지를 확인해야 한다. 창업자와 핵심 인력이 회사에 전속하여 일해야 하는 조건이 포함될 수 있으므로 이를 주의 깊게 검토한다. 특히 이러한 조항은 창업자의 유연성을 제한할 수 있으므로, 협상을 통해 합리적인 조건으로 조정해야 한다.

비경쟁 및 전속 의무 조항

창업자와 핵심 인력이 계약 기간 및 퇴사 후 일정 기간 동안 동종 또는 유사 업계에서 창업하거나 이직하는 것을 금지하는 조항이다. 창업자의 미래 직업 선택의 자유를 과도하게 제한하지 않도록 금지 기간, 지역, 업종의 범위를 최대한 좁게 한정하여 협상해야 한다.

창업자 주식 보호 예수(Founder's Lock-up)

창업자가 일정 기간(보통 2-4년) 동안 자신의 주식을 마음대로 팔 수 없도록 묶어두는 조항이다. 이는 창업자의 책임 경영을 유도하기 위한 장치로, 기간의 합리성을 검토해야 한다.

6) Exit(투자 회수) 조건

투자자가 IPO(상장)나 M&A(인수합병) 등의 방식으로 투자금을 회수할 때 창업자가 협력해야 하는 조건을 검토한다. Exit 조건이 회사 운영에 미칠 영향을 사전에 예측해야 한

다. 예를 들어, 투자자가 특정 시점까지 Exit 하지 못할 경우 조건을 조정할 수 있는 옵션을 포함하는 것이 유리할 수 있다.

다 법적 리스크와 장기적 관점에서의 검토

1) 청산 우선권과 경영권 유지

청산 우선권이 투자자에게 과도하게 유리하지 않은지 확인한다. 이는 회사가 예상치 못한 어려움에 처했을 때 창업자와 기존 주주가 받을 손해를 최소화하기 위해 중요하다. 창업자가 경영권을 유지할 수 있도록 주요 의사결정 사항에 대한 창업자의 거부권(Veto Right)을 포함시키는 것이 유리하다.

2) 추가 투자 및 지분 희석

향후 추가 투자를 유치할 경우 지분 희석율이 어떻게 될지 시뮬레이션을 통해 확인해야 한다. 기존 투자자가 추가 투자 시 참여할 수 있는 권리(Right to Participate)가 계약에 포함되어 있다면 이를 검토한다. 추가 투자 과정에서 창업자의 지분율이 크게 줄어들지 않도록 협상 단계에서 이를 방지하는 조항을 포함한다.

3) 위약금 및 계약 해지 조항

계약 위반 시 발생할 수 있는 위약금이나 계약 해지 조건도 주의 깊게 확인한다. 계약 해지 시 창업자가 불이익을 받지 않도록 법률 전문가의 도움을 받는 것이 중요하다. 예를 들어, 투자자가 계약 해지 시 초기 투자금을 과도하게 회수할 수 없도록 조항을 조정해야 한다.

4) 계약 체결 후 관리 및 실행

투자자는 계약 이후에도 회사의 경영 상황에 대한 정기적인 보고를 요구할 수 있다. 보고 주기와 형식을 계약서에 명확히 명시하여, 불필요한 갈등을 방지한다.

5) 자금 사용 내역 관리

투자금을 사업 계획에 따라 효율적으로 사용하고, 사용 내역을 문서화하여 투자자에게 보고할 준비를 해야 한다. 투자금의 목적 외 사용은 투자자와의 신뢰를 저하시킬 수 있으므로 반드시 계획에 따라 사용해야 한다. 자금 사용 내역은 감사나 후속 투자 유치 과정에서 중요한 자료가 된다.

6) 합의된 조건 이행

계약에서 합의된 모든 조건(주식 발행, 등기 처리, 지분 등록 등)을 기한 내에 이행해야 한다. 이를 이행하지 않을 경우 법적 분쟁이 발생할 가능성이 있으므로, 모든 절차를 정확히 따르는 것이 중요하다.

특히, 투자금 납입 후 주식 발행과 관련된 등기 절차를 신속히 완료해야 한다. 투자계약은 회사의 현재와 미래를 결정짓는 중요한 과정이다. 창업자는 계약서의 각 조건이 회사와 창업자에게 미칠 영향을 명확히 이해하고, 법률 전문가와 함께 신중히 검토해야 한다. 투자 계약은 단순히 자금을 확보하는 것을 넘어, 회사의 지속 가능성과 창업자의 비전을 실현하기 위한 중요한 발판이므로, 장기적인 관점에서 접근해야 함에 유의해야 한다.

기술창업의 정석

초판발행 2025년 11월 10일

지은이 백종일
펴낸이 안종만 · 안상준

편 집 소다인
기획/마케팅 김한유
표지디자인 BEN STORY
제 작 고철민 · 김원표

펴낸곳 (주) 박영사
서울특별시 금천구 가산디지털2로 53, 210호(가산동, 한라시그마밸리)
등록 1959. 3. 11. 제300-1959-1호(倫)
전 화 02)733-6771
f a x 02)736-4818
e-mail pys@pybook.co.kr
homepage www.pybook.co.kr
ISBN 979-11-303-2420-3 93320

정 가 29,000원